HISTOIRE

POLITIQUE ET LITTÉRAIRE

DE

LA PRESSE

EN FRANCE

AVEC UNE INTRODUCTION HISTORIQUE SUR LES

ORIGINES DU JOURNAL

ET LA

BIBLIOGRAPHIE GÉNÉRALE DES JOURNAUX

DEPUIS LEUR ORIGINE

PAR

EUGÈNE HATIN

—

TOME PREMIER

PARIS

POULET-MALASSIS ET DE BROISE

LIBRAIRES-ÉDITEURS

9, rue des Beaux-Arts

—

1859

Traduction et reproduction réservées.

HISTOIRE
DE
LA PRESSE
EN FRANCE

Typ. de Poulet Malassis et De Broise

PRÉFACE

—

Il n'est pas besoin d'insister sur l'intérêt que peut offrir une histoire de la presse périodique, encore moins sur son utilité. Nous ne possédons, touchant ce sujet, que des données incomplètes, et pourtant, s'il en est un qui soit à la fois curieux et instructif, c'est bien celui-là. Interprète fidèle des temps qu'il a traversés, le journal en reproduit la physionomie exacte ; il est pour le moral des peuples ce que l'invention de Daguerre est pour les formes matérielles, et, bien que l'existence de cette incarnation de l'esprit moderne remonte à peine à deux siècles, il y a plus à gagner pour le penseur à la suivre dans sa marche progressive, dans ses luttes et dans ses transformations, qu'à pâlir sur les annales de certains grands empires.

L'opportunité d'une pareille publication n'est pas moins évidente. Peut-être, cependant, se rencontrera-t-il quelques personnes disposées à la contester. La presse se meurt, la presse est morte, entend-on répéter tous les jours et de tous les côtés. S'il en était ainsi, ce nous serait un argument de plus en faveur de notre projet; mais nous sommes loin de voir les choses aussi en noir : pour nous, la liberté de la presse est la plus vivace, la plus imprescriptible de nos libertés, comme elle en est le fondement inébranlable, et, en quelque sorte, l'âme et la vie : elle peut sommeiller; elle ne saurait périr.

Ce qui est vrai, c'est que la presse est aujourd'hui dans un de ces moments de torpeur qui, par une loi que l'on retrouve partout dans la nature, succèdent toujours aux grandes agitations. J'ai pensé que c'était précisément dans un pareil moment, alors que les passions qui s'agitent trop souvent autour d'elle faisaient silence, qu'il était plus opportun d'en écrire les annales, et, par l'enseignement qui en découle, de rassurer et les amis et les ennemis de cette institution, si diversement jugée, qui, si elle est pour les uns l'objet de trop vives aspirations, est pour les autres l'objet de terreurs irréfléchies.

Les difficultés d'une œuvre si vaste ne m'ont point échappé, et je ne me suis pas un instant dissimulé mon insuffisance. Aussi n'est-ce qu'après de bien longues hésitations que je me suis décidé à

PRÉFACE

aborder cette entreprise, et pour obéir, en quelque sorte, aux conseils, je dirais presque aux sollicitations de personnes dont, pour moi, l'autorité égale la bienveillance.

L'histoire du journalisme a été, depuis de longues années, l'objet de mes plus constantes préoccupations, le but principal de mes travaux. Dès 1846, j'ai publié, sous le titre d'*Histoire du Journal en France,* un petit volume destiné, dans ma pensée, à jeter un peu de jour sur l'origine de la presse périodique et à appeler l'attention sur ce sujet, d'un intérêt si puissant et si varié. En 1853, l'intelligent éditeur de la Bibliothèque Elzevirienne, M. P. Jannet, donna de cet ouvrage une seconde édition, entièrement refondue et plus que doublée, à laquelle on a bien voulu accorder quelques éloges et faire de nombreux emprunts.

Cependant, conçue dans des conditions toutes spéciales, cette monographie était nécessairement écourtée, incomplète, insuffisante. Depuis lors, on n'a cessé de me répéter que je devrais compléter ce travail, le reprendre sur une plus vaste échelle, qu'il n'y avait rien sur la matière ; que sais-je, enfin ? que je pourrais faire une œuvre utile : si bien que je me suis laissé déterminer par ces encouragements, comptant d'ailleurs sur l'assistance de tous ceux qui savent et qui s'intéressent à la cause de ce merveilleux instrument que l'on nomme journal, c'est-à-dire à la cause de la liberté et de la civilisation.

Si je n'ai pu donner à mon sujet le relief qu'il aurait acquis sous la plume d'un homme politique, j'ai fait, par compensation, les plus patients efforts pour qu'il laissât le moins possible à désirer sous le rapport historique, le plus important à mon point de vue. C'est à cela surtout que j'ai visé. Ce que j'ai voulu faire, ce n'est point une œuvre spéculative, j'irais presque jusqu'à dire que ce n'est point une œuvre politique : c'est un livre historique. Je me suis étudié à rassembler tous les faits touchant à la presse, à les contrôler, à les coordonner, à montrer comment est né et a grandi le journal, par quelles phases successives et si diverses il a passé depuis deux siècles. C'est, en un mot, l'histoire de l'instrument plutôt encore que celle de ses effets que je me suis proposé d'écrire; et cette histoire, je l'ai demandée aux journaux eux-mêmes, je les ai laissés parler autant que possible. C'est, enfin, comme une sorte d'autobiographie des journaux que j'offre au public. Si cette méthode était mieux appropriée à mes forces, elle m'a paru, d'un autre côté, conduire plus directement et plus sûrement au double but que j'envisageais : préparer les voies aux travailleurs, et, en même temps, satisfaire la légitime curiosité qui doit s'attacher à une institution dont le rôle a été si grand dans notre histoire, ou tout simplement aux aventures d'un ami de la maison, d'un hôte de notre foyer.

Ici, d'ailleurs, les faits parlent d'eux-mêmes, et la morale de la confabulation, si je puis ainsi m'exprimer, saute aux yeux. Il ressort à l'évidence de chaque page de ces annales du journalisme que la liberté absolue, illimitée, de la presse, est impossible chez nous; qu'elle est incompatible, ou, si l'on aime mieux, qu'elle n'est pas encore compatible avec nos mœurs; mais il n'en ressort pas moins évidemment que la liberté de la presse est, nous le répétons, la plus imprescriptible de nos libertés; qu'il y aurait folie à vouloir l'étouffer, ainsi que l'avouait, au jour de l'adversité, un homme dont le témoignage ne saurait être récusé, Napoléon.

Telle est ma conviction bien profonde, et je crois que le jour où cette conviction serait partagée dans le camp de l'autorité et dans celui de la liberté, un grand pas serait fait vers l'apaisement des passions, vers cette paix intérieure si désirable pour le bonheur de la France.

Un coup d'œil rapide sur la marche qu'a suivie le journal depuis sa naissance fera connaître l'étendue, l'ordre et la division de ce travail.

Le journal a eu, dans les gazettes manuscrites et nouvelles à la main, dans les placards et les libelles même, des antécédents auxquels nous avons cru devoir consacrer quelques pages. Poussant plus loin encore, pour ne rien omettre de ce qui a été dit sur cette matière, nous sommes allé, sur les pas d'un académicien aussi ingénieux que savant, en chercher les traces jusque dans la Rome ancienne.

Il est évident, néanmoins, que le journal n'a pu précéder l'imprimerie, et même ce n'est guère que deux siècles après la découverte de Guttemberg que l'on trouve les premiers essais de feuilles périodiques.

Ces premiers essais se produisirent simultanément, au commencement du xviie siècle, sur différents points de l'Europe; mais c'est à la France que revient l'honneur d'avoir créé le premier journal véritablement digne de ce nom, la *Gazette*, dont la publication remonte aux premiers mois de 1631. Nous insisterons sur l'histoire de cette feuille et sur celle de son fondateur, parce qu'un grand attrait m'a semblé s'y attacher, et aussi parce que, dans ce mouvement de retour vers le passé qui caractérise notre époque, on est souvent amené à en parler, et qu'on ne le fait pas toujours avec justesse, ni avec équité, pourrais-je ajouter. Renaudot était un homme éminemment remarquable pour son temps, auquel on n'a pas rendu la justice qu'il méritait : sa vie si remplie et si agitée, ses *inno-*

centes inventions, ses démêlés avec la faculté de médecine, sa lutte contre les frondeurs, sont pleins d'un véritable intérêt.

Richelieu, qui avait bien vite compris l'importance d'un organe dont il disposerait au gré de sa politique, avait accordé à Renaudot un privilége très-étendu qui lui donnait le monopole des gazettes et de toutes les publications ayant un caractère politique. Ce privilége faillit périr dans la gabarre de 1649, et Renaudot ne le sauva qu'à force d'habileté. Un instant, en effet, on aurait pu croire que le journalisme sortirait vainqueur de cette guerre où coulèrent tant de flots d'encre; mais tout s'en alla en fumée. Cependant, si la Fronde ne produisit pas de véritables journaux, elle nous en a donné amplement la monnaie dans ces milliers de satires, de libelles, d'écrits de toute nature, qu'on a baptisés du nom de *Mazarinades,* et qui tiennent trop intimement à notre sujet pour que nous ne leur consacrions pas un chapitre.

De la multitude des publications de la Fronde, il resta les *Gazettes en vers,* dans lesquelles nous verrons l'origine de ces chroniques dont on a, depuis lors, tant usé et abusé, et même, en y regardant d'un peu plus près, celle du feuilleton-roman, que l'on ne croirait pas aussi ancien. Ces gazettes vécurent une vingtaine d'années, grâce surtout à la verve infatigable de leur créateur, J. Loret. Elles furent remplacées en 1672 par le *Mercure galant*, le prototype des petits journaux.

On fait généralement assez peu de cas du *Mercure* ; nous croyons cependant qu'il vaut mieux que sa réputation, et il serait difficile de méconnaître le grand rôle qu'il a joué dans l'histoire littéraire du xviiie siècle. Quoi qu'il en soit, en mêlant les vers à la prose, en alliant la politique à la littérature, ou, si l'on veut, l'histoire à la fantaisie, il constitua, entre le journal politique et le journal littéraire, un genre mixte, dont le monopole lui fut concédé.

Le journal littéraire existait depuis quelques années déjà quand de Visé fonda le *Mercure*, et la France encore avait eu l'honneur de précéder les autres nations dans cette voie nouvelle. En 1665, un conseiller au Parlement, Denis Sallo, homme aussi judicieux qu'érudit, avait imaginé de faire pour la république des lettres ce que Renaudot avait fait pour la politique : il avait créé le *Journal des Savants*. L'idée parut si heureuse et si simple à la fois, qu'elle eut immédiatement des imitateurs en Angleterre, en Italie, en Allemagne. Cependant l'exécution rencontra, en France, des difficultés que l'on ne soupçonnerait pas. Heureusement Colbert fit pour le Journal des Savants ce que Richelieu avait fait pour la Gazette : il le plaça sous la protection du gouvernement. Grâce à ce généreux protectorat, le grave recueil, qui est un de nos monuments littéraires les plus honorables, put surmonter tous les obstacles, et il a partagé avec la feuille de Renaudot le singulier privilége de traverser toutes les révolutions et de prolonger son existence jusqu'à nos jours.

Ainsi, trois priviléges, qui constituaient alors de véritables monopoles, défendaient les approches de la presse périodique : la *Gazette* avait le monopole de la presse politique, le *Journal des Savants* celui de la presse littéraire, le *Mercure* celui de la petite presse, de la presse légère, semi-littéraire, semi-politique.

Le domaine de la *Gazette* fut longtemps respecté : la politique, alors, c'était l'arche sainte, à laquelle il était défendu de toucher sous peine de mort.

On pouvait, sans inconvénient, laisser un champ plus libre à la presse littéraire. Cependant, les premiers qui voulurent marcher sur les pas du *Journal des Savants*, l'imiter, le compléter, le perfectionner, car c'était leur prétention à tous, durent recourir aux presses étrangères. Mais on comprit bientôt que la rigueur sur ce point était au moins inutile; on capitula, et, moyennant un tribut payé au suzerain des recueils littéraires, le premier venu à peu près obtint la permission d'avoir son petit journal. Le mouvement, d'abord assez lent, se précipita ensuite, et il se produisit, au milieu du xviiie siècle, un spectacle qui s'est, depuis, plus d'une fois renouvelé : « Les journaux de toute espèce devinrent la grande ressource de toute la petite littérature, parce que c'est tout ce qu'il y a de plus aisé à faire (1). » Les chroniqueurs du temps ne cessent de fulminer contre ce débordement.

Le *Mercure*, sur le domaine duquel cette bande d'affamés empiétait beaucoup plus que sur celui du *Journal des Savants*, poussa les hauts cris, fatiguant de ses plaintes et la ville et la cour, et les tribunaux et le conseil. Mais il eut beau dire et beau faire : la digue était rompue ; il lui fallut vivre côte à côte avec cette multitude d'intrus qui réclamaient leur place au soleil, et dont quelques-uns lui faisaient particulièrement ombrage ; les *Petites-Affiches*, par exemple, une feuille, ou plutôt deux feuilles avec une seule tête, qui jouèrent dans la littérature, pendant la dernière moitié du xviiie siècle, un rôle qu'on ne devinerait pas sur leur titre, et le *Journal de Paris*, le premier de nos journaux quotidiens.

Le tourbillon des idées, qui entraînait bon gré mal gré le gouvernement sur la pente de la révolution, amena bientôt d'autres concessions importantes. Les gazettes étrangères furent admises en France, et l'on recherchait avec avidité celles qui étaient écrites dans notre langue. Ce que voyant,

---

(1) La Harpe, *Correspond. littér.*, t. I, p. 362.

certains aventuriers littéraires allèrent fonder à l'étranger des feuilles destinées à la France, et dont ils obtenaient facilement l'introduction moyennant une contribution annuelle plus ou moins élevée : il s'établit ainsi sur nos frontières de véritables fabriques de journaux littéraires et politiques. Le gouvernement finit même par pousser la condescendance jusqu'à permettre à quelques-uns de s'imprimer à Paris, mais cependant — pour sauver le principe — sous la rubrique d'une ville étrangère. La première feuille qui obtint cette faveur fut le *Journal de Verdun,* feuille justement estimée, qui introduisit dans la presse périodique, en 1704, un genre nouveau, qu'on pourrait appeler le genre historique.

Mais tous ces journaux étaient, comme on le pense bien, obligés à la plus grande circonspection ; le moindre écart les faisait arrêter. Leur rôle d'ailleurs se bornait à celui de simples rapporteurs ; toute espèce de polémique, de discussion, leur était interdite. Ce n'est donc pas là qu'il faut chercher le mouvement des esprits, mais bien dans la presse littéraire.

Durant la première période de leur existence, les journaux littéraires ne furent guère autre chose que des bulletins bibliographiques, se bornant à enregistrer, à analyser les publications nouvelles, sans presque oser se permettre la moindre réflexion. Ce n'est qu'au milieu du xviiie siècle, avec Desfontaines et Fréron, que naquit la critique, nous pourrions presque dire le journalisme.

On sait quelles entreprises la presse a pu de tout temps oser sous le pavillon littéraire ; à l'époque dont nous parlons, on connaissait déjà cette ruse de guerre. D'ailleurs, tandis que les gazettes politiques étaient si étroitement muselées, les journaux littéraires jouissaient de la plus grande liberté ; à part les représentants du pouvoir et leurs actes immédiats, tout leur était abondonné, tout leur était permis, les matières politiques ou d'économie sociale comme les matières religieuses. Il nous suffira de rappeler *l'Année littéraire* et sa longue lutte contre l'*Encyclopédie.* Et si l'on veut un autre exemple, quand Linguet descendit dans l'arène du journalisme, il abandonna à un faiseur de gazettes la partie politique de son journal, et se réserva la partie littéraire : c'est embusqué derrière un volume quelconque, qu'il décochait contre les encyclopédistes et les économistes, contre l'académie et le barreau, un peu enfin contre tout le monde et toutes choses, ces traits acérés qui firent tant crier.

On pourra s'étonner de cette tolérance, qui n'était pourtant pas sans intermittences. Mais le gouvernement était un peu dans la position d'un homme qui se noie. Il avait bien compris le danger dont l'œuvre encyclopédique menaçait les institutions sur lesquelles il reposait, il avait voulu l'étouffer dans son germe : la force lui avait manqué, et il avait à peu près laissé faire ; mais, se sentant entraîné par le torrent, il s'accrochait à toutes les branches ; il acceptait comme auxiliaires, sans trop aller au fond de leur moralité, tous ceux qui se posaient en champions du trône et de l'autel, comme on disait dès lors ; il tolérait, il encourageait les journaux qui réagissaient contre le parti philosophique, s'aveuglant sur les périls que cette lutte portait en elle-même. Il croyait avoir tout sauvé en mettant les personnes hors de la discussion, et encore n'y réussit-il pas : la critique, bannie des journaux autorisés, se réfugia dans les journaux clandestins, qui déjouaient avec une audace vraiment inouie toutes les poursuites de la police ; elle se fit satire, épigramme, chanson ; elle revêtit toutes les formes enfin, et l'on vit, sous ce rapport, comme une nouvelle Fronde, mais infiniment plus spirituelle, et aussi, disons-le, plus libertine.

Ce simple exposé suffira pour donner une idée de ce que fut la presse avant la Révolution, et, peut-être, une idée plus avantageuse que celle que l'on paraît s'en faire généralement ; la presse littéraire surtout eut une réelle et grande importance.

« On ne s'imagine pas, dit un écrivain dont il ne m'appartient pas de faire l'éloge (1), si l'on n'y a sondé directement, par places, l'immensité et la multiplicité de ce que l'histoire des journaux, avant la Révolution, aurait à embrasser dans l'intervalle de cent vingt-quatre ans, depuis 1665, date de la fondation du *Journal des Savants*, jusqu'en 89. L'utilité et le jour qui en rejailliraient pour l'appréciation littéraire des époques qui semblent épuisées ne paraissent point avoir été assez sentis. Dans l'histoire qu'on a tracée jusqu'à présent de la littérature des deux derniers siècles, on ne s'est pris qu'à des œuvres éminentes, à des monuments en vue, à de plus ou moins grands noms : les intervalles de ces noms, on les a comblés avec des aperçus rapides, spirituels, mais vagues et souvent inexacts. On a trop fait, avec ces deux siècles, comme le touriste de qualité qui, dans un voyage en Suisse, va droit au Mont-Blanc, puis dans l'Oberland, puis au Righi, et qui ne décrit et ne veut connaître le pays que par ces glorieux sommets. Le plain-pied moyen des intervalles n'a pas été exactement relevé, et on ne l'atteint ici que par cette immense et variée surface que présente la littérature des journaux.

(1) M. Sainte-Beuve, *Portraits contemporains*, t. II, p. 362.

» Il y a en ce sens une carte du pays à faire, qui, à l'exemple de ces bonnes cartes géographiques, marquerait la hauteur relative et le degré de relèvement des monts, par rapport à ce terrain intermédiaire et continu. Jusqu'ici encore, on a, par-ci par-là, rencontré et coupé des veines au passage; il y a à suivre ces veines elles-mêmes dans leur longueur, et bien des rapports constitutifs et des lois de formation ne s'aperçoivent qu'ainsi. Ce sont des enfilades de galeries qu'on ne se figure que si l'on y a pénétré. On aurait beau dire d'un ton léger : « Que voulez-vous tant fouiller, et pourquoi s'embarrasser de la sorte? Ces morts sont morts et ont bien mérité de mourir; qu'ils dorment à jamais en leurs corridors noirs. Cette littérature oubliée était juste à terre de son vivant; elle est aujourd'hui sous terre, elle n'a fait que descendre d'un étage. Allez aux grands noms, aux pics éclatants ; laissez ces bas-fonds et ces marnières. » Mais il ne s'agirait pas ici de réhabiliter des noms : les noms en ce genre sont peu, les hommes y sont médiocrement intéressants d'ordinaire, et même les personnes morales s'y trouvent le plus souvent gâtées et assez viles ; il s'agirait de relever des idées et de prendre les justes mesures des choses autour des œuvres qu'on admire. Qand on a vécu très au centre et au foyer de la littérature de son temps, on comprend combien en ce genre d'histoire aussi (quoiqu'il semble que là du moins les œuvres restent), la mesure qui ne se prend que du dehors est inexacte, et, jusqu'à un certain point, mensongère et convenue ; combien on surfait d'un côté en supprimant de l'autre, et combien de loin l'on a vite dérangé les vraies proportions dans l'estime.

» Eh bien ! au dix-huitième siècle, c'était déjà ainsi ; tout ce qu'on trouve de bonne heure dans les journaux d'alors est une source fréquente d'agréable surprise. Le *Mercure*, le plus connu, n'en représente guère que la partie la plus fade et la moins originale (1). Quand on aura parcouru la longue série qui va de Desfontaines, par Fréron, à Geoffroy, on saura sur toute la littérature voltairienne et philosophique un complet revers qu'on ne devine pas, à moins d'en traverser l'étendue. Quand on aura feuilleté le *Pour et Contre* de l'abbé Prévost, et plus tard les journaux de Suard et de l'abbé Arnaud, on en tirera, sur l'introduction des littératures étrangères en France, sur l'influence croissante de la littérature anglaise particulièrement, des notions bien précises et graduées, que Voltaire, certes, résume avec éclat, mais qu'il faut chercher ailleurs dans leur diffusion. Si les *Nouvelles ecclésiastiques* (jansénistes), qui commencent à l'année 1728 et qui n'expirent qu'après 1800, ne donnent que la triste

---

(1) Il faut excepter pourtant la suite très-sérieuse et très-savante qu'offrit le *Mercure* sous La Roque, directeur. Les rédacteurs ordinaires étaient l'abbé Lebeuf, Dreux du Radier, Dom Toussaint Duplessis, etc.

histoire d'une opinion, ou plutôt, à cette époque, d'une maladie opiniâtre, étroite, fanatique, et comme d'un nerf convulsif de l'esprit humain, les *Mémoires de Trévoux,* dans les portions qui confinent le plus au dix-septième siècle, offrent un fonds mélangé d'instruction et de goût, le vrai monument de la littérature des jésuites en français, et qui, ainsi qu'il sied à ce corps obéissant et dévoué à un seul esprit, n'a porté à la renommée le nom singulier d'aucun membre (1).

» Il serait fastidieux d'énumérer, et moi-même je n'ai jamais traversé ces pays qu'en courant; mais un jour il m'est arrivé, aux champs, dans la bibliothèque d'un agréable manoir, de rencontrer et de pouvoir dépouiller, à loisir, plusieurs années de cette considérable et excellente collection intitulé l'*Esprit des Journaux,* laquelle, commencée à Liége en 1772, s'est poursuivie jusque vers 1813. Je ne revenais pas de tout ce que j'y surprenais, à chaque pas, d'intéressant, d'imprévu, de neuf et de vieux à la fois, d'inventé par nous-mêmes hier. Cet *Esprit des Journaux* était une espèce de journal (disons-le sans injure) voleur et compilateur, qui prenait leurs bons articles aux divers journaux français, qui en traduisait à son tour des journaux anglais et allemands, et qui en donnait aussi quel-

---

(1) Je suis tenté vainement de citer le nom de Tournemine comme se rattachant le plus en tête à la rédaction des *Mémoires de Trévoux*: Tournemine a-t-il obtenu ou gardé quelque chose qui ressemble à la gloire ?

ques-uns de son cru, de sa rédaction propre. Voilà un assez bel idéal de plan, ce semble. L'*Esprit des Journaux* le remplissait très-bien. Que n'y ai-je pas retrouvé, dans le petit nombre d'années que j'en ai parcourues ! Nous allons oubliant et refaisant incessamment les mêmes choses. Cette toile de Pénélope, dans la science et la philosophie, amuse les amants de l'humanité, qui s'imaginent toujours que le soleil ne s'est jamais levé si beau que ce matin-là, et que ce sera pour ce soir à coup sûr le triomphe de leur rêve. Savez-vous qu'on était fort en train de connaître l'Allemagne en France avant 89 ? Bonneville et d'autres nous en traduisaient le théâtre ; cette Hrosvitha, si à propos ressuscitée par M. Magnin, était nommée et mentionnée déjà en plus d'un endroit. Sans l'interruption de 89, on allait graduellement tout embrasser de l'Allemagne, depuis Hrosvitha jusqu'à Goethe. Les poésies anglaises nous arrivaient en droite ligne ; les premiers poëmes de Crabbe étaient à l'instant analysés, traduits. Savoir en détail ces petits faits, cela donne un corps vraiment à bien des colères de La Harpe, aux épigrammes de Fontanes. L'*Allemagne* de madame de Staël n'en est pas moins un brillant assaut, pour avoir été précédée, avant 89, de toutes ces fascines jetées dans le fossé. Mon *Esprit des Journaux* me rendait sur Buffon (1) des dépositions

---

(1) Juin et juillet 1788.

originales qui ajouteraient un ou deux traits, je pense, aux complètes leçons de M. Villemain. Dans une préface de Mélanges tirés de l'allemand, Bonneville (et qui s'aviserait d'aller lire Bonneville si on ne le rencontrait là?) introduisait dès lors cette manière de crier tout haut famine, et de se poser en mendiant glorieux, rôle que je n'aurais cru que du jour même chez nos grands auteurs. Jusqu'à plus ample recherche, c'est Bonneville qui a droit à l'invention. Mais on était encore en ces années dans l'âge d'or de la maladie, et un honnête homme, Sabatier de Cavaillon, répondant d'avance au vœu de Bonneville, adressait en avril 1786, comme conseils au gouvernement, des observations très-sérieuses *sur la nécessité de créer des espions du mérite* (1). « Epier le mérite, le chercher dans la solitude où il médite, percer le voile de la modestie dont il se couvre, et le forcer de se placer dans le rang où il pourrait servir les hommes, serait, à mon avis, un emploi utile à la patrie et digne des meilleurs citoyens. Ce serait une branche de police qui produirait des fruits innombrables..... » Voilà l'idée première et toute grossière, me disais-je; celle de se dénoncer soi-même et de s'octroyer le bâton n'est venue qu'après (2). »

---

(1) *Esprit des Journaux*, avril 1786 (extrait du *Journal encyclopédique*).

(2) On se rappelle peut-être que Balzac s'avisa, un beau matin, de faire en littérature une promotion de *maréchaux de France*. Dans une lettre publiée par *la Presse* et *le Siècle*, les 18 et 19 août 1829, l'auteur de la *Physiologie du mariage*

Je n'ajouterai rien à cette appréciation du maître, sinon que je m'estimerais heureux — qu'il me pardonne cette ambition — si, par les soins que j'ai donnés à cette partie de mon travail, sur laquelle se sont plus particulièrement portés mes efforts, j'étais parvenu à en fournir comme la démonstration et la preuve.

En 1789, une ère nouvelle s'ouvrit pour le journalisme. La presse politique, si longtemps comprimée, fit explosion comme un feu souterrain qui a rompu ses digues. Rien de plus impétueux, de plus éclatant, que cette éruption de la liberté ; malheureusement elle dégénéra bientôt en une licence effrénée, et il n'est pas besoin de rappeler jusqu'à quel point certains énergumènes poussèrent la violence. Qui ne sait d'ailleurs comment on entendait la liberté dans cette lutte à mort des partis en démence, où le vaincu de la veille était le vainqueur du lendemain, et poussait à son tour le terrible *Væ victis !* Vous étiez libre à la condition de servir la cause, de flatter les passions des dominateurs du jour ; autrement vous étiez un empoisonneur de l'opinion publique, vous voyiez vos

---

et des *Contes drolatiques* n'allait à rien moins qu'à proposer au gouvernement d'acheter les œuvres des *dix ou douze maréchaux de France*, c'est-à-dire des écrivains qui *offraient à l'exploitation une certaine surface commerciale*, à commencer par celles de l'auteur lui-même, qui s'évaluait modestement à deux millions.

presses saisies au profit des imprimeurs patriotes, trop heureux encore si vous sauviez votre tête.

Quelle mine précieuse, cependant, pour le philosophe et pour l'historien, que les sept à huit cents journaux que virent éclore ces années de fiévreuse ébullition ! Mais il a été bien difficile jusqu'ici, je ne dirai pas d'en sonder les innombrables replis, mais même d'y pénétrer : j'ai essayé de mettre dans la main des curieux le fil qui pourra les diriger dans ce dédale.

Le même embarras n'existe plus quand il s'agit des journaux du Consulat et de l'Empire. Le rôle de la presse durant cette période est réduit à la plus simple expression. Napoléon, qui était homme pourtant à comprendre tout ce qu'une grande époque littéraire ajoute à la gloire d'un règne, n'admettait à aucun degré l'indépendance de la pensée, et ne pouvait souffrir ni la discussion ni la contradiction. Ce n'est qu'au jour de l'adversité, alors qu'il n'était plus temps, qu'il se résignait à faire quelques concessions à l'opinion publique. C'est pourtant sous ce régime que naquit le *Journal des Débats,* dont l'histoire résume à peu près toute celle du journalisme à cette époque ; c'est au milieu de ces circonstances difficiles que grandit cette feuille célèbre, grâce à un biais heureux que surent prendre ses habiles et prudents fondateurs. La politique leur étant interdite, et un journal, dans leur pensée, n'étant possible qu'à la condition de pouvoir parler librement de quelque chose, ils se mirent à parler de la seule chose dont on pût parler encore, ils parlèrent de la littérature et du théâtre, et sous ce couvert ils donnèrent aux idées proscrites un asile transparent, mais qui fut respecté : le feuilleton triompha des susceptibilités ombrageuses du maître; les plus hautes questions politiques s'agitèrent impunément dans ses colonnes retentissantes, et tel était le besoin de s'entendre, même à demi-mot, dans ce grand silence, que le succès d'un journal qui parlait pourtant plus souvent de prose et de vers que de gouvernement et de batailles, plus souvent de Racine et de Boileau que de Napoléon et de l'empereur Alexandre, atteignit des proportions jusque-là inconnues.

La Restauration, pour se faire accepter, dut se résigner à de nombreuses concessions ; une assez grande liberté fut d'abord accordée à la presse. Mais, chose étrange! la Charte donnait le gouvernement constitutionnel, c'est-à-dire la liberté de discussion, et en même temps les hommes de cette charte reprenaient un à un tous les principes de 89, contestaient toutes les nouvelles idées de la société moderne, et voulaient à toute force ramener le pays en arrière. De là une lutte dans laquelle le journalisme s'éleva à une hauteur qu'il n'avait pas encore atteinte et qu'il n'a pas dépassée depuis, lutte qui aboutit aux fatales ordonnances et aux journées victorieuses de juillet 1830.

L'affranchissement de la presse était une des premières nécessités de la monarchie nouvelle, issue d'une révolution faite au nom de la liberté de penser et d'écrire. On se rappelle comment une certaine presse usa de la liberté qui lui était rendue, avec quelle ardeur ces enfants terribles du journalisme se mirent, dès le lendemain de la victoire, à démolir le nouveau gouvernement, qui fut enfin contraint par des attentats périodiques à chercher dans des lois plus énergiquement répressives son salut et celui de la société.

L'histoire de la presse sous le règne de Louis-Philippe se divise en deux périodes bien distinctes : la première appartient à l'idée, la seconde aux intérêts matériels. La Révolution de 1830 s'était accomplie après une lutte prolongée, régulière, d'idées et de convictions qui semblaient ardentes et profondes. La solution mixte improvisée à cette révolution pouvait déplaire à une portion notable des esprits et des cœurs; on pouvait désirer, concevoir du moins, une autre issue, un autre cours donné aux choses; mais tous, et ceux même qui se prononçaient pour la solution mixte, étaient persuadés qu'il allait y avoir, pour bien des années, dans le corps social, une plénitude de sève, une profusion, une infusion d'ardeurs et de doctrines, une matière, enfin, plus que suffisante aux prises de l'esprit. Mais au bout de quelques années à peine tout ce beau feu s'en était allé, les partis étaient désorganisés, et la presse s'éteignait au sein de son triomphe. Alors, sous prétexte de se démocratiser, elle se jeta dans l'industrialisme, et changea en un trafic vulgaire ce qui était une magistrature, presque un sacerdoce. De ce moment le journalisme ne fut plus une affaire de conviction, ne fut plus une puissance, mais une profession, un métier.

Nous étudierons avec tout le soin qu'elle mérite cette prétendue réforme, cette révolution qui promettait tant et de si grands résultats, dans le programme de laquelle il y avait du bon assurément, mais qui, en fin de compte, n'a produit jusqu'ici que la démoralisation et le discrédit du journalisme.

La Révolution de Février, libérale et confiante à l'excès, mit une plume et un fusil dans les mains du premier venu. Si elle enfanta des héros, elle ne fut pas féconde en publicistes, car on ne saurait donner ce nom à ces ridicules pygmées qui croyaient imposer au monde en se couvrant du masque des héros du journalisme de 89. On sait à quoi aboutirent ces saturnales d'une presse sans foi ni loi :

elles achevèrent de déconsidérer le journal, et le firent mettre en quelque sorte hors la loi.

Arrivés au terme de cette longue odyssée, nous reporterons nos regards en arrière, nous mesurerons le chemin parcouru. Nous verrons ce qu'a été la presse dans les phases si diverses qu'elle a déjà traversées, nous examinerons ce qu'elle est aujourd'hui, hommes et choses, journaux et journalistes, et les enseignements du passé nous diront ce qu'elle devrait être, ce qu'il serait à désirer qu'elle fût, pour nous sortir enfin de ce cercle vicieux où nous tournons fatalement depuis près d'un siècle, allant perpétuellement de la licence à la compression, et de la compression à la licence.

Nous consacrerons ensuite un chapitre à la *Législation de la presse*, et enfin nous terminerons par la *Bibliographie analytique des journaux*.

Il serait inutile assurément d'appeler l'attention sur ce dernier chapitre : l'importance n'en saurait échapper à ceux qui connaissent la valeur des journaux au point de vue historique, qui savent quels trésors renferme leur immense collection. Nulle part ailleurs on ne saurait trouver des renseignements plus nombreux, plus sûrs, pour notre histoire morale, politique et littéraire; mais, faute d'un guide, il n'est pas toujours facile de pénétrer dans ce dédale de publications, au fond duquel, cependant, l'historien consciencieux doit aller chercher la vérité. On n'a que le *Catalogue Deschiens*, catalogue qui, très-rare d'ailleurs, est loin d'être complet, puisqu'il ne comprend guère dans sa nomenclature que les journaux de la Révolution, et encore ceux-là seulement que possédait l'auteur. Notre bibliographie présentera la liste raisonnée de tous les journaux, depuis leur origine jusqu'à nos jours, et, pour chacun, nous indiquerons, autant que possible, le lieu où on pourra le consulter.

Une *Table des écrivains* complétera ce Répertoire, qui, certainement, ne sera pas la partie la moins intéressante ni la moins curieuse de notre publication.

On peut juger, par cette rapide esquisse, de la grandeur de la tâche que j'ai osé affronter ; les difficultés qu'elle présente sont telles, elles sont si saillantes, que je crois à peine avoir besoin de réclamer l'indulgence. L'éminent critique que je citais tout à l'heure, et auquel mieux qu'à personne il eût appartenu de tenter une pareille entreprise, s'en exprimait ainsi il y a une vingtaine d'années (1) :

« Une histoire des journaux est à faire, et je voudrais voir quelque académie ou quelque librairie

---

(1) *Revue des Deux-Mondes*, 15 décembre 1839.

(si librairie il y a) provoquer à ce travail deux ou trois travailleurs consciencieux et pas trop pédants, spirituels et pas trop légers. Il est temps que cette histoire se fasse; il est déjà tard, bientôt on ne pourra plus : on est déjà à la décadence et au bas-empire des journaux. Bayle nous en marque l'âge d'or, si court, le vrai siècle de Louis XIV, il réclamait déjà lui-même une histoire des gazettes...

» Malgré tout le soin possible, il faudra se résigner, dans un tel travail, à bien des ignorances, à bien des inexactitudes. On saura de moins en moins les vrais auteurs, je ne dis pas des articles principaux, mais même des recueils. Quelqu'un a trouvé, l'autre jour, très-spirituellement, que les journaux sont nos Iliades, et qui ont des myriades d'Homères; en remontant, toutefois, le nombre des Homères se simplifie : par malheur ceux qui seraient en état d'éclairer, de contrôler pertinemment les origines des journaux, manquent de plus en plus....

» Mais l'entreprise que je propose en ce moment et que je suppose, cette espèce de *rêve au pot au lait* que j'achève en face de mon écritoire, cette histoire des journaux donc, dans son incomplet même et dans son inexact inévitable, se fera-t-elle? J'en doute un peu... »

Ce jugement, je ne saurais me le dissimuler, est la condamnation de mon audace, et probablement il eût arrêté ma plume, si mon siége n'eût été fait quand je l'ai connu ; mais — est-ce une illusion ? elle serait dans tous les cas bien pardonnable — en le pesant bien, j'ai cru qu'il m'était aussi permis d'y voir comme une sorte de rempart derrière lequel je pouvais abriter ma faiblesse.

« L'essentiel, d'abord, ajoutait M. Sainte-Beuve, serait de former un bon corps d'histoire, d'établir les grandes lignes de la chaussée ; les perfectionnements viendraient ensuite. »

Telle a été mon unique ambition : défricher, aplanir le terrain, poser des jalons, et préparer ainsi la voie à ceux qui viendront après moi.

Quant aux erreurs, aux omissions, inévitables en une matière aussi vaste, j'ose compter non-seulement sur l'indulgence de mes lecteurs, mais encore sur leur bienveillant concours pour m'aider à les réparer autant que possible. Je recevrai avec reconnaissance toutes les communications que l'on voudra bien m'adresser : elles pourront faire l'objet d'un appendice qui terminerait le dernier volume. Les rectifications de moindre importance trouveront, d'ailleurs, une place convenable dans la *table analytique des matières*.

INTRODUCTION HISTORIQUE

INTRODUCTION HISTORIQUE

RECHERCHES

SUR

LES ORIGINES ET LES PRÉCÉDENTS DU JOURNAL

Des moyens d'information chez les anciens.
Les Acta diurna *des Romains.*

Chercher depuis quand le journal existe, c'est, en apparence, chercher depuis quand les hommes sont sociables, tant la vie commune nous semblerait impossible aujourd'hui sans ce merveilleux instrument de communication. Si, en effet, le journal est bien véritablement un pouvoir, il est encore plus une habitude ; c'est « une nécessité sociale, selon l'expression de Royer-Collard, plus encore qu'une institution politique. » Aux nations modernes il faut des journaux, comme aux Romains il fallait les jeux du Cirque : c'est un des besoins de notre existence, et comme un autre pain quotidien dont nous ne saurions plus nous passer.

Mais il en est de cette admirable invention comme de tant d'autres que le temps nous a léguées : on en jouit sans s'inquiéter d'où elles viennent, ni de ce qu'elles ont pu coûter. Nous sommes si bien accoutumés à voir arriver chaque matin cet infatigable messager, qui nous apporte à heure fixe, et quelque temps qu'il fasse, les nouvelles de toutes les parties du monde ; nous trouvons cela si commode, si naturel même, que volontiers nous nous laisserions aller à croire qu'il en a toujours été ainsi. Et pourtant le journal ne remonte guère au-delà de deux cents ans; c'est même à peine si, chez nous, il compte un siècle de véritable existence.

Ce n'est pas que les généalogistes aient manqué au journal depuis qu'il est devenu une puissance ; il s'est trouvé des flatteurs auxquels le moyen-âge même a paru une origine trop récente pour ce parvenu, et c'est à Rome, en attendant la Grèce, qu'ils ont placé son berceau. Pour nous le journal est fils de l'imprimerie, il est impossible sans elle, il n'existe et ne se comprend que par elle et avec elle.

Cependant le besoin auquel répond la presse périodique est si vrai, il est tel, qu'on peut supposer avec grande apparence de raison que les peuples qui ont successivement exercé l'empire du monde ou marqué sur la terre leur trace civilisatrice ont dû avoir, sinon des journaux, au moins quelque chose qui leur en tint lieu jusqu'à un certain point. Il serait intéressant de connaître quels étaient chez ces peuples les moyens de publicité, quels étaient leurs moyens de communication, d'information; malheureusement nous manquons presque absolument de données à cet égard.

Des anciens dominateurs de l'Asie nous ne savons rien, sinon que les Babyloniens, si l'on en croit Josèphe, auraient eu des historiographes chargés d'écrire *jour par jour* le récit des événements publics, et ce serait d'après ces matériaux qu'au témoignage du même auteur, Bérose aurait composé son histoire de Chaldée.

L'histoire des Grecs est également muette sur ce chapitre; on sait seulement qu'ils avaient des Ephémérides, sorte d'annales historiques, mais on est à peu près d'accord pour leur refuser l'usage des journaux. La vie politique en Grèce était très-active sans doute; mais, resserrée dans de petits états, elle ne demandait point d'aussi puissants instruments de publicité que l'empire romain, par exemple, qui embrassait le monde presque tout entier dans son immense domination. Les citoyens d'Athènes vivaient sur la place publique; Démosthènes nous les montre se promenant dans l'Agora et se demandant les uns aux autres : Quoi de nouveau?

Les Romains étaient beaucoup plus avancés sous ce rapport, et nous sommes aussi mieux renseignés quant à leurs moyens de publicité, grâce aux nombreux témoignages que nous ont laissés leurs historiens, grâce surtout au savant mémoire dans lequel un membre distingué de l'Académie des inscriptions a recueilli et rapproché ces témoignages, avec autant d'esprit que de science.

Dès les premiers temps de Rome, suivant M. Victor Leclerc, le grand pontife, pour conserver les souvenirs publics, recueillait tous les événements de chaque année, et les écrivait sur une table blanchie, qu'il exposait dans sa maison pour que le peuple pût la consulter. Ces tablettes portaient en tête les noms des consuls et des autres magistrats; elles contenaient tout ce qui concernait les aruspices, les cérémonies, les comices, les appels, le sénat, les affaires militaires, et tout ce qui fait l'objet des lois; on y trouvait enregistrés les triomphes et les statues décernés comme récompenses publiques, la dédicace des temples et autres monuments, les fléaux, les éclipses, les prodiges de toute nature, qui devaient nécessairement occuper une large place dans des Annales rédigées par le chef suprême du sacerdoce romain.

Rome, pendant plusieurs siècles, n'eut pas d'autre histoire que ces Annales des pontifes. Elle se trouvait, aux premiers temps de son existence, dans la position de la Grèce; mais quand sa domination se fut étendue, que les parties lointaines de l'Empire sentirent le besoin de se mettre en rapport suivi avec la capitale, que les gouverneurs des provinces, que tous les ambitieux, se virent éloignés du centre des partis, des conjurations, des luttes politiques, et qu'ils eurent intérêt à connaître en quelles mains passait le pouvoir, quels étaient les candidats du peuple, on dut songer à créer des moyens de correspondance. Dans un gouvernement où l'ambition était excitée et tenue sans cesse en éveil, où l'immense chaîne des intérêts et des espérances embrassait au loin tous les rangs des citoyens, où l'ascendant de l'homme public se formait de l'appui unanime des tribus, des municipes, des colonies, et même des nations étrangères, la parole, ce grand instrument politique, ne pouvait plus suffire aux communications entre les patrons et les clients, entre Rome et tous les peuples. Il se produisit alors, sous le nom d'*Acta publica*, une sorte de feuille publique, absolument comme, chez nous, ce même besoin des esprits, ces mêmes sollicitudes de la vie politique, firent naître les gazettes manuscrites, ou *Nouvelles à la main*, qui circulèrent longtemps avant que l'imprimerie pût librement répandre les faits de chaque jour, de chaque heure, avec une si prodigieuse rapidité.

Les Annales des pontifes avaient un caractère

éminemment sacré ; la politique proprement dite n'y avait point accès. Le voile le plus épais couvrait d'ailleurs les actes du Sénat. Ce fut César qui, dans une pensée facile à pénétrer, ordonna que les actes journaliers du Sénat seraient écrits et publiés, comme ceux du peuple, qui l'étaient depuis plusieurs années déjà. Dès lors les grandes Annales furent remplacées par les *Acta diurna* (1), qui en différèrent non-seulement par leur périodicité, mais encore par la nature de leur composition. Tandis que les Annales n'enregistraient en général que les faits les plus mémorables de l'histoire, et particulièrement ceux qui touchaient à la religion, les *Acta* donnèrent place aux moindres détails qui étaient de nature à inspirer quelque intérêt, même éphémère.

D'après cette conjecture les journaux seraient comme une bouture sortie du vieux tronc pontifical ; ils n'en seraient que la prolongation et l'émancipation au dehors ; ils auraient eu, comme le théâtre, comme la statuaire en bien des pays, leur période *hiératique*, avant d'avoir leur existence populaire.

Ces *Acta diurna* n'étaient pas assurément des journaux tels que nous les voyons aujourd'hui, ce

---

(1) Ce mot se retrouve dans le *Diario di Roma*, organe moderne de la cour papale, et on lit dans le code Théodosien le mot *Diurnarii*, qui pourrait se traduire par journalistes.

n'étaient probablement dans l'origine que les procès-verbaux des Assemblées du sénat et du peuple, avec des extraits ou des analyses des discours et des projets de lois ; mais leur cadre dut bientôt s'agrandir, pour faire place à tout ce qui pouvait piquer la curiosité publique. Ainsi on y trouvait, dit-on, comme dans nos feuilles modernes, les cérémonies funèbres, les incendies, les exécutions, les pluies de pierres, les banqueroutes, les longévités et les fécondités extraordinaires, les nominations des magistrats, le récit des événements militaires, la description des fêtes et des jeux publics, les rivalités des cochers du Cirque, les succès ou les chutes des acteurs ; et il ressort d'un passage de Tacite, parlant de l'avidité avec laquelle on lisait les *Diurna* « pour y voir ce que n'avait point fait Thraséas (1) », que, s'ils ne se livraient pas à la discussion des actes politiques et à la critique des hommes publics, ils enregistraient du moins les actions les plus importantes des personnages considérables. Les Romains, du reste, n'avaient pas tardé à comprendre le parti que la vanité pouvait tirer de ce nouvel agent de la renommée. Avaient-ils fait le moindre don à un temple, ils envoyaient aux journaux une note où était célébrée

---

(1) On sait que, lorsque le Sénat félicitait Néron sur la mort d'Agrippine, et assistait en corps aux funérailles de Poppée, Thraséas osa protester par son abstention et son silence, et que ce silence et cette abstention lui furent imputés à crime.

leur munificence. L'orgueil de Livie, si l'on en croit Dion Cassius, lui avait suggéré l'idée de faire insérer dans les *Actes* les noms de tous les Sénateurs, et même des hommes du peuple, qui avaient été admis le matin à l'honneur de la saluer, et Agrippine, mère de Néron, en agit de même. Tibère, au témoignage du même auteur, faisait écrire ou écrivait lui-même dans ces recueils publics de nouvelles, mais pour y consigner ce qu'on avait dit contre lui, quelquefois même ce qu'on n'avait pas dit, et préparer ainsi des prétextes à sa vengeance. Il n'y laissait, d'ailleurs, rien paraître de contraire à ses vues ou à sa domination. Commode, au contraire, prenait un insolent plaisir à faire raconter par les journaux de Rome toutes ses cruautés et toutes ses infamies.

On peut juger, par ces témoignages empruntés aux écrivains romains, de l'importance qu'avaient acquise peu à peu les *Acta diurna*. Mais il y avait loin encore de ces feuilles au journal, dans le sens qu'on attache à ce mot chez les nations modernes, et qui emporte naturellement avec lui une idée de polémique et de discussion, même dans les pays soumis à l'autorité la plus absolue. « Ni sur la fin de la République, ni sous l'Empire, dit M. Sainte-Beuve dans l'article que nous avons déjà cité, pas plus dans les rares intervalles de liberté que sous la

censure des maîtres, les journaux à Rome ne furent
jamais rien qui ressemblât à une puissance ; ils
étaient réduits à leur plus simple expression, et
l'on ne saurait moins imaginer dans un grand Etat,
qui ne pouvait absolument se passer de toute information sur les affaires et les bruits du Forum. Il n'y
avait à Rome que le journal en quelque sorte rudi-
mentaire, un extrait de Moniteur, de petites Affiches et de Gazette des tribunaux ; le vestige de
l'organe, plutôt que l'organe puissant et vivant.
M. Leclerc a fait comme ces curieux anatomistes
qui retrouvent dans une classe d'animaux ou dans
l'embryon la trace, jusque-là imperceptible, de ce
qui plus tard dominera. Si M. Magnin a su montrer
la persistance et faire comme l'histoire de la faculté
dramatique aux époques même où il n'y a plus de
théâtre ni de drame à proprement parler, M. Leclerc, à son tour, a pu trouver la preuve de la faculté
du journal chez les Romains. Cette faculté humaine,
curieuse, bavarde, médisante, ironique, n'a pas
dû cesser dès avant Martial jusqu'à Pasquin. Mais
qu'on n'en attende alors rien de tel (M. Leclerc est
le premier à le reconnaître) que cette puissance de
publicité devenue une fonction sociale ; ceci est
aussi essentiellement moderne que le bateau à vapeur. Le véritable Moniteur des Romains se doit
chercher dans les innombrables pages de marbre
et de bronze où ils ont gravé leurs lois et leurs vic-

toires; les journaux littéraires du temps de César sont dans les lettres de Cicéron, et les petits journaux dans les épigrammes de Catulle : ce n'était pas trop mal pour commencer. S'il y avait eu des journaux, dans ce sens moderne qui nous flatte, au moment où se préparait la rupture entre César et Pompée, on aurait vu Curion soudoyer, courtiser des rédacteurs, César envoyer des articles tout faits; il y aurait eu escarmouche de plume avant Pharsale. Mais rien; le journal de Rome manqua toujours de *premier Paris* aussi bien que de feuilleton : est-ce là un aïeul? Et sous les empereurs, après Néron et dans les interrègnes, s'il y avait eu de vrais journaux à Rome, chaque prétendant y serait allé, en même temps qu'aux prétoriens, pour se les assurer; et Trimalcion et Apicius, dans leurs digestions épicuriennes, auraient songé à en acheter un, pour être quelque chose.

» C'est à nous, bien à nous, notre gloire et notre plaie que le journal ; prenons garde! c'est la grande conquête, disions-nous hier; nous le redisons aujourd'hui, et, plus mûrs, nous ajoutons : c'est le grand problème de la civilisation moderne (1). »

Nous pensons sur ce point comme l'éminent critique : la parenté entre nos journaux et ceux de Rome est fort lointaine; cependant on ne peut nier

---

(1) Sainte-Beuve, *Portraits contemporains*, II, 359.

qu'il n'y ait une grande analogie entre ces deux créations, nées évidemment des mêmes besoins, mais qui se sont produites dans des temps si éloignés l'un de l'autre, et dans des circonstances si diverses sous tant de rapports.

Du reste, il ne nous est rien parvenu qui nous puisse donner une idée de la contexture de ces gazettes romaines. M. Leclerc indique un fait qui permettrait, selon lui, de se figurer ce qu'elles renfermaient entre le premier consulat et la dictature de César. Cicéron, partant pour son proconsulat de Cilicie, aurait chargé un de ses clients, Célius Rufus, de le tenir au courant des événements qui pourraient l'intéresser. De cette correspondance de Célius il nous est resté dix-sept lettres, remplies de nouvelles de toutes sortes, ramassées de toutes mains par des gens payés pour cela. M. Leclerc voit dans ces lettres, d'ailleurs ingénieuses, vives, originales, le reflet brillant des *Acta diurna*. « Mais n'est-ce pas se faire un trop bel idéal des journaux de Rome? C'est précisément parce que ces journaux, qui sont à peine indiqués en passant dans la correspondance de Célius, ne disent pas l'indispensable, qu'il y supplée si activement près de Cicéron. Il va jusqu'à lui copier au long un sénatus-consulte, faute du Moniteur du jour apparemment. Quand on lit cette suite de lettres, on en reçoit une impression qui dément plutôt l'idée d'un service officiel et régulier par les journaux. » On peut retourner de même l'argument tiré des lettres que Cicéron lui-même écrivait de Rome, soit à Quintus, son frère, soit à Atticus, son ami, lettres pleines des affaires et des bruits de la ville, et qui, dans la pensée du sagace dissertateur, peuvent donner également une idée de l'immense variété des matières dont se composaient les journaux de Rome. « Ces lettres, dit-il, pour une suite de plus de vingt ans, remplacent cette collection perdue ; elles forment comme un journal, trop pressé sans doute de suivre les événements pour ne pas les dépasser quelquefois ; mais n'est-ce pas une ressemblance de plus avec un journal ? »

On aurait une autre preuve de l'insuffisance des *Acta* dans ce fait que les citoyens riches entretenaient des esclaves dont l'occupation était de leur rapporter le bulletin quotidien des affaires publiques ou des sentences des tribunaux, recueillies et résumées par les *actuarii* ou sténographes, ainsi que les diverses nouvelles du jour : décès, naissances illustres, mariages ou divorces (1), et les mille autres petits faits qu'ils apprenaient de la bouche des nouvellistes, « coureurs effrontés de nouvelles et d'anecdotes qu'il y a du risque à dire et à savoir (2) », grands politiqueurs, « qui, sans

---

(1) Il n'y a pas de jour, dit Sénèque, où les Actes n'aient à enregistrer un divorce.
(2) Sénèque.

quitter le Forum, où ils s'assemblaient au pied de la tribune aux harangues, d'où leur était venu le nom de *subrostrani*, savaient mieux que les généraux par quels chemins il fallait conduire l'armée, où il convenait de camper, de prendre ses quartiers d'hiver et de livrer bataille (1). »

Les patriciens avaient encore, pour les tenir au courant de la chronique scandaleuse, le parasite, type éteint de nos jours, ou, pour mieux dire, qui s'est transformé, mais qui occupe une grande place dans l'histoire de la société romaine, dont il était le journal vivant et comme le feuilleton-chronique. « Cet homme, dit Martial, invente force nouvelles, qu'il débite comme vraies. Il sait ce que le roi des Parthes a dit dans son conseil privé ; il donne le chiffre de l'armée du Rhin et de celle des Sarmates ; il est au fait des ordres que le roi des Daces a transmis par écrit confidentiel ; aucun des ressorts cachés de la politique ne lui est inconnu, et partout il a des intelligences secrètes. Il n'est pas moins au courant des nouvelles de la ville, dont il possède toute l'histoire scandaleuse, et il vous apprendra que telle veuve est enceinte, dans quel mois elle le devint et de qui, etc. »

C'était, comme on le voit, un personnage précieux que le parasite, à une époque où l'on n'avait

---

(1) Tite-Live.

pas encore inventé les petits journaux ; mais tout le monde ne. pouvait pas se donner ce luxe, et d'ailleurs, si l'on en juge par ce qui se passe aujourd'hui chez le peuple le plus spirituel du monde, les parasites spirituels n'étaient sans doute pas très-communs. Il n'est donc pas étonnant que la spéculation se soit emparée des *Acta diurna;* des industriels firent commerce des copies de ces actes, et Tacite nous apprend qu'on les envoyait dans les provinces et jusque dans les armées (1). Les auteurs du temps, Cicéron entre autres, parlent de ces entrepreneurs de publicité, et nommément d'un certain Chrestus, dont la feuille, *compilatio*, était célèbre et fort répandue.

Les *Acta diurna* paraissent s'être continués, à travers des vicissitudes diverses, jusqu'aux derniers empereurs. Quand l'empire tomba, les journaux disparurent : le journal est le signe et le besoin de la vie commune, et les Barbares, après la conquête, dispersés avec les vaincus sur leurs propriétés, ne conservèrent entre eux aucun lien de centralisation; et pour les moyens d'information, ils étaient probablement, chez tous ces peuples nouveaux, aussi élémentaires que ceux que César trouva en usage dans les Gaules quand il y péné-

---

(1) Diurna populi romani per provincias, per exercitus leguntur. (*Annales*, XVI, 22.)

tra : les Gaulois, à son rapport, étaient si avides de nouvelles, qu'ils couraient après les voyageurs et les forçaient de s'arrêter pour leur apprendre ce qu'ils savaient de nouveau. « Mais, dit Pelloutier dans son Histoire des Celtes, d'après l'auteur des *Commentaires*, comme ces nouvelles, que les voyageurs et les marchands forgeaient souvent à plaisir, causaient quelquefois de grands mouvements et donnaient lieu à mille résolutions précipitées, les Etats bien réglés des Gaules avaient une loi qui défendait aux particuliers de répandre des nouvelles dans le public ; il fallait les porter au magistrat, qui les supprimait ou les publiait, selon qu'il le jugeait à propos. Il n'était pas même permis de s'entretenir d'affaires d'État hors de l'assemblée générale. »

Origines du Journal chez les Modernes.

La vie politique sommeilla longtemps chez les peuples modernes ; on sait d'ailleurs combien fut lente leur agrégation, si l'on peut ainsi parler, et qu'il fallut des siècles pour que les nationalités européennes parvinssent à se constituer. En ce qui concerne la France, par exemple, on est étonné, quand on ouvre un de nos vieux chroniqueurs, de voir combien peu, jusqu'au xve siècle, il y avait de relations, de cohésion, entre les diverses provinces, ou même entre les villes de la même province. Chaque cité, chaque bourgade, enfermée dans une double enceinte de fossés et de murailles, vivait d'une vie tout intérieure, indépendamment des bourgades voisines, avec lesquelles elle n'avait souvent que des communications très-difficiles.

A plus forte raison les populations demeuraient-elles absolument étrangères à ce que nous appelons la politique extérieure. C'était l'affaire des rois uniquement et de leurs ministres, et le populaire ne prenait nul souci de ce qui pouvait se passer chez ses voisins. Il fallut les guerres de religion pour mettre fin à cette indifférence mutuelle. Alors, en effet, un intérêt nouveau entra en jeu; à part les rivalités des souverains, il y eut désormais un intérêt commun entre les nations. La querelle qui se vidait par les armes en Hollande ou en Allemagne était la querelle de tous les protestants et de tous les catholiques; chaque bataille, chaque prise de ville, mettait une moitié de l'Europe dans la joie et l'autre moitié dans la douleur. Les nouvelles, même des pays les plus lointains, furent dès lors pour toutes les classes l'objet d'une ardente curiosité, et la propagation rapide et régulière de ces nouvelles devint un besoin public.

C'est alors que naquit le journal. La controverse religieuse, si ardente au xvie siècle, dit un de nos plus habiles publicistes, avait trouvé dans l'imprimerie un instrument à la fois et un aliment. Les gros livres, trop longs à écrire, trop longs surtout à lire, firent place aux petits traités courants, qu'il était facile de répandre. Les traités eux-mêmes furent supplantés par les manifestes, les proclamations, les satires, imprimés sur des feuilles isolées, et habituellement d'un seul côté, qu'on obtenait à bon marché, qu'on se passait sous le manteau, et qu'au besoin on affichait pendant la nuit. Les partis, pour enflammer le zèle ou soutenir l'ardeur de leurs adhérents, faisaient imprimer et distribuer la relation des avantages qu'ils avaient obtenus. C'est par des circulaires de ce genre, cachées dans la selle d'un cheval, dans la doublure d'un manteau de voyage, que les protestants de France apprenaient les victoires de leurs coreligionnaires d'Allemagne, et ils se servaient à leur tour du même moyen. L'usage devint bientôt général d'imprimer sur des feuilles séparées et de vendre à bas prix les relations de tous les événements remarquables, de tous les faits propres à affriander les lecteurs. On devait être naturellement conduit à réunir plusieurs événements sur la même feuille ou dans le même cahier, et le jour où l'industrie d'un homme, encouragée par la curiosité croissante du public, donnerait un titre uniforme à ces feuilles volantes, établirait entre elles un ordre de succession et leur assignerait un retour périodique, la gazette, le journal, serait créé (1).

Le journal naquit presque simultanément, et sous l'influence des mêmes causes, en France, en Angleterre et en Hollande, au commencement du xviie siècle. Si l'on s'attache à la question de priorité, les dates semblent être en faveur de la Hollande et de l'Angleterre, mais, en réalité, c'est à la France, comme nous le démontrerons bientôt, qu'appartient l'honneur d'avoir donné naissance au premier journal (2).

Cependant Venise a des prétentions dont nous devons dire quelques mots. Elles reposent uniquement sur l'étymologie du mot *gazette*, *gazetta*, dont on s'est longtemps servi pour désigner les feuilles politiques (3), et qui est incontestablement un mot vénitien. Au temps des guerres contre les Turcs, le gouvernement de Venise, pour satisfaire la légitime

---

(1) Cucheral-Clarigny, *Histoire de la presse en Angleterre*.

(2) Nous laissons la Chine hors de cause. Il se pourrait faire que l'invention du journal appartînt à cette étrange nation, qui a inventé tant de choses, et notamment l'imprimerie; telle paraît même être l'opinion de Voltaire (*Dictionnaire philosophique*), qui dit que la Chine possède des gazettes depuis un temps immémorial; mais il ne fait qu'effleurer ce sujet, comme tant d'autres, et personnellement nous ignorons absolument les droits que le céleste empire pourrait avoir à cette invention.

(3) La dénomination de *journal*, qui a prévalu depuis, fut d'abord réservée aux recueils littéraires et scientifiques. « Un journal, dit l'*Encyclopédie*, est un ouvrage périodique, qui contient les extraits des livres nouvellement imprimés, avec un détail des découvertes que l'on fait tous les jours dans les arts et dans les sciences..... C'est un moyen de satisfaire sa curiosité, et de devenir savant à peu de frais. » Dans cette acception, le plus ancien journal est le *Journal des Savants*, dont nous parlerons en son lieu.

curiosité des citoyens, faisait lire, dit-on, sur la place publique, un résumé des nouvelles qu'il avait reçues du théâtre de la guerre, et on donnait une petite pièce de monnaie appelée *gazetta* pour assister à cette lecture, ou pour prendre connaissance de ce qui avait été lu, ou encore, selon d'autres, pour acheter le *cahier* où ces nouvelles étaient consignées : de là le nom de *gazettes* appliqué aux feuilles contenant des nouvelles (1). Voilà la tradition, et il serait presque à désirer qu'elle fût vraie : ne serait-il pas curieux, en effet, que le journal moderne, ce raisonneur bruyant et bavard, cet instrument de discussion et de publicité, soit né, ait bégayé ses premiers mots, dans un pays qui avait fait du silence le dogme fondamental de sa politique ? N'eût-il pas été piquant de voir le gouvernement absolu et mystérieux de Venise, le défiant et soupçonneux conseil des Dix, encourager les premiers essais de ces petites feuilles destinées à devenir les plus formidables machines de guerre qui aient jamais été inventées contre l'autorité des

---

(1) On donnait plus ordinairement le nom de *gazetin* aux gazettes manuscrites. — Quelques mauvaises langues voudraient que les gazettes eussent pris leur nom de celui d'un oiseau babillard, la pie, *gazza*. D'autres, plus forts, le font dériver d'un mot hébreu, corrompu et renversé, *izgard*, qui signifie *nuntius*, messager. C'est bien le cas de rappeler l'épigramme fameuse décochée contre Ménage par le chevalier de Cailly :

> Alfana *vient d'equus sans doute;*
> *Mais il faut convenir aussi*
> *Qu'en venant de là jusqu'ici,*
> *Il a bien changé sur la route.*

gouvernements ? Par malheur on ne trouve en Italie aucune trace de ces gazettes vénitiennes.

Si l'on en croyait un article de M. Sichel publié dans l'*Athenœum français* du 2 septembre 1854, l'Allemagne aurait à la priorité des droits bien mieux fondés encore, et ce serait au commerce que les journaux devraient leur origine.

A l'époque, dit-il, où le gouvernement de Venise publiait les *Notizie scritte*, les grandes maisons de commerce de l'Allemagne commençaient déjà à faire multiplier par des copies et à échanger leurs rapports commerciaux, afin de se tenir au courant des événements politiques de nature à influencer les affaires. Parmi ces relations écrites, qui représentaient les premiers essais du journalisme, celles qui furent rédigées à Augsbourg sous les auspices de la maison des Fugger prenaient à la fin du XVIe siècle une forme et une étendue qui les rapprochent déjà de nos journaux modernes. Presque tous les jours il paraissait un numéro sous le titre de *Ordinari-Zeittungen*, et à côté d'eux des suppléments, *Extraordinari-Zeittungen*, avec les nouvelles les plus récentes. Le prix d'un numéro ou d'un supplément était à Augsbourg même de 4 kreuzers ; toute l'année, y compris les frais de distribution à domicile, se payait 25 florins, et les Ordinari-Zeittungen seuls, 14 florins. Une collection de ces journaux d'Augsbourg qui embrasse les années 1568-1604, a été conservée à la bibliothèque de Vienne, et présente une source très-précieuse pour l'histoire de cette époque.

L'abondance des nouvelles contenues dans cette collection s'expliquerait par les rapports très-étendus de la maison Fugger. Elle avait des agents dans toutes les parties du monde, et entretenait une correspondance quotidienne avec toutes les grandes maisons de commerce. Ses affaires de change et d'emprunt lui faisaient jouer un rôle important dans le monde politique, et la mettaient en rapport avec beaucoup de gouvernements, avec nombre d'hommes d'Etat et de parti. Enfin elle s'était assuré, par de nombreux services, l'affection des jésuites, et recevait fréquemment de cette société, qui commençait à se répandre sur le monde entier, des communications confidentielles.

L'histoire de l'orient de l'Europe occuperait surtout une grande place dans ces journaux; grâce aux jésuites, ils avaient de temps en temps des nouvelles d'outre-mer, de la Perse, de la Chine, du Japon, de l'Amérique. Les correspondants se seraient aussi envoyé des nouvelles littéraires, annonçaient les livres curieux et en donnaient des extraits. La représentation d'une nouvelle comédie y serait souvent mentionnée. Les rapports sur la récolte y seraient très-fréquents, de même que les tableaux du prix du blé et d'autres denrées. Enfin il n'y aurait pas jusqu'aux réclames et aux annonces qu'on y rencontrerait de temps en temps ; il s'y trouverait un long registre *Comment et où toutes les choses sont maintenant à acheter à Vienne.*

Bref, si l'on prenait à la lettre le dire de M. Sichel, l'Europe n'aurait fait que suivre, et suivre bien tardivement et de bien loin l'Allemagne dans la voie de la presse. Quoi qu'il en soit de cette assertion, peut-être un peu trop ingénieuse, et que nous n'avons pas été à même de contrôler, nous avons vu dans les correspondances commerciales un élément que nous devions signaler. N'oublions pas de dire que les *Zeittungen* n'étaient pas écrits dans une langue unique ; il y règne au contraire, sous ce rapport, la plus grande diversité : la plupart des lettres sont écrites dans l'idiome du pays d'où elles émanent, beaucoup le sont en italien, la langue commerciale de l'époque ; les communications des savants et des ecclésiastiques sont faites dans un latin plus ou moins intelligible.

Les Anglais, de leur côté, ont de bonne heure revendiqué pour leur pays l'initiative de ce genre de publication ; mais leurs prétentions s'appuyaient sur trois numéros d'un prétendu *Mercure* de 1588, que l'on a reconnu depuis être une fraude d'érudit, une supercherie littéraire fort habile, mais dont personne ne saurait plus être la dupe aujourd'hui.

Cependant, dès les dernières années d'Elisabeth et les premières de Jacques Ier, on trouve en Angleterre un grand nombre de feuilles volantes et de placards intitulés *News* (Nouvelles), et contenant le récit d'événements qui s'étaient accomplis en Angleterre ou sur le continent. Dans ce dernier cas, le titre indique presque toujours que les nouvelles offertes au public sont traduites de l'original hollandais. Ce soin de la part des éditeurs anglais suffirait seul à décider en faveur de la Hollande la question de priorité ; mais nous manquons absolument de renseignements sur les premiers essais de la presse dans ce dernier pays, essais qui n'étaient probablement, comme la traduction, que d'imparfaites ébauches. En 1622, une association d'éditeurs commença à Londres la publication d'une feuille intitulée : *les Nouvelles hebdomadaires* d'Italie, d'Allemagne, de Hongrie, de Bohême, etc., qui paraissait à époques indéterminées. Peu de temps après, un auteur de nouvelles à la main, profession alors fort répandue, comme nous aurons occasion de le voir bientôt, prit la direction des *Weekly News*, et leur imprima une certaine régularité. Chaque exemplaire porte, outre la date de sa publication, un numéro d'ordre, ce qui ferait croire à la périodicité du recueil ; mais il paraît qu'il éprouva de fréquentes interruptions, et l'on en perd tout à fait la trace après 1639. D'ailleurs, cette petite feuille, qui ne donnait pas en une année autant de matière qu'en contient un seul numéro du *Times*, se bornait à enregistrer à la file, pêle-mêle, sans aucune réflexion, les événements importants ou singuliers arrivés sur le continent ; elle ne se hasardait qu'avec une extrême timidité à parler des affaires de l'intérieur, ou plutôt elle s'en gardait comme d'un délit qui aurait attiré sur elle les foudres de la Chambre étoilée, ce redoutable tribunal qui fit aux pamphlétaires une guerre si acharnée, si cruelle. Et il est à remarquer que bien longtemps après encore les journaux anglais durent s'astreindre à la même réserve, de peur d'éveiller la sévérité du Parlement, qui, devenu tout-puissant à son tour, ne se montra pas moins jaloux que la Chambre étoilée de l'influence considérable que la presse périodique avait acquise ; ils ne se permettaient non plus que bien rarement de citer des noms propres, car il était arrivé plus d'une fois que de grands personnages avaient fait assommer des écrivains pour avoir parlé d'eux dans les gazettes. Revenant aux *Weekly News*, nous ne faisons aucune difficulté d'avouer que leur publication constitua un véritable progrès dans l'histoire de la presse ; mais ce n'était pas encore un journal dans toute l'étendue de la signification actuelle de ce mot.

Pendant qu'en Angleterre le journal cherchait ainsi sa voie, une feuille paraissait à Paris qui, par la régularité de sa publication, par sa circulation européenne, par l'abondance et le choix de ses matières, la supériorité de sa rédaction et le nombre de ses correspondances, répondait enfin, aussi complétement que cela était possible à cette époque, à l'idée que nous nous faisons d'un journal : c'était la *Gazette* de Renaudot, qui débuta en mai 1631, et se continua avec une imperturbable régularité jusqu'en 1792, époque où elle revêtit une nouvelle forme, sous laquelle elle est venue jusqu'à nous. Il y a loin encore assurément de la feuille de Renaudot aux journaux actuels ; mais enfin c'était le journal ; l'instrument, l'arme, était créée, le temps devait faire le reste.

Avant d'aborder l'histoire de la mère des journaux, « mère Gigogne, s'il en fut, comme le dit M. de Laborde, et bien digne par sa persévérance d'avoir enfanté une pareille postérité », nous croyons devoir, pour en mieux faire comprendre l'importance et le rôle, remonter autant que possible le cours de sa filiation et chercher quels peuvent avoir été ses ancêtres. Le journal, nous l'avons fait pressentir, n'est pas né tout d'une pièce, on n'est arrivé à cette conception qu'à la suite de longs tâtonnements, cent cinquante ans seulement — la chose est remarquable — après l'invention de l'imprime rie ; il a eu des précédents, des similaires, si l'on peut ainsi dire, auxquels nous avons déjà fait allusion, et qui méritent de nous occuper quelques instants.

—

Chroniqueurs, Gazetiers et Nouvellistes. — Nouvelles à la main, Gazettes manuscrites.

On a dit que M. Leclerc, encouragé dans cette voie de recherches par le succès de son travail sur les journaux romains, s'occupait activement de suivre au moyen-âge la trace du journal. Des journaux privés, il n'en manqua jamais, même alors : on écrivait à la dernière page de sa Bible ses bons ou mauvais jours ; le moine ou le bourgeois de Paris notaient dans l'ombre les événements mémorables ou singuliers. Mais lorsqu'on entend par journal une feuille plus ou moins régulière, périodiquement publiée, on a plus de peine à en découvrir, et c'est à M. Leclerc que revient le soin d'en dépister.

Dans les premiers temps de la monarchie, il n'y eut d'autres journalistes que les chroniqueurs, et encore sont-ils rares et bien insuffisants. C'est au xve siècle seulement que les documents commencent à abonder. Cette époque, en effet, remplie d'événements si étranges, si variables, si caractérisés, devait tout ensemble secouer les intelligences, donner le désir de l'observation, et fournir aux esprits les plus paresseux une ample moisson de remarques. Aussi les chroniques abondent-elles dans ce siècle, et elles fourmillent des plus curieux détails. Dans le nombre, il en est qu'en raison de leur caractère, on pourrait appeler les chroniques bourgeoises, et qui intéressent plus particulièrement notre sujet ; tels sont : le Journal d'un bourgeois de Paris, 1409-1449; les Mémoires de Jacques du Clercq, 1448-1467; la Chronique scandaleuse, attribuée à Jean de Troyes, 1461-1483. Ce qui caractérise en général les chroniqueurs, c'est le développement de l'esprit communal, la préoccupation des choses de la vie journalière, le mélange constant des plus petits faits aux grands événements : ils font le commérage de l'histoire ; ils narrent les scandales, racontent la pluie et le beau temps, recherchent les anecdotes ; ils reflètent pour ainsi dire le foyer domestique de la patrie. Ce sont, en un mot, de véritables gazetiers, avec l'observation en plus, et la naïveté, et la bonhomie.

Les chroniqueurs bourgeois apportent à l'histoire, à l'histoire des mœurs surtout, un trésor de renseignements spéciaux, que l'on ne trouverait nulle part ailleurs ; ils donnent l'idée la plus complète de la vie dans la cité, de l'existence bourgeoise, de la politique, de l'activité turbulente des *bonnes villes* durant ces temps de trouble, et l'historien ne saurait se dispenser de les consulter.

Ce ne serait pas sans fruit non plus qu'il interrogerait nos poètes des XIIIe et XIVe siècles ; un exemple suffira pour donner une idée de ce que ces vieux auteurs, si peu consultés, offriraient au chercheur qui aurait le courage de les fouiller. Dans les *Faictz et dictz de maistre Jehan Molinet* (Paris 1540), nous rencontrons, sous le titre de *Recollection des merveilles advenues en nostre temps*, commencé par très-élégant auteur messire Georges Chastelain, et continué par maistre Jehan Molinet, une pièce qui contient, en 140 huitains, tous les événements historiques qui ont eu lieu de 1428 à 1498, c'est-à-dire jusqu'à la mort de Charles VIII. Elle commence ainsi :

> *Qui veult ouyr nouvelles*
> *Estranges à compter,*
> *Je sçay les nonpareilles*
> *Qu'homme sauroit chanter,*
> *Et toutes advenues*
> *Depuis longtemps en ça :*
> *Je les ai retenues,*
> *Et sçay comment il va.*

Voici en quels termes y sont mentionnées la découverte de l'imprimerie et celle de l'Amérique :

> *J'ai veu grant multitude*
> *De livres imprimés*
> *Pour tirer en estude*

Povres mal argentez;
Par ces nouvelles modes
Aura maint escolier
Decret, bibles et codes,
Sans grand argent bailler.

J'ai veu deux ou trois isles
Trouvées en mon temps
De chucœdes fertiles,
Et dont les habitants
Sont d'estranges manières
Sauvages et velus.
D'or et d'argent minières
Voit-on en ces pallus.

Au xvie siècle, l'horizon s'élargit tout à coup ; la lumière jaillit à flots sous le choc des passions religieuses. Pendant les mouvements de la réforme, les placards, les pamphlets, les satires, les brochures, tiennent lieu de journaux et en préparent l'avénement. Sous la Ligue, les chaires chrétiennes sont transformées en tribunes politiques, où les prédicateurs déclament des premiers-Paris furibonds, et il nous est resté dans la satire Ménippée un curieux monument de cette polémique ardente, passionnée à l'excès. Les guerres civiles eurent ce résultat de développer l'activité, l'influence, la verve de la bourgeoisie ; c'est au milieu de leurs fiévreuses agitations que se montrent les politiqueurs, les nouvellistes, les gazetiers, et que les gazettes à la main commencent à circuler en grand nombre, non-seulement en France, mais dans toute l'Europe.

La passión des nouvelles est probablement aussi ancienne que le monde, et de tout temps il a dû se trouver des hommes pour spéculer sur cette passion. Renfermée dans de justes bornes, c'est un besoin naturel, légitime, qui devait être d'autant plus vif que les moyens de communication étaient plus incomplets ; poussée jusqu'à l'excès, c'est une manie, que Bayle avait justement baptisée du nom de *Nouvellisme,* et de laquelle sont nés les *Nouvellistes,* qu'il faut eux-mêmes distinguer en nouvellistes par caractère et nouvellistes de profession, mais auxquels on peut attribuer en commun, quoiqu'à des titres différents, la paternité des *Nouvelles à la main,* espèce de gazettes manuscrites ou clandestinement imprimées qui ont précédé le journal, et qui ensuite ont persisté comme moyen de faire circuler les nouvelles dont la censure ou l'autorité supérieure n'auraient pas permis la publication.

Nous avons vu combien les Gaulois, nos aïeux, étaient avides de nouvelles ; nous n'avons pas dégénéré sous ce rapport, et, pour en être convaincu, il suffit d'avoir vu les rues de Paris, les boulevards surtout, à certaines époques, d'avoir assisté à l'assaut des boutiques de journaux dans certains moments. Rien d'ailleurs de plus naturel que ce besoin. Aujourd'hui, nous avons dans le journal un intarissable causeur qui satisfait amplement notre curiosité ; mais jusqu'au commencement du xvii⁰ siècle ce n'était que par ouï-dire que les citoyens pouvaient connaître même les événements qui intéressaient le plus leur repos, leur fortune, leur vie. On ne doit donc pas s'étonner si, aux époques de troubles et de révolutions, Paris se répandait dans les rues, et si au besoin de curiosité se joignit bientôt le besoin de polémique : il était impossible que chacun ne dît pas son avis sur les nouvelles qui faisaient l'entretien de la journée. « Quand le savetier a gagné par son travail du matin de quoi se donner un oignon pour le reste du jour, il prend sa longue épée, sa petite cotille, son grand manteau noir, et s'en va sur la place décider des intérêts d'Etat (1). » — « Ne savez-vous pas, dit Somaize dans ses *Véritables Précieuses,* que le peuple tient conseil d'Etat au coin des rues et sur le Pont-Neuf, et qu'il y gouverne non-seulement la France, mais encore toute l'Europe ? » Et les dissertations se continuaient sous le manteau de la cheminée. « Aujourd'hui, écrivait Mornay vers la fin du xvi⁰ siècle, il n'y a boutique de factoureau, ouvroir d'artisan ni comptoir de clergeau qui ne soit un cabinet de prince et un conseil ordinaire d'Etat ; il n'y a aujourd'hui si chétif et misérable pédant qui, comme un grenouillon au frais de la

---

(1) *Entretiens du Diable boiteux.*

rosée, ne s'émouve et ne s'ébatte sur cette connaissance. »

L'émotion passée, et chacun retourné à ses affaires, il ne restait aux écoutes que les nouvellistes par caractère et les nouvellistes de profession, race éteinte aujourd'hui, mais qui avait grandement sa raison d'être avant l'existence des journaux. Le besoin de se renseigner avait fait organiser sur divers points de Paris des centres auxquels venaient aboutir, comme à un commun écho, tous les bruits sur les choses de l'intérieur et de l'extérieur. Les principaux centres étaient : le jardin du Luxembourg, qui fut longtemps le chef-lieu du nouvellisme, et qui demeura toujours le point de ralliement des nouvellistes littéraires, des *chenilles du théâtre,* comme les appelle Gresset (1) ; — le jardin des Tuileries, où l'on rencontrait l'arrière-ban des nouvellistes, assis sur les bancs, « à l'ombre, autour du rondeau », et sur un autre « fort long, au bout du boulingrin », suivant ce que nous apprend un curieux petit livre, *l'Ambigu d'Auteuil* (1709, in-8) ; — le jardin du Palais-Royal, rendez-vous habituel de la tourbe des nouvellistes

Déguenillés, mourant de faim,

---

(1) C'est à ceux-là que s'adressait ce trait de La Bruyère : « Le devoir du nouvelliste est de dire : Il y a un tel livre qui court, et qui est imprimé chez Cramoisy, en tel caractère ; il est bien relié, et en beau papier ; il se vend tant. Il doit savoir jusques à l'enseigne du libraire qui le débite. Sa folie est de vouloir faire le critique. »

*De ces hâbleurs passant leur vie
Dessous l'arbre de Cracovie* (1),

un orme fameux, ainsi nommé des bourdes, des *craques,* qui se débitaient sous son ombrage ; — la *salle mugissante* du Palais (2) ; — l'Arsenal ; le cloître des Augustins, que le voisinage du Pont-Neuf était très-propre à achalander de nouvelles, et celui des Célestins, où l'on voyait surtout des abbés. Les nouvellistes se réunissaient encore dans les cafés, où les curieux se portaient en foule, comme jadis les Athéniens à la place du marché, pour savoir les nouvelles du jour.

Il y avait rivalité entre ces différents cercles ; une petite pièce de la fin du xviie siècle, le *Nouveau règlement général pour les nouvellistes,* nous fournit à cet égard de très-curieux détails (3) :

« Dans les assemblées qui se forment de ces infatigables curieux qui font profession actuelle de s'entretenir des grands événements, l'on n'y entend ordinairement que du galimatias et des qui-pro-

---

(1) *Henriade travestie.*

(2)   *Ni Luxembourg, ni quai des Augustins,
  Ni du Palais la mugissante salle.,
  En célébrant leurs conciles mutins,
  N'eurent jamais, pour régler les destins,
  Un nouvelliste, Octave, qui t'égale.*
                                                 SÉNECÉ.

(3) Cette pièce curieuse, dont on connaît deux éditions, l'une in-4°, sans date, l'autre de Paris, Cl. Cellier, 1703, in-8°, a été reproduite par notre ami M. Edouard Fournier dans ses *Variétés historiques et littéraires,* où il l'a, comme toujours, éclairée d'un de ces lumineux commentaires qui font le succès de ce recueil si éminemment-intéressant, une des meilleures productions sans contredit de la Bibliothèque Elzévirienne.

quo, au lieu de discours judicieux et vraisemblables ; cet abus a obligé les présidents de tous les bureaux établis pour le débit et l'entretien des nouvelles du temps de convoquer une assemblée générale pour convenir ensemble et authentiquement des moyens de remédier à un tel abus.

» Mais la plus grande difficulté fut de s'ajuster sur le lieu et la manière de s'assembler, car les nouvellistes des Tuileries prétendaient que tous les autres devaient s'y rendre et leur céder la préséance, à cause que c'était la maison du roi. Le président du Luxembourg soutint qu'elle lui appartenait d'ancienneté, et à cause du bon air qui fait ordinairement la substance des partisans de nouveautés. Mais celui du Palais-Royal disputa à tous le premier rang, par la raison que son fondateur avait été le plus grand politique de son siècle. Le président du cloître des Grands-Augustins le voulut emporter de haute lutte. Il proposa, pour soutenir son droit, toutes les boutiques qui en dépendent, dans lesquelles on faisait une continuelle lecture de toutes les gazettes qui s'impriment dans l'Europe : de sorte qu'on devait regarder ce lieu célèbre comme le tronc copieux de toutes les nouvelles, et dont les branches s'étendent et fleurissent dans tous les autres bureaux. Néanmoins le président des Célestins s'y opposa formellement, sous prétexte que leur jardin était, par privilége, destiné pour les nouvellistes de distinction, et qu'aucune autre personne n'avait la liberté d'y entrer ; il avança que de tout temps les plus habiles politiques en avaient fait leur centre, témoin Antoine Perez, secrétaire d'Etat des dépêches universelles de Philippe II, roi d'Espagne, lequel, s'étant réfugié en France, conçut tant d'inclination pour ce couvent, qu'il voulut qu'après sa mort on l'enterrât dans le cloître, où l'on voit encore son épitaphe, qui doit imprimer un vrai respect dans l'esprit des savants nouvellistes.

» Ceux du Palais, qui ne sont nourris que d'un lait qui ne saurait jamais se cailler, formèrent empêchement à la prétention de tous les autres, et même au dessein qu'ils avaient de travailler à la réforme. Ils alléguaient pour moyen le long usage où ils étaient de parler de tout sans règle et sans connaissance, en soutenant que les saillies d'esprit et l'invention avaient bien plus de beauté et d'agrément qu'une froide relation de faits et d'événements ; que ce style n'était bon que pour les marchands, qui ne comptent que sur leur propre fonds, au lieu que les personnes d'un génie vif et heureux savaient trouver dans l'imagination un plaisir et un applaudissement qu'on ne goûtait point dans un récit simple et uni ; que c'était par le secret de faire des applications hardies des lois sur différentes matières opposées que plusieurs avocats acquéraient de la réputation et de grosses fortunes ; en un mot, que l'inclination des Français était toujours d'aller bien loin, sans s'embarrasser de la science des chemins, et qu'il suffisait d'avoir une langue et du courage pour gagner bien du pays.

» Le député des cafés remontra que la question dont il s'agissait ne regardait nullement la noblesse ni l'ancienneté des lieux où les bureaux se tenaient, mais seulement ceux qui y avaient entrée et voix délibérative ; qu'on ne pouvait pas nier que présentement les cafés ne fussent le rendez-vous le plus ordinaire des nouvellistes d'esprit et de distinction, particulièrement en hiver, où les promenades n'étaient pas de saison, et que c'était pour cette raison qu'il devait avoir la préséance dans cette grande assemblée.

» Les barbiers eurent avis des motifs pourquoi elle se tenait. Ils ne manquèrent pas d'y faire leurs remontrances, aux fins d'y être reçus comme membres de ce digne corps, fondés sur ce que, de tout temps, ils étaient en possession d'être les premiers nouvellistes de tous les pays, et d'être choisis pour battre l'estrade et découvrir tout ce qui se passe d'important dans ce genre de science, ayant pour cet effet beaucoup de relations auprès des personnes de la première qualité : en sorte que c'était dans leurs boutiques que se raffinaient les plus curieuses nouveautés avant que de se répandre dans le public ; qu'au reste ils avaient soin de prendre régulièrement les gazettes toutes les semaines, dont la lecture ne coûtait rien qu'un peu de patience, en attendant son rang d'être rasé, en y ajoutant, aussi gratis, des commentaires considérables ; concluant que, si l'on ne leur faisait pas la justice de leur accorder la préséance sur tous les bureaux, ils espéraient au moins d'y être agrégés pour y occuper la seconde place.

» Après qu'on eut examiné toutes les circonstances de ces contestations, les présidents et députés convinrent enfin de laisser la préséance au bureau du Palais, non-seulement à cause que c'est le magasin général des nouvelles, et où il en vient moins qu'il ne s'en fabrique, mais encore pour n'avoir point de procès, qui achèveraient de gâter l'esprit s'ils étaient joints avec le négoce des nouvelles (1). A l'égard du rang des autres présidents et députés, il fut arrêté qu'il se prendrait comme ils entreraient, n'y ayant point de place, après celle du président du Palais, plus honorable l'une que l'autre. Les choses étant ainsi réglées, quoique avec beaucoup de peine, on travailla sérieusement au moyen de mettre un bon ordre par tous les bureaux, qui fût ponctuellement observé par tous les nouvellistes, à peine aux contrevenants de n'être pas écoutés, et de confisquer leurs nouvelles comme marchandises de contrebande.

» On trouve les principaux articles de ce règlement, qui a été lu, publié et affiché dans les bureaux. »

Dans tous ces centres où les nouvellistes « célébraient leurs conciles mutins », une foule d'oisifs apportaient chaque jour et venaient recueillir le butin quotidien, nouvelles politiques et littéraires,

---

(1) Malgré cette décision, les nouvellistes des Tuileries gardèrent longtemps le pas, qu'ils avaient pris depuis le commencement du siècle sur ceux du Luxembourg. Ils l'avaient encore en 1709 ; c'est du moins ce que l'on peut inférer de ce passage de *l'Ambigu d'Auteuil* : « Après que toutes les nouvelles sont dites au Palais-Royal, et que des histoires qui ont été rebattues déjà cent fois y ont encore été renouvelées, les coqs des pelotons choisissent ceux qu'ils trouvent dignes de leur tenir compagnie, et leur font signe de les suivre aux Tuileries. C'est sur les six heures que se fait le *tric* de cette promenade, et le moins mal en ordre vient se produire dans ces magnifiques jardins, où le désajustement des autres ne serait pas de mise. Après le tour de la grande allée, ils se retirent sous des ormes qui sont du côté de la terrasse qui borde la Seine. Là les plus vénérables prennent séance, pendant que le reste, étant debout, ne se lasse point de participer à la récapitulation de ce qui a été débité de plus important dans la journée, non-seulement au Palais-Royal, mais au Luxembourg, à l'Arsenal, au Palais, sans oublier les cloîtres, où il se fait un monde de nouvellistes, et les fameux cafés de Paris, d'où il ne manque pas de venir des députés. »

bruits de la ville et de la cour. « L'occupation de ces oisifs, dit le petit livre que nous citions tout à l'heure, est de s'entretenir de ce qu'ils ont vu et de ce qui les regarde, en particulier lorsque les nouvelles ne fournissent pas; et bien souvent, dans l'empressement que quelques-uns ont de donner bonne opinion de leur fait, quatre ou cinq parlent à la fois. » Mais on doit croire que les nouvelles faisaient rarement défaut, l'imagination des nouvellistes suppléant abondamment en cas de disette. « Quelques-uns consentiraient, dit La Bruyère, à voir une autre fois les ennemis aux portes de Dijon ou de Corbie, à voir tendre des chaînes et faire des barricades, pour le seul plaisir d'en dire ou d'en apprendre la nouvelle. » Les affaires de l'Etat n'étaient-elles pas d'ailleurs un thème inépuisable pour les politiqueurs de ces conciliabules? « Le sublime du nouvelliste est le raisonnement creux sur la politique », dit encore notre grand moraliste. Et Montesquieu : « Il y a une certaine nation qu'on appelle les *Nouvellistes*. Leur oisiveté est toujours occupée. Ils sont très-inutiles à l'Etat ; cependant ils se croient considérables, parce qu'ils s'entretiennent de projets magnifiques et traitent de grands intérêts. La base de leur conversation est une curiosité frivole et ridicule. Il n'y a point de cabinets si mystérieux qu'ils ne prétendent pénétrer; ils ne sauraient consentir à ignorer quelque chose. A peine ont-ils épuisé le présent qu'ils se précipitent dans l'avenir, et, marchant au-devant de la Providence, la préviennent sur toutes les démarches des hommes. Ils conduisent un général par la main, et, après l'avoir loué de mille sottises qu'il n'a pas faites, ils lui en préparent mille autres qu'il ne fera pas. Ils font voler les armées comme des grues et tomber les murailles comme des cartons. Ils ont des ponts sur toutes les rivières, des routes secrètes dans toutes les montagnes, des magasins immenses dans les sables brûlants : il ne leur manque que le bon sens. » On voit que les nouvellistes français ne le cédaient en rien à ceux de Rome, et la peinture de Montesquieu n'est que la copie brillante de celle que traçait Tite-Live dix-sept cents ans plus tôt.

Il y avait dans chaque cercle le nouvelliste tant pis et le nouvelliste tant mieux, l'optimiste et le pessimiste. « Démophile, à ma droite, se lamente et s'écrie : Tout est perdu, c'est fini de l'Etat; il est du moins sur le penchant de sa ruine... On a fait les plus lourdes fautes... Il débite ses nouvelles, qui sont toutes les plus tristes et les plus désavantageuses que l'on pourrait feindre... Et si vous lui dites que ce bruit est faux et qu'il ne se confirme point, il ne vous écoute pas. Il ajoute qu'un tel général a été tué, et, bien qu'il soit vrai qu'il n'a reçu qu'une légère blessure et que vous l'en assuriez, il déplore sa mort, il plaint sa veuve, ses enfants, l'Etat; il se plaint lui-même : *il a perdu un bon ami et une grande protection...* Si l'on attaque cette place, continue-t-il, on lèvera le siége ; ou l'on demeurera sur la défensive sans livrer de combat, ou, si on le livre, on le doit perdre; et si on le perd, voilà l'ennemi sur la frontière. Et, comme Démophile le fait voler, le voilà dans le cœur du royaume : il entend déjà sonner le beffroi des villes et crier à l'alarme; il songe à son bien et à ses terres. Où conduira-t-il son argent, ses meubles, sa famille? Où se réfugiera-t-il? En Suisse ou à Venise ? — Mais, à ma gauche, Basilide met tout d'un coup sur pied une armée de trois cent mille hommes; il n'en rabattrait pas une seule brigade : il a la liste des escadrons et des bataillons, des généraux et des officiers ; il n'oublie pas l'artillerie, ni le bagage. Il dispose absolument de toutes ces troupes... il sait ce qu'elles feront et ce qu'elles ne feront pas : vous diriez qu'il ait l'oreille du prince ou le secret du ministre... Une autre fois il accourt tout hors d'haleine, et après avoir respiré un peu : Voilà, s'écrie-t-il, une grande nouvelle ! Ils sont défaits, et à plate couture; le général, les chefs, du moins une bonne partie, tout est tué, tout a péri ! Voilà, continue-t-il, un grand massacre, et il faut convenir que nous jouons d'un grand bonheur ! Il s'assied, il souffle, après avoir débité sa nouvelle, à laquelle il ne manque qu'une circonstance, qui est qu'il y ait eu une bataille... (1) »

Si, du reste, l'on veut juger de l'estime dont jouissaient en général les nouvellistes, il suffit d'ouvrir nos vieux lexiques ; on lit, par exemple, dans le Dictionnaire de Trévoux : « Le caractère de nouvelliste conduit au ridicule ; c'est une espèce de profession qui rabaisse l'homme au-dessous de lui-même. Les nobles ruinés ou fainéants sont d'ordinaire nouvellistes ou généalogistes. » Aussi la satire ne les a-t-elle pas épargnés. Hauteroche a dirigé contre eux, en 1678, sa comédie des *Nouvellistes;* et, en 1689, paraissait à Anvers, toujours à leur adresse, un poème héroï-comique intitulé : « *Le grand théâtre des nouvellistes, docteurs et historiens à la mode, ou Le cercle fameux de la promenade du Luxembourg,* poème héroï-comique, envoyé à un homme de qualité partisan de ce cercle, au sujet des entreprises qu'on y fait, tant contre les droits de la Gazette, par des nouvelles forgées à plaisir, que de la conversation, de la guerre, des sciences et des arts les plus sublimes, par les insultes, fourberies et questions ridicules, dont bien souvent la solution ne s'y donne que par des injures et des coups de poing. »

De Visé, le créateur du *Mercure galant,* qui, pour

---

(1) La Bruyère, *Du Souverain ou de la République.*

les besoins de son journal, fréquentait beaucoup les nouvellistes, qui, par conséquent, les connaissait parfaitement, en a tracé dans ses premiers numéros une peinture dont nous reproduirons quelques traits :

« Vous avez peut-être ouï parler des nouvellistes, qu'une curiosité qui ne les laisse point en repos, et leur fait souvent négliger leurs propres affaires pour songer à celles des autres, fait assembler en divers lieux publics de Paris, et surtout dans la grande salle du Palais et dans le jardin du Palais-Royal. C'est dans ces deux endroits où les deux plus grands corps de nouvellistes s'assemblent tous les jours, et où la curiosité attire beaucoup plus d'honnêtes gens que d'autres. Vous aurez peut-être d'abord de la peine à croire combien, parmi les fausses nouvelles qui s'y glissent, on y en débite de véritables, et de choses curieuses et spirituelles. J'ai eu longtemps de la peine à le croire avant que d'être devenu membre de ces célèbres corps ; mais enfin j'en ai découvert les raisons. Elles viennent de la diversité des personnes de mérite, d'esprit et de naissance, qui s'y rendent de toutes parts ; et vous devez aisément être persuadé que parmi les nouvelles de tant de gens qui ont de différents emplois et de différents commerces dans le monde, il y en peut avoir beaucoup de curieuses et de véritables. Les uns apportent des lettres de leurs amis, les autres de leurs parents. Les autres ont commerce avec quelques commis des ministres, et les autres avec des gens attachés au service des princes, et qui sont même quelquefois dans leur confidence. Il s'en trouve aussi qui ont des parents auprès des ambassadeurs que le roi a dans les pays étrangers ; et il y en a même qui connaissent ceux des autres souverains qui sont auprès de Sa Majesté, et ceux-là apprennent souvent d'eux beaucoup de choses qu'il serait difficile de savoir par d'autres voies. J'ai vu pendant cette campagne des nouvellistes qui avaient toutes les semaines deux fois des lettres de banquiers de Hollande qui apprenaient des choses fort curieuses, et qui ne pouvaient venir de l'armée que longtemps après, parce que les courriers n'étaient pas obligés de se détourner, comme ceux qui venaient des armées du roi, et les nouvellistes ont su par ces lettres le passage de Tolüys trois jours avant qu'il y eût à Paris aucune lettre de la cour qui parlât de cette belle action, qui en contient tant d'autres mémorables...

» Il y a quantité de gens qui condamnent les nouvellistes sans les connaître ; mais s'ils doivent être blâmés de quelque chose, c'est plutôt à leur manière de débiter les nouvelles, et à leurs empressements pour en apprendre, qu'à leur esprit, qu'on doit trouver à redire ; quand on les examinera bien, l'on connaîtra que leur procédé ne fait rien voir d'extraordinaire que l'on ne fasse partout où les assemblées sont grandes... Ce n'est pas que je veuille justifier tous les nouvellistes, quoiqu'ils ne fassent que ce que font tous les hommes... Il y a de faux nouvellistes qui se mêlent parmi les véritables et dont on ne peut se défaire... Ce que j'ai trouvé de plus remarquable parmi ces messieurs c'est que les plus fous croient être les plus sages, et que les plus grands nouvellistes se défendent de l'être ; de manière qu'il n'y a presque pas un de ceux qui composent ces assemblées qui ne croie l'être moins que son compagnon, et qui ne le raille d'être nouvelliste. L'un dit qu'il n'y vient si assidument que pour savoir ce que l'on dit, parce qu'il s'est engagé d'écrire des nouvelles en province ; un autre jure qu'il ne s'y rend tous les jours que pour rire de ce qui s'y passe ; et il s'en trouve qui assurent qu'ils n'y viennent que pour se promener, quoiqu'ils y soient si assidus qu'ils consomment souvent les heures du repas plutôt que de ne pas entendre la fin d'une nouvelle commencée. C'est ainsi que chacun couvre de quelque prétexte l'avide curiosité si ordinaire à tant de gens.

» ... Et je prétends encore plus vous divertir par les manières dont les choses se sont débitées que par les nouvelles mêmes : car enfin il n'y a rien de plus plaisant que les disputes qui se font quelquefois entre deux obstinés ; rien n'est plus divertissant que d'entendre souvent parler de politique un homme qui n'a jamais su ce que c'est, que de voir débiter plusieurs nouvelles à la fois, et d'en voir quitter une à moitié pour en commencer une autre, et de la laisser aussitôt pour reprendre la première. J'ai vu quelquefois des nouvellistes dans un cruel embarras parce qu'ils ne pouvaient en même temps entendre tout ce qui se disait en différents endroits... »

Dans l'ébauche d'une comédie contre les nouvellistes, dont il sème çà et là quelques scènes à travers ses récits, une maîtresse parle ainsi de son amant, qui passe pour un très-grand nouvelliste :

> *Aux affaires d'État tout entier il s'applique.*
> *Monsieur de Montangrue est, je pense, son nom,*
> *Et d'être très-grand politique*
> *En tous lieux il a le renom.*
> *Il pourrait gouverner lui seul mille provinces,*
> *Et nous n'avons point aujourd'hui*
> *De personnes qui mieux que lui*
> *Sachent les intérêts des princes.*

Ailleurs c'est une petite bourgeoise, dont le mari est nouvelliste écoutant, et perd tous les jours son temps sous les arbres du Palais-Royal,

> *Avecque de faibles cervelles*
> *A qui ce jardin plaît aussi.*

Cette brave femme pense que

> *Ce métier où l'on perd son temps*
> *N'est pas le fait d'un homme sage,*
> *Qui doit songer à son ménage,*
> *Et n'est que pour les fainéants.*

Elle va donc relancer son mari jusque dans ces bruyants conciliabules :

> *Messieurs, je vous demande excuse*
> *Et je croyais avecque vous*
> *Trouver mon fainéant d'époux,*
> *Qui tous les jours ici s'amuse*
> *Et fait le nouvelliste au milieu de vingt fous.*

Elle s'en plaint à tous ceux qu'elle rencontre : il a perdu le sens, il n'est plus propre à rien :

> *Quand chez un procureur il va pour ses affaires,*
> *Il oublie en causant ce qui l'y fait aller ;*
> *Pourvu qu'il nouvellise, il n'y songe plus guères,*
>   *Et s'en revient sans en parler.*
>   *Dernièrement, tout prêt à rendre l'âme,*
>   *Il pensa me faire enrager,*
> *Et, d'un air tout mourant, il me disait : Ma femme,*
> *N'as-tu rien de nouveau ? Si tu veux m'obliger,*
>   *Va t'en chercher, je te conjure,*
>   *Quelque nouvelle qui soit sûre.*
> *A son apothicaire il en disait autant,*
>   *A son médecin tout de même :*
> *Ils avaient beau le voir avec un soin extrême,*
> *Sans nouvelles jamais il n'en était content ;*
> *S'ils n'en apportaient pas, il leur faisait la mine,*
>   *Et nous étions obligés quelquefois*
>   *D'en inventer entre nous trois*
>   *Pour l'engager à prendre médecine.*

Il n'en dort pas, ou, s'il cède au sommeil, c'est pour rêver de ce qui l'occupe exclusivement :

> *Il ne songe jamais si ce n'est de nouvelles,*
>   *Et, quand il croit en avoir de fort belles,*
> *Il me tire en rêvant, la nuit, pour m'en conter ;*
> *Quand il n'a rien à faire, il lève quelque armée,*
>   *Qu'il casse quelques jours après ;*
> *Et quelquefois il croit voir l'Europe alarmée*

De ses chimériques apprêts.
Sa folie étant sans seconde,
Il ôte, en sa pensée, et donne des emplois,
Et croit que tous les rois du monde
Devraient applaudir à ses choix.
Dernièrement, la nuit, il brûla trois chandelles,
Des six à la livre, et des belles,
A compter par ses doigts, à la plume, aux jetons,
Combien le Grand-Seigneur a dedans son armée,
Dont la Pologne est alarmée,
De cavaliers et de piétons ;
Puis, avec grande patience,
Il vit à quoi pouvait monter cette dépense,
Et, d'un si long travail las jusqu'au dernier point,
Se vint coucher ensuite, et ne me parla point.

Il lui faut des nouvelles à toute force; au besoin il en invente, et les appuie de mille innocents subterfuges. Ainsi, souvent il s'écrit à lui-même pour faire croire à une nombreuse correspondance et donner plus de créance à ses inventions; ou bien,

Si chez lui pour affaire il passe un demi-jour,
Il bâtit d'abord une histoire,
Et tâche à ses pareils de faire aussitôt croire
Qu'il vient d'arriver de la cour.

Le nouvellisme, qui d'abord n'avait été qu'une manie de curieux ou d'oisifs, devint un métier pour certains coureurs de nouvelles, qui se mettaient aux gages de quelque grand personnage, qu'ils avaient charge de tenir au courant des bruits de la ville. On avait un nouvelliste comme on avait un maître d'hôtel et un cocher ; c'était un meuble de grande maison. On lit cette mention dans un compte manuscrit des recettes et dépenses du duc de Mazarin : « Au sieur Portail, pour les nouvelles qu'il fournit toutes les semaines par ordre de Monseigneur, et pour cinq mois, à 10 livres par mois, 50 livres. » Ce n'était pas payer trop cher un homme dont l'emploi consistait à rechercher ou à inventer les nouvelles de la ville et de la cour ; à savoir ce qui était dans la pensée du prince, et même ce qui n'y était pas ; à connaître ou à imaginer ce que le roi avait dit tout bas à la reine, et, ainsi que le disait des nouvellistes de son temps un poète comique latin, à révéler la conversation que Jupiter avait eue avec Junon (1). Mais ils avaient certains petits profits qui compensaient un peu l'exiguité de leur pension. Ainsi, quand, par occasion, ils passaient dans le quartier vers l'heure de midi, ils pouvaient aller dîner à l'office. « Et vous pensez bien, fait dire Monteil à un de ces parasites, que j'en avais tous les jours occasion. Ma place, à cet égard, était fort bonne. Pour la conserver, j'écrivais le plus que je pouvais des nouvelles à la main, des gazetins, des gazettes à la main, divisées par articles, que je rem-

---

(1)   *Quod quisque in animo habet, aut habiturus est, sciunt ;*
Sciunt id quod in aurem rex reginæ dixerit;
Sciunt id quod Juno fabulata est cum Jove ;
Quæ neque futura neque facta, illi tamen sciunt.

(Plaute, *l'Homme aux trois deniers.*)

plissais de toutes sortes de contes de ruelles, de bruits de ville, d'anecdotes édifiantes ou scandaleuses, de tout ce que je pouvais ramasser en allant, en entrant partout, en ne cessant d'écouter (1). »

Dans l'origine, les nouvellistes se bornaient à se communiquer les nouvelles qu'ils avaient recueillies, chacun de son côté, ou tirées de leur imagination, et, en se séparant, ils les répandaient de vive voix par la ville. Mais bientôt on en était venu, dans la plupart des cercles, à en tenir registre ; on en discutait la valeur, et, si elles le méritaient, on leur donnait place dans une sorte de journal, dont les copies manuscrites étaient répandues à profusion dans Paris. Telle est l'origine de ces fameuses *Nouvelles à la main* dont on a tant parlé. Le commerce s'en était même, à la fin, régularisé, autant que le permettait leur nature clandestine ; chaque cercle avait son bureau de rédaction et de copie, ses correspondants en province, et les gazettes manuscrites, ou gazetins, comptaient un grand nombre d'abonnés auxquels on les adressait moyennant une somme qui variait suivant qu'elles se composaient de plus ou moins de pages. De là au journal il n'y avait plus qu'un pas.

Il semblerait que les nouvelles à la main eussent dû disparaître devant les gazettes imprimées. Il

---

(1) Monteil, *Histoire des Français.*

n'en fût rien cependant, grâce à l'avantage qu'elles avaient sur ces dernières d'être beaucoup plus libres et plus complètes. Cette liberté suffit pour les soutenir, et elles persistèrent longtemps, malgré les arrêts des tribunaux, malgré la chasse que leur donna Renaudot, qui aurait voulu, au dire de Guy Patin, son caustique adversaire, « faire pendre tous ces faiseurs de gazettes à la main, d'autant plus qu'ils étaient cause qu'il ne se vendait guère de sa gazette imprimée. »

Le même fait se produisit en Angleterre, où la presse, cependant, était relativement beaucoup plus libre. Chez nos voisins d'outre-mer, comme sur le continent, le vrai journal se fit longtemps par correspondance ; là aussi les grands personnages avaient des correspondants attitrés, et cet usage y avait également introduit l'industrie des lettres-circulaires et des nouvelles à la main. La noblesse des comtés, qui venait rarement à la cour, n'avait guère d'autre moyen d'information que ces lettres-circulaires, et les établissements publics, les cafés, avaient soin d'en recevoir quelqu'une, afin de se créer, par l'appât de la curiosité, une clientèle plus élevée. Il fallut longtemps pour que la feuille imprimée se substituât complétement à la gazette manuscrite des nouvellistes, et les raisons en sont bien simples. Les premiers journalistes étaient fort mal informés, et quiconque approchait un peu les grands était mieux instruit qu'eux. Et puis, dans la crainte d'attirer sur leur tête les foudres de la chambre étoilée, ils s'aventuraient rarement à parler des affaires intérieures ; les nouvellistes, au contraire, en faisaient le principal sujet de leurs lettres, et non-seulement ils racontaient les faits, mais ils y joignaient des jugements, des appréciations, qu'ils n'eussent osé imprimer. Les *Lettres de Nouvelles* (*News-Letters*), comme on les appelait, étaient donc beaucoup plus intéressantes que le journal imprimé, et pendant un demi-siècle elles lui demeurèrent fort supérieures en circulation et en importance. Une feuille du temps, l'*Evening-Post*, s'étonne que bien des gens en province consentent à payer 3 et 4 livres par an (75 à 100 fr.) pour recevoir une correspondance, lorsqu'un bon journal leur coûterait beaucoup moins. Ce fut au point que plusieurs feuilles, pour faire concurrence aux nouvelles à la main, avaient imaginé de paraître avec deux pages imprimées et deux pages en blanc, afin qu'on pût se servir de son journal en guise de papier à lettres, et envoyer les nouvelles du jour à ses amis chaque fois qu'on leur écrivait. Ces journaux se vendaient 2 pences ou 20 centimes le numéro.

En France, ce qui surtout fit la fortune des nouvelles à la main, indépendamment des restrictions apportées à la liberté de la presse, ce fu leur caractère éminemment satirique; c'est du scandale que vivaient la plupart de ces gazettes clandestines. Quelques unes cependant n'étaient que des ramassis de nouvelles fort inoffensives; il en était même certaines qui, à ce qu'il paraît, affectaient déjà la forme et le ton de nos chroniques et courriers. Nous trouvons dans le catalogue de la *Bibliothèque poétique* de M. Viollet-Leduc, sous le titre de *La Gazette ; Paris, jouxte la copie imprimée à Rouen par Jean Petit,* 1409 (1609?), une pièce de vers que le savant bibliophile donne comme « une sorte de satire en forme de programme des gazettes à la main, et dans ce programme, comme dans tous ceux que l'on fait aujourd'hui, on promettait beaucoup plus que l'on ne voulait et que l'on ne pouvait tenir. » On y fait même tant de promesses, et des promesses de telle nature, que nous serions forcé de convenir, si cette pièce n'est pas antidatée, que les gazettes manuscrites avaient pris, dès le commencement du XVIIe siècle, un développement que nous n'aurions pu soupçonner. Voici, du reste, ce qu'en donne M. Viollet-Leduc dans son catalogue :

> *La Gazette en ces vers*
> *Contente les cervelles,*
> *Car de tout l'univers*
> *Elle reçoit nouvelles.*
> ....
> *La Gazette a mille courriers*
> *Qui logent partout sans fourriers.*

> *Il faut que chacun lui réponde,*
> *Selon sa course vagabonde,*
> *De çà, de là, diversement,*
> *De l'Orient à l'Occident,*
> *Et de toutes parts de la sphère,*
> *Sans laisser une seule affaire,*
> *Soit d'édits, déclarations,*
> *De duels, de commissions,*
> *De pardons pléniers et de bulles,*
> *D'ambassadeurs venus en mules...*

Après les nouvelles politiques, viennent les nouvelles particulières,

> *De malheurs, de prospérités...*
> *De larmes en cour, de piaphes* (1)...
> *De morts subites de seigneurs*
> *Pour estre trop grands besongneurs*
> *Des livres de maistre Guillaume...*
>
> *Quoi que ce soit, rien ne s'oublie,*
> *Car la Gazette multiplie*
> *Sans relasche les postillons*
> *Vistes comme les aquilons.*

Il n'y a pas jusqu'aux modes qui n'aient leur chapitre :

> *La Gazette en cette rencontre*
> *Comprend des points plus accomplis,*
> *Les courtes chausses à gros plis,*
> *Les gauches détours des roupilles,*
> *L'astrolabe des pécadilles,*
> *Dédales et compartiments,*
> *Des boutons et des passements...*

(1) C'est ce qu'on nomme aujourd'hui des *poufs* (puff) ou des canards.

Et pour les dames,

> les méthodes,
> Les inventions et les modes
> De cheveux neufs à qui les veut,
> De fausse gorge à qui ne peut...
> Nœuds argentés, lacets, écharpes,
> Bouillons en nageoires de carpes,
> Porte-fraizes en entonnoir,
> Oreillettes de velours noir,
> Doubleures aux masques huilées,
> Des mentonnières dentellées,
> Des sangles à roidir le busc,
> Des endroits où l'on met du musc, etc.

Mais dans l'origine, durant les guerres de religion surtout, la plupart des gazettes à la main étaient de véritables libelles, des instruments de guerre dans les mains des partis, ainsi que les placards, avec ou sans illustrations, que l'on peut regarder comme la forme primitive du journal, et dont il nous est resté de très-curieux échantillons. Aussi leurs auteurs étaient-ils impitoyablement pourchassés par les arrêts du Parlement et les ordonnances royales, qui portaient contre eux et contre leurs éditeurs les peines les plus sévères.

Le 28 septembre 1553, arrêt tendant à prévenir les suites « de placards séditieux affichés à Saint-Innocent et à la porte du Chastelet. » Le roi, demandant qu'il fût procédé en cette affaire, *avait offert secours d'artillerie, poudre et boulets, en cas de besoin.* Les années suivantes, les mêmes mesures sont prises contre les placards incendiaires, dont les auteurs vont toujours croissant en audace et en nombre.

Vers la même époque, les prédicateurs commencent à devenir l'objet d'une surveillance particulière. Et, en effet, l'influence de la chaire ne pouvait plus se distinguer des abus de la presse, dans un temps où l'Evangile servait de texte à des déclamations furibondes contre les pouvoirs temporels, contre ceux-là même que la religion proclamait les élus de Dieu sur la terre.

Mai 1560, ordonnance de Romorantin, déclarant « ennemis du repos public et criminels de lèse-majesté tous les *prédicants* non ayant puissance de prélats... tous faiseurs de placards et libelles diffamatoires... qui ne peuvent tendre qu'à irriter et esmouvoir le peuple à sédition... »

Janvier 1561, loi portant que « tous imprimeurs, semeurs des placards et de libelles diffamatoires, seront punis, pour la première fois, du fouet, et de la vie en cas de récidive. »

15 janvier 1561, arrêt réglementaire du Parlement qui étend les défenses et prohibitions précédentes aux *cartes et peintures,* et sans doute aussi aux pièces gravées sur bois. Depuis longtemps les caricatures contre la réforme et l'Eglise romaine faisaient cause commune avec les pamphlets. L'Allemagne et les Pays-Bas nous avaient devancés dans cette voie de publications, d'autant plus redoutables

alors qu'elles mettaient les produits de la presse à la portée d'un peuple qui ne savait pas lire.

10 septembre 1563, « défense de faire semer libelles diffamatoires, attacher placards, mettre en évidence aucune autre composition... sur peine d'estre pendus et estranglez, et ceux qui se trouveront attachant ou avoir attaché ou semé aucuns placards, seront punis de semblables peines (1). »

Sous Louis XIV, les gazettes à la main ont changé de nature et perdu de leur violence : ce sont des chroniques scandaleuses plutôt que politiques ; cependant les poursuites ne se ralentissent pas, et la police est sans cesse à la poursuite de ces feuilles indiscrètes.

Un arrêt du 9 décembre 1670, confirmant deux arrêts précédents, des 1er avril 1620 et 18 août 1666, fait défense à toutes personnes de vendre aucuns libelles écrits qualifiés de *gazettes à la main*, à peine du fouet et du bannissement pour la première fois, et des galères pour la seconde.

Un arrêt du 22 août 1656, « sur l'avis donné que plusieurs personnes malveillantes, depuis quelque temps, s'étaient ingérées de composer plusieurs libelles séditieux, qu'ils intitulent *gazettes secrètes*, et que depuis quelque temps ils se seraient avisés de les faire imprimer, vendre et distribuer dans les

---

(1) V. Leber, *De l'état réel de la presse et des pamphlets depuis François Ier jusqu'à Louis XIV.*

rues par les colporteurs ordinaires », condamne le nommé Louis Chevalier de Saint-Martin, Antoine et Gentil, maîtres imprimeurs, à 24 livres parisis d'amende, applicables aux pauvres de la communauté des marchands libraires, et à voir leur imprimerie fermée pour six mois.

On lit dans une ordonnance du 26 février 1658 : « De par le roi et M. le prévôt de Paris : Aucuns s'ingèrent de composer des gazettes qu'ils font écrire à la main ; non-seulement ils les font distribuer toutes les semaines dans les villes et provinces du royaume, mais aussi les envoient en pays étrangers, et d'autant que cette licence est une entreprise faite par des personnes privées, ignorantes de la vérité des choses, qu'ils écrivent inconsidérément, ce qui pourrait apporter un nouveau préjudice au service du roi, à cause des suppositions et calomnies dont lesdites gazettes sont remplies.... ordonnons... à peine de punition corporelle... »

Mais toutes ces défenses n'empêchaient pas les petites feuilles des nouvellistes de circuler dans Paris et de pénétrer dans les provinces les plus reculées ; ce qui, par parenthèse, tendrait à prouver que le métier ne laissait pas d'être lucratif. « Quant aux gazetiers dont vous me parlez, écrit le prince de Condé, gouverneur de Bourgogne, au président du parlement de cette province, c'est un mal sans remède. Il n'y a pas longtemps qu'on en a mis à la Bastille une douzaine tout en un coup, et cela ne les rend pas plus sages. »

Cependant, les délits se renouvelant avec audace en dépit des ordonnances, les arrêts du parlement augmentèrent de rigueur : auteurs, libraires, colporteurs, acquéreurs même de ces écrits, furent poursuivis et atteints. Les registres du parlement portent, entre plusieurs autres condamnations, à la date du 9 décembre 1661, sentence contre un nouvelliste, Marcelin de Laage, qui fut condamné à être fustigé et banni de la ville de Paris pour cinq ans, avec défense de récidiver, et ce *à peine de la vie*. Un autre arrêt, du 24 septembre 1663, condamne Elie Blanchard, natif de Roué (Maine), pour avoir composé et écrit des gazettes, à être battu et fustigé au milieu du Pont-Neuf, ayant pendus au cou deux écriteaux, devant et derrière, contenant ces mots : *Gazetier à la main*. En 1683, ordre est donné à La Reynie d'attacher à la première chaîne de forçats qui partira pour les galères les nommés Bourdin et Dubois, condamnés au Châtelet pour distribution de libelles. Le secrétaire d'Etat pour la maison du roi, en transmettant cet ordre au lieutenant-général de police, ajoute : « Le roi veut que la sentence soit entièrement exécutée. »

L'arrêt de 1666 donnait droit aux officiers ordinaires de juger en dernier ressort les auteurs des gazettes à la main. En 1670, La Reynie demandait à Colbert la prolongation de ce pouvoir accordé aux juges inférieurs. « Il y a nécessité, disait-il, de réprimer par les voies les plus rigoureuses la licence que l'on continue de se donner d'envoyer dans les pays étrangers des libelles manuscrits et gazettes à la main ; mais il serait d'une fâcheuse conséquence de traduire les écrivains pernicieux qui débitent de semblables pièces du premier tribunal au supérieur, et d'exposer à la vue de plusieurs et d'un grand nombre de juges de pareils libelles, qu'on ne saurait tenir trop secrets, ni trop tôt supprimer. »

Les peines dont les menaçait la répression de la justice n'étaient pas le seul danger que les gazetiers à la main eussent à redouter ; ils étaient en outre exposés sans défense à la vengeance personnelle des particuliers. C'est ainsi que le marquis de Vardes, si l'on en croit le cardinal de Retz, fit couper le nez au fameux Montandré, chef des criailleurs du parti des princes, pour un libelle écrit contre la maréchale de Guébriant, sœur du marquis, sans que la justice s'inquiétât davantage de cet acte barbare.

Ces rigueurs expliquent les intermittences, les transformations de ce journalisme clandestin, et l'extrême rareté des gazettes manuscrites ; mais si ces feuilles nous ont échappé, en raison même de leur nature, il nous est facile de juger, aux persécutions qu'elles attiraient sur leurs auteurs, quels en devaient être et le caractère et l'esprit.

Sous le coup de ces dangers de toute nature, les gazettes manuscrites finirent par disparaître, et leur trace nous échappe jusqu'au milieu du siècle suivant, où nous les retrouverons plus vives et plus spirituelles que jamais.

HISTOIRE
POLITIQUE ET LITTÉRAIRE
DE LA
PRESSE EN FRANCE

—

PREMIÈRE PARTIE
—

LA PRESSE
AVANT LA RÉVOLUTION

I

ORIGINE DU JOURNAL EN FRANCE

LA GAZETTE — TH. RENAUDOT

Théophraste Renaudot. — *Ses commencements.* — *Ses* Innocentes Inventions : *Mont-de-Piété, Bureau d'adresse et de rencontre.* — *Comment il est amené à la création de la Gazette.*

Dans les premières années du xviie siècle était arrivé à Paris un jeune médecin qui n'avait pas tardé à faire beaucoup parler de lui : il s'appelait Théophraste Renaudot. C'était un homme à idées modernes, un de ces vifs esprits pour qui le progrès est un besoin, qui, dans leur impatience, peuvent quelquefois faire fausse route, mais dont la féconde activité tourne toujours, en fin de compte, au profit de la société. De notre temps on l'eût dédaigneusement qualifié d'industriel : ses ennemis le traitaient de charlatan ; mais alors, comme aujourd'hui, l'envie devait être impuissante contre le vrai mérite.

Renaudot était né à Loudun en 1584. Après avoir étudié la chirurgie à Paris, il était allé se faire recevoir docteur à Montpellier ; il avait ensuite voyagé pendant plusieurs années. Revenu dans sa ville natale, il y exerça son art avec tant de succès, que sa réputation s'étendit bientôt dans tout le Poitou et dans les provinces environnantes. Mais Renaudot ne tarda pas à trouver ce théâtre trop étroit. Il revint donc à Paris en 1612, et il obtint, dès son arrivée, le titre de médecin du roi. A en croire ses détracteurs, ce n'était là qu'un vain titre, et, pour vivre, il aurait été obligé d'ouvrir une école. Qu'importe, après tout ? Les difficultés qu'il eut à vaincre ne sauraient amoindrir son mérite, et l'envie qui s'attache à ses premiers pas milite déjà en sa faveur.

Quoi qu'il en soit, Renaudot eut le grand art de mettre le public dans ses intérêts, et de se faire de puissants protecteurs. Richelieu, qui se connaissait en hommes, le distingua bientôt, et lui donna l'office de commissaire général des pauvres valides et invalides du royaume.

Renaudot méritait cette faveur à plus d'un titre. La chimie, qui était encore dans son enfance, commençait à fournir à la médecine quelques curatifs nouveaux, contre lesquels tonnait la Faculté de Paris. Renaudot, qui cherchait le progrès partout, se montra un des plus ardents à exploiter cette mine nouvelle, et, en dépit de la routine, ses *remèdes chimiques* eurent un succès d'autant plus grand, qu'il les donnait gratuitement aux pauvres, avec ses consultations.

En effet, soit par un sentiment d'humanité, soit par calcul, il s'était fait le commissaire officieux, mais qualifié et breveté, des pauvres et des malades, de ceux qui ne voulaient pas entrer dans les hôpitaux, qui préféraient être traités à domicile : il se chargeait de leur procurer gratis médecins et médicaments.

Ce n'était pas, du reste, le seul service qu'il rendît aux malheureux. Dans le désir de venir en aide aux travailleurs, il avait établi une maison de prêt, ou mont-de-piété, où affluaient les gens nécessiteux. Ce fut le premier établissement de ce genre. On y prêtait le tiers de l'estimation des objets, moyennant 3 0/0 d'intérêt et un léger droit d'enregistrement. Les dépôts, il est vrai, devenaient la propriété du prêteur s'ils n'étaient pas retirés à l'époque convenue ; mais on ne dit pas que Renaudot ait abusé ou même usé de cette clause rigoureuse. Que l'on compare ces conditions à celles que font nos monts-de-piété actuels ! Cependant, les bonnes gens ne manquèrent pas de crier à l'usure. Mais Renaudot leur préparait de bien autres sujets de criailleries.

On savait à peine, en France, au commencement du xviie siècle, ce que pouvait être, je ne dirai pas un journal dans l'acception actuelle de ce mot, mais même un recueil périodique; on manquait presque absolument de moyens de publicité, ou l'on n'en avait que de très-élémentaires ; il n'y avait guère plus de publicité commerciale que de publicité politique. Ce n'était que par ouï-dire que l'on connaissait les événements, et ce que l'on voulait faire savoir au public, on n'avait d'autre ressource que de le faire crier par les rues. Pour avoir une idée de ce que devaient être alors les relations sociales à ce point de vue, qu'on se figure, si l'on peut, ce qui adviendrait si les journaux et les affiches venaient tout à coup à être supprimés. Ce fut Renaudot qui porta la lumière dans ce chaos.

Il établit d'abord, sous le titre de *Bureau d'adresse et de rencontre,* un centre d'informations et de publicité, où chacun pouvait se procurer l'adresse dont il avait besoin, ou tel autre renseignement de même nature. Là se rencontraient les acheteurs et les vendeurs, et l'on y tenait registre de ce dont ceux-ci voulaient se défaire, et de ce que ceux-là désiraient acquérir. Les nouvellistes aussi s'y donnaient rendez-vous et y tenaient de paisibles conciliabules (1).

---

(1) On a d'Eusèbe Renaudot, fils de Théophraste, un *Recueil général des questions traitées ès conférences du Bureau d'adresse,* sur toute sorte de matières, par les plus beaux esprits de ce temps; Paris, 1669, 5 volumes, pleins de choses on ne peut plus curieuses. Quand la Gazette fut sortie du Bureau d'adresse, l'usage s'établit de désigner plus particulièrement par ce nom le lieu où l'on recevait les nouvelles pour cette feuille, et où on la débitait. — Puis on l'appliqua figurément aux maisons où l'on débitait beaucoup de nouvelles.

Nous renvoyons ceux de nos lecteurs qui seraient curieux de connaître plus à fond les opérations de cet établissement, et la manière dont il fonctionnait, au tome xxii du *Mercure français* (1), ils y trouveront un discours sur l'utilité des Bureaux d'adresse, usage et commodité d'iceux, que Renaudot y introduisit, « pource, dit-il, que l'établissement du Bureau d'adresse, fondement de cettuy-cy, des Gazettes, conférences et autres belles institutions qui s'y sont faites et font journellement au contentement du public, pourra possible sembler à plusieurs digne que l'histoire en marque le commencement, qui n'a pas été remarqué ailleurs. Il avint l'an 1630, fondé sur l'autorité d'Aristote, lequel, au ive livre de ses Politiques, chap. xv, dit : *Oportet esse aliquid tale cui cura sit populum consilio prævenire ne otiosus sit.* — Idem, lib. Politicorum secundo, cap. vii : *Quod igitur necessarium est in bene constituenda republica necessariorum adesse facultatem omnes fatentur; sed quemadmodum id futurum sit non facile est comprehendere.* » On ne se serait probablement pas attendu à rencontrer Aristote en cette affaire. Mais Renaudot savait ses auteurs, à telle enseigne qu'il s'appuie encore de l'autorité « du sieur de Montagne, pour servir de preuve au bien qui en reviendra (de son Bureau d'adresse) aux hommes de lettres, et mon-

---

(1) Sorte d'annales historiques, fondées par un imprimeur du nom de Richer, et continuées par Renaudot. Nous y reviendrons à l'article *Mercure*.

trer quel est leur avis sur cette matière, même en notre âge et en celui de nos pères. »

« Feu mon père (dit le sieur de Montagne, dans le xxxive chapitre de ses *Essais*), homme, pour n'être aidé que de l'expérience et du naturel, d'un jugement bien net, m'a dit autrefois qu'il avait désiré mettre en train qu'il y eût ès villes certain lieu désigné auquel ceux qui auraient besoin de quelque chose se pourraient adresser, et faire enregistrer leur affaire à un officier établi pour cet effet. Comme je cherche à vendre des perles, je cherche des perles à vendre ; tel veut compagnie pour aller à Paris ; tel s'enquiert d'un serviteur de telle qualité, tel d'un maître ; tel demande un ouvrier ; qui ceci, qui cela, chacun selon son besoin. Et semble que ce moyen de nous entr'advertir apporterait non légère commodité au commerce public. Car à tous coups il y a des conditions qui s'entrecherchent, et pour ne s'entr'entendre laissent les hommes en extrême nécessité. J'entends avec une grande honte de notre siècle qu'à notre vue deux très-excellents personnages en savoir sont morts en état de n'avoir pas leur saoul à manger : Lilius Gregorius Giraldus (1) en Italie, Sebastianus Castalio (2) en Allemagne. Et crois qu'il y a mille hommes qui les eussent appelés avec de très-avantageuses conditions, ou les eussent secourus où ils étaient, s'ils l'eussent su. Le monde n'est pas si généralement corrompu que je ne sache tel homme qui souhaiterait de bien grande affection que les moyens que les biens lui ont mis en main se pussent employer à mettre à l'abri de la nécessité les personnes rares et remarquables en quelque espèce de valeur, que le malheur combat quelquefois jusques à l'extrémité, et qui les mettrait pour le moins en tel état qu'il ne tiendrait qu'à faute de bon discours s'ils n'étaient contents. »

(1) Giglio Gregorio Geraldi, né à Ferrare en 1489, y mourut en 1552. Ses ouvrages, dont les principaux sont l'*Histoire des dieux* et les *Dialogues* sur les poètes, ont été recueillis par Jensius dans la belle édition de Leyde, 2 vol. in-fol., 1696.

(2) Sébastien Chasteillon, Dauphinois, né en 1515, mort en 1563. Il est connu surtout par sa version latine de la Bible, où il affecte de ne parler que la langue cicéronienne. Voy. Bayle, au mot *Castalion*.

Parmi les arguments de Renaudot en faveur de son Bureau, nous en citerons un seul, comme exemple de sa logique :

« Pour exemple, dit-il, je cherche à donner à ferme une terre, un autre cherche à prendre une terre à ferme ; faute de se s'entre-connaître il ne se passe point de bail : le seigneur direct en est plus mal payé de ses devoirs ; le propriétaire, incommodé ; le fermier demeure sans emploi ; le notaire ne passe point d'instrument ; le proxenète n'a point le pot-de-vin ; la terre n'est point du tout ou mal cultivée : conséquemment l'héritage en décadence, moins de fruits ; moins d'occupation pour les hommes de labeur, et moins d'ouvrages et de manufactures pour toute sorte d'artisans servant au labourage, vêtement et nourriture de ceux que l'oisiveté appauvrissante empêche de pouvoir acheter, et possible encore moins de quoi s'exercer à ceux qui vivent des affaires d'autrui, lesquelles se multiplient par les négoces, comme elles se diminuent faute d'iceux. Car qui est-ce qui ne voit pas que plus il se passe d'affaires entre les particuliers, et plus les solliciteurs, les procureurs, les avocats, les juges, voire les plus éloignés de telles considérations, y trouvent néanmoins de quoi maintenir avec honneur la dignité de leur charge, qui sans cet emploi deviendrait un titre inutile et sans respect, vu la malice du siècle, qui n'estime que ceux qui lui sont nécessaires. »

On comprendra aisément, sans que nous ayons besoin d'insister davantage, quels services pouvait rendre, à cette époque, une pareille institution, si élémentaire qu'elle fût ; aussi l'utilité en fut-elle universellement appréciée, et les Bureaux d'adresse se multiplièrent rapidement, sous l'impulsion de leur fondateur, qui en fut nommé maître général (1).

---

(1) Une autre preuve de la vogue de cet établissement, c'est qu'on le mit en bal-

C'était comme un acheminement vers la publicité par la presse, et Renaudot ne tarda pas à arriver à cette nouvelle conception, qui devait mettre le sceau à sa renommée. Il était on ne peut mieux placé pour être renseigné sur toute espèce de choses : il savait par les Bureaux d'adresse tout ce qui se passait dans la ville, et son ami d'Hozier, le célèbre généalogiste, qui entretenait, pour les besoins de ses travaux, une correspondance très-étendue avec les provinces et l'étranger, le tenait au courant des nouvelles de l'extérieur ; il avait ainsi un inépuisable répertoire d'anecdotes dont il amusait ses nobles malades. Aussi n'était-il pas moins recherché pour ses vives et intarissables causeries que pour son habileté dans l'art de guérir. Voyant cette grande soif de nouvelles, la pensée lui vint d'écrire toutes celles qu'il recueillerait de différentes sources, et d'en faire faire des copies, qu'il distribuait dans ses visites. Mais ces *nouvelles à la main* eurent tant de vogue, que Renaudot se trouva bientôt dans l'impossibilité de suffire aux demandes qui lui en étaient faites. Il songea alors à les faire imprimer, pour les vendre aux gens qui se portaient bien, et il aurait été ainsi conduit à l'idée du Journal.

---

let, ce qui était alors la suprême consécration du succès. Nous reparlerons au chapitre des *Petites-Affiches*, de cette création, sur laquelle des communications récentes nous ont mis à même de donner les renseignements les plus curieux, ainsi que sur les commencements de Renaudot.

Fondation de la Gazette ; difficultés de ses commencements. — Son cadre, son esprit, sa portée. — Détails sur les premiers numéros, sa composition et ses annexes.

Voilà, sur l'origine de la Gazette, la tradition unanime. Elle peut avoir du vrai ; mais, pour admettre qu'elle soit complétement exacte, il faudrait supposer que les nouvelles à la main étaient plus intéressantes que ne le fut la Gazette. Cette feuille, dès sa naissance, se piqua de véracité, d'impartialité ; ç'a été dès le premier jour son caractère et son mérite, et elle y insistait encore quand, en 89, elle se voyait débordée par les flots de la presse révolutionnaire. Mais ce ne fut jamais un journal amusant, et il ne nous semble pas qu'elle ait jamais été propre à distraire des malades, même quand elle avait le mérite de la nouveauté.

Quoi qu'il en soit, il n'y a rien d'étonnant à ce que Renaudot, qui, par son Bureau d'adresse et par les publications qui en émanaient, et dont nous parlerons, avait créé une véritable publicité commerciale, ait songé à créer aussi une publicité politique ; les essais tentés chez nos voisins, essais qu'il ne pouvait ignorer, étaient là pour lui en donner l'idée, s'il n'eût pas été capable de la concevoir de lui-même. Nous ignorons d'ailleurs les circonstances de cet enfantement, qui, selon toutes les probabilités, dut être assez laborieux. Renaudot, nous le savons par lui-même, avait annoncé sa nouvelle invention par un prospectus que nous aurions été bien curieux de voir, mais il nous a été impossible d'en trouver la moindre trace. Tout ce que nous savons, c'est que Richelieu, auquel il dut s'adresser pour obtenir l'autorisation nécessaire, s'empressa de la lui accorder, ayant bien vite compris de quelle importance serait pour le gouvernement une feuille qui raconterait les événements sous la dictée et dans le sens du pouvoir.

Renaudot donna à sa feuille le titre de *Gazette*, employé depuis longtemps déjà, comme nous l'avons vu, pour désigner les nouvelles à la main, et qu'il choisit « pour être plus connu du vulgaire, avec lequel il fallait parler (1). »

Le premier numéro parut le 30 mai 1631.

C'est par induction que nous donnons cette date,

---

(1) La première fois que nous voyions ce mot imprimé, c'est en tête d'un petit livre d'un écrivain forésien, la *Gazzette françoise*, par Marcellin Allard, imprimée en 1604. Il devait être alors bien nouveau, car il ne figure pas dans le *Thresor de la langue françoise* de Nicot, qui parut à un ou deux ans de là, en 1606. Mais cette *Gazzette françoise* d'Allard n'est point un journal, comme le pourrait faire supposer ce titre, d'ailleurs assez remarquable ; c'est une sorte de salmigondis, de pot-pourri, comme il le dit lui-même, contenant l'histoire allégorique de Saint-Etienne. « Que doit donc attendre celui qui, ayant veu à l'ouverture de ce livre le mot *gazzette*, qui n'est autre chose que nouvelles et advis sans suite ny sans ordre, selon que le temps les produit et quelquefois la fantaisie, voudroit néanmoins y voir observer les parties et perfections cosmographiques... C'est icy non-seulement une forme de *saugrenée* ou *pot-pourri*, contenant toutes sortes d'instructions et de discours agréables en leur diverse variété, et riches en leur recherche curieuse, mais l'histoire admirable d'une guerre faite à tout rompre... » C'est « un petit bouquet qu'il a fait de diverses fleurs recueillies en divers florissants jardins, et lié de la soie crue de son industrie. »

Nous avons cité ci-dessus une petite pièce en vers, de 1609, portant aussi le titre de *Gazette*.

que nous n'avons trouvée nulle part; mais pourtant nous la croyons exacte. Les premières Gazettes, en effet, ne portent ni date ni numéro d'ordre, mais seulement une signature alphabétique. Ce n'est qu'au sixième numéro, marqué de la signature F, que l'on rencontre, à la fin, une date, 4 juillet 1631. Or, comme la Gazette paraissait tous les huit jours, nous trouvons, en remontant, pour la date du premier numéro, le 30 mai.

Dans tous les cas, ce n'est certainement pas dans le mois d'avril que commença la publication de la Gazette, comme l'ont avancé plusieurs bibliographes, puisque la plupart des faits du premier numéro sont datés du mois de mai.

Voici, en effet, quelles sont les nouvelles contenues dans la première Gazette : de Constantinople, le 2 avril 1631; — de Rome, le 26 avril, et sous cette rubrique se trouvent des nouvelles d'Espagne et de Portugal; — de la Haute Allemagne, le 30; — de Freistad en Silésie, le 1er mai; — de Venise, le 2; — de Vienne, le 3; — de Stettin, de Lubec, le 4; — de Francfort-sur-l'Oder, de Prague, de Hambourg, de Leipsic, le 5; — de Mayence, le 6; — de la Basse-Saxe, le 9; — de Francfort-sur-le-Mein, le 14; — d'Amsterdam, le 17; — et enfin d'Anvers, le 24 mai.

En citant le premier et le dernier article de ce

premier numéro du premier de nos journaux, nous croyons satisfaire une légitime curiosité :

« *De Constantinople, le 2 avril 1634* (1). — Le roy de Perse, avec 15 mille chevaux et 50 mille hommes de pied, assiége Dille, à deux journées de la ville de Babylone, où le Grand-Seigneur a fait faire commandement à tous ses janissaires de se rendre sous peine de la vie, et continue, nonobstant ce divertissement-là (cette diversion) à faire toujours une âpre guerre aux preneurs de tabac, qu'il fait suffoquer par la fumée. »

« *D'Anvers, le 24 de may*. — Le tambour sonne par toute la Haute-Allemagne. On espère que les Hollandais ne feront cette année non plus que l'autre, à raison du bon ordre que nous avons mis partout, voire que nous les attaquerons les premiers. Nous avons trois camps : l'un aux environs de Vezel, de 14 mille hommes ; l'autre aux environs de Lier et Melines, en Brabant, de 10 mille hommes ; et le troisième entre Ostende et Gravelines, en Flandres, de 12 mille hommes. Nous ne manquons aussi de bons chefs, ayant entre autres le marquis de Sainte-Croix et d'Ayton, le duc de Lerme, don Carle Colomne, les comtes Jean de Nassau et Henri de Bergue, qui aura ici le commandement général des affaires de la guerre, et celui de Vaquéns, qui est déclaré vice-amiral, et auquel on a assigné trois cent cinquante mille écus par an pour le desfray de l'armée de mer. »

On remarquera qu'il n'y a point de nouvelles de France dans ce numéro ; il n'en est pas davantage question dans les quatre suivants ; ce n'est qu'à la sixième Gazette qu'on trouve des nouvelles de Saint-Germain et de Paris, que nous croyons devoir transcrire :

---

(1) Les rubriques sont en marge.

« *De Saint-Germain-en-Laye, le 2 juillet audit an.* — La sécheresse de la saison a fort augmenté la vertu des eaux minérales, entre lesquelles celles de Forges sont ici généralement en usage. Il y a trente ans que M. Martin, grand médecin, leur donna la vogue ; le bruit du vulgaire les approuva. Aujourd'hui M. Bonnard, premier médecin du roy, les a mises au plus haut point de la réputation que sa grande fidélité, capacité et expérience peut donner à ce qui le mérite vers Sa Majesté, qui en boit ici par précaution, et presque toute la cour, à son exemple. »

« *De Paris, le 3 dudit mois de juillet 1631.* — Depuis quinze jours sont ici décédés des fièvres continues, qui y sont fort fréquentes, MM. Berger et de Bragelone, conseillers au Parlement, et M. Charles, le plus fameux médecin de cette ville.

» On y continue cette belle impression de la grande Bible en 9 volumes et 8 langues, qui sera parfaite dans un an. Nous invitons toutes les nations à y prendre part, avec plus de raison que les Sybarites ne conviaient à leur festin un an auparavant. »

Cette sixième Gazette se termine par cette mention : « *Du Bureau d'adresse, au Grand-Coq, rue de la Calandre, sortant au marché Neuf, près le Palais, à Paris, le 4 juillet 1631. Avec privilége.* » C'est, comme nous l'avons dit, la première où l'on trouve ainsi la mention du bureau et de la date.

Voici les nouvelles intérieures de la septième Gazette :

« *De Rouen, le 8 de juillet.* — Le différend venu ces jours passés pour la danse d'une nopce a fait entretuer à trois lieues d'ici onze personnes, du nombre desquelles sont les seigneurs de Fontaine-Martel, Malleville et Boufard. »

« *De Saint-Germain-en-Laye, ce 10 dudit mois de juillet.* — Le sieur de Verchères, fils du premier président de Dijon, a succédé à la charge de son père, naguère décédé. L'ambassadeur du roy de Suède est arrivé en cette cour, et un gentilhomme de la part de l'empereur. Le marquis de La Fuente del Toro, envoyé par le roy catholique pour se conjouir avec Sa Majesté du recouvrement de sa santé à Lyon, et qui arriva il y a un mois, est sur son partement pour l'Espagne, qui fait voir à la France par cette action que véritablement elle ne se haste pas trop, s'étant advisée de ce compliment lorsqu'on n'y pensait plus, comme Sa Majesté lui fit sentir de bonne grâce, lui disant qu'il y avait dix mois qu'il se portait bien. Ainsi Tibère, visité trop tard par les Thébains sur la mort de son neveu Germanicus, leur dit qu'il ne se pouvait consoler de la mort de leur grand capitaine Achille, jadis malheureusement tué devant Troye. De vray, grâces à Dieu, jamais Sa Majesté ne se porta mieux qu'elle fait à présent. Et la tristesse que la cour avait conçue pour la fièvre continue du maréchal de Schomberg est convertie en joye pour son heureuse convalescence. »

Nous bornons là ces citations, qui suffiront pour donner une idée du ton de ces premiers essais du journalisme.

Le dernier numéro de 1631 est du 26 décembre, et porte la signature Hh : c'est pour cette première année 31 numéros, qui sont réunis en un volume sous le titre de *Recueil des Gazettes* de l'année 1631, titre que quelques écrivains ont pris à tort pour celui de la feuille. Ce premier volume est précédé d'une dédicace au roi et d'une préface au public, qui, outre les explications que Renaudot se crut dans l'obligation de donner à ses lecteurs, et que nous allons reproduire en partie, contient un aperçu de la situation géographique et historique de l'Europe au moment où il commençait sa publication, et destiné, si nous pouvons parler ainsi, à la mettre à jour. En tête de l'exemplaire de la Bibliothèque impériale se voit un portrait de Renaudot; il porte cette légende : *Theophrastus Renaudot Iuliodunensis, medicus et historiographus regius, œtatis anno 58, salutis 1644* ; et cet exergue, par lequel il voulait faire entendre la part qu'il eut dans la création des journaux :

> *Invenisse juvat, magis exequi, at ultima laus est
> Postremam inventis apposuisse manum.*

Il ne faudrait pas conclure des circonstances qui ont amené la création du premier de nos journaux que ce fût un recueil de commérages. Renaudot avait pris par son côté sérieux le besoin qui travaillait les esprits ; c'était une œuvre sérieuse qu'il avait entreprise, et pendant vingt-deux ans il en poursuivit l'accomplissement avec un dévouement, avec une régularité dont on appréciera tout le mérite, si l'on se reporte au temps où il écrivait.

Mais écoutons-le lui-même : il va nous dire, dans ses préfaces, quel sera l'esprit de sa Gazette, et comment il appréciait la portée et les avantages de cette invention :

« Sire, dit-il au roi en lui offrant le recueil de la première année, c'est bien une remarque digne de l'histoire, que, dessous soixante-trois rois, la France, si curieuse de nouveautés, ne se soit point avisée de publier la gazette ou recueil pour chacune semaine des nouvelles tant domestiques qu'étrangères... Mais la mémoire des hommes est trop labile pour lui fier toutes les merveilles dont Votre Majesté va remplir le Septentrion et tout le continent. Il la faut désormais soulager par des écrits qui volent, comme en un instant, du Nord au Midi, voire par tous les coins de la terre. C'est ce que je fais maintenant, Sire, d'autant plus hardiment, que la bonté de Votre Majesté ne dédaigne pas la lecture de ces feuilles. Aussi n'ont-elles rien de petit que leur volume et mon style. *C'est, au reste, le journal des rois et des puissances de la terre;* tout y est par eux et pour eux, qui en font le capital ; les autres personnages ne leur servent que d'accessoire... »

Et dans sa préface au public :

« La nouveauté de ce dessein, son utilité, sa difficulté et son sujet (mon lecteur), vous doivent une préface...

» La publication des gazettes est, à la vérité, nouvelle ; mais en France seulement, et cette nouveauté ne leur peut acquérir que de la grâce, qu'elles se conserveront toujours aisément... Surtout seront-elles maintenues pour l'utilité qu'en reçoivent le public et les particuliers : le public, pour ce qu'elles empêchent plusieurs faux bruits qui servent souvent d'allumettes aux mouvements et séditions intestines ; voire, si l'on en croit César en ses Commentaires, dès le temps de nos ayeux leur faisaient entreprendre précipitamment des guerres dont ils se repentaient tout à loisir..; les particuliers, chacun d'eux ajustant volontiers ses affaires au modèle du temps. Ainsi le marchand ne va plus trafiquer en une ville assiégée ou ruinée, ni le soldat chercher emploi dans le pays où il n'y a point de guerre ; sans parler du soulagement qu'elles apportent à ceux qui écrivent à leurs amis, auxquels ils étaient auparavant obligés, pour contenter leur curiosité, de décrire laborieusement des nouvelles le plus souvent inventées à plaisir, et fondées sur l'incertitude d'un simple ouï-dire. Encore que le seul contentement que leur variété produit ainsi fréquemment, et qui sert d'un agréable divertissement ès compagnies, qu'elle empêche des médisances et autres vices que l'oisiveté produit, dût suffire pour les rendre recommandables. Du moins sont-elles en ce point exemptes de blâme, qu'elles ne sont pas aucunement nuisibles à la foule du peuple, non plus que le reste de mes innocentes inventions; étant permis à chacun de s'en passer, si bon lui semble.

» La difficulté que je dis rencontrer en la composition de mes gazettes et nouvelles n'est pas ici mise en avant pour en faire plus estimer mon ouvrage : ceux qui me connaissent peuvent dire aux autres si je ne trouve pas de l'emploi honorable aussi bien ailleurs qu'en ces feuilles; c'est pour excuser mon style, s'il ne répond pas toujours à la dignité de son sujet, le sujet à votre humeur, et tous deux à votre mérite. Les capitaines y voudraient rencontrer tous les jours des batailles et des siéges levés ou des villes prises ; les plaideurs, des arrêts en pareil cas; les personnes dévotieuses y cherchent les noms des prédicateurs, des confesseurs de remarque. Ceux qui n'entendent rien aux mystères de la cour les y voudraient trouver en grosses lettres. Tel, s'il a porté un paquet en cour, ou mené une compagnie d'un village à l'autre sans perte d'hommes, ou payé le quart de quelque médiocre office, se fâche si le roi ne voit son nom dans la Gazette (1). D'autres y voudraient avoir ces mots de *monseigneur* ou de *monsieur* répétés à chaque personne dont je parle, à faute de remarquer que ces titres sont ici présupposés comme trop vulgaires, joint que ces compliments, étant omis en tous, ne peuvent donner jalousie à aucuns (2). Il s'en trouve qui ne prisent qu'un

---

(1)   *En cherchant sur la brèche une mort indiscrète,*
De sa folle valeur embellit la Gazette.
(BOILEAU.)
D'éloges on regorge, à la tête on les jette,
Et mon valet de chambre est mis dans la Gazette.
(MOLIÈRE.)

(2) Ainsi ce fut une règle constante pour la Gazette de ne jamais qualifier personne de *monsieur*. En parlant des gens titrés, elle les désigne par leur titre : *le marquis, le comte*, etc.; toutes les autres personnes, si distinguées qu'elles pussent être, sont dénommées *le sieur*. Cet usage était fondé, selon les rédacteurs, sur ce que la Gazette de France était celle du gouvernement, et rédigée sous son autorisation, à l'exclusion des autres. Voltaire dit à ce sujet (*Encyclopédie*, v° *Gazette*) : « Les Gazettes de France ont toujours été revues par le ministère; c'est pourquoi les auteurs ont toujours employé certaines formules qui ne paraissent

langage fleuri ; d'autres qui veulent que mes relations semblent à un squelette décharné, de sorte que la relation en soit toute nue. Ce qui m'a fait essayer de contenter les uns et les autres.

» Se peut-il donc faire (mon lecteur) que vous ne me plaigniez pas en toutes ces rencontres, et que vous n'excusiez point ma plume, si elle ne peut plaire à tout le monde, en quelque posture qu'elle se mette, non plus que ce paysan et son fils, quoiqu'ils se missent premièrement seuls et puis ensemble, tantôt à pied et tantôt sur leur âne ? Et si la crainte de déplaire à leur siècle a empêché plusieurs bons auteurs de toucher à l'histoire de leur âge, quelle doit être la difficulté d'écrire celle de la semaine, voire du jour même où elle est publiée ! Joignez-y la brièveté du temps que l'impatience de votre humeur me donne ; et je suis bien trompé si les plus rudes censeurs ne trouvent digne de quelque excuse un ouvrage qui se doit faire en quatre heures de jour, que la venue des courriers me laisse, toutes les semaines, pour assembler, ajuster et imprimer ces lignes.

» Mais non, je me trompe, estimant, par mes remontrances, tenir la bride à votre censure. Je ne le puis ; et si je le pouvais (mon lecteur), je ne le dois pas faire, cette liberté de reprendre n'étant pas le moindre plaisir de ce genre de lecture, et votre plaisir et divertissement, comme l'on dit, étant l'une des causes pour lesquelles cette nouveauté a été inventée. Jouissez donc à votre aise de cette liberté française ; et que chacun dise hardiment qu'il eût ôté ceci ou changé cela, qu'il aurait bien mieux fait : je le confesse.

» En une seule chose ne céderai-je à personne, en la recherche de la vérité, de laquelle, néanmoins, je ne me fais pas garant,

---

pas être dans les bienséances de la société, en ne donnant le titre de *monsieur* qu'à certaines personnes, et celui de *sieur* aux autres. Ces auteurs ont oublié qu'ils ne parlaient pas au nom du roi. » Grimm, non plus, ne peut digérer cette formule. « M. l'abbé Arnaud et M. Suard, écrit-il à la date du 15 janvier 1769, composent depuis plusieurs années la *Gazette de France*, c'est-à-dire la plus insipide, la plus *impolie*, et la plus correctement écrite de toutes les gazettes. Je l'appelle impolie à cause de l'affectation ridicule qu'elle a de ne donner le titre de *monsieur* à personne, et de traiter tout le monde de *sieur*. Il est très-impertinent et fort plat d'imprimer deux fois par semaine le *sieur* Pitt, quand le sieur Pitt est l'arbitre de l'ancien et du nouveau continent. »

étant malaisé qu'entre cinq cents nouvelles écrites à la hâte, d'un climat à l'autre, il n'en échappe quelqu'une à nos correspondants qui mérite d'être corrigée par son père le Temps ; mais encore se trouverait-il peut-être des personnes curieuses de savoir qu'en ce temps-là tel bruit était tenu pour véritable. Ceux qui se scandaliseront possible de deux ou trois faux bruits qu'on nous aura donnés pour vérités seront par là incités à débiter au public, par ma plume (que e leur offre à cette fin), les nouvelles qu'ils croiront plus vraies, et, comme telles, plus dignes de lui être communiquées... »

On peut juger, d'après cette préface, publiée un an après l'apparition du premier numéro, à quelles tracasseries était en butte le pauvre *gazetier* (1), comme le nommaient les pamphlets.

Mais, fort de l'appui du pouvoir et de la faveur publique, Renaudot poursuit son œuvre sans se laisser ébranler. On voit pourtant que ces attaques continuelles l'inquiètent et l'irritent. Pendant deux ans, il se croit obligé d'y répondre une fois par mois, tout en s'avouant à lui-même qu'il ne réussira point à convaincre ses détracteurs : « car, dit-il quelque part, mon récit étant l'image des choses présentes, non plus qu'elles il ne saurait plaire à tout le monde. »

Cependant le succès d'une pareille entreprise ne pouvait être un instant douteux en France : aussi fut-il rapide et grand. Dès 1633, Renaudot se place

---

(1) Nous savons que le mot n'était pas nouveau. On appelait aussi *gazetiers*, *gazetières*, les colporteurs et vendeurs de la Gazette.

au-dessus des petites jalousies ; il méprise leurs morsures impuissantes, et parle en homme qui est sûr de sa force :

« Les suffrages de la voix publique m'épargnent désormais de répondre aux objections auxquelles l'introduction que j'ai faite en France des gazettes donnait lieu lorsqu'elle était encore nouvelle : car, maintenant, la chose en est venue à ce point, qu'au lieu de satisfaire à ceux à qui l'expérience n'en aura pu faire avouer l'utilité, on ne les menacerait de rien moins que des petites-maisons. Seulement ferai-je, en ce lieu, aux princes et aux Etats étrangers, la prière de ne perdre point inutilement le temps à vouloir fermer le passage à mes nouvelles, vu que c'est une marchandise dont le commerce ne s'est jamais pu défendre, et qui tient de la nature des torrents qu'il se grossit par la résistance. »

C'était là un langage digne d'un écrivain qui a la conscience de son œuvre, et que l'on croirait plus jeune de deux siècles.

« Mon autre prière, dit-il ailleurs, s'adresse aux particuliers, à ce qu'ils cessent de m'envoyer des mémoires partiaux et passionnés, vu que nos Gazettes (comme ils peuvent voir) sont épurées de toute autre passion que celle de la vérité. Mais que tous ceux qui en sont amoureux comme moi, en quelque climat du monde qu'ils soient, sans autre semonce que ceste-ci, m'adressent hardiment leurs nouvelles ; je leur témoignerai quelle estime j'en fais par l'adresse réciproque des miennes, qui suis en possession de préférer le service public à ma peine et à ma dépense. » (Janv. 1633.)

Et ailleurs encore :

« Je ne parle plus ici au public pour défendre mes Gazettes, depuis qu'il n'y a plus que les fous qui leur en veulent. Mais bien dirai-je à ceux qui se plaignent de quoi je parle quelquefois des grands sans les louer, que la vraie et solide louange se trouvant dans les actes vertueux, dire la vérité c'est louer tout ce qui le mérite. » (Mai 1633.)

N'est-ce point là parler d'or ? Et dans toutes ses explications on retrouve les mêmes sentiments honorables. Bientôt, d'ailleurs, nous le répétons, « voyant les ennemis de la Gazette abattus, il supprime les préambules justificatifs de ses Relations, non toutefois sans adresser un remercîment à ceux qui, par la continuation de leur bienveillance depuis trois ans en çà, font en sa faveur une exception à la règle qui rend le changement agréable à tout le monde. »

Une estampe de l'époque, conservée à la Bibliothèque impériale, représente la Gazette assise sur une espèce de tribunal ; sa robe est parsemée de langues et d'oreilles. Le Mensonge, démasqué, lui lance des regards pleins de haine ; la Vérité au contraire semble heureuse d'être assise auprès d'elle. Au pied du tribunal, à droite de la Gazette, qui le désigne du doigt, Renaudot remplit les fonctions de greffier. Les *cadets de la faveur* se pressent autour de lui et lui offrent de l'argent :

Plus que de triompher nous brûlons de paraître,
Ennemis des combats et serfs d'un faux honneur ;
Vous aurez de notre or en nous faisant faveur :
Dites que nos grands coups font les Mars disparaître.

Mais Renaudot détourne la tête pour ne les point entendre. A gauche, sept personnages, *les diverses nations,* dont un à cheval, et parmi lesquels on distingue un Castillan à la longue rapière, aux moustaches retroussées, et un Indien coiffé de plumes, apportent des nouvelles et remettent des lettres à la Gazette, en chantant son éloge. Au fond est le crieur du journal, avec un panier d'exemplaires. Chacun des personnages est supposé réciter un quatrain gravé en marge de l'estampe, et que nous croyons pouvoir nous dispenser de reproduire.

La Gazette parut d'abord une fois par semaine, le vendredi (le samedi à partir du 1er janvier 1633), en quatre pages in-4°. Dès la seconde année elle doubla son format, qui fut porté à huit pages (1), divisées en deux cahiers, intitulés, l'un, *Gazette;* l'autre, *Nouvelles ordinaires de divers endroits,* division qui persista pendant de longues années, « cela pour la commodité de la lecture, qui est plus facile à diverses personnes étant en deux cahiers, et aussi à cause de la diversité des matières et des

---

(1) Nous avons trouvé quelques Gazettes qui avaient douze pages, mais elles sont rares. Parmi les critiques qui pleuvaient sur la Gazette, il y en eut, à ce qu'il paraît, de motivées par l'étroitesse uniforme de ce cadre. « Quelques-uns — c'est Renaudot qui parle — veulent que mes nouvelles en soient moins vraies pour ce qu'elles sont toujours de quatre feuillets, faute de savoir qu'en recevant toujours beaucoup plus que n'en peut contenir cet espace, que m'a limité le travail journalier de mes imprimeurs et la plus grande commodité du public, après qu'il est rempli, j'en retranche ce qui n'y peut tenir, et volontiers ce qui se trouve moins digne de votre lecture. » Du reste, comme on va le voir, Renaudot ne tarda pas à donner ample satisfaction sur ce point à ses lecteurs.

lieux d'où viennent les lettres y contenues, les *Nouvelles* comprenant ordinairement les pays qui nous sont septentrionaux et occidentaux, et la *Gazette* ceux de l'Orient et du Midi. » Elle commençait par les nouvelles étrangères, qui en occupaient la plus grande partie, et finissait par celles de la cour de France. Renaudot avait adopté cette marche, presque constamment suivie depuis, pour se conformer, dit-il, à l'ordre du temps et à la suite des dates ; sauf à ceux qui voudraient suivre celui de la dignité à commencer leur lecture par la fin, à la mode des Hébreux.

Tous les mois il publiait, sous le titre de *Relations des nouvelles du monde reçues dans tout le mois,* un numéro supplémentaire qui complétait et résumait les nouvelles du mois. « Ces miennes relations de chaque mois, dit-il, servent de lumière et d'abrégé à celles des semaines ; car il est des nouvelles comme des métaux : ceux-ci, au sortir de la mine, sont volontiers mêlés de quelque terre ; celles-là d'abord sont ordinairement accompagnées de quelques circonstances mal entendues, dont elles s'épurent avec un peu de temps, comme font les autres étant jetés dans leurs lingotières. Alors vous les avez en leur naïveté... »

C'est dans ce numéro supplémentaire que, pendant les premières années, il répondait aux attaques de ses détracteurs. En tout autre temps, il se tient complétement effacé derrière son œuvre. La feuille commence par ce simple mot placé tout à fait au haut de la page : GAZETTE, et finit par ceux-ci : *Du Bureau d'adresse, au Grand-Coq, rue de la Calandre, sortant au marché Neuf, près le Palais, à Paris.* Pendant cent ans vous chercheriez vainement dans ces feuilles un mot sur le journal et ses alentours.

Il paraît que ces suppléments mensuels soulevèrent des critiques; c'est Renaudot qui nous l'apprend lui-même dans celui de décembre 1633. « Quelques-uns trouvant trop libre la naïveté des jugements qu'il croyait être obligé de faire dans ses Relations des mois, sous le titre d'Etat général des affaires, il résolut de clore ces états par celui de décembre 1633, et de donner désormais en leur lieu, pour servir d'entremets à ses Gazettes et Nouvelles ordinaires, la seule et simple narration des choses qui se trouveraient le mériter, à mesure qu'elles se présenteraient, à la fin des mois, au commencement ou à leur milieu, protestant de ses efforts pour en rendre la lecture agréable, jusqu'à ce que derechef il trouvât le lecteur las de ce changement. »

Il donna à ces nouveaux annexes le nom d'*Extraordinaires*. Ils étaient généralement consacrés à la publication des documents officiels, au récit des événements marquants, siéges, batailles, fêtes, etc.

La Gazette ne contenait guère que ce que nous appelons des faits divers ; les Extraordinaires sont des récits détaillés, de véritables pages historiques, dont nous n'avons pas besoin de faire ressortir l'importance. Ils portent un numéro d'ordre qui ne leur est pas particulier, mais qui indique leur rang dans le recueil des Gazettes de l'année : ainsi le premier que nous ayons rencontré porte le n° 21 ; il est du 13 mars. Leur contenu est indiqué par un sommaire dont la forme varie ; par exemple : « *Extraordinaire du...* contenant le superbe enterrement du roi de Danemark ; » — « Son sujet est : « La prise de la belle île de Curacao aux Indes par les Hollandais sur les Espagnols ; » — « Vous y verrez la chasse donnée aux impériaux par les Français... ; » — « Il vous fera voir la nouvelle ordonnance faite par le roi pour remédier aux abus... ; » etc., etc.

Outre ces Extraordinaires, Renaudot publiait encore des Suppléments (1), qui n'avaient pas de titre général, mais un titre pris de leur contenu, et qui prenaient rang à leur ordre dans le recueil des Gazettes. Ainsi nous trouvons sous le n° 94 de cette même année 1634, à la date du 15 septembre, un « *Arrest de la Cour de Parlement* par lequel le prétendu mariage de Monsieur avec la princesse Marguerite de Lorraine est déclaré non valablement

---

(1) On en trouve quelques-uns dès 1632.

contracté... » Le n° 120, du 10 novembre, est une
« *Liste des prédicateurs* qui doivent prêcher cet
Avent dans la ville et faux-bourgs de Paris. » Cette
liste est précédée d'un avant-propos où on lit :
« Puisque j'entreprends d'apporter de la lumière à
notre histoire, et que l'Eglise en fait une bonne partie, je me trouve obligé à vous dire ce qui s'y passe,
aussi bien que dans le reste du monde ; joint que
cette variété, comme celle des viandes, servira à
réveiller les appétits languissants... » Elle se termine par un avis qui a sa petite importance bibliographique. Si, dans la composition de cette liste,
dit Renaudot, il m'est échappé quelques erreurs je
prie ceux qu'elles concerneraient de m'adresser
promptement leur rectification, « pour s'en servir
en la seconde impression, qui doit faire partie des
Nouvelles, tant ordinaires qu'extraordinaires, de
cette année. »

Ainsi le cadre de la *Gazette* alla promptement
s'élargissant, et Renaudot put bientôt et à bon droit
intituler son recueil : « *Recueil de toutes les Nouvelles, Ordinaires, Extraordinaires, Gazettes ou autres Relations,* contenant le récit de toutes les choses
remarquables avenues tant en ce royaume qu'en
pays étrangers, dont les nouvelles nous sont venues
toute l'année, avec les édits, ordonnances, déclarations et règlements sur le fait des armes, justice
et police de ce royaume, publiés toute cette année

dernière, et autres pièces servant à notre histoire. »

Disons enfin qu'indépendamment de la Gazette, Renaudot publiait, en vertu de son privilége, très-étendu comme nous allons le voir, des relations, dans tous les formats, des événements qui lui semblaient de nature à intéresser le public, mais qui n'entraient point dans le cadre de son journal (1).

Privilége de la Gazette; son étendue. — Démêlés de Renaudot avec les imprimeurs et les colporteurs. — Contrefaçons et parodies de la Gazette.

Ces mille petites tracasseries dont nous venons de voir Renaudot assiégé n'étaient que les roses du métier; bien d'autres tribulations, et d'une nature plus grave, étaient réservées à ce père des journalistes modernes.

Le privilége de Renaudot ne lui assurait pas seulement le monopole des gazettes et nouvelles, il lui permettait encore d'imprimer, faire imprimer et faire vendre ses feuilles où et par qui bon lui semblerait. De là des récriminations faciles à com-

---

(1) Voir, en outre, pour les publications commerciales du Bureau d'adresse notre tome II, à l'art. *Petites-Affiches.*

prendre. Les imprimeurs, les colporteurs même, s'insurgèrent contre ce privilége, et il s'ensuivit une longue lutte, marquée par de nombreux incidents judiciaires, sur lesquels nous croyons devoir nous arrêter quelques instants, parce qu'ils nous paraissent vivement intéresser l'histoire de la presse.

Nous trouvons les principales pièces du procès dans une sorte de factum publié par Renaudot en 1635, et dans lequel il a réuni tous les titres de la Gazette. Il est intitulé : « *Lettre du roi en forme de charte*, contenant le privilége octroyé par Sa Majesté à Théophraste Renaudot, l'un de ses conseillers et médecins ordinaires, maître et intendant général des Bureaux d'adresse de ce royaume, et à ses enfants, successeurs et ayant-droit de lui, de faire, imprimer, faire imprimer et vendre par qui et où bon leur semblera les gazettes, nouvelles et récits de tout ce qui s'est passé et passe tant dedans que dehors le royaume, conférences, prix-courant des marchandises, et autres impressions desdits bureaux, à perpétuité, et tant que lesdites gazettes, nouvelles et autres impressions auront cours en cedit royaume; et ce exclusivement à toutes autres personnes : ensuite des Déclarations, Lettres et Arrêts du Conseil, naguère donnés sur le fait desdites impressions. »

La première pièce est une Déclaration du roi, datée du camp devant La Rochelle, le 27 décembre 1627, rappelant les anciennes ordonnances, et notamment celle de Charles IX donnée à Moulins, pour l'impression des livres, portant défenses d'imprimer ou faire imprimer aucun livre sans la permission du roi scellée du grand sceau ; et ce « sur les plaintes à nous faites qu'au mépris de ces ordonnances, plusieurs de nos sujets ne laissent de faire imprimer leurs livres sans avoir notre permission sous notre grand sceau, soit par l'intelligence qu'ils ont avec les libraires pour faire courir leurs livres, et eux pour en avoir le débit, soit par la facilité qu'ils trouvent d'obtenir le privilége en nos petites chancelleries ; ce qui cause un très-grand abus à notre royaume par le moyen de la licence effrénée que chacun se donne de faire mettre en lumière toutes sortes de mauvais livres et livrets, placards, libelles et autres œuvres inutiles... »

On va voir pourquoi Renaudot rappelle cette ordonnance ; c'est de là qu'il part pour établir son droit.

« Ensuite de laquelle Déclaration, dit-il en effet, qui montre que l'intention du roi a toujours été, même avant l'introduction des Gazettes, de restreindre la licence d'imprimer, dont on abusait, le lieutenant au bailliage du Palais s'étant ingéré de permettre à aucuns l'impression de quelques nouvelles, Sa Majesté lui en écrivit :

A notre amé et feal le sieur Gilot, lieutenant général au bailliage du Palais.

DE PAR LE ROI,

« Notre amé et féal, — Ayant permis dès le 30 mai dernier (1) au sieur Renaudot, l'un de nos médecins ordinaires, et général des Bureaux d'adresse de notre royaume, de faire imprimer, vendre et distribuer dans lesdits Bureaux d'adresse, ou en tel autre lieu et par telle personne qu'il voudra, les Gazettes, Relations et Nouvelles ordinaires, tant de ce royaume que des pays estranges, privativement à toutes autres personnes, il s'en serait acquitté à notre contentement. Mais comme depuis nous avons été averti qu'il avait été troublé et empêché en l'impression et débit desdites Gazettes par d'autres personnes qui se sont pourvues pardevant nous, lesquelles s'ingèrent d'en faire de différentes, et d'imiter et contrefaire les siennes, qui est chose directement contraire à notre intention ; à ces causes, nous voulons et vous mandons qu'en ce qui dépend de votre pouvoir et juridiction, vous ayez à tenir la main que ledit Renaudot jouisse seul, exclusivement à tous autres, de notre privilége et permission de faire imprimer, vendre et distribuer lesdites Gazettes, Relations et Nouvelles, tant de ce royaume que des pays estranges, soit dans sesdits bureaux ou en tel autre lieu et par telles personnes qu'il voudra choisir ; avec défense à tous autres de ce faire, sous telle peine qu'il appartiendra. Ce que nous vous enjoignons sur peine de désobéissance ; si n'y faites faute : car tel est notre plaisir. Donné à Fontainebleau, l'onzième jour d'octobre 1634. — Signé : LOUIS ; — et plus bas : DE LOMÉNIE. — Et scellé.

« Sa Majesté écrivit aussi sur ce sujet à monsieur le lieutenant civil, et, pour ce que le trouble fait audit Renaudot continuait », intervinrent plusieurs

---

(1) Cette date coïncide avec les calculs d'après lesquels nous avons fixé la date de l'apparition du premier numéro de la Gazette.

arrêts du conseil, rappelés dans la pièce suivante, qui semble avoir clos le débat :

PRIVILÉGE DU ROI
EN FORME DE CHARTE

« LOUIS, etc. L'expérience nous ayant fait voir les utilités qui reviennent de l'introduction faite en ce royaume de la Gazette et autres Nouvelles par notre cher et bien-amé Théophraste Renaudot, l'un de nos conseillers et médecins ordinaires, maître et intendant général des Bureaux d'adresse de notre royaume, et la curiosité naturelle de nos sujets nous faisant espérer que cette invention sera de jour en jour mieux reçue d'eux, Nous avons cru devoir appuyer et autoriser le soin et industrie que ledit Renaudot et ses enfants ont pris et prennent journellement à la cultiver, et les encourager de plus en plus à continuer la dépense qu'ils sont obligés de faire à cette fin : A ces causes, après avoir fait voir en notre conseil l'arrêt donné en icelui le 18 novembre 1631, portant défenses aux personnes y dénommées, et à tous autres, de troubler ledit Renaudot en l'impression et vente de sesdites Gazettes et autres dépendances de sondit Bureau d'adresse, à peine de six mille livres d'amende, dépens, dommages et intérêts (1); — Autre arrêt dudit conseil, du 11 mars 1633, par lequel nous avons fait itératives défenses aux syndic et adjoints des imprimeurs et tous autres, tant de Paris qu'autres lieux de ce royaume, d'imprimer ou faire imprimer, vendre ou débiter, troubler ni empêcher ledit Renaudot et les siens en l'impression

---

(1) Cet arrêt est rendu contre Jean Martin, Louis Vendôme, François Pommerai et Charles de Calonne. Parmi les pièces qu'il vise, nous remarquons : Procès-verbal de Lignage, huissier en la connétablie et maréchaussée, des exemplaires par lui trouvés chez Jean de Bourdeaux, imprimeur ; — Opposition de Calonne à l'établissement des Bureaux d'adresse ; — Commandement fait auxdits Vendôme, Martin et Pommerai, de restituer audit Renaudot les caractères et exemplaires saisis à leur requête sur un sieur Blageart (sans doute l'imprimeur de Renaudot); un autre procès-verbal dudit Lignage, contenant le nombre et qualité des exemplaires de Nouvelles imprimées chez ledit Vendôme et par lui vendues en sa boutique au préjudice des défenses portées par ledit arrêt.

et vente qu'ils feront desdites Gazettes, Nouvelles, Relations, prix-courants des marchandises, mémoires, affiches et autres impressions desdits Bureaux, ni s'ingérer au fait et connaissance d'icelles, ni intimider ou empêcher les maîtres ou compagnons imprimeurs que ledit Renaudot voudra choisir pour travailler en son imprimerie; à peine de confiscation de leurs livres et exemplaires, caractères et presses, et autres y contenues; et pour la contravention les parties dudit Renaudot condamnées aux dépens (1); — Autre arrêt, du 4 août 1634, par lequel, sans s'arrêter au jugement rendu par le Lieutenant civil, avons permis audit Renaudot de faire, imprimer, vendre et distribuer en ses bureaux, et ailleurs où bon lui semblera, lesdites Gazettes, Nouvelles, Relations, et autres impressions desdits Bureaux d'adresse, par qui et à telles personnes que bon lui semblera; avec défense audit Lieutenant civil de prendre aucune connaissance desdites Gazettes, et autres circonstances et dépendances desdits Bureaux, que nous avons réservés à nous et à notre dit Conseil; et icelle interdite à tous autres juges (2); — Et encore autre arrêt de notredit Conseil, du 7 novembre dernier, portant de même défenses à toutes personnes autres que ledit Renaudot, et sans son aveu; et, en cas de contravention, enjoignant au premier huissier, sergent ou archer du prévôt, à peine de privation de sa charge, et autre plus grande peine s'il y échet, sur la simple et première réquisition dudit Renaudot, appréhender au corps les contreve-

(1) Rendu entre les mêmes parties, plus Jean de Bordeaux, et les syndic et adjoints de la communauté des marchands libraires et imprimeurs de l'Université de Paris, intervenants. Il vise, entre autres pièces : Déclarations de Sa Majesté concernant le Bureau d'adresse en faveur dudit Renaudot, des dernier mars 1628 et 13 février 1630; — L'inventaire des adresses du Bureau de rencontre, avec la table des choses dont on y donne et reçoit avis; — Sentences du bailli du Palais obtenues par lesdits Martin, Vendôme et consorts, à l'encontre de Renaudot; — Cahier de Gazettes imprimées par lesdits Martin et Vendôme; — Procès-verbaux de saisies faites à la requête de Renaudot, etc.

(2) Cet arrêt vise un exploit d'assignation donné à Renaudot à la requête de cinquante colporteurs tendant à ce que défenses fussent faites audit Renaudot de vendre ni débiter aucunes gazettes à autres qu'auxdits cinquante colporteurs. Renaudot avait répondu à cette assignation en demandant son renvoi devant le Conseil : « au préjudice duquel renvoi lesdites défenses lui auraient été faites par sentence du lieutenant civil. »

nants et les conduire au Fort-l'Evêque ou autres prisons royaux, pour être contre eux procédé selon la rigueur des Ordonnances, Déclarations et Arrêts; lequel aurait été affiché par tous les carrefours de ladite ville et faubourgs de Paris, le 10 desdits mois et an, à ce qu'aucun n'en puisse ignorer. — Lesquels arrêts voulant être exécutés, et faire jouir ledit Renaudot, ses successeurs et ayant-cause, de l'effet d'iceux; — De l'avis de notre dit Conseil, et de notre certaine science, pleine puissance et autorité royale, — Avons, en approuvant et confirmant nos dits Arrêts, dit, déclaré et ordonné, disons, déclarons et ordonnons par ces présentes, signées de notre main, voulons et nous plaît que ledit Renaudot, et ses successeurs et ayant-cause, jouissent pleinement, paisiblement et perpétuellement, à l'exclusion de tous autres, du pouvoir, permission et Privilége de composer et faire composer, imprimer et faire imprimer, en tel lieu et par telles personnes que bon leur semblera, les Gazettes, Relations et Nouvelles, tant ordinaires qu'extraordinaires, lettres, copies ou extraits d'icelles, et autres papiers généralement quelconques contenant le récit des choses passées et avenues ou qui se passeront tant dedans que dehors le royaume; prix-courant des marchandises, conférences et autres impressions desdits Bureaux; et généralement toutes les choses mentionnées èsdits arrêts; le tout vendre et faire vendre, exposer et débiter. Avec défenses à tous imprimeurs, libraires et autres personnes, de quelque condition qu'ils soient, de s'immiscer ni entreprendre aucune des choses ci-dessus, sans le pouvoir, consentement et aveu dudit Renaudot, ou des siens après lui, sans que ci-après ils puissent être troublés et privés de tout ou partie des émoluments procédant desdites impressions et choses ci-dessus, par quelque personne ou prétexte que ce soit; sur les peines portées par lesdits Arrêts, ci-attachés sous le contre-scel de notre chancellerie; nonobstant toutes déclarations, ordonnances, arrêts, règlements et défenses faites ou à faire pour raison de la papeterie, imprimerie et librairie; mesme celles faites à toutes personnes de tenir presses et imprimerie en leur maison, que ne voulons nuire ni préjudicier, directement ou indirectement, audit Renaudot et aux siens, et ce tant qu'il nous plaira, les Gazettes, Nouvelles et autres impressions avoir lieu en cestuy notre Royaume et lieux de notre obéissance. — Si donnons en mandement à notre très-cher et féal chevalier le sieur Séguier, garde des sceaux de France, que ces présentes il fasse lire, publier et registrer ès registres de l'audience de France, et du contenu en icelles jouir et user ledit Renaudot, ses hoirs, successeurs et ayant-cause, pleinement, paisiblement et PERPÉTUELLEMENT, sans souffrir ni permettre qu'il lui soit fait, mis et donné aucun trouble ni empêchement au contraire ; nonobstant clameur de haro, chartre normande, prise à partie et lettres à ce contraires ; oppositions, appellations et empêchements quelconques ; la connaissance desquels, si aucuns interviennent, Nous avons réservé et réservons à Nous et à notre Conseil, et icelle interdite à tous nos cours et juges. Et d'autant que des présentes on pourra avoir affaire en plusieurs et divers lieux, Voulons qu'au *vidimus* d'icelles, dûment collationné par un de nos amés et féaux conseillers et secrétaires, foi soit ajoutée comme au présent original. CAR TEL EST NOTRE PLAISIR. Et afin que ce soit chose ferme et stable à toujours, Nous avons fait mettre nôtre scel à ces présentes : sauf en autres choses notre droit et l'autrui en toutes. — DONNÉ à Paris, au mois de février l'an de grâce 1635 (1) et de notre règne le vingt-cinquième. Signé : LOUIS, et plus bas : *Par le roi*, DE LOMÉNIE; et scellé du grand sceau de cire verte, sur lacs de soie rouge et verte, et contre-scellé de cire verte.

Leu et publié, etc.

Nous n'avons pas besoin de faire ressortir l'étendue et l'importance de ce privilége. Il assurait à Renaudot le monopole non-seulement de la Gazette, mais de tous « autres papiers généralement quelconques contenant le récit des choses passées et

---

(1) C'est donc par erreur que le catalogue de la Bibliothèque impériale indique pour la date de ces lettres le 11 octobre 1631.

avenues ou qui se passeront dans le royaume; comme aussi de toutes les impressions commerciales, qui étaient le privilége de son Bureau d'adresse; et de plus il lui permettait de faire imprimer et vendre le tout où et par qui bon lui semblerait, c'est-à-dire, d'avoir une imprimerie à lui, des colporteurs à lui, etc.

Nous n'avons pas trouvé trace de ces Gazettes imprimées en concurrence de celle de Renaudot. La Bibliothèque impériale possède seulement quelques parodies, très-plates et très-insignifiantes, dont nous nous bornerons à citer les titres :

« *Nouvelles des quatre parties de l'autre monde.* — Les vieilles nouvelles des quatre parties de l'autre monde, sans date pour la différence de leur calendrier au nôtre, sont arrivées à notre bureau, dédiées aux mondains curieux. In-4°. »

« *Gazette et Nouvelles ordinaires de divers pays lointains.* — De la boutique de M. Jacques Vaulemenard, musicien ordinaire de la Basse-Andalousie, le 9 janvier 1632. In-4°. »

« *Le Courrier véritable.* — Du bureau des postes établi pour les nouvelles hétérogènes, le dernier jour d'avril 1632. In-4°. »

« *Le Courrier véritable arrivé en poste.* — On le vend à l'enseigne du Divertissement Nocturne, rue du Mauvais-Passage. (1633), in-4°. »

« *L'Anti-Gazette* et nouvelles arrivées en l'année présente par tous les royaumes et provinces de l'Europe. » (Le titre de départ porte : *L'Anti-Gazette sur le nez de Renaudot.*)

Il y eut pourtant, à n'en pas douter, de nombreuses contrefaçons de la Gazette, mais on comprend qu'elles soient de la plus grande rareté, si tant est qu'il en ait survécu. Pour ma part, après de longues recherches je désespérais d'en rencontrer, quand un beau jour, enfin, tout dernièrement, je trouvai à la bibliothèque Sainte-Geneviève un vieux bouquin, ayant sous sa robe de parchemin l'aspect le plus vénérable, les apparences les plus honnêtes, au frontispice duquel je lus avec ébahissement ce titre : *Courrier universel, fidèle rapporteur des choses les plus remarquables qui se sont passées dès le commencement de* 1631 *jusques à* 1632. A cette vue, je tressaillis comme le mineur qui croit mettre la main sur un trésor ; mon émotion s'accrut encore quand je vis parler dans les premières lignes de la préface — que je dévorai — de feuilles distribuées hebdomadairement, dont mon bouquin n'était que la réunion. Et remarquez que mon siége était fait, qu'avec tout le monde j'avais proclamé Renaudot le père des journalistes français. N'était-il donc qu'un usurpateur ? Allais-je être obligé de descendre mon héros du piédestal sur lequel je m'étais plu à le consolider ? Un examen un peu plus attentif ne tarda pas à me tirer d'anxiété. J'étais tout bonnement en face d'un voleur. Le *Courrier universel* n'est, en effet, qu'une contrefaçon de la Gazette de Renaudot, imprimée à Rouen, *avec privilége,* par Claude Le Villain, imprimeur et relieur du roi. Il est à remarquer qu'elle ne commence pas avec la Gazette, mais seulement au n° 21, et elle s'arrête après la troisième année; du moins l'exemplaire de la bibliothèque Sainte-Geneviève ne va-t-il pas plus loin.

Cet exemplaire se compose de trois forts volumes petit in-8°, dont les titres varient quelque peu. Celui du 1ᵉʳ volume, que nous venons de citer, a un sous-titre ainsi conçu : *où l'histoire mémorable du roi de Suède est amplement décrite, depuis son advénement en Allemagne jusques à ses conquestes d'Ausbourg et autres villes.* Il est orné d'un portrait in-4° — qui se retrouve au 2ᵉ volume — du « Sérénissime et très-puissant prince Gustave Adolphe, par la grâce de Dieu roi des Suédois, Goths et Vandales, grand prince de Finland, duc d'Estonie, Carelie, seigneur d'Ungrie, etc. »

Chaque volume est précédé d'une préface dans laquelle Le Villain préconise sa publication en général, et résume, en la faisant ressortir, la substance du volume. Nous reproduisons la première :

« LE LIBRAIRE AU LECTEUR, salut :

» Les fleurs, séparées les unes des autres, ont bien quelque chose d'agréable en soi, mais beaucoup plus quand, artistement agencées, elles ne font toutes ensemble qu'un seul bouquet. De même les cahiers qui toutes les semaines vous ont été distribués séparément, et dans lesquels vous avez appris tant de rares actions passées en divers lieux, peuvent bien vous avoir apporté quelque contentement, mais ce n'est rien en comparaison de celui que vous pouvez tirer de ce livre, où tous ensemble ils ne font qu'un corps, et de plusieurs histoires qu'une annalle, qui sera l'étonnement des siècles futurs, comme elle est l'admiration de celui-ci.

» Ces livrets, en leur particulier, ont bien quelques appas qui procèdent infailliblement de leur nouveauté, dont la durée toutefois se mesure avec celle d'un jour, mais leur union a des charmes puissants qui proviennent de la parfaite connaissance qu'elle donne de la vérité, laquelle n'apporte pas moins de satisfaction à ceux qui la chérissent grandement et la recherchent avec tant de soin qu'elle se rend aimable en sa naïve beauté et se fait admirer en l'immortalité de sa durée.

» C'est en ce volume où vous verrez la profonde humilité du duc de Lorraine faire hommage à la grandeur de notre incomparable Monarque; les princes électeurs implorer sa protection; les Polonais, son entremise pour la continuation d'une trêve avec les Suédois, et d'une paix avec les Moscovites, et rechercher sa faveur pour obtenir avec plus de facilité la permission de tenir un ambassadeur à la Porte du Grand-Seigneur; le roi de la Grande-Bretagne se remettre en bonne intelligence avec Sa Majesté; le roi de Maroc contracter son amitié, et donner, à la réputation de son mérite, la liberté à tous les esclaves français étant sous sa domination, et le dernier des Ottomans, contre l'ordinaire gravité de ses prédécesseurs, l'honorer de titres spécieux et se plonger bien avant dans les compliments, pour témoigner l'estime qu'il fait de la générosité de son courage.

» C'est ici que vous pouvez apprendre les blessures, la défaite, et ensuite le trépas du général Tilly, l'un des grands capitaines de son siècle, et l'affaiblissement des forces de l'Empereur, son maître, réduit à prendre la loi de ceux qui la recevaient de lui, avec beaucoup de rigueur, et prêt à demander la paix avec humilité aux princes même que l'excès de son orgueil traitait avec un insupportable mépris.

» Vous entendrez y réciter les heureux progrès, les prises des villes et les victoires sans nombre de l'invincible roi de Suède, gagnées tant aux siéges et passages qu'aux rencontres et batailles rangées, et les glorieuses conquêtes des Hollandais, et les pertes honteuses des Espagnols, aussi bien en Amérique qu'aux extrémités de l'Europe.

» Comme en un tableau agréable pour ses diversités, vous y rencontrerez l'Océan et la Méditerranée, et sur leurs ondes agitées de la tempête et parmi le bruit des canons vous y contemplerez des naufrages horribles et de sanglants combats, et la capture faite par des Toscans de plusieurs pirates qui pillaient journellement les navires chrétiens ; et sur la terre, des montagnes inopinément crever et ravager une province, saccager des peuples, engloutir des villes, lancer des flammes au ciel, vomir des torrents de feu et rouler des roches tout entières. Vous y remarquerez encore, d'un côté les bons services dignement récompensés, et de l'autre les déservices punis avec sévérité par le glaive de la justice, afin que désormais l'impunité ne serve de mère nourrice aux crimes que la clémence a fait trop longtemps oublier.

» Après la lecture de tant de rares et différentes nouvelles, si vous considérez mûrement le fruit que vous en recueillerez, et comme votre louable curiosité s'y trouvera amplement satisfaite, il ne se pourra pas faire que vous n'approuviez le soin que j'ai employé à conduire ce labeur jusques au point de sa perfection, et que vous ne le receviez pour un témoignage assuré du désir que j'ai de demeurer à jamais, etc. »

Le Villain s'est-il borné à réimprimer en volumes la Gazette de Renaudot, ou bien réimprimait-il chaque numéro à mesure de sa publication, pour le distribuer à des abonnés ? Cette dernière supposition nous paraît la plus vraisemblable. Elle nous semble résulter des termes mêmes de la préface, de cette circonstance que le premier volume du *Courrier universel* ne commence qu'au milieu de la première année de la Gazette, et enfin des sommaires détaillés placés en tête de chaque numéro, et qui en résument le contenu; ainsi :

« La *Quatrième suite* du Courrier universel, ou porteur des nouvelles du temps qui court du 21 de novembre 1631, où se voient des préparations de guerre en Italie pour la duchée de Mantoue, la prise du château de Wirtzbourg par le roi de Suède, et la déclaration qu'il fait aux catholiques, les cruautez que les impériaux font au pays de La Marck, une riche flotte arrivée à Amsterdam, voyage du duc de Guise à Lorette, lettre du Grand-Turc au roi de France pour la délivrance des Français qu'il tenait esclaves, et autres nouvelles. »

Ajoutons encore que la Gazette de Le Villain est *illustrée* de quelques bois grossiers ; c'est ainsi que nous voyons dans le premier volume le « Portraict d'un chat sauvage trouvé au camp du Roy », et le « Portraict d'une beste ravissante poursuivie par la noblesse et paysans dans les bois de Singlais, près la ville de Caen. ».

La célèbre bibliothèque lyonnaise de M. Coste possédait douze années, 1738-1749, d'une *Gazette* imprimée à Lyon par Pierre Valfray, imprimeur du roi, et qui n'était également qu'une reproduction de la *Gazette de France*. « On sait, dit à ce propos l'ancien conservateur de cette riche collection, M. Aimé Vingtrinier, qui a consacré aux journaux de Lyon une très-curieuse notice, on sait que les imprimeurs du roi avaient seuls le droit de réimprimer ce journal. Ils y ajoutaient, avec l'agrément de l'autorité civile, le récit des faits arrivés dans la localité. » Est-ce en vertu de ce privilége que Le Villain reproduisait la Gazette, dès la première année de son existence, dans son *Courrier universel?* C'est un point que nous ne saurions décider.

En 1650, pendant la Fronde, les imprimeurs du roi revinrent à la charge, croyant sans doute le moment favorable pour réagir contre le privilége de Renaudot. Dans une pièce qui figure au nombre des Mazarinades sous le titre de : *Lettres de Monseigneur le duc d'Orléans et de l'archiduc Léopold sur les dispositions de la paix d'entre la France et l'Espagne,* des 8 et 15 septembre 1650, on lit *in fine,* sous forme de Réponse au sieur Renaudot : « Les imprimeurs du roi rappellent que Renaudot n'a pas le droit d'imprimer dans sa Gazette les lettres patentes, missives, édits, etc.; qu'ils l'ont déjà fait condamner en parlement pour la publication de la *Lettre du roi sur la détention des princes,* encore qu'il eût surpris pour cela une lettre de cachet; que leur privilége intéresse le menu peuple, puisqu'*ils vendent six deniers ce que Renaudot vend cinq sols.* En conséquence ils protestent... »

Nous ne sachions pas que cette protestation ait eu de suites; le monopole de Renaudot courut d'ailleurs, pendant la Fronde, de bien autres dangers, comme nous le verrons tout à l'heure.

Le prix de cinq sols dont parle la pièce que

nous venons de citer était-il le prix d'un numéro de la Gazette? Nous sommes porté à le croire; nous ne saurions cependant l'affirmer. Dulaure, dans son *Histoire de Paris,* dit qu'il se vendait deux liards; mais cette assertion, qu'il n'appuie d'aucune autorité, ne nous paraît pas admissible. Plus tard, les Mazarinades se vendirent, en effet, deux liards le *cayer,* comme on disait alors ; mais la Gazette, journal officiel, journal unique avant la Fronde, outre qu'elle se composait d'au moins deux cahiers, avait une autre valeur que la plupart des canards qui pullulèrent pendant les troubles de 1649-52. Quoi qu'il en soit, nous en sommes réduits aux conjectures sur ce point, aussi bien que sur le prix et le mode d'abonnement. Tout ce que nous savons c'est qu'elle était « vendue et publiée par la ville de Paris » par des colporteurs qu'on appelait gazetiers comme les écrivains de la Gazette eux-mêmes, qu'on la lisait dans certaines boutiques, notamment chez Ribou, Loison, et autres regratiers (1) du Pont-Neuf; que de pauvres femmes allaient l'acheter au bureau de la Grande-Poste et la distribuaient par mois aux personnes qui la voulaient lire, pour 30 sols (2).

(1) Ceux qui achètent des marchandises de peu de valeur pour les revendre avec profit. — On appelait ironiquement *regratiers de livres* certaines gens qui, sans être libraires, achetaient des livres à bon marché pour les revendre fort cher.
(2) Furetière, Trévoux.

Illustres collaborateurs de Renaudot. — Inimitiés que lui attirent ses succès et la faveur dont il jouit. Sa longue querelle avec la faculté de médecine ; singulière animosité de Guy Patin. — Pamphlets dirigés contre lui.

On sait que Richelieu prenait un intérêt tout particulier à la Gazette, qu'il regardait comme un puissant moyen de gouvernement ; il y envoyait des articles entiers, et y faisait insérer ce qu'il avait intérêt à faire connaître à l'Europe.

Nous avons peine à croire que Louis XIII, comme le contait naguère un spirituel chroniqueur de nos amis, « quittât sournoisement son Louvre pour se rendre à bas bruit dans la rue de la Calandre, dans cette boutique gazetière qu'annonçait si bien l'oiseau criard, le grand coq de son enseigne, et que là le pauvre roi, endoctrinant à l'aise le pédantesque Renaudot, se dédommageât, par les petits commérages qu'il lui glissait à l'oreille, du silence et de l'inaction auxquels le condamnait son ministre. » Mais on ne peut douter que ce monarque, qui n'osait guère avoir de volonté, ni parler un peu haut, pas même devant sa femme, ait pris une part active à la rédaction de la Gazette. Lorsqu'il y avait quelque dissidence politique dans le royal ménage, c'est à la Gazette qu'il se confiait pour conter au monde ses doléances ; il écrivait ce qu'il n'osait pas dire, et riait sous cape en voyant circuler sa vengeance anonyme, et en étudiant ses effets sur l'âme altière de la reine.

Quand Louis XIII fut mort, et que Anne d'Autriche eut été nommée régente, Renaudot, menacé dans son privilége, dut rendre compte du passé médisant de sa Gazette, que ses envieux l'accusaient d'avoir ouverte aux ennemis de la reine. On remit à flot je ne sais quelle fâcheuse affaire d'arrestation de prisonniers espagnols dans laquelle la reine s'était fort compromise, et l'on fit ressortir toute l'acrimonie d'un mémoire rédigé à cette occasion par le roi, et dont le gazetier s'était fait l'*éditeur,* sans croire qu'il en dût jamais être responsable. Mais Renaudot n'était pas homme à se déconcerter; vrai journaliste, il avait la riposte vive, la réplique véhémente. Il répondit par une *Requeste* adressée à la régente, et c'est alors qu'on apprit tout le mystère de cette haute comédie, dont le secret n'eût jamais existé si la loi sur la signature eût été promulguée dès ce temps-là.

Cette requête, dont Monteil possédait un exemplaire manuscrit, probablement unique, et que nous avons inutilement cherchée à la Bibliothèque impériale, est sans aucun doute le plus ancien monument de l'histoire de notre presse périodique. Le père des journalistes français, dit Monteil, ne pouvait être un sot : sa défense est adroite, et, d'ailleurs historique. Il expose qu'il exerce depuis vingt-cinq ans la charge de commissaire-général des pauvres malades, auxquels il procure gratuitement les consultations de vingt médecins ; qu'il en a guéri et médicamenté à ses frais plus de vingt mille ; qu'il a acheté une maison destinée à être l'*Hostel des consultations charitables,* mais qu'on traverse par des oppositions son utile entreprise. Passant ensuite, par une habile transition, de la santé de ses malades à celle de son journal, qui ne lui tenait pas moins à cœur : « On ne peut faire de bien en France qui ne soit approuvé par une si bonne princesse, trop équitable pour s'arrêter aux mauvaises impressions que les esprits malfaisants lui veulent donner. » Et puis la reine n'avait alors aucune part aux affaires, il n'a pu que parler de sa vie exemplaire, il n'a pu davantage ; et combien n'a-t-il pas fait faire de vœux à la France pour ses grossesses et heureuses délivrances. — Enfin s'adressant directement à Anne d'Autriche : « Les discours que j'ai faits de la maladie du roi et de sa mort, dit-il, ont été de perpétuels panégyriques de la piété et amitié conjugale de Votre Majesté. »

Abordant alors cette affaire des prisonniers espagnols dont on venait, après dix ans, réveiller le souvenir pour lui en faire une accusation, il en décline la responsabilité : « Chacun sait, dit-il, que le roi défunt ne lisait pas seulement mes gazettes et n'y souffrait pas le moindre défaut, mais qu'il m'envoyait presque ordinairement des mémoires pour y employer..... Etait-ce à moi à examiner les actes du gouvernement? Ma plume n'a été que greffière... Mes presses ne sont pas plus coupables d'avoir roulé pour ces mémoires... que le curé qui les lirait à son prône, que l'huissier ou le trompette qui les publierait. »

Renaudot gagna son procès, et il alla plus avant encore dans la faveur de Mazarin qu'il n'avait été dans celle de Richelieu.

Cette faveur de deux grands ministres ne dédaignant pas de s'appuyer sur un humble gazetier prouve assez que, dès son origine, le journal fut une puissance. S'il en fallait une autre preuve, nous la trouverions dans les attaques furieuses dont Renaudot fut l'objet à l'occasion de sa Gazette. En présence de ce nouveau succès, la violence de ses envieux ne connut plus de bornes; toutes les armes leur étaient bonnes pour l'attaquer, le ridicule aussi bien que la calomnie. Ses tentatives pour faciliter les transactions et procurer au commerce les moyens d'écoulement qui lui manquent · honteux trafic ! Ses efforts pour venir en aide aux nécessiteux : infâme usure ! Il veut faire sortir de l'ornière l'art de guérir : charlatanisme ! Il donne gratuitement aux pauvres, avec ses consultations, les nouveaux curatifs que lui fournit la science : charlatanisme ! charlatanisme ! Pour comble, il se fait gazetier, courtier de nouvelles, l'équivalent de courtier d'a-mour !

L'envie ne s'arrête pas en si beau chemin; elle va fouiller dans les plis les plus intimes de sa vie privée, et se fait une arme de ses chagrins domestiques (1). Une légère difformité dont il était affligé,

(1) Nous croyons devoir relever ici une omission de la *Biographie universelle*, qui ne fait aucune mention du second mariage de Renaudot et du divorce qui le suivit : ce sont là deux circonstances trop importantes pour qu'il soit indifférent de les omettre. Renaudot, veuf depuis plusieurs années, prit femme de nouveau en novembre 1651. Voici comment s'en exprime Loret dans sa *Muse historique* (II° livre, lettre 52, du 31 décembre) :

> *Je ne devais pas oublier,*
> *Mais dès l'autre mois publier*
> *(Car c'est assez plaisante chose)*
> *Que le sieur Gazetier en prose,*
> *Autrement monsieur Renaudot,*
> *En donnant un fort ample dot,*
> *Pour dissiper mélancolie,*
> *A pris une femme jolie,*
> *Qui n'est encor qu'en son printemps,*
> *Quoiqu'il ait plus de septante ans.*
> *Pour avoir si jeune compagne,*
> *Il faut qu'il ait mis en campagne*
> *Multitude de ces louis*
> *Par qui les yeux sont éblouis;*
> *Car cette épouse, étant pourvue*
> *D'attraits à donner dans la vue*
> *Des plus beaux et des mieux peignez,*
> *Ne l'a pas pris pour son beau nez.*

Le second mariage de Renaudot ne fut pas heureux. Loret dit dans la trente-cinquième lettre du III° livre, sous la date du 8 septembre 1652 :

> *Il faut dire ici quelque mot*
> *De Théophraste Renaudot,*
> *Homme d'esprit et d'importance,*
> *Et le grand gazetier de France,*
> *Qui, voulant au dieu des amours*
> *Sacrifier ses derniers jours,*
> *Ayant des ans soixante et douze*
> *Avait pris une jeune épouse*
> *Qui n'avait pas valant cent francs,*
> *Mais un corps, et des plus blancs,*
> *Contenant en plusieurs espèces,*
> *Quantité d'aimables richesses.*
> ....

— il était camus, — est le sujet d'éternels sarcasmes. On va jusqu'à lui contester la légitimité de son prénom de Théophraste, que l'on trouve trop pompeux pour qu'il ne soit pas emprunté (1).

Et n'allez pas croire que ce soient là propos d'enfants. Ce n'est rien moins, s'il vous plaît, que la Faculté de médecine de Paris qui trouve de pareils moyens contre un adversaire qu'elle jalouse,

> *Les premiers jours du mariage*
> *Sans noise, sans bruit, sans orage,*
> *Coulèrent, sinon plaisamment,*
> *Du moins assez paisiblement.*
> *Au mari, froid comme une souche,*
> *La femme n'était point farouche.*
> *Renaudot, sans être jaloux,*
> *Lui maniait souvent le poux ;*
> *(Et c'était là tout son possible,*
> *N'étant pas d'ailleurs fort sensible.)*
> ....
> *Ces pauvres petits passe-temps*
> *Durèrent tant soit peu de temps ;*
> *Mais enfin cette déesse orde*
> *Que l'on nomme dame Discorde*
> *Parmi leur hymen se fourra.*
> ....
> *A la fin leurs communs parents,*
> *Ayant peur que leurs différends,*
> *Après leur amitié détruite,*
> *Eussent une éternelle suite,*
> *Ont jugé très fort à propos*
> *Qu'il les fallait mettre en repos ;*
> *Si bien que, par leur entremise,*
> *Les messieurs de la cour d'église,*
> *En ayant été fort priés,*
> *Les ont enfin démariés.*

Nous trouvons dans la Bibliographie des Mazarinades, sous le titre de : *L'imprimerie à Renaudot sur son mariage,* l'indication d'un petit recueil de stances et sonnets composés à cette occasion.

(1) L'avocat de ses adversaires le compare, à propos de ce prénom, au caméléon, en citant un passage de Tertullien *De Pallio* : « *Capit bestiola vermiculum nomen grande* ; mais regardez-le de près, *ridebis audaciam et graciam nominis.* »

et qui les articule dans un procès solennel. Mais ce n'est pas tout. Voulez-vous savoir jusqu'où allait la rare subtilité de ces graves docteurs ? Suivez bien ce raisonnement : « L'origine et les mœurs de Renaudot sont à considérer : il est né à Loudun, où il est certain, de par Laubardemont, que les démons ont établi leur domicile; il a témoigné avoir une partie de leurs secrets et de leurs ruses. En effet, Tertullien remarquait dans son Apologétique, — on cite le passage (1), — deux circonstances qui avaient mis le diable en crédit : le débit des nouvelles et celui des recettes pour les maladies. » Or, Renaudot est gazetier, il veut être empirique, il est né à Loudun : donc, etc.

Et c'est au milieu du xviie siècle, en plein conseil, que se débitaient de pareilles sottises ! Il faut dire aussi que le bûcher d'Urbain Grandier était à peine éteint. Comment s'étonner alors que Renaudot ait succombé sous de telles accusations !

Puisque ce nom d'Urbain Grandier est venu sous notre plume, disons, à l'honneur de Renaudot, que, bien qu'il ne pût ignorer quelle main frappait son infortuné compatriote, il ne craignit pas de composer son éloge et de le faire distribuer dans Paris.

---

(1) *Quidquid ubique geratur tam facile sciunt (dæmones) quam enuntiant.... Venefici planè circà curas valetudinum.*

Si ces arguments ne sont pas de Guy Patin, l'instigateur de ce débat retentissant, ils sont bien dignes de lui par leur sel et leur malignité.

Il soutenait, à cette époque, contre la Faculté de Paris, un procès qui joue un grand rôle dans sa vie, et auquel nous faisions tout à l'heure allusion. Quelque occupé, en effet, que fût Renaudot par son journal et par ses opérations commerciales, il n'en avait pas moins continué l'exercice de la médecine et la distribution de ses remèdes chimiques, dont le temps n'avait fait qu'accroître le succès. Depuis l'année 1634 ou 1635, il tenait tous les mardis une séance de consultations gratuites dans sa maison; il y assemblait pour cela plusieurs médecins, la plupart étrangers comme lui et de la Faculté de Montpellier. Enfin, il venait d'acheter dans le quartier Saint-Antoine un vaste emplacement pour y élever une maison spéciale de consultation, où lui et ses acolytes auraient toujours été à la disposition des malades pauvres. Bref, il affichait la prétention d'exercer et de diriger tout un système de médecine gratuite à Paris, en dépit de la Faculté, de l'*Ecole,* comme il affectait de dire un peu dédaigneusement.

La Faculté devait éclater devant de pareilles prétentions ; on comprendra, du reste, sa susceptibilité, si l'on se rappelle qu'à cette époque on était en tout sous le régime du privilége, et que les anciens règlements interdisaient l'exercice de la médecine à Paris à quiconque n'avait pas reçu ses grades à l'Université de cette ville. Longtemps retenue par la protection dont Richelieu couvrait le gazetier, elle avait d'abord essayé de lutter à armes courtoises. Dans une affiche portant décision du 27 mars 1639, mais qui ne fut placardée que bien des mois après, on lit : « Les doyen et docteurs de la Faculté de médecine font savoir à tous malades et affligés de quelque maladie que ce soit qu'ils se pourront trouver à leur collége, rue de la Bûcherie, tous les samedis de chaque semaine, pour être visités charitablement par les médecins députés à ce faire, lesquels se trouveront audit collége, et ce depuis les dix heures du matin jusques à midi, pour leur donner avis et conseil sur leurs maladies, et ordonner remèdes convenables pour leur soulagement. » Une autre annonce plus complète de bienfaisance, commençant par ces mots : *Jesus, Maria,* fut promulguée et lue dans les prônes le jour de Pâques 1641, en des termes tout conformes à la dévotion chrétienne. Il y était dit que cette espèce de consultation et de clinique gratuite devait se tenir tous les samedis, à l'issue de la messe qui se célébrait chaque semaine en la chapelle de la Faculté, et après laquelle on réciterait désormais les litanies de la Vierge, et l'on invoquerait particulièrement les saints et saintes qui de leur vivant, par profession ou par charité, avaient exercé et pratiqué la médecine. On devait cette fois non-seulement donner des avis, mais fournir des médicaments et remèdes gratis, selon les *petits moyens* de la Faculté. Renaudot prétendit que c'était là une imitation et une émulation de l'Ecole de Paris, qui s'était piquée d'honneur sur son exemple et qui profitait de son idée charitable. Il remarquait malignement que les quatre docteurs spécialement préposés pour ce service gratuit du samedi recevaient chacun *trente sous* des deniers de la Faculté. La Faculté, au contraire, protestait contre toute idée d'imitation, et soutenait que, dans cet essai de bonne œuvre publique, elle n'avait eu à s'inspirer que d'elle-même et de son amour du bien. Toutes ces discussions, où le mot de *charité* revenait sans cesse, ne se passaient point sans grand renfort d'invectives des deux parts et d'injures infamantes.

Il y a dans toute cette querelle, et dans le fatras d'écriture qu'elle produisit, des choses fort curieuses et pour l'histoire de la médecine et pour l'histoire des journaux en France. Ce serait Renaudot, paraît-il, qui aurait ouvert le feu par un factum, auquel il fut répondu par un autre factum sous le titre de : *La défense de la Faculté de médecine de Paris contre son calomniateur,* dédiée à l'éminentissime cardinal de Richelieu, et signée des doyen et docteurs régents. Richelieu fit venir le doyen de la Faculté, qui était alors Duval, et Renaudot. « Son Eminence, dit celui-ci, fit l'honneur au doyen et à moi de nous dire qu'elle désirait notre accommodement, qui n'est pas purement et simplement protéger ceux de l'Ecole de Paris en l'action intentée contre ma charité envers les pauvres malades ; ce qu'on ne doit aussi jamais entendre d'une si grande piété qu'est la sienne. Et n'était que je ne veux pas engager, comme ils font trop légèrement, les oracles de sa bouche sacrée, je pourrais ici rapporter le blâme qu'elle donna à leur procédé. » Malgré cette défense du cardinal, il ne laissa pas de courir encore plusieurs écrits en 1641.

L'instrument de la Faculté dans cette querelle, son grand exécuteur, fut Guy Patin, si fameux par son esprit caustique, et qui, selon l'expression d'un contemporain, était satirique depuis la tête jusqu'aux pieds. On avait alors, et Guy Patin plus que tout autre, des préventions et des animosités de profession et de métier ; on était de sa robe, l'un du Parlement, l'autre de la Sorbonne, un autre de la Faculté de médecine ; on y mettait toutes ses passions, toute son âme. En présence de pareilles dispositions, les plus simples conquêtes du bon sens devaient coûter beaucoup à obtenir ; ceux qui les soutenaient, et qui devaient prendre sur eux-mêmes pour cela, avaient sans cesse à combattre au dehors : il n'est donc pas étonnant que tant de colères et de passions se soient dépensées dans la lutte. Guy Patin était l'homme de ces colères ; il a des verves et des rages de parole tout à fait rabelaisiennes, mais sans rire ; il mord à belles dents et emporte la pièce.

Il faut lire sa correspondance pour comprendre jusqu'à quel point une querelle de boutique peut aveugler un homme d'esprit ; on trouverait difficilement un autre exemple d'une pareille animosité. Il ne peut parler de Renaudot, il n'y peut songer, sans une sorte d'horripilation, et la langue française ne lui fournit pas de mots assez forts pour exprimer sa haine contre ce Théophraste ou plutôt *Cacophraste* Renaudot, ce nez pourri de gazetier, ce *nebulo hebdomadarius, omnium bipedum nequissimus et mendacissimus et maledicentissimus, qui indiget heleboro, aut acriori medicina, flamma et ferro;* ce Bureau d'adresse, *meus agyrta convitiator et sycophanta deterrimus*. « Si ce gazetier, écrivait-il au mois de mai 1641, n'était soutenu de l'Eminence en tant que *nebulo hebdomadarius,* nous lui ferions un procès criminel, au bout duquel il y aurait un tombereau, un bourreau, et tout au moins une amende honorable ; mais il faut obéir au temps. Par provision, M. Moreau fait une réponse à son factum, qui est une pure satire : je pense que le gazetier y sera horriblement traité, et comme il le mérite, en attendant que le bourreau vienne à son rang tomber sur le maraut. Ce n'est pas que son livre mérite réponse ; mais, comme il est méchant et impudent, il se vanterait qu'on n'aurait pu lui répondre; c'est pourquoi *stulto juxta stultitiam suam respondebitur.* »

L'insulte la plus fréquente que les défenseurs de la Faculté adressent à Renaudot était celle de *gazetier,* et en cela Guy Patin, emporté par sa passion, était des plus inconséquents. Lui qui, dans sa malice curieuse et son amour des nouvelles, était homme à inventer les gazettes et chroniques, si un autre ne les eût inventées, il en faisait presque à Renaudot un crime d'État. « Je vous confesse, disait-on au nom de la Faculté, que vos gazettes vous font reconnaître pour un gazetier, c'est-à-dire un écrivain de narrations autant fausses que vraies. Il vous eût été plus honorable de prendre la qualité d'*historiographe,* puisque Lucien veut et démontre qu'il appartient plutôt aux médecins à *décrire* les histoires qu'à d'autres. » Mais Renaudot n'était pas facile à émouvoir sur ce point; nous savons combien il était convaincu de l'utilité de ses diverses innovations et de ses établissements, de celle de sa Gazette en particulier, et qu'il s'en faisait gloire.

Des injures, d'ailleurs, n'étaient pas des raisons; la Faculté le comprenait bien. Dans celles qu'elle alléguait contre Renaudot, et pour preuve de son incapacité et de son indignité à pratiquer la médecine, ce qui tient la première place, c'est le *trafic et négociation* qu'il fait « à vendre des gazettes, à enregistrer des valets, des terres, des maisons, des gardes de malades, à exercer une friperie, prêter argent sur gages, et autres choses indignes de la dignité et de l'emploi d'un médecin. Il fallait à Thèbes, dit son accusateur, s'abstenir dix ans entiers de trafiquer à celui qui voulait entrer en quelque magistrature. » Ils lui reprochent d'avoir voulu faire d'une salle de fripiers et usuriers (allusion à son mont-de-piété), d'une boutique de journal, une synagogue de médecine. Les enfants de Renaudot, qui furent depuis des hommes de mérite, s'étant présentés au baccalauréat devant la Faculté de Paris, il leur fallut déclarer, *par acte de notaire et par serment,* qu'ils renonçaient au trafic de leur père. Renaudot, revenant sur cette condition imposée à ses fils, et expliquant comment on pouvait tenir le Bureau d'adresse sans se charger pour cela des détails confiés à des commis, reconnaît qu'en effet ses fils ont déclaré devant la Faculté « qu'ils ne se mêlaient point et ne s'étaient jamais mêlés des négociations dudit bureau. » Mais ce n'est pas, ajoute-t-il, que ces négociations ne soient honnêtes et licites, c'est qu'elles sont remises aux mains de subalternes. Toutefois, voyant qu'on prétendait abuser contre lui de la déclaration de ses fils, il dut se pourvoir contre, et demander qu'elle fût rapportée.

Le procès assoupi en 1641 se réveilla en 1643. Il fut précédé d'une plainte particulière de Renaudot, qui, fatigué de s'entendre ainsi, publiquement et sans relâche, invectiver par le sarcastique docteur, lui intenta un procès ; mais il le perdit, et Patin, qui s'était défendu lui-même, en triomphe avec toute sa verve et son orgueil :

« Pour le Gazetier, jamais son nez ne fut accommodé comme je l'ai accommodé le 14 d'août de l'an passé aux Requêtes de l'Hôtel, en présence de quatre mille personnes. Ce qui m'en fâche, c'est que *habet frontem meretricis, nescit erubescere*. On n'a jamais vu une application si heureuse que celle de saint Jérôme, *epistola* 100, *ad Bonasium*, contre le *nebulo et blatero* : car voilà les deux mots dont il me fit procès, qui est néanmoins une qualité qu'il s'est acquise par arrêt solennellement donné en l'audience. Je n'avais rien écrit de mon plaidoyer, et parlai sur-le-champ, par cœur, près de sept quarts d'heure. » (Lettre du 12 août 1643.)

Quatre ans après, il revient avec complaisance sur cette victoire, et en parle comme s'il était encore au lendemain :

« Mon plaidoyer contre le Gazetier n'est pas écrit ; depuis cinq ans passés, je n'en ai eu aucun loisir. Je le fis sur-le-champ, sans l'avoir médité, et sans en avoir jamais écrit une ligne. Deux avocats qui venaient de plaider contre moi, l'un au nom du Gazetier, et l'autre au nom de La Brosse, me mirent en humeur de faire mieux qu'eux et de dire de meilleures choses. L'un ni l'autre ne purent prouver que *nebulo* et *blatero* fussent termes injurieux. Ils me donnèrent si beau champ que leurs faibles raisons servirent à me justifier aussi bien que toute l'éloquence du monde, et mon innocence me fit obtenir si favorable audience que j'eus tout l'auditoire et tous les juges pour moi, *et censorem, et curiam, et quirites.* » (Lettre du 22 août 1647.)

Dans ce plaidoyer dont il se montre si fier, plaidoyer plus comique que sérieux, plus macaronique que français, et « qui appartenait mieux à un hôtel de Bourgogne qu'à un barreau, » Guy Patin, tout en réitérant ses sarcasmes et ses moqueries, en tournant et retournant son adversaire et en faisant rire la galerie, déclara pourtant, à ce qu'assure Renaudot, qu'il avait entendu parler d'un autre que de lui. Ce qui ne l'empêcha pas de le poursuivre de ses quolibets jusqu'en dehors du Palais. Abordant le malheureux gazetier à l'issue de l'audience : « Consolez-vous, monsieur Renaudot, lui dit l'implacable railleur, vous avez gagné en perdant. — Comment cela ? — Vous étiez entré camus, et vous sortez avec un pied de nez (1). »

Après plusieurs procédures, un arrêt au fond, arrêt solennel, qui termina, le 1ᵉʳ mars 1644, cette longue querelle, acheva de donner satisfaction à la rancune et à la vanité des champions de la routine. La Faculté ne s'était pas bornée à demander qu'il fût interdit à Renaudot d'exercer la médecine à Paris : elle n'aurait pas trouvé son compte à ce que le procès fût ainsi renfermé dans ses justes limites ; il lui fallait du scandale ; ce qu'elle voulait, c'était écraser sous la calomnie son redoutable adversaire. Voilà pourquoi, se posant en redresseur de torts,

---

(1) Guy Patin fit encore sur ce procès un quatrain en style de Nostradamus que nous verrons plus loin.

à l'accusation d'exercice illégal de la médecine, elle joignit, par une étrange confusion de tous les principes, celui de trafic et d'usure. Sur ce terrain, l'envie pouvait se donner plus largement carrière, et nous avons vu quelques-uns de ses admirables arguments. Ce qu'il y eut de déplorable dans cette affaire, c'est que les juges de Renaudot ne montrèrent pas plus de lumières que ses adversaires ne montrèrent de bonne foi. On était sous la régence, Richelieu n'était plus là pour protéger le pauvre Renaudot, et le Parlement avait peu de goût pour les créatures du défunt cardinal. En vain une foule de témoins vinrent déposer en faveur de son talent et de l'excellence de ses remèdes; il avait contre lui la lettre de la loi, il devait succomber, et l'arrêt, que le temps en cela devait bientôt casser, condamna du même coup son mont-de-piété comme un établissement nuisible aux classes pauvres. Fort heureusement pour la Gazette qu'elle avait de puissants protecteurs, car elle aurait bien pu, sans cela, ne pas survivre à cet étrange procès.

C'est alors qu'il faut entendre les éclats de Guy Patin; il triomphe avec une sorte de joie cruelle, et ses lettres de 1644 sont toutes pleines de ses bulletins de victoire :

«Un grand et solennel arrêt de la Cour, donné à l'audience publique, après les plaidoyers de cinq avocats et quatre jours de plaidoiries, a renversé toutes les prétentions du Gazetier, et a aussi abattu son bureau, où il exerçait une juiverie horrible et mille autres infâmes métiers (14 mars). — Le Gazetier ne pouvait pas se contenir dans la médecine, qu'il n'a jamais exercée, ayant toujours tâché de faire quelqu'autre métier pour gagner sa vie, comme de maître d'école, d'écrivain, de pédant, de surveillant dans le huguenotisme, de gazetier, d'usurier, de chimiste, etc. Le métier qu'il a le moins fait est la médecine, qu'il ne saura jamais. C'est un fanfaron et un *ardelio*, duquel le caquet a été rabaissé par cet arrêt, que nous n'avons pas tant obtenu par notre puissance que par la justice et la bonté de notre cause, laquelle était fondée sur une police nécessaire en une si grande ville contre l'irruption de tant de barbares qui eussent ici exercé l'écorcherie, au lieu d'y faire la médecine. » (9 juin.)

« Je vous dirai, écrit-il à Spon (8 mars), qu'enfin le Gazetier, après avoir été condamné au Châtelet, l'a été aussi à la Cour, mais fort solennellement, par un arrêt d'audience publique prononcé par M. le premier président. Cinq avocats y ont été ouïs, savoir : celui du Gazetier, celui de ses enfants, celui qui a plaidé pour les médecins de Montpellier, qui étaient ici ses adhérents, celui qui plaidait pour notre faculté, et celui qui est intervenu en notre cause de la part du recteur de l'Université. Notre doyen a aussi harangué en latin, en présence du plus beau monde de Paris. Enfin M. l'avocat général Talon donna ses conclusions par un plaidoyer de trois-quarts d'heure, plein d'éloquence, de beaux passages bien triés et de bonnes raisons, et conclut que le Gazetier ni ses adhérents n'avaient nul droit de faire la médecine à Paris, de quelque université qu'ils fussent docteurs, s'ils n'étaient approuvés de notre Faculté, ou des médecins du roi ou de quelque prince du sang servant actuellement. Puis après il demanda justice à la Cour pour les usures du Gazetier et pour tant d'autres métiers dont il se mêle, qui sont défendus. La Cour, suivant ses conclusions, confirma la sentence du Châtelet, ordonna que le Gazetier cesserait toutes ses conférences et consultations charitables, tous ses prêts sur gages et vilains négoces, *et même sa chimie,* de peur ce dit M. Talon, *que cet homme, qui a tant envie d'en avoir par droit et sans droit, n'ait enfin envie d'y faire la fausse monnaie* (1). »

On voit à quel point le Parlement et les gens du roi entraient avant et prenaient part dans les guerres des corps contre les libres survenants.

Depuis lors, le nom du Gazetier revient moins souvent sous la plume du caustique docteur, et, quand il apprend sa mort, il se borne à en faire l'oraison funèbre en deux mots : « Le vieux Théophraste Renaudot mourut ici le mois passé, *gueux comme un peintre* » (lettre du 12 novembre 1653); ne craignant pas de se donner ainsi à lui-même et aux calomnies qu'il avait si laborieusement entassées un éclatant démenti. Mais la vanité n'y regarde pas de si près, et Patin n'a pu résister à la satisfaction de donner ce dernier coup de pied à son adversaire. Ne voyez-vous pas le contraste ? Le docteur de Montpellier, le promoteur de l'antimoine, le charlatan, est mort gueux comme un peintre, et lui, Guy Patin, le docteur de la Faculté de Paris, le champion de la saignée, le soutien de la routine, il a maison de ville et maison des

(1) Dans l'extrait des Registres de la Cour de Parlement (1644) où est relaté le plaidoyer de M. Talon, on ne trouve point cette phrase, que M. Talon ne laissa peut-être échapper qu'en conversation, si tant est qu'elle ne soit pas simplement de l'invention de Guy Patin.

Voir sur ce procès et sur son promoteur, les Lettres de Guy Patin, et un très-intéressant article de M. Sainte-Beuve (*Causeries du Lundi,* VIII, 79), qui nous a fourni plus d'un détail curieux.

champs, et peut vanter avec complaisance et le nombre de ses poiriers, qui n'est pas moindre de cinq cents, et le nombre de ses livres, qui dépasse dix mille.

D'ailleurs, pour être satisfaite de ce côté, la haine de Patin n'était pas assouvie. Renaudot mort, il la reporta sur ses enfants, qui, avait-il espéré, ne devaient jamais être reçus dans la Faculté de Paris, ce qu'il n'avait pu empêcher cependant ; mais il poursuit plus particulièrement de son animosité l'aîné, Eusèbe, qu'il traite de maraud, d'effronté, d'imposteur, et qui, en effet, s'était rendu coupable d'un crime irrémissible aux yeux de Patin : il avait écrit *l'Antimoine triomphant!*

L'antimoine, voilà, en effet, si l'on peut dire ainsi, la bête noire de Guy Patin ; il souffre difficilement qu'on lui en parle ; il ne veut pas qu'on touche cette corde, *quæ habet aliquid odiosum*. Ce n'est pas ici le lieu de rappeler cette lutte ardente, assez connue d'ailleurs, entre l'antimoine et la saignée, entre la vieille méthode et les remèdes nouveaux, les remèdes *chimiques ;* en un mot, entre la routine et le progrès. Guy Patin, doyen de la Faculté de Paris, était naturellement pour la vieille médecine ; Renaudot, lui, était pour la nouvelle : *inde iræ*, de là cette haine violente dont il le poursuivit jusqu'à sa mort, qu'il reporta sur ses enfants, et dans laquelle se trouvèrent englobés la faculté de Montpellier, qui avait pris fait et cause pour Renaudot, sorti de son sein, et les apothicaires, qui penchaient pour les nouveaux remèdes, source pour eux de nouveaux bénéfices. Comme il les accable de son dédain, ces « bons pharmaciens de Paris, ces cuisiniers arabesques, *artis nostræ scandala et opprobria!* » Avec eux aussi il eut un procès, et — ce qui prouve au moins l'habileté avec laquelle il savait colorer, envelopper la calomnie, et s'en laver ensuite, — il en sortit encore avec les honneurs de la guerre :

« Pour mes chers ennemis les apothicaires de Paris, ils se sont plaints de ma dernière thèse à notre faculté, laquelle s'est moquée d'eux. Ils en ont appelé au Parlement, où leur avocat ayant été ouï, je répondis moi-même, sur-le-champ, et ayant discouru une heure entière, avec une très-grande et très-favorable audience (comme j'avais eu, il y a cinq ans, contre le Gazetier), les pauvres diables furent condamnés, sifflés, moqués et bafoués par toute la cour, et par six mille personnes, qui étaient ravies de les avoir vus réfutés et rabattus comme j'avais fait. Je parlai contre leur bezoar, qui fut si bien secoué qu'il ne demeura que poudre et cendre, contre leur confection d'alkermès, leur thériaque et leurs parties. Je leur fis voir que *organa pharmaciæ erant organa fallaciæ,* et le fis avouer à tous mes auditeurs. Les pauvres diables de pharmaciens furent mis en telle confusion qu'ils ne savaient où se cacher. *Dimissi et refecti fuere tanquam ignari nebulones, boni illi viri pharmacopei parisienses.* Toute la ville, l'ayant su, s'est pareillement moquée d'eux : si bien que l'honneur m'en est demeuré de tous côtés ; jusque là même que notre Faculté m'a rendu grâces de ce que je m'étais bien défendu de la pince de ces bonnes gens, en tant qu'il y allait de l'honneur de notre compagnie. Les juges mêmes m'en ont caressé. » (Avril 1647.)

Et qu'ils n'y reviennent pas, eux, ni les médecins de Montpellier :

« Je m'en vais travailler à quelque chose contre la cabale des apothicaires, afin de l'avoir tout prêt pour le faire imprimer, si jamais ils m'attaquent. — Ces coyons d'apothicaires ont trop pris de pouvoir sur l'honneur de la médecine : il est grand temps de les rabattre, ou jamais on n'en viendra à bout. » — « L'arrêt contre Renaudot n'est pas le premier que nous avons eu de cette nature, et quand *ceux* de Montpellier oseront comparaître, nous en aurons encore d'autres. Nous ne craignons ni les guenillons de la fortune, ni les haillons de la faveur. Notre Faculté dit hardiment de soi-même ce que la vertu dans Claudien : *Divitiis animosa suis.* Nous sommes fondés sur le Saint-Esprit et la nécessité. »

Et ailleurs, débordant sur ce sujet, cet homme d'école s'écrie, dans un dernier accès de fierté et de superbe plus doctorale que philosophique :

« Tous les hommes particuliers meurent, mais les compagnies ne meurent point. Le plus puissant homme qui ait été depuis cent ans en Europe sans avoir la tête couronnée a été le cardinal de Richelieu : il a fait trembler toute la terre ; il a fait peur à Rome, il a rudement traité et secoué le roi d'Espagne, et néanmoins il n'a pu faire recevoir dans notre compagnie les deux fils du Gazetier, qui étaient licenciés et qui ne seront de longtemps docteurs. »

On sait maintenant quel était l'ennemi de Renaudot.

Nous parlerons bientôt de la Fronde et de ses saturnales littéraires. Mais, pendant que nous sommes sur le chapitre de Renaudot et des aménités de l'envie à son endroit, nous citerons, ne fût-ce que pour faire connaître l'esprit du temps, quelques mazarinades dirigées contre lui, et dans lesquelles on reconnaîtra aisément la plume, ou tout au moins l'inspiration de son implacable adversaire.

LE NEZ POURRY DE THÉOPHRASTE RENAUDOT

Grand gazettier de France, et espion de Mazarin, appelé dans les chroniques *nebulo hebdomadarius, de patria diabolorum;* avec sa vie infâme et bouquine, récompensée d'une vérole euripienne ; ses usures, la décadence de ses Monts-de-piété et la ruine de tous ses fourneaux et alambics (excepté celle de sa Conférence, rétablie depuis quinze jours), par la perte de son procès contre les docteurs de la Faculté de médecine de Paris.

Sur le nez pourri de Théophraste Renaudot
alchymiste, charlatan, empirique, usurier comme
un juif, perfide comme un turc, meschant
comme un renégat, grand fourbe
grand usurier, grand Gazetier
de France.

RONDEAU

C'est pour son nez, il lui faut des bureaux
Pour attraper par cent moyens nouveaux
Des carolus; incaguant la police,
L'on y hardoit office et bénéfice ;
L'on y voyoit toutes gens à monceaux :
Samaritains, juifs, garces, maquereaux ;
L'on y portoit et bagues et joyaux
Pour assouvir son infâme avarice ;
    C'est pour son nez.

Qu'il fit beau voir ces pieux animaux (1)
Entrer en lice, et courir par troupeaux
Pour soutenir la bande curatrice !
Mais tout d'un coup, ma foy, dame Justice
Jeta par bas alambics et fourneaux :
  C'est pour son nez.

AUTRE RONDEAU

SUR LE MÊME SUJET

Un pied de nez serviroit davantage
A ce fripier, docteur du bas étage,
Pour fleurer tout, du matin jusqu'au soir ;
Et toutefois on diroit, à le voir,
Que c'est un dieu de la chinoise plage (2).
Mais qu'ai-je dit? c'est plutôt un fromage
Où sans respect la mite a fait ravage.
Pour le sentir il ne faut point avoir
  Un pied de nez.

Le fin camus, touché de ce langage,
Met aussitôt un remède en usage,
Où d'Esculape il ressent le pouvoir :
Car, s'y frottant, il s'est vu recevoir
En plein Sénat, tout le long du visage,
  Un pied de nez.

---

(1) Martin, advocat, intervenant pour ceux de Montpellier, les appela *animaux charitables*.
(2) Les dieux de la Chine ont le nez écaché.

QUATRAIN XVII

Extrait de la 22. Centurie de Michel Nostradamus, poëte, mathématicien et médecin provençal ; prédisant la perte du procez du Gazettier, soy-disant médecin de Montpellier, contre les médecins de Paris, par un arrest solennel prononcé en robbes rouges, après cincq audiances, par Me Messire Matthieu Molé, premier président, le 1. jour de mars, l'an 1644.

> *Quand le grand Pan* (1) *quittera l'escarlate,*
> *Pyre* (2), *venu du costé d'Aquilon* (3),
> *Pensera vaincre en Bataille* (4) *Esculape* (5),
> *Mais il sera navré par le Talon* (6).

(1) Quand sera mort le cardinal de Richelieu, qui portait le Gazettier. Il est icy comparé à Pan, dieu des Faunes et Satyres, à cause de ses impudiques et sales amours. Le sieur de Priezac dans son *Amant solitaire* :
  Et vous Faunes lascifs, Ægi-pans et Sylvains.
(2) Pour Zopyre, qui avait le nez coupé.
(3) Pays de malheurs, pays à tous les diables : c'est Loudun, pays du Gazettier.
(4) Nom de l'advocat du Gazettier.
(5) La Faculté de médecine.
(6) C'est le nom de M. Talon, advocat général, qui a demandé justice à la Cour de la vie et de l'usure du Gazettier, et qui a donné contre lui de véritables et raisonnables conclusions.

FIN

Après tout ce que nous avons dit des démêlés de Renaudot avec Guy Patin, il n'est pas difficile de deviner d'où était sortie cette diatribe. Dreux du Radier, d'ailleurs, attribue formellement au malin docteur le quatrain qui la termine ; sa paternité ressort encore de la pièce suivante, que nous ne faisons qu'analyser.

LA CONFÉRENCE SECRÈTE DU CARDINAL MAZARIN AVEC LE GAZETIER,
ENVOYÉE DE BRUXELLES LE 7 MAI DERNIER.

(Jouxte la coppie imprimée à Bruxelles, 1649.)

C'est une longue conversation entre Mazarin et Renaudot, où les deux compères confessent mutuellement leurs peccadilles, et se concertent sur la marche à suivre pour rétablir leurs affaires. En voici le début :

LE CARDINAL MAZARIN. Monsieur Renaudot, mon bon ami, c'est maintenant plus que jamais que j'ai besoin de tes inventions et de ta plume. Tu vois l'estat où je suis réduit ; tu vois l'orage qui s'est eslevé : il ne faut pas de moindre adresse que la tienne pour en détourner l'effort, sous lequel je ne puis que périr, s'il vient à fondre.

LE GAZETIER. Monseigneur, je croy que V. E. me joue à son ordinaire, mais par une nouvelle invention. Elle ne fut jamais plus heureuse qu'elle est à présent ; elle ne fut jamais si puissante et si honorée, ny avec tant de respect ; elle ne fut jamais si bien qu'elle est dans l'esprit de la reyne ; les princes ne vous furent jamais si soumis ny obéissants, les parlements et les peuples si dévots et si affectionnez ; et vous avez tous les sujets du monde d'être content, ou il faut dire que le contentement ne se peut pas trouver dans ce monde.

LE CARDINAL. Renaudot, trêve de compliment : ces flatteries ont été bonnes durant quatre ou cinq ans, pendant lesquels tout ce que tu viens de dire m'estoit un grand motif de gloire et de satisfaction ; j'estois monté sur le fais de la grandeur ; j'avois la conduite et les biens de toute la France en ma disposition, et toute l'Europe me regardoit comme un dieu et l'arbitre de la paix et de la guerre. Mais à présent la charrue est tournée : ceux qui n'osaient me louer, crainte de n'en dire pas assez, ne trouvent pas d'injure assez atroce pour m'en charger, sans appréhension d'en être repris ; mon nom est la farce d'un peuple, qui auparavant ne se prononçoit qu'à genoux ; et pour des comédies dont j'ay diverty la curiosité des Parisiens, il n'est pas fils de bonne mère qui ne voulust donner de l'argent pour assister à la tragédie de ma propre personne.

LE GAZETIER. Monseigneur, ce n'est pas le bruit commun. V. E. n'ignore pas qu'il ne me seroit pas caché : tous ceux qui me donnent des avis sont des gens d'honneur, et qui savent tout ce qui se passe de jour et de nuit ; j'ai mes enfants à Paris qui voyent les meilleures compagnies, qui font la gazette pour le Parlement (1), où l'on n'oublie rien, et, dans tous les mémoires que je reçois de la part des uns et des autres, je ne vois rien qui vous doive toucher le cœur que d'une passion de gloire et de générosité.....

Et la comédie se poursuit ainsi pendant quarante pages in-4°. Renaudot énumère tout ce qu'il a fait jusque-là pour le cardinal; il propose ses plans, que discute Mazarin, et discute à son tour ceux de ce dernier. Bref, il proteste de son dévouement sur sa foi de gazetier : « J'ai trop d'intérest, ajoute-t-il, à la conservation de vostre personne et de vostre fortune, de laquelle la mienne dépend absolument. Et si V. E. en savoit la principale raison, elle ne douteroit jamais de ma fidélité, ny de la sincérité de mes intentions à mentir pour son service, voire à devenir tout mensonge, si cela se pouvoit faire.... » Là-dessus, Renaudot raconte qu'il a fait dresser son horoscope par deux ou trois des mieux stylés en cet art.

(1) V., plus loin, *la Presse durant la Fronde.*

Et je m'en repans bien fort, parce que cela m'afflige et m'empesche souvent de dormir, car, sans s'estre communiquez l'un à l'autre, ils ont trouvé la même chose par leur supputation, sçavoir, que je serois fortuné et amasserois force biens soubs le ministère de deux cardinaux ; mais qu'à la mort de l'un je recevrois un grand eschet, et qu'à la disgrâce de l'autre je serois entièrement matté. Or le premier m'est infailliblement arrivé à la mort de deffunct Monseigneur de Richelieu, et j'ay toutes les raisons du monde d'appréhender le second, si la fortune vous tourne le dos : car, outre les horoscopes dont je viens de vous parler, ce diable de Patin, que je n'ay jamais su adjuster à mon pied, depuis qu'il fit rire Messieurs des Requestes de l'Hostel, en m'appelant, à cause de mon nez puant, le Bonaze de Sainct-Hiérosme, ce Patin, dis-je, trouva une prophétie dans Nostradamus qui prédisoit ce qui m'arriva après la mort de défunct Monsieur le Cardinal ; et depuis huit jours en ça on m'en a envoyé une autre qu'on dit qu'il a tirée de la sixiesme centurie d'un vieux manuscrit, laquelle me menasse du gibet, si votre fortune se change.

Sur la demande de Mazarin, Renaudot lui récite le quatrain que nous avons rapporté plus haut, *Quand le grand Pan;* et aux plaisanteries du cardinal, il répond :

Monseigneur, ne le prenez pas par là : il n'y a point de quoi rire pour moy, non plus qu'il n'y a rien de plus clair quand vous saurez l'histoire ; et si je croyois que la seconde prophétie deust arriver aussi certainement, je n'attendrois pas que l'on me pendist ; je les préviendrois et me pendrois moy-mesme, afin d'éviter l'infamie que mes enfants appréhendent, et que beaucoup de gens désirent, parce que je ne les ai pas traittez comme ils meritoient et selon la vérité dans mes Gazettes, que je n'ay composées que pour satisfaire aux ministres et aux favoris. Or, pour l'intelligence de cette prophétie, V. E. doit sçavoir que les mé-

decins de Paris m'ont toujours fait la guerre, et n'ont jamais
voulu souffrir que je fisse la médecine dans la ville, tant à cause
que je ne suis pas docteur de leur faculté, ny capable de l'estre,
qu'à cause de la profession de gazetier, qui n'est pas plus honorable que celle de courtier d'amour. A cette fin, il y eut grand
procez entre nous, qui demeura indécis par la faveur de Monseigneur le Cardinal : car, tant qu'il vescut, je pratiquay la médecine, en faisant la nique aux médecins (1), souz son authorité;
mais il ne fut pas sitost passé, que ces messieurs reprennent leurs
brisées. Il fallut plaider à la grand'chambre, où, quoy que le sieur
Bataille, mon advocat, sceust dire en ma faveur, et des services
que je rendois au public à l'occasion de mon Bureau de rencontre, M. Talon, advocat général, ne se contenta pas de conclure contre moy en faveur des médecins, mais encore, remon-
strant l'impiété de mon Mont-de-Piété, et l'usure abominable que
j'exerçois sous le prétexte des prêts et ventes à gage, il demanda
qu'il me fust interdit, souz de griéves peines, de n'en plus user à
l'advenir ; et, ses conclusions suivies de point en point, je me vis
en un moment privé de l'exercice de la médecine, dont je ne me
souciois pas beaucoup, mais encore de celui des prests sur gage,
dont je tirois plus de profit en une sepmaine que trois courtiers
de change en un mois des inventions dont ils se servent en leur
mestier. Or, que V. E. voye maintenant si la prophétie n'est pas
bien claire, dans laquelle mesme les advocats qui ont parlé en la
cause sont nommez, et s'il pouvoit mieux exprimer la mort de
Monsieur le cardinal que par le premier vers : car, le nommant
le grand Paon, il fait allusion au dieu des Faunes et des Satyres,
comme son Eminence l'estoit des maltôtiers, aussi bien que la
vostre. Au second vers, il me dit venir du costé d'Aquilon, parce
que Loudun, lieu de ma naissance, est aquilonaire à l'égard de
Marseille, où Nostradamus faisoit sa demeure ; et pour les autres
deux vers, on ne sçauroit exprimer plus clairement les vains
efforts du sieur Bataille contre les médecins, sous le nom d'Escu-

---

(1) C'est précisément ce que disoit Guy Patin dans un passage que nous avons
cité : « Si ce Gazettier n'étoit soutenu de l'Eminence..... Mais il faut obéir au
temps. »

lape, ny la playe que me fit M. Talon par ses conclusions à la gloire de mes ennemis et à mon grand dommage et regret tout ensemble. Par là V. E. peut voir si je n'ay pas sujet d'appréhender le succez de la seconde prophétie par celuy de la première.....

Après s'en être quelque peu défendu, Renaudot récite au Cardinal cette seconde prophétie, que voici :

Au temps que NIRAZAM, *ayant gaigné la Poule,*
Coq et Poulets plumé, fera gille drilleux,
Lors puant Roy crétois, faisant sault périlleux,
Par infame licol fera chanter la foule.

Mazarin ne voit là que des noms barbares, et une énigme encore plus difficile à deviner que la précédente :

Ah! Monseigneur, lui dit le Gazetier, que V. E. parleroit autrement si elle y avoit un peu pensé! Le nom que vous appelez barbare, et non pas sans raison, c'est le vostre, car, si vous lisez Nizaram à l'envers, et à la façon des Hébreux, vous trouverez Mazarin. La Poule, c'est la reyne ; et pour le Coq et Poulets plumez, cela signifie le roy et les peuples, dont vous avez tellement épuisé les finances, que sa cuisine, faute d'argent, a été deux fois renversée, et le royaume n'est plus qu'un hospital de gueux. Et c'est ce qui a excité les François à demander vostre esloignement, à se roidir contre vostre tyrannie, et à protester de n'estre jamais satisfaits que vous ne fussiez hors de l'Estat. Voyez s'il se peut rien dire de plus facile en matière de prophétie, et si je n'ay pas sujet de craindre le funeste événement qui est prédit par les autres deux vers.....

Enfin le ministre et le gazetier se séparent en

se faisant mutuellement les plus grandes protestations.

LE GAZETIER. Monseigneur, aussitost que j'auray achevé quelques feuilles qui me restent pour parer aux coups du gazettier de Cologne, je travailleray suivant les sentiments de Vostre Eminence, et avec tant d'adresse qu'elle aura sujet de me croire son très-humble serviteur.

LE CARDINAL. Va, Renaudot, et que je t'embrasse, pour arres de la récompense que tu dois espérer.

LE GAZETIER. Ainsi, Monseigueur, le croissant vous estant plus propre que la tyare, puisse Vostre Eminence devenir bientost le Grand-Seigneur! J'espère qu'elle me fera son Grand-Visir.

Tu vois par là, Lecteur, ajoute l'auteur du pamphlet, sous forme de morale, les fourbes et les intrigues abominables dont la passion et l'intérêt se servent pour l'exécution de leurs pernicieux desseins; tu en vois tous les jours le succez et la suitte. Prie Dieu qu'il l'arreste, pour le bien de l'Eglise et de l'Estat.

LA GAZETTE BURLESQUE

ENVOYÉE AU GAZETTIER DE PARIS

Mil six cent quarante-neuf

> Sunt quatuor quæ nunquam dicunt satis :
> mare, vulva mulieris, infernus et bursa
> Gazetarii.
>
> C'est-à-dire :
>
> Il y a quatre choses qui ne disent jamais
> c'est assez : la mer, la matrice de la femme,
> l'enfer et la bourse du Gazettier.

De Naples, le 4 du mois que l'on mange les maquereaux frais.

La mer, ayant esté extraordinairement orageuse, a vomy sur nostre rivage une telle quantité de poissons et de maquereaux, qu'après les abondantes provisions du public, l'on en a peu encore saler dans des bariques pour en fournir à l'univers.

De Milan, le quatorzième du mois que l'on tue les pourceaux pour avoir du boudin.

Il y a eu icy un si grand meurtre de ces pauvres bestes que leurs pleurs et leurs cris, du tort que l'on faisoit à leur innocence, alla jusques aux oreilles du Grand-Turc, dont il eut grand pitié, car il les aime fort.

De Paris, le…. des calendes de juin.

Il pleût tellement deux jours durant, que les femmes qui estoient par les ruës descouvroient leur cul pour couvrir leur teste; les vieillards de nonante ans ne peurent manger sans ouvrir la bouche; les aveugles ne se voyoient pas l'un l'autre, et l'eau ne cessa de couler par dessous le Pont-Neuf.

De Rome, le quatriesme des nones de may.

Sa Sainteté, qui par son soin paternel et pastoral veille sur son troupeau, voyant approcher l'année du S. Jubilé, ordonna, en son consistoire tenu le dit jour, que tous les princes et peuples chrestiens et catholiques en soient advertis, et conviez de se tenir prests pour acquerir les fruicts de ce celeste tresor, et pour cet effet envoya par toute la chrestienté sa patente latine, qui, attrapée par le tout attrapant Gazetier de Paris, qu'il dit luy avoir esté envoyée d'icy, par luy traduite en françois, imprimée et venduë avec effronterie parmy les fragmens et haillons de sa profane boutique pour en faire bourse, ainsi qu'il fait de tous les autres fatras, ayant rempli cette traduction de mots nouveaux et vestibules, qui montrent qu'il est mal versé au stile romain. Cependant s'il eust eu quelque pudeur chrestienne, il n'eust pas logé cette auguste, très chrestienne et divine pièce, dedans son-dit Bureau de l'Adresse, cloaque, sentine, registre et memorial funeste de tous les meurtres, massacres, incendies, famines, saccagemens, vols, violemens et pilleries d'églises, sacriléges et desolations de toute la chrestienté, dont il est le trompette solennel, employant en ces funestes relations toute la vigueur de sa rhetorique, par le moyen de quoy il estime s'immortaliser, imitant ce scélerat qui pour faire parler de luy brusla le temple de Diane en Ephèse. Il devoit au moins faire cette traduction *incognito*, mot qu'il a pris aux Italiens, et duquel il se sert si souvent, et de cette façon il se seroit mis à couvert du reproche qu'il en reçoit. Mais quoy! pour faire pis que les heretiques, il a voulu incorporer cette precieuse matière parmy ses escrits profanes pleins de cadavres, d'horreurs, de sang et de feu; et, sans prendre garde que son mestier ne se doit point mesler de ce qui appartient à l'Eglise, il s'est porté à cette criminelle entreprise, non pour la decorer, mais pour indignement autant qu'avarement chercher du lucre, semblable aux chauves souris, qui n'entrent dans les temples que pour boire et succer l'huile des lampes et ronger les napes des sacrez autels.

N'avez-vous point aussi pris garde qu'au lieu de laisser à cette sainte pièce le titre qu'elle avoit, d'*Innocent, évesque, serviteur des serviteurs de Dieu*, il l'a coëffée d'un preambule payen, et coq à l'asne, sur la fin duquel, en goguenardant impieusement, il dit qu'il luy prend envie de donner au peuple des jubilez universels. Mais les chevreaux d'Esope connoissent bien à sa patte de loup qu'il n'est pas leur mère, et ce langage ne sçauroit estre que scandaleux aux oreilles des bons chrestiens, lesquels aussi, pour estre plus facilement desabusez, sçauront que toute traduction et impression des escritures concernant le S. Jubilé, et autres œuvres du domaine de notre sainte mère l'Eglise, qui doivent estre publiées dans la ville et diocèse de Paris, sont d'ordinaire veuës et approuvées par Monseigneur l'illustrissime et reverendissime Archevesque de Paris, ou par messieurs ses grands vicaires, toute autre version et impression estant tenuë fausse et reprouvée.

Discours que le Gazetier a mis au commencement de la bulle du Jubilé.

POUR LE FAIRE SÇAVOIR A TOUTE LA CHRÉTIENTÉ.

Bien que ce soit à présent une des plus infaillibles marques d'honneur que d'être injurié dans les libelles qui courent, ce qui faisoit aussi douter à Themistocles qu'il eust rien fait de bon, avant qu'on eust mal parlé de lui, voire attribuer par le feu duc d'Espernon son en-bon-point aux calomnies de ses médisans, qu'il a estimé lui avoir fait atteindre son grand âge, comme Pline conte que, pour faire bien prendre racine au persil et le faire croistre, il le faut fouler aux pieds et le maudire : si est-ce qu'il me prend aujour-d'hui envie, pour espargner à nos chetifs escrivains la perte de temps et de papier qu'ils broüillent inutilement à débaucher les esprits des peuples, de leur donner des jubilez universels où ils ne trouveront rien à contre dire. En attendant donc que chaque diocèse se prepare à recevoir humblement de ses pasteurs, et avec la reverence deuë, leur ordre particulier, le public ne pouvant estre trop tôt averti d'une si bonne nouvelle, et qui lui vient si à propos, je la lui presente ainsi qu'elle m'est n'aguères arrivée de Rome, m'asseurant qu'elle ne lui sera pas moins agréable que toutes les autres qui en viennent.

—

LE VOYAGE DE THÉOPHRASTE RENAUDOT,

GAZETTIER, A LA COUR

Maistre fourbe et plus menteur que ne fut jamais le plus subtil arracheur de dents qui soit dans le domaine du Pont-Neuf, où diable allés-vous ? Tout le monde sçait que le lendemain des Roys vous vous en fustes à S. Germain, crainte que vous aviés d'être enfermé dans les barricades, ou d'être ensevely dans l'un des tonneaux qui servirent de rempars à la defense des bourgeois de Paris, lorsque le roy, quittant son palais, t'avoit laissé seul dans les galleries de son Louvre, où tu estois demeuré un moment pour apprendre ce qui se passoit dans l'esprit, dans la pensée, dans l'intention des habitants. O dieux! tu manques de nez, si ce n'est que les plus courts soient les plus beaux, ou que les plus puants soient les meilleurs, comme l'on dit des fromages ; mais tu en eus cette fois, car les païsans révoltés étoient résolus de te faire mourir dans un tonneau de la plus fine merde qui se trouve dans les marais, ou dans la ruë des Gravilliers.

Mais dy-moy, en vérité, que vas-tu faire à Compiègne? L'on dit que le roy t'a mandé, et qu'il a dessein de t'envoyer en Canada, apprendre de ces peuples la façon de dissimuler avec adresse, et faire passer des impostures pour des verités ; mais il veut que tu sois monté sur un asne, afin que ta personne, tes Gazettes et ton voyage n'ayent rien qui ne sente la beste. Les autres disent que c'est pour contenter l'humeur du prince de Condé, qui désire que tu sois à la cour, afin de rediger par escrit ses plus belles actions, et le mettre au rang des conquerans, comme tu es au nombre des hommes illustres, et des plus celebres en méchanceté.

A propos de ce discours, je me trouvay l'autre jour dans une compagnie, où un jeune homme qui revenoit d'Italie protesta que tu serois le tres-bien venu à Rome, si tu voulois y aller, pour enseigner aux Italiens les remedes dont tu t'es servy pour te guarir de la verole, ou les moyens de bien empoisonner quelqu'un, sçachant qu'en ta personne, comme en celle de ta femme, tu as excellé en ces deux secrets. Pour moy, je ne te conseille pas d'y aller, et peut-estre gaigneras-tu plus icy que là, pour des raisons que tu sçais bien, et qu'il ne faut pas dire.

Les âmes moins scrupuleuses croyent que tu vas à Compiègne pour y apprendre quelque religion, parce que tu n'en eus jamais aucune, et que celle des mahomettans t'est aussi bonne que celle des chrestiens : en effet, tu les approuves toutes, et tu n'en rejettes pas une, et tu ressembles proprement le poëte Aretin, qui disoit du mal de tout le monde, excepté de Dieu, parce qu'il ne le connoissoit pas, et que même il ne le vouloit pas connoistre. L'on pourroit te comparer au caméléon, qui reçoit toutes sortes de couleurs, mais qui ne prend jamais de blancheur : tu connois toutes les malices, mais tu ignores l'innocence; et, de toutes les mauvaises qualités que tu possèdes, la moins blâmable est celle de mépriser la vertu.

Les courtisans disent que tu vas à Compiègne pour composer un livre à la louange de la beauté, en faveur de mademoiselle de Beauvais, parce qu'elle avoit eu assés de complaisance pour dire un jour que, si tu n'estois pas parfaitement beau, qu'au moins tu estois assés agreable, et que tu pouvois gaigner par les charmes de ton discours ce que tu pouvois perdre par les deformités de ton visage et les puantes infections de ton chien de nez pourry.

Pausanias dit qu'il y avoit à Laida, ville de Grèce, une statue d'Esculape plus laide qu'un démon, qui estoit neantmoins respectée, parce qu'elle rendoit des oracles avec une voix assés harmonieuse et assés intelligible, qui par après fut brisée par les citoyens de la même ville, à cause qu'elle avoit predit des faussetez. Il en arrivera de même de ta personne. Tu es déja hay pour la defformité de tes yeux, de tes mœurs, de tes actions, de tes desbauches infames, de tes saletés, de tes abominations ; tu ne manqueras pas à Compiègne d'escrire et d'annoncer mille mal-heurs à la ville de Paris ou au Parlement, qui n'a pas voulu rechercher ta vie, de peur qu'en la trouvant criminelle, il ne fût obligé de la mettre avec les charognes de Monfaucon : prends garde que les mensonges de ta Gazette n'animent le peuple à te reduire en cendre.

L'on demandoit avant hier, en compagnie de plusieurs peintres, ce que tu allois faire à Compiègne. Les uns disent que la reyne avoit dessein de faire tirer ton portrait, à fin d'avoir toujours devant les yeux l'image d'un demon, pour luy oster l'envie d'aller en enfer, où les objets sont si épouvantables, que leur seule veue est capable de tourmenter les hommes et leur causer mille supplices. Les autres protestèrent que le Grand-Maistre, qui sçait presque tous les noms des diables et cocus, parce qu'il est connu des uns et des autres, souhaittoit de sçavoir comment estoit fait celuy qui tenta S. Antoine dans les déserts, et que, luy ayant dit que ton visage avoit bien du rapport avec le sien, selon au moins que nous témoignent les tableaux qui representent cette sainte histoire, sinon que tu n'avois point de cornes à la teste : « Hé bien, répliqua le Grand-Maistre, ne faites aucune difficulté de luy en mettre : il est bien diable et cocu tout ensemble. » Les autres, enfin, conclurent qu'il faisoit voyage à la cour pour obliger le mareschal de Grammont, qui l'a prié instamment de faire à part un volume du *Mercure françois*, qui contienne l'histoire, la vie, les combats, les victoires, les mémorables actions de cet incomparable guerrier, qui guigne toujours en fuïant et qui est plus heureux au jeu qu'à la guerre. Plutarque dit que les princes ont esté heureux qui ont eu auprès de leurs personnes des hommes capables de décrire leurs belles actions; Neron ne pouvoit rien faire que Senèque ne pût dire, et Senèque ne pouvoit rien dire que Neron, dans le commencement de son règne, ne pût aussi faire. Le mareschal de Grammont a ce bonheur : il peut conquerir tout le monde, bien qu'il ne le fasse jamais, et Renaudot peut faire le recit de ses prouësses. Mais le plus grand miracle qu'ils puissent faire tous deux, c'est de guérir l'un de la verole, et l'autre des goutes.

Vien-ça, vendeur de Theriaque ; confesse ingenuëment et ne dissimule point, que vas-tu faire à la cour? Sans doute Mazarin a dessein de t'employer et te faire imprimer des arrêts contre le Parlement. Tu me diras, et il est vray, que tu as perdu ton crédit à Paris, que ta vie y est en horreur à tout le monde, que tes impudicitez y sont découvertes, tes effronteries reconnuës, tes mensonges méprisez. D'ailleurs, tu sçais que maintenant, non-seulement tu passes pour estre peu versé dans les sciences, mais pour estre ignorant tout à fait : deux cents esprits, dont le moindre te surpasse en vertu, en doctrine, en expérience, ont écrit ces jours passez avec autant d'admiration que d'éclat, qui ont donné au public les plus belles choses du monde, et qui, par la splendeur de leur sçavoir éminent, ont enseveli sous les cendres d'un oubly éternel toutes tes œuvres et tes productions. Tu vois que ta Gazette ne marche plus, que le peuple aussi bien que les curieux sont desabusez de tes impostures ; tu veux l'aller debiter à la cour, où ta personne et tes mensonges seront toujours bien reçeus tant que Mazarin vivra. Marche, haste-toy, on te pourroit icy couper les oreilles après que le feu t'a brûlé le nez. Mais pren garde ou de ne rien écrire contre le généreux duc de Beaufort, ou de ne plus retourner icy, car, sans doute, on t'y jouëroit mauvais party.

On tient pour assuré que le cardinal te demande avec instance, et il se persuade que tu luy rendras deux bons offices : il attend ce service de ta courtoisie, et se promet de ta fidelité tout ce qu'il peut esperer d'un honneste homme comme tu es. Le premier sera de tant dire de bien de luy, de mander si souvent qu'il n'a autre dessein que de rendre le roy puissant et glorieux, que de rendre les peuples heureux et la France victorieuse, que de procurer une paix generale, que d'exterminer la race des monopoleurs et d'abolir les maudites inventions qui ruinont les sujets sans enrichir le domaine du roy, qu'à la fin les peuples, vaincus par ces fausses persuasions, seront contrains de changer d'opinion et de croire Mazarin l'auteur et l'appuy de leur fortune, bien que son ame malicieuse et damnée ne medite que des vengeances et des cruautez. Ce perfide t'envoye donc querir pour le justifier ! Mais je croy que tu auras bien de la peine à le faire, qu'un méchant ne sçauroit guère obliger un autre méchant, et que les peuples ne sont aucunement disposez à donner créance, ny à ce que tu diras, ny à ce que fera Mazarin.

Le second service qu'il pretend de vous, c'est qu'etant en cour, vous instruisiez ses nièces à faire de si beaux complimens, qu'elles puissent enfin, par leurs discours, attraper quelques princes et les obliger à les prendre pour femmes. Mais prenez garde que les dames de France qui y sont intéressées ne vous fassent dancer quelque cabriole.

Surtout, pour aller à Compiègne, ne vous servez pas de la monture de votre servante : elle jure qu'elle est bien lasse de vous porter, et qu'elle aymé mieux boire au Robinet ; elle ne vous porta l'autre jour que l'espace d'un quart d'heure dans votre imprimerie, et néantmoins elle étoit si fatiguée qu'elle n'en pouvoit plus. Mais servez-vous de la Chaux, ce sera un asne monté sur une beste.

FIN

Mort de Renaudot. Le père du journalisme attend encore qu'on lui rende justice. Ses autres écrits.

Mais tous les pamphlets, tous les quolibets du monde, pas plus que les arrêts, ne pouvaient prévaloir contre le bon sens public. Renaudot conserva, malgré tout, la réputation d'un savant médecin; il continua, en dépit de la Faculté, à faire jouir le public de ses *innocentes inventions,* comme il les appelle lui-même, et il emporta dans la tombe, où il descendit le 25 octobre 1653 (1), la reconnaissance des pauvres et l'estime de tous les gens éclairés. Si l'on en croyait quelques envieux, il aurait laissé une immense fortune; mais nous avons vu Guy Patin lui-même avouer qu'il était loin d'être riche.

Renaudot d'ailleurs avait assez vécu pour voir

---

(1) Voici en quels termes la Gazette du 1ᵉʳ novembre parle de la mort de son fondateur : « Le 25 du mois dernier mourut, au 15ᵉ mois de sa maladie, en sa 70ᵉ année, Théophraste Renaudot, conseiller médecin du roy, historiographe de Sa Majesté, d'autant plus recommandable à la postérité que, comme elle apprendra de lui les noms des grands hommes qu'il a employés en cette histoire journalière, on n'y doit pas taire le sien, d'ailleurs assez célèbre par son grand savoir et la capacité qu'il a fait paraître durant 50 ans en l'exercice de la médecine, et par les autres belles productions de son esprit, si innocentes que, les ayant toutes destinées à l'utilité publique, il s'est toujours contenté d'en recueillir la gloire. »

l'humiliation de ses adversaires. La Faculté avait été forcée de s'incliner devant l'évidence, et l'émétique avait triomphé de ses préjugés. — Quant à la Gazette, nous avons vu quel en avait été le succès.

Tel fut Renaudot, toujours envié et toujours au-dessus de ses envieux. Par quelle étrange fatalité a-t-il pu se faire que si peu d'honneur se soit attaché à sa mémoire, que son nom soit à peine connu, quand ses conceptions ont toutes reçu du temps une éclatante sanction, quand le germe qu'il avait déposé dans les Bureaux d'adresse a si merveilleusement fructifié; quand tous les États ont des monts-de-piété; quand la presse enfin est devenue ce qu'elle est?

Un pareil oubli ne saurait demeurer plus longtemps sans réparation, et, sans doute, il aura suffi de le signaler pour que justice soit enfin rendue à Renaudot.

Si la génération nouvelle, en effet, sceptique et railleuse comme ses aînées, ne se montre pas toujours parfaitement équitable envers le présent, au moins doit-on convenir, à sa louange, qu'elle est juste et reconnaissante envers le passé. On aime à croire, en voyant le mouvement qui, depuis quelques années, s'est emparé des esprits, que l'heure de la réparation a sonné enfin pour toutes les injustices et pour tous les oublis.

L'ancienne société avait trop de chemin devant elle pour regarder en arrière ; elle manquait d'ailleurs du flambeau qui aurait pu la guider dans cette exploration.

La Révolution vint, et la lumière jaillit à flots ; mais pendant les vingt-cinq ans de ce grand drame, l'attention fut impérieusement captivée par ses péripéties diversement émouvantes ; c'est à peine, à cette époque, si la mémoire suffisait à compter les hommes que chaque jour dévorait.

Mais quand le gigantesque échafaudage de l'empire se fut écroulé, il y eut comme un temps d'arrêt dans la marche de la société ; les esprits, fatigués de cette longue tension, se replièrent sur eux-mêmes ; puis, quand on fut un peu remis de l'étourdissement produit par cette violente secousse, on regarda naturellement derrière soi, on mesura le chemin parcouru, on compta les morts restés sur le champ de la civilisation. Propagé par la nouvelle presse, le goût des études historiques envahit jusqu'aux provinces les plus arriérées. Chaque département, chaque ville, se mit, avec une noble émulation, à fouiller ses archives, à inventorier ses richesses, revendiquant sa part de gloire dans l'œuvre commune, exhumant ses morts et leur élevant de son mieux un piédestal. Cette pieuse reconnaissance fera l'honneur de notre temps.

Il s'en faut encore cependant que l'œuvre de la

réparation soit complète. N'est-il pas étonnant, par exemple, que rien n'ait encore été fait pour l'homme auquel nous sommes redevables de ce merveilleux instrument de civilisation qu'on appelle le journal ? Mais, nous le répétons, nous aimons à penser qu'il aura suffi de signaler un pareil oubli pour qu'il soit bientôt réparé ; et c'est plein de confiance que nous faisons appel à la presse française, aussi bien qu'à tous les hommes qui s'intéressent à la cause du journalisme, à la liberté de la parole. Serait-ce trop faire pour Renaudot que de consacrer sa mémoire par une médaille qui rappellerait, avec ses traits, ces paroles, dont la vérité ressort chaque jour plus frappante : « *La presse tient cela de la nature des torrents, qu'elle grossit par la résistance ?* »

Renaudot a laissé, outre ses Gazettes, quelques autres écrits. Il publia, en 1643, l'Éloge funèbre de Scévole de Sainte-Marthe ; — en 1646, l'Abrégé de la vie et de la mort de Henri de Bourbon, prince de Condé ; — en 1646 encore, la Vie et la mort du maréchal de Gassion ; — en 1648, la vie de Michel Mazarin, cardinal de Sainte-Cécile, frère du cardinal premier ministre.

Mais le plus important de ses ouvrages après la Gazette, c'est la continuation du *Mercure françois*. Ce recueil, dont quelques-uns ont fait à tort un journal, est une compilation historique, qui renferme de bons matériaux. Il se compose de 25 volumes (les auteurs de la *Bibliothèque historique de la France* parlent d'un 26°, que nous n'avons point vu). Il fut commencé en 1605 par un imprimeur nommé Jean Richer, qui compila et imprima le premier volume; les dix-neuf suivants le furent par Etienne Richer. Le 21° fut imprimé par Olivier de Varennes ; mais on ne sait au juste quel en fut l'auteur. Renaudot l'a continué, non pas à partir de 1635, comme l'ont avancé tous les bibliographes, mais seulement à partir de 1638 et du tome xxii. Ce tome, en effet, est précédé d'une épître dédicatoire de notre Gazetier au surintendant des finances Boutillier, et d'une préface, dans laquelle on lit :

> Pour satisfaire la curiosité de ceux qui demanderont pourquoi, ne manquant point d'autres emplois, j'ai prêté l'oreille aux exhortations qu'on m'a faites de vouloir encore donner au public d'autres mémoires de notre histoire que ceux lesquels j'ai publiés jusqu'ici dans mes Gazettes, Nouvelles et Relations, tant ordinaires qu'extraordinaires, je les prie de considérer en premier lieu que la coutume, autorisée de l'humeur de notre nation, m'ayant prescrit si peu de champ en toutes mes relations, qu'elles ne vont pour le plus qu'à deux ou trois feuilles ; et quant aux Nouvelles, que je vous donne sous ce titre ou sous celui de Gazettes (nom par moi choisi pour être plus connu du vulgaire, avec lequel il faut parler), chacune de leurs narrations occupant encore bien moins d'espace, cette brièveté ne saurait suffire à la description particulière des choses mémorables dont l'histoire doit être composée..... Cette considération, jointe au manque forcé de liaison des faits qui sont rapportés dans les Gazettes, l'a en-

gagé à chercher un champ plus spacieux, pour être plus utile à ses lecteurs. D'ailleurs, étant comme chacun sait, destiné pour recevoir dans cet œil du monde les récits des actions et choses mémorables qui se passent par tout l'univers (office dont le temps fera reconnaître le mérite, et duquel je ferai juge la postérité, si les préoccupations du siècle et l'intérêt des particuliers de ce temps me les rendent moins équitables), il arrive souvent que les mémoires ne m'en sont rendus sinon après le temps que l'usage a prescrit à mes éphémérides, les privant de leur effet sitôt qu'elles ont passé huit ou quinze jours.

Rôle et importance de la Gazette. — Ses rédacteurs depuis Renaudot jusqu'à la Révolution.

On peut juger, par tout ce que nous avons dit, de l'importance de la Gazette dès son début. Cependant il faut avouer que, politiquement parlant, elle ne joua qu'un rôle incomplet, insignifiant. La nation, le peuple, n'y occupait qu'une place infiniment restreinte ; c'était, selon l'expression même de son fondateur, « le journal des rois et des puissances de la terre, » et il était difficile qu'il en fût autrement à une époque où le roi pouvait dire : « L'Etat, c'est moi ! » Le corps, l'instrument, la machine était créée ; mais il lui manquait l'âme, le souffle, le ressort qui devait lui donner la vie et le mouvement ; les Watt et les Fulton de cette vapeur dont Renaudot fut le Salomon de Caux, ne devaient arriver qu'avec la Révolution française.

Quoi qu'il en soit, la Gazette Renaudot, pleine

d'excellents matériaux pour l'histoire du règne de Louis XIII et de la minorité de Louis XIV, restera un de nos monuments historiques les plus précieux. « Renaudot, a dit un écrivain du siècle dernier, avait l'art de se renfermer dans les justes bornes de son sujet; point d'écarts fatigants, jamais de réflexions triviales ou déplacées par leur inutilité ou leur malignité. Il narre avec ordre, avec intelligence, et son style, vif et agréable, conserve encore toute ses grâces. »

Il paraît, du reste, que Richelieu, pour assurer le mérite littéraire de la Gazette, avait attaché à sa rédaction les hommes les plus remarquables, tels que Mézeray, Bautru, Voiture et La Calprenède, qui, suivant Tallemant, fut longtemps un des arcs-boutants du Bureau d'adresse, et ne manquait pas une conférence. L'assistance de ce comité dirigeant, créé presque au début du journal, se serait, selon certaines apparences, prolongée longtemps encore. Sous le ministère du cardinal Mazarin, Renaudot communiquait, dit-on, ses Gazettes, à MM. Le Tellier, Bautru et de Lionne; plus tard, Louvois confiait la direction de cette feuille à M. de Guilleragues, secrétaire de la chambre et du cabinet du roi, le même à qui Boileau a adressé sa cinquième épître. « On s'est mis sur le pied, au Bureau d'adresse, dit Bayle, de ne dire rien que sur de bons mémoires. D'ailleurs, le style de la

Gazette est fort beau et fort coulant. On m'a assuré que M. de Guilleragues et M. de Bellizani, tous deux beaux esprits, la revoient fort exactement, et en ôtent non-seulement ce qu'il y a de fabuleux, mais aussi ce qui n'est pas élégant. »

Après Renaudot, son œuvre fut continuée par ses fils, Eusèbe et Isaac, tous deux médecins (1), puis par son petit-fils Eusèbe, deuxième du nom, connu depuis sous le nom d'abbé Renaudot.

Sous Louis XIV, la Gazette, pour enregistrer les exploits du grand roi et les magnificences de Versailles, avait porté son format de huit à douze pages. En 1762, elle augmenta encore son volume et doubla sa périodicité; elle parut deux fois par semaine, le lundi et le vendredi, en quatre pages, petit texte, à deux colonnes, et néanmoins elle réduisit son prix d'abonnement de 18 à 12 livres pour tout le royaume (2). A partir du 1er janvier de cette.

---

(1) Quand ils furent reçus membres de la Faculté de médecine, on exigea d'eux qu'ils renonçassent au Bureau d'adresse ; mais on leur permit de continuer la Gazette, au privilége de laquelle ils avaient été associés. Cette part dans la Gazette leur aurait été donnée en dot, si l'on en croit le *Courrier burlesque de la guerre de Paris* :

> *Si de toutes vos défaites*
> *Vous me demandiez des Gazettes,*
> *Il faudrait être Renaudot,*
> *Qui les donne à ses fils en dot,*

dit Saint-Julien au prince de Condé. Cela tendrait à prouver que la Gazette était d'un bon revenu.

(2) On pouvait se procurer au bureau des numéros détachés, au prix de 3 sous, 2 sous 6 deniers pour les colporteurs. — Sur la demande de quelques souscripteurs, on continua à faire pendant plusieurs années une édition à grandes lignes en gros caractère.

année 1762, elle prend le titre de *Gazette de France*, et porte en tête les armes royales.

C'est que, d'organe officieux du gouvernement qu'elle avait été jusque-là, elle en devenait ouvertement l'organe officiel. Louis XV, par lettres patentes du mois d'août précédent, avait ordonné sa réunion au département des affaires étrangères, jugeant que par là « elle deviendrait plus intéressante, qu'elle acquerrait plus de certitude et d'authenticité, et contribuerait à fournir les mémoires les plus sûrs et les plus précieux pour l'histoire, puisqu'on n'y insérerait point de faits altérés, ni de mémoires faux ni suspects. » — « L'objet de la Gazette, disait à cette occasion l'un de ses rédacteurs, n'est pas seulement de satisfaire la curiosité du public; elle sert d'annales pour la conservation des faits et de leurs dates. C'est un dépôt où la postérité doit puiser dans tous les temps des témoignages authentiques des événements dont se compose l'histoire, et des détails même dont elle ne se charge pas. »

Voici, du reste, le préambule d'un prospectus répandu à la fin de 1761 pour annoncer la nouvelle ère dans laquelle la Gazette allait entrer :

La Gazette doit remplir deux objets : le premier de satisfaire la curiosité publique sur les événements et sur les découvertes de toute espèce qui peuvent l'intéresser ; le second, de former un recueil des Mémoires et des détails qui peuvent servir à l'histoire.

La première partie exige une correspondance étendue, suivie et exacte, tant au dehors que pour l'intérieur du royaume. La seconde demande qu'on insère les mémoires, les pièces et les monuments qui peuvent faire connaître l'esprit du siècle dans lequel l'ouvrage a été composé, quelle était alors la politique, et quels étaient les intérêts des différents souverains de l'Europe.

Les particuliers qui avaient eu jusqu'à présent le privilége de la Gazette de France n'étaient pas en état de remplir un plan de cette nature, ni de donner à cette Gazette toute la supériorité dont elle est susceptible. C'est pour y parvenir que Sa Majesté, attentive à tout ce qui peut contribuer à l'utilité et à l'agrément de ses sujets, a révoqué ce privilége, et a ordonné qu'à commencer du 1er janvier 1762 la Gazette serait rédigée et imprimée sous l'autorité du ministre des affaires étrangères. Elle veut que la vérité, la fidélité et l'exactitude en soient la base, et, après avoir donné ses ordres, tant au-dedans qu'au dehors, pour tout ce qui doit aider à la rendre plus intéressante, Sa Majesté a décidé qu'elle paraîtrait deux fois la semaine...

Cette Gazette, toujours recommandable par sa sagesse, réunira encore les motifs de l'intérêt et de la curiosité, et l'attention que le roi daigne y donner semble assurer le succès des vues qu'on se propose.

Tout cela était parfaitement juste ; mais, en opérant cette transformation, l'on poursuivait un autre but encore, que l'on n'avoue pas. On lit dans les *Mémoires secrets,* à la date du 1er janvier 1762 :

La Gazette de France paraît aujourd'hui sous la nouvelle forme qu'elle doit avoir. Elle sera dorénavant faite sous les yeux du ministre des affaires étrangères, minutée par des commis de ce département, et rédigée par M. Rémond de Sainte-Albine. Les ministres du roi dans les cours étrangères ont reçu ordre d'instruire de tout ce qui s'y passerait d'intéressant ou de curieux ; les intendants des provinces sont obligés d'en faire autant. On espère, avec ces arrangements, la rendre piquante pour le lecteur, et, afin de lui ôter l'air de vétusté qu'on lui reproche, on la publiera deux fois par semaine (le lundi et le vendredi). On a pour but de faire tomber les gazettes étrangères ; malheureusement le gros du public se laisse plus imposer par le ton républicain que par la véracité du rédacteur. Ainsi, malgré ces précautions, malgré les talents de M. de Sainte-Albine, faiseur de gazettes par excellence, il est à craindre que celle-là ne reste toujours en possession d'ennuyer, pour des raisons que l'on sent facilement.

Et c'est en effet ce qui arriva, si l'on en croit le malin chroniqueur :

Depuis le renouvellement de la Gazette de France, on la trouve détestablement écrite ; on se plaint qu'elle fourmille de contre-sens, d'amphibologies, qu'elle respire souvent l'ignorance la plus crasse et la plus absurde. On ne pourrait trop assigner à qui la faute ; cependant M. Raymond de Sainte-Albine, le rédacteur, est celui qu'on immole aux clameurs du public : on le prive de son emploi ; on lui donne 3,000 livres de pension. (Septembre 1762.)

La Gazette alors fut confiée à deux hommes aussi connus par la rare amitié qui les a unis pendant vingt-cinq ans que par leur esprit et leur caractère aimable : nous avons nommé Suard et l'abbé Arnaud. Amenés l'un et l'autre à Paris par les mêmes goûts, ils s'étaient rencontrés au milieu de ce monde d'artistes et d'écrivains qui illustraient à cette époque certains salons de la capitale. A peine s'étaient-ils connus qu'il avait été décidé qu'ils vivraient ensemble, et tous deux en effet étaient allés habiter sous le même toit, avec leur ami commun

Gerbier, déjà célèbre dans toute la France par ses succès au barreau de Paris. « Jamais, dit un biographe, les ressemblances et les différences ne furent mieux assorties pour servir à l'agrément et au profit des trois existences dont l'amitié n'en devait faire qu'une. » Suard a consacré à ce commerce vraiment antique, en tête de ses *Mélanges de littérature,* une page qui nous a séduit par sa charmante simplicité :

J'ai eu le bonheur d'avoir pour ami un des hommes les plus aimables de mon temps, qui joignait à une érudition choisie un goût exquis, et à une étude réfléchie de tous les arts cette chaleur d'enthousiasme qui fait passer dans l'âme des autres le sentiment qu'on exprime. Il plaisait dans le monde par les agréments de son esprit, par une élocution élégante et animée, et par les éclairs d'une imagination brillante qui répandait à la fois le charme et la lumière ; il s'y faisait aimer par la douceur de son caractère, par une bienveillance générale et naturelle, par l'aménité et la politesse de ses manières. Il a obtenu de la célébrité comme homme de lettres, et il la devait moins à ce qu'il a produit qu'à l'opinion qu'il donna de ce qu'il pouvait produire ; et en effet il est aisé de juger par les écrits qui sont sortis de sa plume qu'il aurait été un des écrivains les plus distingués de son siècle, s'il n'avait préféré à la gloire de vivre avec estime dans la postérité le bonheur séduisant de plaire tous les jours à un monde choisi. Cet ami, c'est l'abbé Arnaud...

J'avais vécu pendant près de vingt-cinq ans avec l'abbé Arnaud, sans que rien eût altéré un seul moment notre union. Pendant cet intervalle de temps nous avions habité constamment sous le même toit ; nos travaux avaient toujours été communs ; notre petite fortune l'avait été longtemps : la mort me l'enleva en 1784. Son amitié avait embelli la plus belle partie de ma carrière : elle a manqué aux années de ma vie qui se sont écoulées depuis; elle manquera à celles qui me restent à parcourir.

Les deux amis avaient déjà fait en commun le *Journal étranger,* dont nous parlerons dans son temps, quand la rédaction de la Gazette fut proposée à Arnaud. On lui offrait 5,000 francs, le logement, la lumière, le feu et un secrétaire, et on ne lui demandait que de tourner un peu mieux les phrases des nouvelles politiques, sans les tourner pourtant trop bien. C'était le travail d'une heure par semaine. Cependant Arnaud allait refuser, quand Suard, lui faisant sentir sa folie, s'engagea à faire tout le travail à lui seul, en partageant le prix avec son ami, qui n'aurait aucunement à s'en occuper.

« Il est difficile, dit Garat (1), de n'être pas un peu étonné de cette différence de caractère et de conduite entre deux hommes de beaucoup d'esprit, intimement amis et vivant ensemble. Mais l'un n'était guère jamais occupé que de beaux vers, de belle prose, et des belles langues des Grecs et des Romains; l'autre avait partagé son goût et ses études entre le génie des anciens et celui des modernes ; et il résultait de cette seule différence que, dans une circonstance importante pour tous les deux, le premier se conduisait comme un enfant qui ne sait rien

---

(1) *Mémoires sur M. Suard et sur le* XVIIIe *siècle.*

faire ni pour son ami ni pour lui-même; le second, en homme d'esprit juste et d'un cœur généreux, qui voit du premier coup-d'œil le moyen de mieux arranger son sort et celui de son ami. »

Le traitement toutefois, réduit ainsi par le partage à 2,500 francs pour chacun, n'était ni brillant pour l'abbé Arnaud, homme du monde autant que savant helléniste, ni suffisant pour Suard, qui avait un petit ménage, et qui vivait aussi dans le grand monde.

Leurs amis faisaient vingt plans pour améliorer leur position. L'abbé n'en savait pas assez dans ce genre pour juger ce qui pouvait le mieux réussir; mais Suard, lorsqu'on lui en fit part, jugea que ce qu'il y avait de plus simple et de plus facile, c'était de faire étendre les attributions et les profits de la Gazette de France, en étendant leurs travaux, en leur confiant l'administration des bureaux comme la rédaction de la Gazette. Il garantissait par ce moyen un produit beaucoup plus considérable, à partager entre la caisse des affaires étrangères et celle des rédacteurs.

Ce projet, auquel tout le monde devait trouver son compte, fut unanimement approuvé. Madame de Tessé, amie dévouée de l'abbé Arnaud, se mit en campagne; elle intéressa à la cause des deux écrivains la princesse de Beauvau, et la duchesse de Grammont, sœur de M. de Choiseul, et ces dames firent si bien que le ministre accorda tout ce qu'on lui demandait.

L'épreuve confirma promptement ce qu'avait garanti Suard au duc de Choiseul, et la part des deux amis s'éleva jusqu'à 20,000 francs; mais cette petite fortune, qui comblait tous leurs vœux, était suspendue comme par un fil à la puissance du ministre auquel ils la devaient. M. de Choiseul tombé, ils furent enveloppés dans sa disgrâce, et la Gazette leur fut ôtée. Tout ce que purent obtenir les plus puissantes intercessions auprès du nouveau ministre, le duc d'Aiguillon, ce fut une pension de 2,500 livres pour chacun des deux journalistes dépossédés.

Si l'on en croyait les mauvaises langues, les nouveaux rédacteurs n'auraient pas répondu à ce qu'on devait espérer de leurs talents; les plaintes auraient continué sur « la négligence et l'impéritie avec lesquelles on faisait le journal de la nation. » Ce qui est certain c'est que le rôle des rédacteurs de la Gazette était aussi ingrat littérairement parlant que politiquement; ils étaient loin d'être libres dans leurs allures, le caractère de cette feuille les obligeant à la plus grande circonspection. C'est ainsi qu'Arnaud et Suard purent être dépossédés sous le prétexte d'une indiscrétion en apparence bien innocente, pour ces trois lignes qui s'étaient glissées dans un de leurs numéros, à l'article de Londres :

« On dit que madame la comtesse de Valdegrave, épouse du duc de Glocester, a obtenu une pension de 5,000 liv. sterl. sur l'établissement d'Irlande. »

L'ambassadeur d'Angleterre se serait plaint de cet énoncé comme d'une indiscrétion désagréable à sa cour, attendu que le mariage du duc de Glocester n'y était pas déclaré ni reconnu, et le duc d'Aiguillon prétexta de ce grief pour destituer les protégés du duc de Choiseul. Il donna leur succession à Marin, censeur de la police.

Ce fut un *tolle* général dans le camp des lettres. Beaumarchais, entre autres, auquel Marin s'était imprudemment attaqué, le stygmatisa, dans un de ses mémoires, avec cette verve qu'on lui connaît. Remontant jusqu'à son enfance, il le montre gagiste à la Ciotat, où il touchait de l'orgue; puis il continue :

Il quitte la jaquette et les galoches, et ne fait qu'un saut de l'orgue au professorat, à la censure, au secrétariat, enfin à la Gazette. Et voilà mon Marin les bras retroussés jusques aux coudes et pêchant le mal en eau trouble ; il en dit hautement tant qu'il veut, il en fait sourdement tant qu'il peut. Censure, gazettes étrangères, nouvelles à la main, à la bouche, à la presse, journaux, petites feuilles, lettres courantes, fabriquées, supposées, distribuées, etc., tout est à son usage. Écrivain éloquent, conteur habile, gazetier véridique, journalier de pamphlets, s'il marche, il rampe comme un serpent, s'il s'élève, il tombe comme un crapaud. Enfin, se traînant, gravissant, et par sauts et par bonds, il a tant fait par ses journées, que nous avons vu de nos jours le corsaire aller à Versailles tiré à quatre chevaux sur la route, portant pour armoiries, aux panneaux de son carrosse, dans un cartel en forme de buffet d'orgues, une Renommée en champ de gueules, les ailes coupées, la tête en bas, raclant de la trompette marine, et pour support une figure dégoûtée, représentant l'Europe; le tout embrassé d'une soutanelle doublée de gazettes, et surmonté d'un bonnet carré, avec cette légende à la houpe : *Ques-à-co? Marin.* (1)

Grimm, dans sa Correspondance, s'égaie ainsi aux dépens du nouveau Gazetier :

« L'incendie qui a réduit en cendres une partie de l'Hôtel-Dieu, dans la nuit du 29 au 30 décembre (1772), nous a valu une pompeuse et magnifique description dans laquelle le sieur Marin, rédacteur de la *Gazette de France*, s'est surpassé lui-même. Non, je ne crois pas qu'il soit possible de rien lire de plus bête. Depuis feu M. Lagarde, surnommé *Bicêtre*, qui faisait l'article des spectacles avec tant de distinction pour le *Mercure de France*, on n'a rien vu de cette force... La description qu'il a faite de l'inondation causée par les eaux du lac de Waener, en Suède, peut figurer à côté de l'incendie de l'Hôtel-Dieu... L'auteur s'est complu dans le talent qu'il se croit pour ébaucher de grands ta-

---

(1) Ce dicton provençal, qui veut dire : Qu'est-ce que cela ? plut si fort à la Dauphine, lorsqu'elle lut ce Mémoire, qu'elle l'adopta et le répétait à tout propos, si bien qu'il devint un quolibet de cour. Une marchande de modes s'avisa de profiter de la circonstance, et imagina une coiffure qu'elle appela un *quesaco*, et qui eut beaucoup de vogue.

bleaux... On a donné depuis quelque temps le nom de *Marinades* à ces sortes d'articles. Et comme le personnel de M. Marin, qui accoutume ses lecteurs à ses platitudes sous toutes les formes imaginables, n'invite pas à l'indulgence, le dénombrement de la France, dont il s'est si ridiculement occupé le mois dernier, lui a valu l'épigramme suivante :

> *D'une Gazette ridicule*
> *Rédacteur faux, sot et crédule,*
> *Qui, bravant le sens et le goût,*
> *Nous répètes sans nul scrupule*
> *Des contes à dormir debout,*
> *A ton dénombrement immense*
> *Pour qu'on ajoutât quelque foi,*
> *Il faudrait qu'à ta ressemblance,*
> *Chaque individu pût, en France,*
> *Devenir double comme toi.*

A la fin de 1771, on lança dans Paris, sous le titre de : *Supplément à la Gazette*, une feuille qui n'était, à proprement parler, qu'un pamphlet dirigé contre le chancelier Maupeou, mais qui eut d'abord un grand succès.

Cette feuille, disent les *Mémoires secrets*, prend véritablement la tournure d'une feuille de nouvelles, quoique son principe soit toujours de tirer au clair les diverses liquidations. Ce genre de faits est aujourd'hui le moindre objet qui y soit traité ; on cherche à rendre ce Supplément piquant par un recueil d'anecdotes bien scandaleuses, bien bonnes. L'auteur paraît vouloir succéder à celui de la Gazette ecclésiastique ; il tâte le goût du public, et l'on ne doute pas qu'insensiblement il ne le remplace. Le jansénisme ayant perdu son grand mérite, son intérêt véritable, par l'extinction des Jésuites en France, s'est transformé dans le parti du patriotisme. Il faut rendre justice à celui-là, il a toujours eu beaucoup d'attraits pour l'indépendance. Il a combattu le despotisme papal avec un courage invincible; le despotisme politique n'est pas une hydre moins terrible à redouter, et il dirige aujourd'hui vers cet ennemi toutes ses forces, désormais inutiles dans l'autre genre de combat.

Et plus loin :

Il paraît un *Cinquième Supplément à la Gazette de France*, plus long que les précédents. L'auteur a étendu sans doute ses correspondances, et donne des nouvelles des principales villes du royaume. Il prend consistance de plus en plus; c'est aujourd'hui une gazette scandaleuse très en règle, mais dont les retours périodiques ne sont pas encore très assurés.

Les numéros suivants contiennent des anecdotes très-intéressantes si elles étaient vraies ; mais il faut se tenir bien en garde contre ce qui y est rapporté, « dont une partie est fausse, l'autre altérée, et le tout écrit d'un très-mauvais ton et dans un genre d'ironie dure et plate. » Ce qui n'empêchait pas « qu'on y courût comme au feu, tant l'homme a d'ardeur pour le mensonge (1). »

Marin, qui, à défaut de talent, ne manquait pas de dévouement, — ni de cupidité, — imagina un singulier moyen de combattre ces invisibles et redoutables ennemis, et, en même temps, d'augmenter les revenus de sa charge. « Il fit entendre

(1) Nous verrons encore d'autres satires ou parodies se produire sous le titre des feuilles en vogue, notamment des *Petites Affiches*.

au chancelier et aux autres ministres que, pour mieux disposer la nation à prendre l'esprit du Gouvernement, il serait bon de répandre une gazette manuscrite, où, sans affectation, on décréditerait les faits contraires, et on exalterait ceux tendant à l'accroissement et à la justification du système. Sous ce prétexte, il eut permission tacite de travailler à ces bulletins, dont il infecta la province, avide de tout ce qui vient et parle de Paris, et qu'il envoyait jusque dans les pays étrangers. »

Tant de zèle fut mal récompensé. En 1774, on ôta à la fois à Marin la direction de la Gazette et sa place de censeur, et on poussa la rigueur jusqu'à lui refuser la grâce, qu'il demandait, de paraître se retirer volontairement.

L'abbé Aubert, qui lui succéda, apporta dans ses nouvelles fonctions, l'intelligence qu'il avait déjà montrée dans la rédaction d'autres feuilles, mais sans grand profit pour la Gazette ni pour le public; il fut d'ailleurs réduit, peu de mois après, à la partie de la comptabilité, qu'il entendait mieux, paraît-il, que la partie politique, et la direction générale fut donnée à Bret, « homme fort honnête, dit La Harpe, qui a eu le malheur de s'obstiner à écrire sans talent pendant quarante ans. »

Ces changements, dont on fit un certain bruit, et l'ordre donné par le roi qu'on lui envoyât régulièrement les épreuves de la Gazette, firent penser qu'elle allait entrer dans une nouvelle voie ; mais elle persista jusqu'à la Révolution dans ses anciens errements et la froide gravité d'un journal officiel.

Nous citerons encore parmi les rédacteurs de la première Gazette : Hellot, l'abbé Laugier, de Querlon, de Mouhy, Fallet et Fontanelle.

En 1787, le ministère voulut bien consentir que le sieur Panckoucke prît à titre de bail l'exercice du privilége de la Gazette de France. Ce libraire, afin de répondre à cette marque de confiance, promettait d'améliorer, par plusieurs moyens qu'il avait en vue, notamment par l'extension des correspondances, ce papier national, et de lui donner un nouveau degré d'intérêt. Rien, du reste, n'était changé au plan, à la forme ni au prix de la Gazette. « Elle continuera, dit l'avertissement que nous analysons, d'avoir le caractère d'authenticité et de véracité qui a toujours fait son mérite distinctif, et dont elle ne s'est jamais écartée depuis son origine. C'est ce caractère de vérité qui, en temps de paix comme en temps de guerre, en a toujours fait l'écrit politique de l'Europe le plus estimé. On la regarde avec raison comme le recueil le plus précieux pour l'histoire, parce qu'il n'a jamais été permis d'y insérer des faits hasardés ou des mémoires suspects. » — Le Bureau général de la Gazette est toujours rue Croix-des-Petits-Champs, hôtel de Beaupréau. — Le sieur Fontanelle, rue du Petit-Bourbon, faubourg Saint-Germain, est seul chargé de la rédaction.

En 1791, la Gazette rentra au ministère des affaires étrangères. Le public en fut prévenu par un avertissement que nous transcrirons :

> Les années qui se sont écoulées depuis que la *Gazette de France* a cessé d'être, pour un temps, sous l'administration directe du département des affaires étrangères, à qui la propriété en appartient, ont presque toutes été des années de trouble, pendant lesquelles on se serait vainement flatté d'attirer sur elle l'attention du public.
>
> Cette feuille, établie depuis près de deux siècles, et mère de toutes les gazettes et de tous les journaux, sans exception, a conservé jusqu'ici un caractère de vérité, de simplicité et de sagesse, qui l'a fait distinguer par l'Europe entière des nombreux papiers auxquels elle a donné naissance. « Les *Gazettes de France*, dit Voltaire dans un article destiné pour l'Encyclopédie, ont été revues par le ministère. Ces journaux publics, qui peuvent, ajoute-t-il, fournir de bons matériaux pour l'histoire, parce qu'on y trouve presque toutes les pièces authentiques, que les souverains même y font insérer, n'ont jamais été souillés par la médisance, et ont toujours été assez correctement écrits. Il n'en est pas de même des gazettes étrangères..... » (1).
>
> Ce fut pour assurer à la *Gazette de France* cette supériorité marquée sur les autres gazettes que le feu roi ordonna de la réunir au département des affaires étrangères..... Le public n'y a effectivement guère vu depuis que des faits vrais, que des nouvelles exactes. Cette Gazette n'a jamais été, en conséquence,

---

(1) « Les gazettes françaises faites à l'étranger, ajoute Voltaire, ont été rarement écrites avec pureté, et n'ont pas peu servi quelquefois à corrompre la langue »

très-volumineuse. C'est à celles qui recueillent les bruits populaires, les faux rapports, qu'il appartient de l'être; et l'on peut encore citer ici Voltaire, qui, écrivant au maréchal de Richelieu sur un livre intitulé : *Des erreurs et de la vérité*, dit que, s'il était bon, il devait contenir cinquante pages in-folio pour la première partie, et une demi-page pour la seconde.

Voici, au surplus, sous quel aspect M. Rémond de Sainte-Albine, qui a rédigé avec distinction pendant plus de trente ans la *Gazette de France*, fit envisager ce papier national lors de sa réunion au département des affaires étrangères : « L'objet de la Gazette n'est pas seulement de satisfaire la curiosité du public; cet écrit nous sert d'annales pour la conservation des faits et de leurs dates. C'est un dépôt où la postérité doit puiser, dans tous les temps, des témoignages authentiques des événements dont se compose l'histoire, et des détails même dont elle ne se charge pas. Elle est encore utile aux citoyens, et surtout aux négociants, qui prennent des mesures pour leurs affaires de commerce suivant les avis qu'ils reçoivent des événements publics et particuliers. *Il est donc très-important de ne donner que des nouvelles vraies.* »

Cette importance, on doit en convenir, devient encore plus grande sous le règne de la liberté, parce que chaque citoyen a un intérêt plus pressant d'être au courant des affaires publiques. Il est aussi très essentiel que les corps administratifs soient fidèlement instruits les uns par les autres, dans un papier commun à tous, et où les nouvelles des pays étrangers sont en outre consignées, de tout ce qui se passe de réel tant au dedans qu'au dehors du Royaume; sans quoi, dans une infinité de circonstances, ils manqueraient de lumière pour se conduire, ou s'égareraient en en suivant de fausses.

On ne craint pas de dire que le défaut de guides sûrs dans l'immense quantité de papiers-nouvelles que la Révolution a fait naître est ce qui a perpétué les troubles, et qu'aujourd'hui le vœu général des Français, d'accord avec celui que ne cesse de former le cœur du meilleur des rois, appelant avec instance le retour du calme, ils doivent, pour l'obtenir, agir dans un sens contraire à cette observation, trop bien prouvée, du plus ingénu de nos poëtes :

L'homme est de glace aux vérités;
Il est de feu pour les mensonges.

Quand un patriotisme éclairé animera tous les esprits, et que, dans les délibérations comme dans les démarches relatives au bien de l'État, ils montreront une égale ardeur à ne s'appuyer que sur des faits vrais et authentiques, on verra insensiblement renaître la concorde et la paix. Il importe donc d'avoir un dépôt sûr de ces faits, et il n'en saurait exister de plus sûr, principalement pour les événements du dehors, que la Gazette de France, où l'on n'insère aucune nouvelle qui ne soit puisée à sa source.

Le département des affaires étrangères vient d'annoncer qu'il allait travailler à rendre cette Gazette *plus intéressante qu'elle ne l'a été jusqu'à présent;* son intention néanmoins n'est pas d'en augmenter le prix, et il continuera d'être proportionné aux facultés de tous les citoyens, c'est-à-dire fort inférieur à celui même des papiers publics dont l'abonnement est le moins coûteux. Ce sera à compter du mois de janvier prochain qu'on recueillera le fruit des mesures que ce département a prises et de celles qu'il prendra encore afin que cet écrit, qui n'est pas d'ailleurs indifférent à la gloire de la nation, lui devienne de plus en plus utile, en l'éclairant sur ce qui se passe habituellement dans son sein, comme sur ce qui arrive chez les peuples avec lesquels elle a des rapports d'affaires et de commerce.

Le nouveau rédacteur (M. Fallet) ne négligera rien de son côté pour conserver à la *Gazette de France* le ton décent qu'elle a toujours eu depuis son origine, et pour remplir, au moyen des matériaux précieux qui lui seront fournis, toute l'idée renfermée dans la définition suivante : *Un bon gazetier doit être promptement instruit, véridique, impartial, simple et correct dans son style;* cela signifie que les bons gazetiers sont très rares.

C'est toujours, on le voit, la même préoccupation, nous dirions presque la même illusion : *rendre* la *Gazette intéressante, plus intéressante qu'elle ne l'a été jusqu'à présent;* la phrase est soulignée dans l'avertissement, comme si cent quarante ans d'expérience n'avaient pas suffisamment prouvé qu'un journal officiel a son rôle dont il essaierait vainement de sortir, qui est d'instruire, et non d'intéresser, c'est-à-dire d'amuser.

Le 1er mai 1792, la *Gazette* rentra dans le droit commun. Ce jour-là finit ce que nous appellerons son premier âge; là aussi doit s'arrêter cette étude, que nous achèverons en son lieu. Nous ajouterons encore, cependant, quelques détails techniques, pour ainsi dire, qui ont aussi leur petit intérêt.

Le nouveau format adopté par la Gazette en 1762 semble mieux se prêter aux petites nouvelles; aussi quelques faits divers commencent-ils à se glisser à la fin du journal, et même, en y regardant de bien près, on peut découvrir, entre une mort et un mariage, l'annonce d'une carte géographique ou de quelque livre nouveau. Peu à peu, les annonces prennent de l'extension; l'on en fait un paquet (c'est bien le mot), que l'on place au bas du journal, sous filet. Elles se suivent toutes sans aucun signe de distinction, et sans autre séparation qu'un petit trait entre les trois seules rubriques qui soient encore admises : LIVRES, GRAVURES, MUSIQUE. Ce n'est que dans les premières années de la Révolution qu'on les voit classées avec plus d'intelligence, et je n'ai pas été peu étonné de trouver dans les Gazettes de 1792 le type des annonces dites *anglaises*, dont l'importation, comme l'on voit, ne serait pas nouvelle, si tant est que ce soit une importation. L'on était entré dans la voie des réformes, et le progrès devait se faire sentir jusque dans les plus petites choses.

L'effet de la concurrence aussi devient visible. La Gazette jouissait depuis cent cinquante ans d'un privilége incontesté, quand elle se vit tout à coup menacée dans son existence par une foule de rivaux qu'avait déchaînés la liberté de la presse. Elle doit songer aux moyens de se défendre. A partir du 1er mai 1792, elle paraît tous les jours. Trois mois après, en inscrivant sur son front les mots de *liberté, égalité*, la *Gazette nationale de France* agrandit son format « dans le désir de plaire au public, et de lui offrir, dans un moment où les événements se succèdent avec rapidité, un faisceau de nouvelles plus complet. Ecrite dans les principes de la Constitution, elle joindra au mérite exclusif de la fraîcheur des nouvelles étrangères, des détails plus circonstanciés sur les événements de la guerre, sur l'état des départements et de la capitale. » Mais comme ces améliorations entraînent de nouveaux frais, son prix, déjà porté de 15 à 25 livres, est élevé à 36 livres.

Comme on le voit, la concurrence a enfanté la réclame. Désormais, la *Gazette* ajoute à son titre les conditions de son abonnement. On lit même, en tête de la première colonne des numéros de décembre, cette phrase devenue sacramentelle : « Messieurs les souscripteurs dont l'abonnement expire au 1er janvier prochain sont priés, etc. » Dans quelques numéros, cette phrase est suivie d'un avis ainsi conçu : « Les personnes qui désireraient faire publier des avis ou annonces, de quelque nature qu'ils soient, et même des lettres et des opinions particulières sur toutes sortes de sujets (ce sont nos *faits divers* ou *articles communiqués*), peuvent les adresser au bureau de la Gazette, où ils seront insérés avec exactitude dans un supplément du journal. Les articles qui n'auront que six lignes coûteront 30 sous, et 7 sous par ligne s'ils ont plus d'étendue. » C'est à peu près le tarif des *annonces omnibus*, mais appliqué aux *annonces anglaises*. On voit quel chemin a fait depuis l'industrie des annonces ; il faut dire aussi que les journaux d'alors n'étaient pas frappés des droits énormes qui pèsent sur ceux d'aujourd'hui.

C'est dans le courant de cette même année 1792 que la Gazette commença à annoncer les spectacles ; elle enregistrait le cours des effets publics depuis 1765.

*Bibliographie de la Gazette. — Quelques particularités
relatives à ses premières années.*

La collection de l'ancienne Gazette se compose de 161 volumes, portant pour titre, tantôt : *Recueil des Gazettes, Nouvelles, Relations*, etc. ; tantôt : *Recueil de toutes les Nouvelles... Gazettes et autres Relations...* Ce titre varie presque chaque année, jusqu'en 1752 ; alors il se simplifie, ce n'est plus que *Recueil des Gazettes de France*, et enfin, en 1766, plus simplement encore : *Gazette de France*.

A partir du volume de 1762 jusqu'à celui de 1778, la Gazette a publié deux éditions, l'une à deux colonnes, petits caractères, l'autre à longues lignes, gros caractères. Toutes deux portent à l'adresse : *A Paris, de l'Imprimerie de la Gazette de France, aux Galeries du Louvre ;* — à partir du 1er janvier 1779 : *A Paris, de l'Imprimerie Royale ;* — le 2 janvier 1787 : *A Paris, de l'Imprimerie du Cabinet du Roi ;* — le 4 septembre : *A Paris, de l'Imprimerie des bâtiments du Roi ;* — le 14 septembre : *A Paris, de l'Imprimerie de la Gazette de France ;* — le 3 janvier 1792 : *A Paris, de l'Imprimerie Royale ;* — le 1er mai de la même année : *De l'Imprimerie du Bureau de la Gazette de France.*

Rappelons qu'en 1787 le privilége de la Gazette avait été cédé à Panckoucke, et qu'il fut repris en 1791 par le département des affaires étrangères.

A ces 164 volumes dont se compose la collection de l'ancienne Gazette, il faut joindre une Table ou abrégé des 135 premières années (1631-1765), rédigée par Genet, et publiée dans le courant des années 1766-1768 (1).

Cette table était annoncée comme devant contenir deux parties : 1° un Abrégé chronologique résumant, dans l'ordre successif des Gazettes, l'histoire particulière du royaume et celle des pays étrangers ; 2° un Dictionnaire, par ordre alphabétique, de tous les noms français mentionnés dans les 135 volumes, avec les anecdotes dont il pouvait être utile pour l'Etat et pour les familles que la mémoire fût conservée. La première partie devait former un volume, et la seconde, deux. Cette seconde partie a seule été faite, et elle comprend trois volumes, au lieu de deux qui étaient annoncés, non compris les tables partielles publiées ensuite successivement chaque année. Nous n'avons pas trouvé trace de l'Abrégé chronologique, et nous l'avons d'autant plus regretté que, d'après le Prospectus, il devait être précédé d'un mémoire

---

(1) Elle fut publiée par livraisons qui se distribuaient en même temps que le journal, moyennant un supplément annuel de 12 fr. On vendait aussi des numéros séparés, dont le prix variait en raison du nombre que l'on prenait, et des tirages spéciaux étaient faits pour les personnes qui désiraient avoir plus de trois exemplaires des numéros qui les intéressaient particulièrement. Les abonnements devaient être remis : pour Paris, aux Galeries du Louvre, à l'imprimerie de la Gazette, et pour la province et les pays étrangers, à son bureau, rue Neuve-S.-Roch. Quelques années plus tard, la Gazette avait un second bureau, cul-de-sac St-Thomas-du-Louvre. En 1773, nous la trouvons installée rue Neuve-des-Filles-St-Thomas, et en 1780, rue Croix-des-Petits-Champs.

historique sur l'origine des Gazettes, sur toutes les formes que l'on a fait prendre à celle de France depuis son établissement, ainsi que sur les différentes personnes à qui le privilége en a été accordé, et que l'on y devait joindre la liste des auteurs auxquels la composition en avait été confiée; toutes questions qui nous ont demandé de longues recherches, et que nous n'avons pas toujours réussi à éclaircir.

Telle qu'elle est, cette table, qui résume cent trente-cinq années de notre histoire, qui fait passer sous nos yeux, avec un cortége de particularités, de petits faits, d'anecdotes, qu'on ne trouverait nulle part ailleurs, tous les personnages qui ont joué un rôle quelconque pendant cette longue période, cette table, disons-nous, est d'une utilité, offre un intérêt, sur lesquels il n'est pas besoin d'insister.

Quelques années de cette précieuse collection sont assez rares; ce sont les années 1635, 1649, 1652 et 1653, 1656 et 1657, 1670, 1672 et 1673, 1677 et 1678, 1682 et 1683, 1715, 1749, 1751 et 1752. Mais aucune de ces années n'est aussi rare que la première de toutes, qui manque à plusieurs bibliothèques, soit que l'incertitude sur la continuation de l'ouvrage ait empêché les curieux de rassembler les premiers numéros, qui se seront perdus, comme ceux de la première année (1777) du *Journal de Paris*, soit qu'il n'en ait été tiré qu'un petit nombre d'exemplaires.

Mais, indépendamment de la rareté de ce premier volume, il est encore fort difficile de le trouver bien complet; nous croyons donc utile d'en indiquer la composition : 1° Le titre : *Recueil des Gazettes de l'année* 1631, *dédié au Roi, avec une préface servant à l'intelligence des choses qui y sont contenues, et une Table alphabétique des matières. Au Bureau d'addresse, au Grand-Coq, rue de la Calandre, sortant au Marché-Neuf, près le Palais, à Paris. M. DC. XXXII. Avec privilége;* 2° une Dédicace au Roi, signée Théophraste Renaudot, et 3° une Préface : le tout formant 12 pages; 4° une Table alphabétique des matières contenues ès Gazettes de l'année 1631, laquelle table a 28 pages, et renvoie à la signature de chaque feuille, à la page, à l'article, et même à la ligne de l'article; 5° 31 Gazettes, sous les signatures A–Hh.

La première feuille de cette année, dont le premier article, daté de Constantinople, 2 avril, commence, comme nous l'avons vu, par ces mots : *Le roi de Perse*, manque assez souvent, et cela parce que la deuxième, par suite d'une faute d'impression, porte la signature A, comme la première, au lieu de B, la suivante étant bien signaturée C.

On ajoute à cette première année cinq feuilles annexes, intitulées : *Nouvelles ordinaires de divers endroits;* la première du 28 novembre, la deuxième du 5 décembre, la troisième du 12, la quatrième du 19, et la cinquième du 26 du même mois. Ces cinq feuilles manquent souvent ; cependant, quoique imprimées sous leur propre signature, depuis A jusqu'à E inclusivement, elles appartiennent évidemment à la Gazette de 1631. Nous avons vu qu'à partir de 1632, les *Nouvelles ordinaires* étaient devenues partie intégrante de la Gazette.

Terminons enfin par quelques singularités qui nous ont semblé dignes d'être signalées dans l'histoire de l'ancienne Gazette.

La Gazette du 31 décembre 1683 parut avec sa première lettre imprimée en rouge. Cette particularité, comme bien on le pense, ne manqua pas d'intriguer singulièrement ses lecteurs, qui se perdirent en toutes sortes de suppositions ; mais ce ne fut que bien longtemps après qu'on eut le mot de l'énigme. Bachaumont nous en a laissé la curieuse explication que voici (24 juillet 1763) :

On a découvert parmi les livres de la bibliothèque du collége Louis-le-Grand un manuscrit in-folio, coté et paraphé par M. d'Argenson, lieutenant-général de police, contenant un détail d'une conspiration formée par les jésuites et l'archevêque de Paris, du Harlay, contre les jours de Louis XIV. Cette conspiration avait été découverte par l'abbé Blache, et voici ce qu'on en sait :

Cet abbé Blache était de Grenoble, avait d'abord entré dans

les ordres, vint à Paris, aumônier des religieuses de la Ville-l'Evêque.

Quand il eut découvert la conspiration en question, il consulta trois jésuites pour savoir ce qu'il devait faire; on sait le nom de deux, le P. Dupuis et le P. Guilleret. Leur réponse fut qu'il fallait laisser agir la Providence, et qu'il n'était point obligé à la révélation. Peu satisfait de cette décision, il consulta séparément le prieur de l'abbaye de Saint-Germain-des-Prés et celui des Blancs-Manteaux: ils furent du sentiment contraire. En conséquence il fit parvenir à M. Le Tellier, lors chancelier, un mémoire détaillé contenant tout ce qu'il savait de la conspiration prétendue. Il pria le chancelier de ne pas lui faire de réponse directement, pour ne point l'exposer à la vengeance secrète des auteurs du complot; mais pour sa tranquillité et pour certitude que sa lettre et ses instructions avaient été remises, il pria le chancelier de faire mettre une lettre rouge initiale à la Gazette de France le 31 décembre 1683. Ce qui a été exécuté. Cette lettre majuscule G est grise dans toutes les autres Gazettes. »

Quoi qu'il en soit, en 1704, l'abbé Blache fut arrêté en vertu d'une lettre de cachet et mis à la Bastille, où il est mort. Le jour de son emprisonnement le lieutenant-général de police, commissaire en cette partie, dressa un procès-verbal contenant inventaire des papiers de l'abbé Blache. Ces papiers furent rangés par cote et paraphés par M. d'Argenson, et c'est dans le nombre que s'est trouvé le manuscrit en question. Il a été déposé au greffe le 14 juillet par MM. les commissaires du Parlement chargés de ce qui concerne le collége de Louis-le-Grand et autres maisons des Jésuites à Paris.

Voici un autre fait, plus digne de remarque encore, et qui se rapporte également à l'année 1633 : Le n° 54 de cette année, du 4 juin, doit être double, parce qu'il en a été fait deux éditions toutes différentes, pour des raisons que l'on rapporte ainsi : La veille du jour que devait paraître ce numéro, l'abbé Le Masle, prieur des Roches, attaché au cardinal de Richelieu, vint entre dix et onze heures du soir chez Renaudot, pour lui ordonner d'insérer dans la Gazette un article de 28 lignes, commençant par ces mots : « Le sieur de Lafemas, intendant de... Champagne, a fait amener avec lui plusieurs prisonniers d'Etat, entre lesquels est le sieur Dom *Jouan de Médicis,* etc. » L'ordre du ministre venait trop tard : la Gazette était déjà imprimée, et même en partie expédiée. Renaudot eut beau donner ses raisons, il fallut obéir. L'article dont le cardinal ordonnait l'insertion étant de 28 lignes, Renaudot fut obligé d'en retrancher le même nombre à différents endroits, pour gagner de la place. L'insertion prèscrite fut mise à la dernière page de ce numéro, page 236 du volume, et l'abbé des Roches enleva tous les exemplaires qui restaient du numéro proscrit. Mais quelques personnes l'avaient déjà reçu, et elles négligèrent de se procurer celui qui y fut substitué ; quant à ceux qui reçurent ce dernier, ou ils ne connurent pas l'autre, ou ils ne purent l'obtenir : en sorte que dans les recueils de Gazettes actuellement existants, on ne trouve point ces deux numéros réunis, mais seulement l'ancien ou le nouveau.

Enfin une dernière remarque à faire au sujet de cette année 1633, c'est que les n°ˢ 41 et 42 y manquent absolument, et que dans ce volume on passe brusquement du n° 40 au n° 43, et de la page 176 à la page 185, sans qu'il soit possible de démêler la cause de ce vide, qui existe dans tous les exemplaires.

Quelques personnes trouveront peut-être ces détails un peu futiles; mais nous ferons observer que, l'établissement de la Gazette ayant précédé de plusieurs années celui des journaux littéraires et des Mémoires d'académies, ce sont précisément les vieilles Gazettes que les curieux recherchent, et qu'ils consultent avec avantage, non pas seulement sur les faits politiques et militaires, mais encore sur plusieurs traits relatifs aux sciences, aux arts et à la littérature. Ainsi, sans sortir de cette année 1633, nous choisirons trois faits, sur lesquels la Gazette donne des développements, des particularités, que l'on ne s'attendrait peut-être pas à y trouver.

Il y eut cette année-là une très-nombreuse promotion dans l'ordre du Saint-Esprit. La Gazette raconte tous les détails de la réception des chevaliers, et ajoute la particularité que voici, concernant le festin donné par le roi aux chevaliers de ses ordres, à la suite de la cérémonie :

Au commencement du dessert, le roi (qui était seul à sa table, les chevaliers à deux autres tables placées à côté de celle du monarque) envoya un rocher de confitures, qui avait été servi devant Sa Majesté, et *d'où sourdait une fontaine d'eau de naphte*, au cardinal duc de Richelieu, *qui arrosa de cette eau tous ceux qui étaient près de lui.*

C'est aussi en cette année 1633 que fut créé un parlement à Metz, et c'est le 17 septembre que l'on y plaida la première cause, celle « de la dame du Puy-Arnoul, prisonnière pour avoir tué de deux coups de pistolet un gentilhomme nommé Antoine de Monfaucon, dit La Barthe, en se défendant d'un attentat par lui fait à sa pudicité, dont elle fut déchargée à l'audience. »

C'est en cette année encore que le célèbre Galilée fut condamné par le tribunal du Saint-Office, à Rome, pour les raisons que tout le monde sait. Or la Gazette rapporte en entier la sentence de ce tribunal, traduite en français, dans une relation cotée n° 122, qui manque dans beaucoup d'exemplaires.

Enfin on lit dans la Gazette du 30 avril, sous la rubrique de Madrid :

Le P. Lerma, de l'ordre de Saint-Dominique, l'un des plus éloquents prédicateurs de cette cour, ayant voulu, en un sermon qu'il a fait devant le roi d'Espagne, censurer nos ministres d'Etat et les charger de nos mauvais événements, fut interdit de prêcher, et relégué dans un couvent à l'extrémité d'Espagne, pour y finir ses jours, et apprendre qu'il fait dangereux dire du mal de ceux qui vous en peuvent faire. Cela n'empêche pas que plusieurs n'attribuent tous nos désordres au manque de dévotion, qui paraît *en ce qu'il ne se fouetta jamais ici moins d'Espagnols que cette semaine sainte*, là où tout avait accoutumé d'en retentir.

Citons encore quelques articles de la première année.

La Gazette du 19 septembre se termine par cet article : « Plusieurs ecclésiastiques de ce diocèse se meurent aussi, notamment d'entre les curés. Ces vers vous feront voir que tous ne sont pas habiles à leur succéder :

> *Voyant tant de curés qui se mouraient à tas,*
> *Un enfant sans souci, du troupeau d'Epicure,*
> *A chercher une cure ayant perdu ses pas :*
> *Tous mourraient, lui dit-on, que vous n'en auriez pas,*
> *Car n'avoir point de soin c'est n'avoir point de cure.*

Dans quelques exemplaires on a retranché le premier vers de ce plat calembour. Au surplus, cette Gazette n'est pas la seule de l'année où se trouvent des vers. Dans celle du 12 septembre on lit trois distiques latins d'Oger, avec la traduction française, sur la réception du cardinal de Richelieu au Parlement; celle du 17 octobre contient un quatrain latin sur la paix d'Italie et la mort du fils aîné du duc de Mantoue, etc., etc.

On voit dans la Gazette du 5 septembre, sous la rubrique de Salé, 12 novembre, un article assez singulier pour que nous croyions devoir le transcrire tout entier :

On commence à renouer ici (à Salé) le trafic discontinué depuis quinze ans qu'il y a que notre paix fut révoquée avec la France par le vol de la bibliothèque du roi de Maroc, où était le manuscrit original des Œuvres de Saint-Augustin, estimée tant pour le prix des volumes que, notamment, des pierreries dont ils étaient enrichis, à quatre millions de livres, qu'avait emportée un renégat de la foi catholique et de la nation française, en Espagne, qui les détient jusques à présent, quelque instance qu'on ait faite pour les ravoir. On eût suivi, à faute de mieux, l'expédient proposé de nous rendre les peaux écrites, en retenant pour eux les couvertures, si elles eussent été encore en leur entier. Mais les Espagnols n'y gagneraient guère à présent, ayant fait voir, par l'ordre qu'ils y ont donné de bonne heure, qu'ils trouvent les écrits des Saints Pères assez riches d'eux-mêmes, et qu'ils aiment la vérité toute nue.

La Gazette du 5 septembre fait mention d'un ballet donné le 28 août par les domestiques du prince cardinal de Savoie,

Devant Sa Majesté et celle de la reine, dans la salle de la comédie, à Monceaux, où ils démentirent le proverbe qui dit que deux montagnes ne se rencontrent jamais, car ils en firent trouver quatre, d'où une femme, qui représentait la vaine Renommée, fit sortir quatre à quatre divers habitants, bizarrement, mais superbement vêtus de la livrée du lieu de leur demeure ; assavoir : ceux de la montagne résonnante couverts de sonnettes, un tambour en main et une cloche en tête ; ceux de la montagne ardente, une lanterne en chaque main, et affublée d'une autre ; ceux de la montagne venteuse, un soufflet en main et coiffés d'un moulin à vent; et ceux de la montagne ombreuse voilés d'un crêpe, coiffés de chats-huants et parés de plumes de toute sorte d'oiseaux de nuit. Puis descendit des Alpes une autre femme, représentant la vraie Renommée, qui, au son de ses trompettes, fit disparaître la vanité de ces barons de Fæneste, et introduisit en leur place neuf cavaliers, encore plus richement couverts, auxquels elle laissa libre le champ de la gloire, où ils dansèrent le grand ballet, etc..

Ce ballet nous en rappelle un autre, qui fut dansé au Louvre en mars 1632, dans une fête qui dura depuis huit heures du soir jusqu'au lendemain pareille heure, et dont le sujet était *le château de Bicêtre près Paris, et les personnes, les animaux et les esprits auxquels il sert de rendez-vous jour et nuit.* Les amateurs de ballets figurés trouveront dans la Gazette de 1632, pag. 104-106, une description très-détaillée de celui-ci, où parurent le comte de Soissons et les seigneurs les plus distingués. La reine y dansa avec le comte de Soissons, la princesse de Condé avec le duc de Longueville.

Puisqu'il s'agit de fêtes, nous citerons encore la narration du voyage de la reine-mère et de l'infante à Anvers, au mois de septembre :

Elles y arrivèrent par l'Escaut, dans la frégate de l'infante, fort richement parée au dedans, et couverte au dehors de velours noir avec banderoles de taffetas violet à la croix rouge, et soigneusement vitrée par les côtés. Toute la rivière était presque couverte de leur train, qui emplissait plusieurs autres frégates... Durant ce trajet on n'ouït que salves de canonnades et mousqueteries des forts et redoutes qui sont le long de l'eau... Ce fut néanmoins peu que tout cela, au prix du tonnerre de six cents coups de canon que les remparts de la ville, la citadelle et les vaisseaux de l'amirauté firent éclater à leur entrée dans la ville... La foule était si grande qu'aucuns tombèrent en l'eau, d'autres furent étouffés dans la presse au sortir des vaisseaux. Pour dire en un mot la multitude du peuple qui se trouva lors à Anvers, on y payait 24 sous pour gîter... Le dimanche 7 se fit la grande procession de la caremesse. L'appareil en fut si magnifique que les seules machines demeurèrent une heure et demie à passer : c'étaient des chars triomphaux faits avec tant d'art et de dépense qu'ils pourraient entrer en comparaison avec ceux de l'ancienne Rome. Six mille bourgeois la suivaient, richement vêtus et armés de même, à quoi se passa une autre heure et demie... Le mardi les Pères jésuites donnèrent à Sa Majesté le plaisir de la tragi-comédie de Clodoalde, qu'ils firent représenter par la jeunesse de leur collége... Sa Majesté en admira les machines, et loua ce qu'elle vit de l'action, qui ne put être achevée le même jour, pour n'avoir été commencée qu'à quatre heures après midi...

Il y aurait bien d'autres articles curieux à signaler dans ces premiers volumes des Gazettes ; mais ce que nous avons cité suffira pour montrer de quelle utilité peuvent être ces anciennes feuilles, et combien l'on y peut puiser de notions peu communes intéressant la littérature et les arts. Nous en dirons autant des *Nouvelles ordinaires* qui en dépendent. Dès la première nous trouvons, à l'article Bruxelles, un fait singulier, que nous transcrivons dans les termes du Nouvelliste :

Notre curé qui avait donné l'invention des chaloupes est après rajuster ses vieilles propositions et prendre mieux ses mesures. Or voici ces inventions et propositions qu'il nous fait :

1° il promet de jeter de demi-lieue une lettre dans une ville ; 2° mille livres de pain par jour à même distance ; 3° de jeter de fort loin des grenades et pots à feu dans le camp des ennemis ; 4° de brûler les ports par le même artifice ; 5° monter sur les remparts sans toucher aux fossés ; 6° armer légèrement les soldats, toutefois à l'épreuve du mousquet ; 7° boucher les rivières, en sorte que les vaisseaux n'y puissent passer ; 8° détruire les vaisseaux ennemis en diverses manières ; 9° faire des bateaux portatifs capables de passer sept ou huit personnes ; 10° passer des troupes à travers les plus profondes rivières ; 11° passer 1,000 hommes dans les forts de l'ennemi sans qu'il les voie et les puisse blesser ; 12° faire des ponts en une heure pour passer une armée ; 13° des canons légers comme des mousquets qui auront l'effet de l'artillerie ordinaire ; 14° assurer avec peu de soldats les forts de Flandre sans murailles, aussi bien que s'ils en avaient, engageant sa foi, son honneur et sa vie, s'il y manque ; car il remet toute la faute de l'entreprise passée sur le Père Philippe et sur Barnefeld, Hollandais réfugié en Flandre, qui assuraient que les grands vaisseaux ne pourraient suivre les bateaux plats ou chaloupes, ce que l'expérience a démenti, et qu'il y avait cinq pieds d'eau dans les terres inondées, et il ne s'en est trouvé que deux.

C'est probablement de ce même curé que parle la Gazette du 5 septembre (art. Hambourg, 14 août), en ces termes : « Un curé d'entre Malines et Villebroug, psalmodiant sur les orgues avec telle attention que l'on peut penser, s'est avisé d'ajuster des canons de nouvelle invention en forme desdites orgues, dont il promet de faire une étrange musique. »

Cela ne rappelle-t-il pas involontairement Fieschi et sa machine infernale ?

Nous n'en finirions pas si nous voulions glaner dans l'immense collection de la Gazette. Nous nous bornerons donc, pour terminer cette monographie déjà bien longue, à citer un article de Racine qui a échappé à tous ses éditeurs.

Parmi les lettres de la jeunesse du célèbre tragique, plusieurs sont datées d'Uzès, où l'avait attiré l'espérance de succéder à un bénéfice possédé par le père Sconin, son oncle maternel. Dans le nombre s'en trouve une adressée, le 26 décembre 1664, à l'abbé Levasseur, son camarade de collége, laquelle se termine par cette phrase : « Mandez-moi des nouvelles de tout, et, entre autres, d'*un petit mémoire que j'envoyai pour la Gazette, il y a huit jours.* » - M. La Rochefoucault-Liancourt, dans ses *Etudes inédites de Racine*, signalait ce passage comme devant donner lieu à une recherche dans la Gazette, et cette recherche, faite par M. Rathery, amena bientôt la découverte du *petit mémoire*.

Voici, en effet, ce qu'on trouve dans la *Gazette de France* de 1661, p. 1372 ; il faut se rappeler que toutes les villes de France fêtaient à l'envi la naissance de Louis, dauphin, né le 1er novembre de cette année.

D'Usez, le 25 décembre 1661.

Outre les réjouissances qui se sont ici faites par l'ordre de nostre évesque, pour la naissance de Monseigneur le Dauphin, nos consuls, voulant aussi en signaler leur joye, firent, le 18 du courant, allumer un feu dont le succez répondit des mieux à la beauté du dessein. Après que la Renommée, qui estoit élevée sur un pied d'estal, eut fait sonner trois fois un cor chargé de pétards, qu'elle avait en sa main, une colombe partit d'un autre costé toute en feu, qui, tenant à son bec un rameau d'olive, vint allumer l'artifice. En mesme temps on ouït un grand bruit de bombes et de pétards, et l'air se couvrit d'une épaisse fumée, à laquelle succéda une grande clarté, qui découvrit un rocher fort élevé vomissant des flames de toutes parts, au sommet duquel paroissoit la Paix, avec une corne d'abondance en l'une de ses mains, et s'appuyoit de l'autre sur un dauphin, ayant à ses pieds les vertus cardinales, qui jettoyent quantité de fusées, comme elle en épanchoit un grand nombre, qui alloyent semer en l'air une infinité d'étoiles : tellement que cette machine parut des plus industrieusement inventées. »

Si l'on considère que la lettre est du 26, qu'elle annonce un mémoire envoyé pour la Gazette *il y a huit jours*, c'est-à-dire le 18, et que la Gazette donne précisément, dans une relation datée d'Uzès, les détails d'un feu d'artifice tiré le 18 en réjouissance de la naissance du Dauphin, fils de Louis XIV, on ne doutera pas que l'article que l'on vient de lire ne soit le *petit mémoire* dont il est question dans la lettre. Ainsi Racine, qui avait été l'un des poëtes de l'hymen dans son ode *la Nymphe de la Seine*, fut aussi l'un des chroniqueurs de la naissance.

Après la Gazette de France, qui compte aujourd'hui 227 années d'existence non interrompue, le plus ancien journal de l'Europe, à notre connaissance, et beaucoup de nos lecteurs en seront étonnés assurément, c'est la Gazette officielle de Suède, *Postosch Inrikes Tidning,* fondée en 1644, sous le règne de la reine Christine, la fille de Gustave-Adolphe le Grand, et continuée depuis là sans interruption.

Le *Harlem courant,* le doyen des journaux hollandais, date du 8 janvier 1656.

De tous les journaux anglais créés au milieu du xviie siècle, un seul a survécu, la *Gazette de Londres,* dont la publication fut ordonnée par Charles II, qui voulait avoir en Angleterre le pendant de la Gazette de France. Elle commença à paraître le 13 novembre 1665. Il s'en publia pendant quelques années une édition en français faite par un certain Moranville, à qui on faisait quelquefois altérer ce qu'il traduisait, ce qui donna lieu à des plaintes de la part du Parlement.

Le premier journal publié en Russie le fut en 1703, par ordre de Pierre-le-Grand, qui non-seulement prit une part active à sa direction, mais en corrigea les épreuves, ainsi que cela résulte des placards qui existent encore, et qui portent des signes et des corrections de sa main.

APPENDICE

UN PAMPHLÉTAIRE AU XVIIe SIÈCLE. — EUSTACHE LE NOBLE

On sait quelle guerre à outrance les gazetiers et les pamphlétaires de Hollande firent à Louis XIV, et le ressentiment qu'en éprouvait ce monarque. La Gazette ne pouvait suffire à la riposte. Quelques-uns des conseillers du roi auraient donc voulu qu'il se défendît par les mêmes armes; mais il refusa de se donner un défenseur dans lequel son instinct profondément monarchique pressentait un ennemi redoutable pour la royauté absolue. Vauban, par exemple, proposait la création d'un escadron d'*anti-lardonniers,* qui aurait eu pour mission de repousser les attaques de cette terrible phalange qui faisait pleuvoir sur la tête du grand roi une grêle incessante de traits si cruels. « Les ennemis de la France, lit-on dans le manuscrit original des *Oisivetés,* ont publié, et publient tous les jours une infinité de libelles diffamatoires contre elle et contre la sacrée personne du roy et de ses ministres... La France foisonne en bonnes plumes... Il n'y a qu'à en choisir une certaine quantité des plus vives, et à les employer. Le roy le peut aisément sans qu'il luy en coûte rien, et, pour récompenser ceux qui réussiront, leur donner des bénéfices de 2, 3, 4, 5 à 6,000 livres de rente, ériger ces écrivains les uns en *anti-lardonniers*, les autres en *anti-gazetiers*... »

La proposition de l'illustre tacticien ne fut point acceptée; mais plusieurs écrivains se constituèrent de leur chef les défenseurs de la monarchie, et l'on peut croire que les encouragements ne leur manquèrent pas. Entre tous se distingua Eustache Le Noble, qui se fit une grande réputation, vers la fin du XVIIe siècle, par ses talents, et peut-être plus encore par les désagréments que lui attira sa mauvaise conduite et par ses aventures avec la *belle épicière*. De 1688 à 1709 Le Noble publia une douzaine de volumes de pamphlets qui firent beaucoup de bruit, et qui touchent plus que les autres à notre sujet par leur mode de périodicité. Comme les bibliographes parlent très-peu de ces pamphlets, assez rares pour qu'ils leur aient échappé, il ne sera pas hors de propos d'entrer à leur sujet dans quelques détails.

Ils forment plusieurs séries. La première, sous le titre : *La Pierre de touche politique*, comprend 28 dialogues, d'octobre 1688 à novembre 1691 (3 vol. in-12). Chaque dialogue a un titre particulier ; le titre général que nous venons de citer ne se trouve sur le frontispice qu'à partir de janvier 1690 (6e dialogue), époque à laquelle la publication devint mensuelle. Nous citerons les titres de quelques-uns de ces pamphlets :

1. Le Cibisme. Premier dialogue entre Pasquin et Marforio sur les affaires du temps. *Jouxte la copie imprimée à Rome, chez Francophile Alethophile.* Octobre 1688.

3. Le Couronnement de Guillemot et de Guillemette; avec le Sermon du grand docteur Burnet. *Jouxte la copie imprimée à Londres, chez J. Benn,* 1689, satire violente contre le roi Guillaume. — Il. y a encore : *Le Festin de Guillemot* (1689), *la Bibliothèque du roi Guillemot* (janvier 1690).

5. La Chambre des comptes d'Innocent XI. Dialogue entre saint Pierre et le Pape, à la porte du Paradis. Septembre 1689.

16. Les Mercures, ou la Tabatière des Etats d'Hollande (novembre 1690). Brûlé à Amsterdam, par ordre des Etats-Généraux.

22. Le Réveille-matin des Alliés. *Jouxte la copie imprimée à Monts, chez Guillaume le Chasseur, rue des Sept-Dormantes, au Coq qui les réveille.* Mai 1691.

27. Le Jean de retour. *Jouxte la copie imprimée à Loo, chez Guillaume Pied-de-Nez, rue l'erdue, au Bien revenu.*

Ces pamphlets eurent tant de succès qu'on en fit des contrefaçons à Rouen, Paris, Orléans, Châlons, Reims, Lyon, Compiègne, Soissons; tandis que d'un autre côté, certains écrivains composaient des dialogues politiques de leur façon, que l'on vendait sous le nom de Le Noble.

Emprisonné en décembre 1691, Le Noble ne publia en 1692 qu'un petit nombre de lettres, dont voici les titres :

La fable du Rossignol et du Coucou, avec la lettre de maître Pasquin à maître Jacquemar. *Jouxte la copie imprimée à la Ville-aux-Asnes.*

Dialogue de la Samaritaine avec le Grenier à Sel, et la fable du Sapin et du Buisson.

Le Renard pris au trébuchet. 3ᵉ lettre. *Jouxte la copie imprimée à Steinkerke, chez Guillaume l'Eveillé, rue Beaujeu, au Coup manqué.* Sur la bataille de Steinkerque.

Le Paroli à la Samaritaine, ou le Censeur savetier. 4ᵉ. *Jouxte la copie imprimée à la Grange-Baudet, Nicaise Protocole, rue du Grenier à sel, au Nouveau Midas.*

Le Renard démasqué. 5ᵉ. Traduit de l'original anglais. *Jouxte la copie imprimée à la Kénoque, chez Guillaume de Beau-Projet, rue de la Marquerie, au Chat échaudé.*

Plus deux dialogues sous le titre de *l'Ecole des Sages*, qui semblerait annoncer une nouvelle série, et portant, par exception, le nom de l'auteur : *Par M. Le Noble de Tennelière, baron de Saint-George*.

En 1693 Le Noble commença une nouvelle série, sous le titre de : *Les Travaux d'Hercule*, qui vont de janvier 1693 à août 1694, et se composent de 21 parties (3 vol. in-12). Ce sont des dialogues entre la Gloire et l'Envie, entre Hemskerke et milord Paget, entre Apollon, Calliope, Clio et Euteyse, entre le ministre Jurieu et l'esprit de Van Buninghen, entre Grue et le bourguemestre Oyzon, entre le Rhin et le Danube, entre Wit'hal et la Tamise, entre les ombres de Philippe II et de dom Emmanuel de Lira, etc.

Au mois de septembre 1694, Le Noble change le titre de *Travaux d'Hercule* pour celui de *l'Esprit d'Esope*, sous lequel parurent les quatre derniers dialogues de l'année.

Après une interruption de sept ans, la guerre

de la succession d'Espagne lui rendit la parole, et cette fois c'est avec privilége du roi qu'il reprit son rôle de pamphlétaire. Il commença en juillet 1702 la publication de *Nouveaux entretiens politiques*, publication qui se poursuivit jusqu'en juillet 1709; du moins est-ce à cette époque, au 87e entretien, que s'arrête la collection de la Bibliothèque impériale. La plupart des titres de ces nouveaux pamphlets ressemblent à des titres de fables ou de proverbes; c'est, par exemple : *le Renard à bout,* — *A beau jeu beau retour,* — *l'Etui de chagrin,* — *le Pas de clerc,* — *les Poules folles,* — *l'Ours piqué, ou les Abeilles vengées,* — *Qui trop embrasse mal étreint,* etc. Quelques-uns cependant ont une signification plus précise; ainsi : *le Secret des communes,* — *l'Embarras de Vienne,* etc., etc.

Le Noble est assurément, de tous les pamphlétaires de cette époque, celui qui a déployé le plus d'esprit et de verve. Il donne à entendre quelque part qu'il recevait des ministres de Louis XIV des communications officieuses, et il est permis de le croire : il est, en effet, généralement bien informé, et peu d'écrivains, dans tous les cas, ont défendu le grand roi et combattu ses ennemis avec autant de feu et d'habileté. Je ne lui accorde pas cependant que ses *Pasquinades* (c'est ainsi qu'on appelait ses pamphlets) soient la meilleure histoire du temps;

mais elles sont sans contredit très-bonnes à consulter. La forme en est généralement vive et légère ; on y trouve beaucoup d'épigrammes et de saillies heureuses. Bayle faisait grand cas des talents de Le Noble : « Il a, dit-il, infiniment d'esprit et beaucoup de lecture ; il sait traiter une matière galamment, cavalièrement ; il connaît l'ancienne et la nouvelle philosophie. Cependant il se vante d'avoir fait beaucoup d'horoscopes qui ont réussi, et il s'attache avec soin à maintenir le crédit de l'astrologie judiciaire (1). »

Le Noble, indépendamment de ses Dialogues, a laissé un grand nombre d'ouvrages, dont quelques-uns sont curieux et méritent d'être recherchés.

---

(1) *Pensées diverses sur la comète.*

LA PRESSE

DURANT LA FRONDE

II

LA PRESSE DURANT LA FRONDE

LES MAZARINADES

Explosion de l'esprit polémique. — Ce qu'on entend par Mazarinades. — Leur caractère et leur esprit.

Pour ne pas interrompre l'histoire de la Gazette, nous avons traversé, sans nous y arrêter, une époque qui, pourtant, intéresse vivement notre sujet : nous voulons parler de la Fronde. On sait avec quelle force éclata, pendant ces jours d'effervescence, l'esprit polémique, et, pour ceux qui ont étudié ce mouvement, il y a lieu de s'étonner que la liberté de la presse n'en soit pas sortie victorieuse ; on a peine à comprendre qu'après avoir si largement usé et abusé de la liberté de parler et d'écrire, Paris ait pu si facilement être ramené au régime de la Gazette et du monopole.

Mais si la Fronde n'a pas produit de journaux dignes de ce nom, elle nous en a donné amplement la monnaie dans ces myriades de libelles connus aujourd'hui sous le nom de *Mazarinades*, qui pendant près de quatre années vinrent chaque jour alimenter, aviver, la curiosité et les passions de la multitude, et ce ne sera pas nous éloigner de notre sujet que de consacrer quelques pages à cette petite presse de la Fronde, peu consistante, sans doute, et de peu de valeur au fond, mais si vive, pourtant, si hardie, et parfois même si spirituelle.

Les Mazarinades sont, à proprement parler, les pamphlets, satires, libelles, en vers et en prose, publiés durant la Fronde *contre le Mazarin*. Ce nom leur est venu de la pièce la plus célèbre du genre, *la Mazarinade* (en vers), portant la date du 11 mars 1651. Plus tard, l'usage s'est introduit de comprendre également sous cette dénomination les écrits *pour* le Cardinal, et même, dans un sens plus général, toutes les pièces publiées à l'occasion de la lutte de Mazarin contre le Parlement et les Princes.

Le nombre des Mazarinades est prodigieux. M. Moreau, à qui l'on doit une excellente bibliographie de ces libelles, estime que l'on peut évaluer à 4000 environ les pièces produites par la Fronde dans ses diverses phases, du mois de janvier 1649 au mois d'octobre 1652, et encore ne comprend-il pas dans ce nombre celles qui sont restées manuscrites, et qui peuvent entrer pour un quart dans le chiffre total. M. Leber (*De l'état réel de la presse et des pamphlets jusqu'à Louis XIV*) pense que ce ne serait pas exagérer ce chiffre que de le porter à sept ou huit mille. Les contemporains en parlent comme d'essaims de mouches et de frelons qu'auraient engendrés les plus fortes chaleurs de l'été (1). La Fronde a duré quatre ans, et à peine trois mois s'étaient-ils écoulés depuis la déclaration de la révolte que les Mazarinades se comptaient déjà par centaines. *L'Interprète des écrits du temps*, s'adressant au Cardinal, vers la fin de mars 1649, annonce huit cents nouveaux venus depuis le mois de janvier précédent :

> *Huit cens petits livres nouveaux*
> *Qu'on appelle brides à veaux.*

Mais la qualité ne répondait pas à la quantité :

> *Pour moi, après les avoir lus,*
> *Je les nomme des amusettes*
> *Et des tire-sols de pochettes :*
> *Car, interprétant sainement*
> *Le fort de leur raisonnement,*
> *Otez les mots qui vous accusent,*
> *Ce sont des fous qui s'y amusent.*

Jamais pareille explosion n'avait éclaté en France;

---

(1) *Quàm sit muscarum et crabonum quùm calet maximè*, dit Naudé dans son *Mascurat*.

jamais, même pendant les guerres de religion, les publications politiques n'avaient pris de pareilles proportions. C'est que la Fronde combattit avec la plume beaucoup plus qu'avec l'épée. On discutait dans le Parlement, on bavardait dans les ruelles, et toutes ces grandes colères se dissipaient en paroles et en libelles. Tout le monde se mêlait d'écrire. « Il n'était enfant de bonne mère, il n'était véritable Français, qui ne se crût obligé de donner une pièce au public. » — « C'est une chose admirable, dit le *Remerciement des imprimeurs à Monseigneur le Cardinal Mazarin* (1649), de quelle façon nous travaillons. Votre vie est un sujet inépuisable pour les auteurs et infatigable pour les imprimeurs... Il ne se passe pas de jour que nos presses ne roulent sur plus d'un volume de toute sorte d'ouvrages, tant de vers que de prose, de latin que de français, tant en caractères romains qu'italiques, canon, gros-canon, petit-canon, parangon, gros-romain, saint-augustin, cicéro, etc. Une moitié de Paris imprime ou vend des imprimés, l'autre moitié en compose : le Parlement, les prélats, les docteurs, les prêtres, les hermites, les religieux, les chevaliers, les avocats, les procureurs, les clercs, les secrétaires de Saint-Innocent, les filles du Marais, enfin le cheval de bronze et la Samaritaine, écrivent et parlent de vous. Pierre du Guignet (1) ne saurait plus

---

(1) Pierre de Cugnières, surnommé du Coignet, dont le clergé avait placé la

garder le silence, qu'ont rompu des flatteurs, puisque les morts mêmes ressuscitent pour venir dire leur sentiment de la conduite de Votre Excellence. Les colporteurs courbent sous le poids de leurs imprimés en sortant de nos portes; ils ne font pas cent pas qu'ils ne soient soulagés du plus pesant de leur fardeau, et ils reviennent à la charge avec une chaleur plus que martiale. »

Guy Patin, dans ses lettres, parle de ce débordement à peu près dans les mêmes termes :

> On a fait ici courir depuis huit jours quantité de papiers volants contre le Mazarin; mais il n'y a encore rien qui vaille. Même j'apprends que le procureur général en a fait des plaintes au Parlement, qui a ordonné que l'on empêchât l'impression et la distribution de ces écrits satyriques et médisants; mais je pense que toutes ces défenses n'empêcheront pas d'en imprimer, à mesure qu'ils en auront. Et entre autres ils ont imprimé un journal de tout ce qui s'est passé depuis le mois de juin au Parlement. Le cardinal est sanglé là dedans tout au long et très-vilainement, comme il le mérite. Il me semble que c'est la meilleure pièce de tout ce qui s'est fait; mais je ne sais pas ce qui se fera à l'avenir. (27 janvier 1649.)

Déjà à cette époque il prévoyait qu'on formerait

---

statue en un petit coing (*coignet*) du chœur de l'église Notre-Dame, « en office, dit Rabelais, de esteindre avec son nez... les chandelles, torches, cierges, bougies et flambeaux allumés. » Les *Contes d'Eutrapel* rapportent ainsi la cause qui valut à Pierre de Cugnières cette vengeance des gens d'église : « Tesmoing, dit Noël du Fail, la statue ignominieuse de maistre Pierre de Cugnières, estant en l'église de Nostre-Dame de Paris, vulgairement appelé maistre Pierre du Coignet, à laquelle par gaudisserie on porte des chandelles. Le paillard, estant lors advocat-général, soutint que le roy Philippe de Valois, son maistre, se devoit ressaisir du temporel ecclesiastic, pour estre le fondement d'iceluy mal executé, et seule cause de la dissolution des gens d'eglise et empeschement du vray service de Dieu. »

la collection de ces libelles, et qu'on réimprimerait les meilleurs : « Il y en a déjà environ cent cinquante ; mais je ne crois pas que le tiers en mérite l'impression. » Plus loin, dans la même lettre, il répète qu'on en imprime de tous côtés, « tant en vers qu'en prose, tant en français qu'en latin, bons et mauvais, piquants et satyriques, il n'importe ; tout le monde y court comme au feu. » (15 mars 1649.) Dans une lettre suivante on lit ceci : « Il y a ici horriblement de libelles contre le Mazarin. Quand on ne prendrait que les bonnes pièces, il y en a pour en faire un recueil de cinq ou six tomes in-4°, à quoi j'apprends que l'on travaille, en ôtant et retranchant les mauvaise piècess. Cela est merveilleux et sans exemple qu'on ait pu dire tant de différentes choses d'un seul homme. » (2 avril 1649.) « Depuis quatre mois, écrit-il encore, à la date du 28 mai de la même année, les presses n'ont roulé que sur les paperasses mazarines, des meilleures desquelles on nous fait ici espérer qu'on fera un recueil en trois ou quatre tomes in-4°. »

Il faut dire aussi que le plus grand nombre de ces libelles parut à Paris, à une époque où l'absence complète de pouvoir répressif permettait aux moins courageux de tout dire et de calomnier impunément.

D'ailleurs, nous le répétons avec M. Moreau, l'énergie réelle, dans les publications de la Fronde, est en raison inverse de la quantité; elles ne sont ni aussi vives, ni aussi spirituelles, que les pamphlets de la régence de Marie de Médicis, comme ces pamphlets eux-mêmes n'ont ni l'originalité, ni l'âcreté, ni la verve des libelles de la Ligue. Cela s'explique par l'abaissement des intérêts, d'où devait nécessairement résulter l'affaiblissement des passions : il y avait un abîme, en effet, entre les profondes et terribles passions de la Ligue et le bouillonnement superficiel de la Fronde. Celle-ci, néanmoins, a produit des pièces très-hardies, très-importantes, qu'il faut toujours consulter pour la vérité de l'histoire, et un plus grand nombre de pièces très-amusantes, très-gaies, qu'on peut lire encore. Tout alors s'écrivait en vers, les controverses comme les récits. Cet usage, nous dirions presque cet abus de la poésie, est un des caractères extérieurs de la Fronde, et à son tour la poésie de la Fronde a un caractère propre : elle est burlesque. Le burlesque était le genre à la mode depuis le *Typhon* de Scarron, publié vers 1640, et il faut avouer que, si un événement politique prêta jamais à ce genre, ce fut bien la guerre de la Fronde.

Aussi est-ce par ce dernier côté surtout, par leur peu de sérieux, disons mieux, par leur caractère burlesque, que se distinguent les pamphlets de la Fronde, où, du reste, il y a de tout, de la grossièreté, du cynisme, de la bigoterie, de l'impiété, de l'esprit, de la verve, parfois même du bon sens, et ce caractère est surtout frappant dans les Mazarinades de 1649, qui offrent quatre pièces bouffonnes pour une sérieuse. Scarron et les poètes burlesques ses rivaux étaient devenus les vrais publicistes du parti. L'accent italien de Mazarin est, pour ces premiers pamphlétaires, un texte plus fécond que la misère du peuple ; on se moque du ministre plus encore qu'on ne le maudit ; sans compter que bon nombre de libellistes se moquent à peu près impartialement de tout le monde. La Fronde, il faut bien le dire, n'avait pas la foi ; elle n'était pas très-convaincue de la justice de sa cause, et elle croyait peu à son succès. De là vint qu'elle ne sut ni négocier ni combattre ; de là vint aussi qu'elle fut, dans l'esprit de ses contemporains, justiciable du burlesque. Toutes les agitations, les tumultes, ne suffisaient pas pour cacher aux yeux les moins ouverts l'impuissance des partis, et les haines contre Mazarin, si vives qu'elles fussent, ne faisaient pas illusion sur le désintéressement des princes et des seigneurs. Le peuple lui-même ne s'y trompait guère, et il trouvait bon qu'on l'amusât aux dépens des généraux qui lui « ferraient la mule, » des soldats citoyens qui « ne passaient pas Juvisy, » et aussi un peu du Parlement, où il voyait assis sur les fleurs de lys tant d'enfants de la maltôte.

Les pièces burlesques sont, d'ailleurs, infiniment supérieures aux autres par la forme; quant au fond, l'on comprend avec quelle réserve il les faut accueillir. Le burlesque ne se pique pas d'exactitude, de raison ou de justice ; son rôle, son but, a été surtout de provoquer le rire par l'ironie, par le sarcasme, par l'invective. Il ne juge pas, il ne raconte pas même; il raille, il veut être plaisant, spirituel, et il y réussit souvent. Il a des saillies ingénieuses, des boutades piquantes, des railleries fines ; il a même rencontré quelques éclairs de passion dans l'audacieux cynisme de ses insolences. Mais son sel est d'ordinaire fort gros; le nom qu'il porte dit assez qu'il n'a souci ni de la délicatesse, ni de la mesure, ni de la convenance, et souvent, dans les mots comme dans les pensées, il brave l'honnêteté. Son excuse est dans des habitudes de langage qu'il a reçues, qu'il n'a point faites, dans l'état d'une civilisation qui tenait beaucoup au fond, mais peu à la forme, enfin dans la facilité avec laquelle il jetait au vent de la curiosité ses compositions, destinées à disparaître avec les opinions et les circonstances qu'elles avaient pour objet de servir (1).

(1) Pélisson, dans son *Histoire de l'Académie,* déplore cette invasion du genre burlesque, qui nous vint d'Italie : « Non-seulement le burlesque passa en France, mais il y déborda et il y fit d'étranges ravages. Chacun s'en croyait capable, depuis les dames et les seigneurs de la cour, jusqu'aux femmes de chambre et aux valets. Cette fureur de burlesque était venue si avant, que les libraires ne voulaient rien qui ne portât ce nom, que, par ignorance, ou pour mieux débiter leur

La Fronde était née, comme on le sait, d'une question d'impôt, dans laquelle le Parlement s'était posé en défenseur du peuple contre des exigences, des vexations, devenues intolérables. Ces vexations, comme tous les maux de l'Etat, étaient imputées à Mazarin. Aussi les premiers pamphlets, en 1649, roulent-ils principalement sur le Cardinal et sur la maltôte :

> *Depuis tantôt cinq ou six ans,*
> *L'avarice des partisans,*
> *Traitans, sous-traitans, gens d'affaire,*
> *Race à notre bonheur contraire,*
> *Pillait avec impunité*
> *Les biens du peuple en liberté,*
> *Et, sous prétexte du tariffe,*
> *Rien ne s'échappait de leur griffe.*
> *Ce mal nous allait dévorant,*
> *Et, comme l'on voit un torrent*
> *Tombant du sommet des montagnes,*
> *Se répandant sur les campagnes,*
> *Etendre partout sa fureur,*
> *Porter la crainte et la terreur*
> *Dans les villes, dans les villages,*
> *Ainsi l'excès de leurs pillages,*
> *Comme celui de leur pouvoir,*
> *Nous réduisait au désespoir,*
> *Quand le bon démon de la France,*
> *Touché de voir notre souffrance,*

marchandise, ils donnaient aux choses les plus sérieuses du monde, pourvu seulement qu'elles fussent en vers. D'où vient qu'en 1649 on imprima une pièce assez mauvaise, mais sérieuse pourtant, avec ce titre, qui fit justement horreur à ceux qui n'en lurent pas davantage : *La Passion de Notre Seigneur Jésus-Christ en vers burlesques.* «

Fit que, perdant le jugement,
Ils se prirent au Parlement... (1)

Après les pièces financières et mazariniques, ce qui abonde le plus dans les libelles de la première année, ce sont les *visions,* les *apparitions,* les *pronostications,* pièces généralement sans art et sans esprit. Enfin un certain nombre de *cayers,* comme on disait alors, étaient consacrés aux louanges du Parlement. Le Parlement gouvernait alors, il était véritablement le roi de la Fronde : il devait avoir ses courtisans et ses flatteurs. Au reste, les Mazarinades de 1649 ne touchent que bien rarement aux grosses questions de la politique.

L'année suivante les pamphlets sont devenus raisonneurs, bavards; ils traitent avec une certaine liberté des affaires du Gouvernement; ils roulent principalement sur les négociations de Munster, les prétentions du prince de Condé et la prison des Princes. Il y en a qui laissent reparaître l'aigre levain du vieux parti de l'étranger et du fanatisme, et qui osent reprocher à Mazarin le traité de Westphalie comme contraire à l'Eglise, et la révolte de Naples *contre son souverain légitime;* d'autres, dans un esprit tout opposé, l'accusent de n'avoir pas dignement continué son illustre prédécesseur.

En 1651, année qui vit l'alliance des deux Fron-

---

(1) *Agréable récit de ce qui s'est passé aux dernières barricades de Paris, descrites en vers burlesques.*

des, puis leur rupture et la guerre des Princes, les pamphlets pleuvent comme grêle et redoublent de violence. Ils prennent alors un caractère d'audace qu'ils n'avaient pas encore eu; ils abordent sans hésitation les questions les plus hautes, les plus ardues, les plus irritantes. Le Mazarin est encore poursuivi avec rage; mais c'est surtout contre la reine qu'ils s'acharnent. Et ils s'attaquent non-seulement aux personnes royales, mais même à la monarchie : on voit reparaître les républicains de la *Franco-Gallia* et du *Junius Brutus*. « On ne parlait publiquement dans Paris que de république et de liberté, en alléguant l'exemple de l'Angleterre, et l'on disait que la monarchie était trop vieille et qu'il était temps qu'elle finît. » C'est, du reste, l'époque des pamphlétaires les plus illustres : Gondi, Joly, Sarrazin, Patru, Caumartin, Portail; après lesquels on peut encore citer Dubosc-Montandré, les deux Laffémas, Du Châtelet, Verderonne, l'auteur de l'*Agréable récit des Barricades,* dont nous avons cité tout à l'heure quelques vers, et qui est sans contredit la plus spirituelle et la meilleure pièce burlesque du temps; Davenne, Mathieu de Morgues, Sandricourt, Du Pelletier, Jamin, Mercier, Mathieu Dubos, Du Crest, etc., etc. C'est seulement alors, en effet, qu'on voit intervenir dans la guerre des pamphlets des personnages et des littérateurs connus; jusque là la polémique avait été à peu près abandonnée aux écrivains de la Samaritaine et aux secrétaires de Saint-Innocent. Disons d'ailleurs que les pamphlets sont très-rarement signés, et que, quand ils le sont, c'est le plus souvent d'un nom à peu près inconnu aujourd'hui ou d'un pseudonyme.

Les tiraillements qui signalèrent l'année 1652 imprimèrent une nouvelle face aux pamphlets. Le peuple ne pouvant percer les mystères de l'intrigue, une espèce de fièvre agitait cette multitude ardente et passionnée, que ses chefs officiels prétendaient retenir dans une neutralité impossible. La foule était arrivée, par excès d'impatience, à détourner presque son courroux du Mazarin pour le rejeter sur les corps constitués, qui ne savaient ni ramener amiablement le roi à Paris, ni chasser Mazarin par la force ; et la réaction allait sans cesse grandissant contre l'aristocratie de robe. Désabusée de toutes les espérances fondées sur le Parlement, flottant de l'abattement à la fureur, mais désirant par-dessus tout la paix, la population parisienne avait fini par se tourner vers les Princes, non par sympathie, mais par manière de pis-aller. Il y a de curieuses observations à faire sur les pamphlets publiés vers cette époque dans l'intérêt des Princes : la violence démagogique y perce sous la violence nobiliaire. Le type de cette combinaison d'éléments hétérogènes, c'est l'infatigable libelliste Dubosc-Montandré, que nous avons déjà cité, personnage singulier, écrivain incorrect et confus, mais qui s'élève parfois jusqu'à l'éloquence. Il était, dit-on, aux gages du prince de Condé. En effet, s'il attaque à la fois les usurpations royales et les usurpations parlementaires, s'il soutient que la plénitude de la souveraineté n'appartient qu'aux états-généraux, que les lois fondamentales sont au-dessus des rois, et les états-généraux au-dessus des lois fondamentales, c'est, à ce qu'on peut croire, au profit de l'aristocratie, puisqu'il ajoute que « les rois ne peuvent former d'entreprises de conséquence sans l'aveu des princes de leur sang et des grands de leur état » ; que les ministres « ont ôté la connaissance du gouvernement aux véritables administrateurs en éloignant les nobles, et en appelant, pour les remplacer, des bourgeois. » Dans un autre de ses pamphlets, cependant, dans *le Point de l'Ovale,* où il poussait avec une exaltation féroce à l'extermination de tout le parti mazarin et absolutiste, et qui fut condamné par le Parlement, éclate, comme une dissonnance terrible, ce cri échappé du fond des entrailles du peuple : « Les grands ne sont grands que parce que nous les portons sur nos épaules; nous n'avons qu'à les secouer pour en joncher la terre. » C'est l'épigraphe que Loustalot, un siècle et demi plus tard, inscrivait en tête de son journal *les Révolutions de Paris :*

« Les grands ne nous paraissent grands que parce que nous sommes à genoux..... Levons-nous! »

On peut juger par là de la confusion dans laquelle étaient tombés les esprits en 1652. La Fronde était aux abois.

Il ne faudrait pas croire que le parti de la Cour soit demeuré sans réplique. Dès les premiers jours Mazarin avait manifesté l'intention d'accepter la lutte avec la Fronde sur le terrain de la publicité, et d'opposer aux pamphlétaires ses écrivains à lui. On lit dans un de ses *agendas* (1) qui sont parvenus jusqu'à nous cette note, remontant à 1648 : « Court un livre en latin contre moy dont la conclusion est que je m'entends avec le Turc, et que absolument je lui délivreré l'Europe, si on me laysse faire, etc. Le vray moyen pour dissiper toutes ces méchancetez, ce serait de faire un livre dans lequel on dît contre moy tout ce qui peut tomber dans l'esprit de plus méchant, afin que, etc. » Cet *etc.*, qui forme la conclusion de plusieurs notes des agendas, est facile à interpréter : l'exagération des calomnies

---

(1) Au xviie siècle on avait conservé l'usage des tablettes portatives, carnets de poche ou agendas, comme les appelle le Cardinal : « Oultre ce que j'écrivis déjà dans ma dernière *agenda*. » La Bibliothèque impériale possède seize de ces agendas de Mazarin, qui sont un véritable trésor. Ces petits carnets, mémento de chaque jour, souvenir de tous les instants, sont écrits entièrement de la main du Cardinal, par courts alinéas, par mentions rapides, d'une ligne, d'un mot, tracés ici à l'encre, là au crayon, tantôt en italien, tantôt en français, et souvent en espagnol, pour être mieux compris de la reine, entre les mains de laquelle ont été, sans aucun doute, tous ces petits livrets, qui lui servaient de guide et de conseiller.

devait en être le remède. Là est peut-être l'explication de la violence ou du ridicule de certaines pièces.

Lorsque la Cour se retira à Saint-Germain, Mazarin se fit suivre par une imprimerie, dont il donna la direction à Renaudot. C'était bien le moins que la Cour eût ses presses à elle, quand le duc d'Orléans, le prince de Condé, le Coadjuteur, et jusqu'au maréchal de l'Hôpital, avaient leurs imprimeurs en titre, qui faisaient, pour ainsi dire, partie de leur maison militaire. Cependant les pamphlets mazarins ne sont pas très-nombreux, ils sont à peine un contre vingt; mais on doit convenir qu'ils ne sont pas aussi inférieurs en esprit et en raison qu'ils le sont en nombre.

Rentré à Paris, Mazarin fit répondre une fois pour toutes aux pamphlets par un gros livre, œuvre d'un homme d'un grand savoir et d'un esprit vaste et original, mais que ses habitudes d'érudition un peu diffuse ne rendaient pas essentiellement propre à la polémique : c'était Gabriel Naudé. Le *Mascurat* de Naudé fut comme la *Ménippée* de la Fronde; mais il ne vaut pas l'ancienne Ménippée, et n'a pas, comme elle, survécu aux circonstances qui l'avaient fait naître (1). Il ne fit du reste que

---

(1) Cependant cet énorme in-4° de plus de 700 pages fait encore les délices de bien des érudits friands : Charles Nodier, dit-on, le relisait, ou du moins le refeuilletait, une fois chaque année; M. Bazin en a beaucoup profité dans son histoire de la Fronde. Le véritable titre de cet ouvrage est : *Jugement de tout ce qui a été imprimé contre le cardinal Mazarin depuis le sixième janvier jusques à la Déclaration du 1er avril 1649.* C'est un dialogue entre un imprimeur et un col-

fournir un nouvel aliment aux passions, que rien ne pouvait refréner. Mais on sait que Mazarin, pour sa part, finit par en prendre philosophiquement son parti, regardant avec la plus profonde indifférence ce furieux débordement d'injures. Et quand on pense qu'on se barricadait, au dire de Tallemant, pour lire la *Miliade*, pamphlet contre Richelieu, publié à Anvers, on ne peut s'empêcher d'admirer la patience débonnaire de son successeur.

Cependant le Parlement, voyant que certains libellistes ne respectaient ni le ciel, ni la terre, ni même l'*autorité de la Compagnie*, fit, à diverses reprises, des efforts pour réprimer cette licence effrénée; mais tous ces efforts ne pouvaient avoir grand résultat dans une pareille crise; les pamphlets semblaient, au contraire, se multiplier sous les sévérités de la justice. En vain

> *Par arrêt il fut défendu*
> *Qu'on n'imprimât plus aucun livre*

porteur de Mazarinades, *Mascurat* et Saint-Ange, qui, attablés dans un cabaret, passent en revue les principaux pamphlets parus alors, et que Naudé appelle *de gros escadrons de médisances*. Sous ce couvert, il défend chaudement et finement le cardinal son maître, et montre la sottise de tant de propos populaires qui se débitaient à son sujet; puis, chemin faisant, il y parle de tout; dans son style, resté franc gaulois et gorgé de latin, il trouve moyen de tout fourrer, de tout dire; je ne sais vraiment ce qu'on n'y trouverait pas : il y a des tirades et enfilades de curiosités et de documents à tout propos, des kyrielles à la Rabelais, où le bibliographe se joue et met les séries de son catalogue en branle, ici sur les novateurs et faiseurs d'utopies, là sur les femmes savantes, plus loin sur les bibliothèques publiques, ailleurs sur tous les imprimeurs savants qui ont honoré la presse, à un autre endroit sur toutes les académies d'Italie, que sais-je? Pour qui aurait un traité à écrire sur l'un quelconque de ces sujets, le Mascurat fournirait tout aussitôt la matière d'une petite préface des plus érudites. C'est une mine à fouiller.

> *Dont le débit avait fait vivre*
> *Quelque misérable imprimeur*
> *Et quelque burlesque rimeur,*
> *Qui, comme un second Mithridate,*
> *Etait plus friand qu'une chatte*
> *Du poison qui le nourrissait*
> *Dans l'instant qu'il le vomissait.*
>
> . . . .
>
> *Cela ne fit que ranimer*
> *Cette criminelle manie.*
>
> . . . .
>
> *On ne vit onc tant de satires.*

C'est au commencement de la conférence de Ruel, en 1649, qu'on essaya de réagir contre ce débordement.

> *Lorsque, sans empêchement,*
> *Paris vit naître l'espérance*
> *D'une fourrée conférence,*
> *On commença de réprimer*
> *Cette licence d'imprimer.*
> *Lieutenant civil et commissaires,*
>
> . . . .
>
> *Pour empêcher de barbouiller,*
> *Chez les imprimeurs vont fouiller,*
> *De nuit, par cruauté extrême,*
> *Jusque dedans la cave même.*

La police avait recours à d'autres moyens encore; on lit dans une Mazarinade, *le véritable ami du public* (1649) : « Ceux qui liront ces cahiers apprendront qu'ils ont été déchirés, ayant été pris dans l'imprimerie par un méchant espion de Mazarin, duquel on ne se donnait point de garde, parce qu'il est de l'art de l'imprimerie, et, comme un double traître, sert d'instrument aux ennemis pour découvrir et accuser les autres. J'avais encore la mémoire fraîche de mon écrit quand j'ai su qu'il avait été ravi et porté à M. le Lieutenant civil. »

Plusieurs imprimeurs même furent mis en prison, d'autres obligés de se cacher.

> *Soyons sages, par exemple.*
> *Voyons La Caille, ou bien Monet,*
> *Dont le premier fut mis tout net*
> *Dedans une affreuse demeure*
> *Où la nuit se trouve à toute heure.*
> *Même sort serait pour rimeur*
> *Que fut celui de l'imprimeur* (1).

Mais rien n'y faisait.

> *On ne peut empêcher d'écrire*
> *Par menace ni autrement,*
> *Et les arrêts du Parlement*
> *N'ont pas assez de suffisance*
> *Pour empêcher la médisance* (2).

Seulement les imprimeurs prirent plus de précautions pour se soustraire aux poursuites. On sait que les pamphlets *sur copie imprimée à Bruxelles, à Anvers,* sortaient des presses de Paris : on vit alors

> *Sortir au jour, sans nom ni marque,*
> *De la presse de Variquet,*
> *Prevetay, Sara, Cottinet,*

---

(1) *La Raillerie sans fiel...* 1649.
(2) *Monologue de Mazarin sur sa bonne et sa mauvaise fortune,* en vers burlesques. 1649.

*Qui ne se vend et ne s'achète
Qu'entre chien et loup, en cachette,
Des satyriques ouvrages en vers
Jouxte sur exemplaires d'Anvers* (1).

Le duc d'Orléans crut donc devoir interposer son autorité, se flattant qu'elle serait plus écoutée que celle du Parlement. Il s'adressa au Corps de ville; il fit entendre aux magistrats de la cité « qu'il s'étonnait fort des bruits qui se répandaient dans Paris, et encore plus de ce qu'on y laissait impunément composer, imprimer, vendre et débiter ouvertement une foule de libelles infâmes, dont les auteurs n'avaient pour but que de surprendre, par les calomnies qu'ils y insèrent, les personnes simples et faibles, et, leur faisant croire que Leurs Majestés ont des intentions contraires à leur repos, les soulever contre elles »; et il conclut en demandant, au nom du roi, qu'on prît des mesures pour réprimer une pareille audace.

Le Corps de ville, se rendant à ses instances, ordonna aux colonels et quarteniers d'assembler les capitaines, lieutenants et enseignes de chaque colonelle, les cinquanteniers et dixeniers de chaque quartier, pour leur faire entendre les bonnes intentions de la reine, et les inviter à empêcher de tous leurs moyens la publication des libelles diffamatoires, « en se saisissant de ceux qui les compose-

---

(1) *La Nocturne chasse du lieutenant civil.*

raient, imprimeraient, vendraient et débiteraient, pour les mettre ès mains des juges ordinaires, et même prêter main forte à ceux-ci en cas de nécessité. » Mais ce n'était pas assez que d'arrêter les coupables et de les juger. Un imprimeur avait été condamné deux fois, par le Châtelet et par le Parlement, à être pendu, pour avoir publié une pièce de vers très-injurieuse à l'honneur d'Anne d'Autriche (*la Custode du lit de la Reine*) : comme on le conduisait au gibet, la multitude se jeta sur les archers, et le tira par force de leurs mains (1).

—

Les Auteurs des Mazarinades. — Comment elles étaient composées, imprimées et vendues.

Nous avons nommé les principaux pamphlétaires; il est aisé de comprendre qu'il dut y en avoir de plusieurs espèces dans cette longue succession d'intérêts et d'événements qui constituent la Fronde.

(1) « Samedi dernier, de grand matin, dit Guy Patin dans une lettre du 21 juillet 1649, un imprimeur, nommé Morlot, fut ici surpris imprimant un libelle diffamatoire contre la reine, sous ce titre *la Custode du lit de la reine*. Il fut mis au Châtelet, et dès le même jour, il fut condamné d'être pendu et étranglé. Il en appela à la cour. Lundi on travailla à son procès. Hier mardi il fut achevé, et la sentence confirmée. Quand il fut sorti de la cour du Palais, le peuple commença à crier, puis à jeter des pierres, à tomber à coups de bâton et d'épée sur les archers, qui étaient en petit nombre. Ils commencèrent à se défendre, puis à se sauver. Le bourreau en fit de même. Ainsi fut sauvé ce malheureux, et un autre qui était au cul de la charrette, qui devait avoir le fouet et assister à l'exécution de Morlot. Il y eut un archer de tué; plusieurs furent blessés. *De cæteris Deus providebit.* » Guy Joly raconte que le lieutenant criminel, qui commandait les archers, reçut plusieurs coups de bâton et eut assez de peine à se sauver. Pendant qu'une bande délivrait ainsi Morlot aux abords du Palais, une autre bande se portait sur la place de Grève pour y détruire l'instrument du supplice. Elle abattit la potence,

Les uns ont été acteurs directs dans cette tragi-comédie, et la plume de ceux-là obéissait à une conviction personnelle ou aux exigences d'un parti.

Tel fut le cardinal de Retz, dont la nature remuante et aventureuse se plaisait au milieu de ces luttes, où son esprit brillait de toutes ses qualités. La presse, dont il avait bien vite compris la force et la portée, devait être un puissant moyen d'action dans des mains si hardies; aussi le vit-on tout d'abord s'en servir comme d'une arme contre ses adversaires, et comme d'un marche-pied pour son ambition. Chacune de ses démarches avait un premier-Paris sous forme de Mazarinade. Ainsi, au retour de sa fameuse démarche à Compiègne, il écrit : « Il y eut dès le lendemain un libelle qui mit tous mes avantages dans leur jour. » Du reste, il convient lui-même, dans ses Mémoires, de sa participation à cette guerre de plume ; il se reconnaît l'auteur de plusieurs pamphlets et se vante d'avoir été l'instigateur d'un plus grand nombre. Ses aveux à ce sujet sont pleins d'une rare franchise. Parlant d'un pamphlet de Marigny qui avait produit un grand effet, il ajoute : « Je pris cet instant pour mettre l'abomination dans le ridicule, ce qui fait le

---

rompit l'échelle en plusieurs morceaux, lança des pierres dans les vitres de l'Hôtel-de-Ville, et continua le bruit et le désordre dans la place jusqu'à 9 heures du soir. Selon Guy Joly et le cardinal de Retz, les libérateurs de Morlot étaient des garçons libraires ou imprimeurs.

plus dangereux et le plus irrémédiable de tous les composés (1). » Dans son grand discours à M. de Bouillon, en 1649, s'identifiant avec les auteurs des libelles, il dit : « Nous égayons les esprits par nos satires, par nos vers, par nos chansons ; le bruit des trompettes, des tambours et des timbales, la vue des étendards et des drapeaux, réjouit les boutiques (2). » Et en 1652 il reprend son ardeur, un moment endormie : « Les libelles recommencèrent, et j'y répondis. La trêve de l'écriture se rompit, et ce fut dans cette occasion, ou au moins dans les suivantes, où je mis au jour quelques-uns de ces libelles (3). »

Mazarin n'ignorait pas la part que prenait Gondi aux pamphlets dirigés contre lui. On lit dans ses agendas : « Le Coadjuteur continue à faire imprimer des libelles et faire des gazettes par Ménage que on envoie par les provinces écrites à la main et on fayt courir par Paris. » A la date de juillet 1650 on trouve cette note significative : « Fayre quelque papier et l'imprimer, pour informer le peuple du sujet de mécontentement du Coadjuteur, un autre, de sa vie et mœurs, et comment sa maison s'est établie en France. » Cette pièce fut, en effet, rédigée par le fameux d'Hozier. Cinq ans plus tard, en

---
(1) *Mémoires,* édit. in-12, 1842, t. I, p. 124.
(2) *Ibid.,* I, 76.
(3) *Ibid.,* II, 166.

juillet 1655, Mazarin adresse au pape un factum intitulé : *Mémoire des crimes sur lesquels le procès doit être fait au cardinal de Retz,* et les pamphlets figurent au nombre des griefs dont il le charge : « Que ledit cardinal de Retz a été auteur de toutes les persécutions faites à monsieur le cardinal Mazarin, de tant de libelles infâmes contre son honneur et de tant d'arrêts contre son bien et sa vie, qu'il semble s'être rendu indigne de jouir des priviléges d'un caractère qu'il a si fort méprisé et outragé. »

Gondi, pour réussir plus sûrement à mettre l'abomination dans le ridicule, s'était choisi d'habiles auxiliaires. Il s'était entouré d'amis et de serviteurs, tels que Sarrazin, Marigny, Portal, Caumartin, et avait constitué au petit archevêché un comité de rédaction dont il était l'âme, et d'où partaient, avec un merveilleux à-propos et une incessante activité, des journaux, des pamphlets, des libelles de toute espèce. Dans cette association de gens d'esprit, Ménage, si nous en croyons la note de Mazarin que nous venons de citer, s'était chargé des gazettes. Ces papiers volants se passaient sous le manteau, dans les ruelles et dans les cercles, jusqu'au moment où, suivant leur mérite, quelque libraire s'en emparait et les livrait au public en feuilles imprimées.

C'étaient là les lutteurs les plus sérieux.

Certains libellistes, écrivains mercenaires, s'étaient vendus à une coterie ou à un homme. Quelques-uns composaient des pamphlets pour s'amuser; quelques-autres spéculaient sur la vente de leurs écrits. Puis il y avait la tourbe des séditieux qui ne demandaient qu'a faire du bruit, et des affamés qui cherchaient dans le scandale leur pain de chaque jour. Quelques barbouilleurs de papier se mettaient aux gages des libraires, et s'engageaient, moyennant une pistole, à « faire rouler la presse » toute la semaine.

Enfin, dit M. Leber, comme si le libellisme eût été un devoir pour toutes les classes de la société, on voyait des muses improvisées en cottes de bure et en cornettes, des héros de cuisine chanter les héros de la Fronde, et faire, au lieu d'un brouet pour Monsieur, une brochure pour la veuve Coulon (1). La pièce intitulée *Les admirables sentiments d'une villageoise à Monsieur le Prince*, et plusieurs autres niaiseries du même genre, sont, dit-on, de la servante d'un libraire, « qui en faisait, dit Naudé, après avoir écuré ses pots et lavé ses écuelles. » C'était à qui donnerait son coup de pied au ministre proscrit.

En général, les élucubrations de ces faiseurs, les

---

(1) C'était la veuve Antoine Coulon qui imprimait les pièces les plus séditieuses. Les meilleures sortaient des presses de la veuve Guillemot, de Robert Sara et de Cardin Besogne.

vers comme la prose, se payaient à la rame, 3 livres ou un écu, c'est-à-dire que l'auteur recevait 3 livres par rame de papier imprimé.

> *Hélas ! que nous serions contents*
> *Si vous en vendiez quatre rames...*
> *Car nous en aurions quatre écus* (1).

Quand la pièce promettait par sa violence ou son obscénité un succès de scandale, l'imprimeur allait jusqu'à 4 livres; mais c'était fort rare, et il lui arrivait bien plus souvent de marchander les pauvres *composeurs de rimes burlesques* et de leur faire attendre leur maigre salaire.

> *Lorsque sans honte*
> *Ils nous entendaient commencer*
> *Le discours de nous avancer*
> *De l'argent pour boire chopine,*
> *Ils nous faisaient fort froide mine ;*
> *Et après, avec un œil doux,*
> *Ils nous disaient : « Voilà cinq sous ;*
> *Sans doute vous aurez le reste,*
> *Croyez-le, l'on vous en proteste,*
> *Quand le papier sera vendu. »*
> *Ayant leur propos entendu,*
> *Nous disions sans arrogance :*
> *« Messieurs, nous aurons patience..... »*
> *Le lendemain, l'heure arrivée*
> *Que la pièce était achevée,*
> *Nous étions prêts pour aller voir,*

---

(1) *L'Adieu et le désespoir des autheurs et escrivains de la guerre civile*, en vers burlesques.

Comme c'était notre devoir,
Si la pièce s'était vendue.
Lors, d'une mine morfondue
Ils nous disaient qu'en vérité
L'on n'en avait pas acheté
Une rame du tout entière,
Et qu'ainsi nous ne gagnions guère.
Et, pour un peu nous consoler,
Ils commençaient à nous parler
Qu'ils croyaient même que les pies
Fissent, comme nous, des copies,
Car plus de trente tous les jours,
Toutes diverses, avaient cours.
Mettant la main à la pochette,
Ils nous disaient : « Je vous regrette,
Votre peine mérite plus. »
Après ces discours superflus,
Ils nous donnaient quelque monnoie,
Pour nous mettre le cœur en joie,
Nous promettant qu'à l'avenir,
Afin de nous entretenir,
Ils nous donneraient davantage (1).

Aussi pourrait-on dire que les libraires en avaient pour leur argent. Ils n'y mettaient pas, du reste, à ce qu'il paraît, beaucoup d'amour-propre, car la forme de ces libelles ne vaut d'ordinaire pas mieux que le fond. Publiés en général par les libraires du mont Saint-Hilaire, ils se ressentent du lieu qui les a vus naître ; il n'y en a peut-être pas un qui ne soit corrompu par les fautes les plus grossières ;

---

(1) *L'Adieu et le désespoir des autheurs et escrivains de la guerre civile*, en vers burlesques.

les vers, souvent trop longs ou trop courts, outragent la mesure, et les mots y sont altérés d'une façon si déplorable qu'ils en deviennent parfois inintelligibles.

Les Mazarinades étaient vendues par une foule de colporteurs, qui les criaient dans les rues dès le matin, sortant de la presse, « à la même heure, dit Naudé, qu'anciennement à Rome on vendait le déjeuner des petits enfants »; ils les assaisonnaient de superbes boniments, comme les crieurs d'aujourd'hui leurs canards.

> *Avecques leurs longs préambules*
> *Je les trouve si ridicules,*
> *Qu'ils me font tous mourir de rire* (1).

Le prix courant était de deux liards le feuillet ou cahier. Ceux, dit une Mazarinade,

> *Qui veulent avoir quelque chose,*
> *Soit en vers ou bien soit en prose,*
> *Ils paient deux liards le cahier.*

Et les colporteurs avaient pour salaire une remise d'un quart sur le montant de la vente.

> *Six deniers pour quatre feuillets*
> *Entrent dans mon gousset tout nets,*
> *L'imprimeur payé de sa feuille* (2).

---

(1) *Le Politique burlesque*, dédié à Amaranthe.
(2) *Le Burlesque remerciement des imprimeurs*, etc.

Et à ce taux le métier ne laissait pas que d'être bon, si l'on en juge par le succès de quelques Mazarinades, vendues jusqu'au nombre de cinq ou six mille exemplaires (1). Aussi ne comptait-on pas moins d'un millier de colporteurs.

> *Grâce aux bons et mauvais auteurs,*
> *Mille offices de colporteurs,*
> *Tous de création nouvelle,*
> *Font braire à pleine cervelle,*
> *Et d'un stentorique gosier,*
> *Chargés de boutiques d'osier,*
> *Cent et cent marchands de gazettes.*

Ce qui est certain, c'est que cette guerre à coups de plumes fit vivre une multitude de gens, écrivains, imprimeurs, colporteurs, etc., que l'autre guerre avait réduits à la misère. Nous avons déjà cité un *Remerciement des imprimeurs à Mazarin;* on trouve encore dans les Mazarinades un *Burlesque remerciement des imprimeurs et colporteurs aux auteurs de ce temps,*

> *Par un imprimeur*
> *Qui ne fut jamais grand rimeur,*
> *Qui ne sait règle ni méthode,*
> *Mais qui fait des vers à sa mode,*
> *Que l'on chante sur le Pont-Neuf,*
> *L'an mil six cent quarante-neuf.*

(1) On lit dans les Agendas de Mazarin, à la fin de 1649 : « On a envoyé plus de 6 m. copies du libel contre moy et d'Hemery dans toutes les provinces. »

En voici quelques passages :

> C'est un métier de grand tracas
> De composer tant de fracas,
> De fadaises, de goguenettes,
> De bagatelles, de sornettes.
> Il est vrai qu'ils se vendent mieux
> Que tous ces ouvrages pieux
> Qu'on imprime, la Quarantaine,
> Dont l'on ne vend qu'un par semaine.
> Sans tous ces petits rogatons,
> Sans les Condés et les Gastons,
> Sans les pasquils et vaudevilles,
> Sans les écrits les plus habiles,
> Sans Rivière et sans Cardinal,
> Nous allions bien souffrir du mal;
> Sans le petit bossu en poche (1)
> Notre ruine était bien proche,
> Et sans les riches curieux
> Ma femme eût bien chié des yeux,
> Les libraires, la librairie,
> Les imprimeurs, la confrérie,
> Les relieurs et les colporteurs,
> Eussent souffert de grands malheurs;
> Enfin, sans ces petits ouvrages,
> Les demi-seins, les pucelages,
> Les bagues et les beaux atours,
> Eussent fait échauffer les fours;
> Il eût fallu emprunter, vendre,
> Mourir de faim ou s'aller pendre.
> Mais, grâce à tous ces bons esprits,
> Nous ne sommes point là réduits;

---

(1) Le prince de Conti, c'est-à-dire les pamphlets sur le prince de Conti, comme plus haut les pamphlets sur *les Condés* et sur les *Gastons*, sur La Rivière et sur le cardinal Mazarin.

> *Les sous, les deniers, pêle-mêle,*
> *Tombent sur nous comme la grêle,*
> *Quand quelque chose de nouveau*
> *Vient de chez nous ou du Bureau* (1).

C'est l'imprimeur qui parle ainsi ; vient ensuite le tour du colporteur, qui commence son compliment par une épigramme :

> *Graves auteurs de rogatons*
> *De qui chacun fait grande estime,*
> *Soit pour la prose ou pour la rime,*
> *Je crois que vous étiez cachés*
> *Aussi loin que nos vieux péchés,*
> *Alors que toutes les maltôtes*
> *Voulaient opprimer tous les hôtes ;*
> *Car en ce temps les sansonnets*
> *Comme poissons étaient muets.*
> *L'éclat de la rouge calotte*
> *Vous donnait à tous la menotte ;*
> *Mais s'en allant à Saint-Germain,*
> *Il vous a délié la main.*
> *Vos écrits, l'encre, l'huile ou graisse*
> *Ont bien fait cheminer la presse ;*
> *Les partisans ou maltôtiers*
> *Ont bien relevé nos métiers.*
> *Nous avions aussi triste mine*
> *Que le pain à la mazarine*
> *Quand la démangeaison a pris*
> *A tous vos excellents esprits.*
> *Nous sommes huit cents, voire mille,*
> *Qui tous les jours courons la ville,*
> *Depuis le matin jusqu'au soir,*
> *Offrant, par un humble devoir,*

---

(1) Le Bureau d'adresse.

Vos œuvres à qui les demande ;
Et si ne faut point qu'on marchande :
Six deniers pour quatre feuillets
Entrent dans mon gousset tout nets,
L'imprimeur payé de sa feuille.
Que cela dure, Dieu le veuille !
Car pourtant sans le partisant
Nous serions tous morts à présent.
Je vous remercie, orateurs,
Rares esprits, braves auteurs,
Composeurs de rimes burlesques,
Inventeurs de titres grotesques (1),
Avocats, pédants, écoliers,
Qui fessiez si bien les cahiers :
Vos ouvrages, faits à l'envie,
Nous ont à tous sauvé la vie.
Si vous continuez toujours
A faire de pareils discours,
Pourvu qu'on ne nous fasse niche,
Chacun de nous deviendra riche,
Et je dirai, comme dit on :
Quelquefois le malheur est bon.
Pour acquérir de la finance,
Pourvu qu'on sauve la potence,
Et le fouet et la fleur de lys,
Baste du reste ! Je finis,
Après que, pour nos compagnies,
Je proteste à ces grands génies

(1) Le titre, le préambule, le boniment, était alors, comme toujours, d'une grande importance ; de son contexte et de la façon dont il était crié dépendait souvent le succès de la pièce. Aussi, dit l'*Adieu et le désespoir des autheurs*, nous prenions grand souci

De pouvoir trouver de bons titres,
Afin de n'être point bélitres,
Et de contenter les humeurs
De tant de divers imprimeurs,
Qui ne faisaient pas trop de compte
De nos cayers.....

*Que ce qui viendra de leur part
Sera si matin et si tard
Crié par nous à voix si forte,
De rue en rue, de porte en porte,
Qu'ils auront grand contentement
D'ouïr publier hautement
La production de leur cervelle.*

La paix de Saint-Germain arrêta un instant le commerce des pamphlets ; il faut entendre alors le *Désespoir des Autheurs et escrivains de la guerre civile* :

*Hélas ! puisque la paix est faite,
Il nous faut sonner la retraite !
Nous ne pouvons plus dans Paris
Faire rouler avec grands cris
Les pièces que notre génie
Inventait pour la compagnie
De messieurs les colleporteurs,
Aussi bien que nous grands menteurs.*

. . . .

*Maintenant que voilà la paix,
Que nous sommes bien attrapés !
Nous ne savons filer ni coudre,
Ni moins à quoi nous faut résoudre.
Alors que la guerre régnait,
Chacun de nous ne se plaignait :
Il faisait toujours bonne chère
Et se moquait de la misère ;
Il se levait de grand matin
Pour aller goûter du bon vin.
Son cœur était plein de liesse
Quand il avait fait une pièce
Qu'il portait à son imprimeur,
Aussi bien que lui bon grumeur.*

Il travaillait ainsi qu'un barbe
Pour la copie de la barbe,
C'est-à-dire pour un festin
Qui durait depuis le matin
Jusque qu'il eût la rouge trogne
Semblable à celle d'un ivrogne.
Le lucre et la nécessité,
Le plaisir et la volupté,
Dans la passée conjoncture,
Nous ont contraints, je vous assure,
De forcer nos corps et nos sens
Pour faire trois mille cinq cents
Odes, poëmes et libelles,
Qui remplissaient nos escarcelles
D'argent, que selon nos désirs
Nous employions pour nos plaisirs.
Las ! il nous faut plier bagage,
Ce qui nous fait mourir de rage.

Mais la mêlée avait bientôt recommencé de plus belle, à la satisfaction de tous ces pauvres diables, et plus particulièrement des colporteurs : car le métier facile de colporteur était la ressource de ceux qui n'en avaient pas d'autre, et ils étaient nombreux alors ceux qui se trouvaient dans ce cas.

En ce temps difficile,
Personne n'a ni croix ni pile.
Les riches sont bien empêchés :
S'ils ont des biens, ils sont cachés ;
Les marchands ferment leur boutique ;
Les procureurs sont sans pratique ;
Les pâtissiers, pour le douzain,
Au lieu de gâteaux font du pain.
Les vendeurs de vieille ferraille,

Les crieurs d'huîtres à l'écaille,
Les apprentis et les plus gueux
Ne sont pas les plus malheureux,
Car, n'ayant aucun exercice,
D'abord, comme en titre d'office,
Eux et messieurs les crocheteurs
Se sont tous faits colleporteurs;
Et sitôt que le jour commence,
Crient, sans mettre d'Eminence :
Voici l'Arrêt de Mazarin,
Voici l'Arrêt de Mascarin,
La Lettre du cavalier George
(*Si le nom n'est vrai, l'on le forge*);
Puis, Voici le Courrier françois,
Arrivé la septième fois;
Voici la France mal régie;
Puis votre Généalogie;
La Lettre au prince de Condé,
Qui vous a si bien secondé;
Après, Maximes autentiques,
Tant morales que politiques;
Remonstrances du Parlement,
Quï sont faites fort doctement;
Item, la Lettre circulaire
A qui vous servez de matière;
Lettre de consolation
A Madame de Chastillon.
Bref, tout au long de la journée,
Chacun, comme une âme damnée,
S'en va criant par ci par là
Et vers, et prose, et cœtera;
Il n'importe pas sous quel titre,
Car c'est vous seul que l'on chapitre,
Et sous d'autres noms quelquefois
On vous donne dessus les doigts.
De dire par quelle espérance

D'honneur, de gain, ou de vengeance,
Les bons et les mauvais auteurs
Donnent matière aux imprimeurs,
C'est ce que je ne puis bien dire.
Je sais bien qu'on en voit écrire
Quelques-uns par ressentiment,
Et d'autres par émolument ;
Et, comme chacun veut repaître,
Le valet qui n'a plus de maître
Ne voit point de plus prompt métier
Que de débiter le cayer (1).

Ce qui paraît certain, c'est que le métier de colporteur valait souvent mieux que celui d'écrivain, et l'on ne s'étonnera pas que plus d'un auteur ait quitté la plume pour le panier. On trouvait, du reste, des pamphlets et des journaux dans les boutiques, chez les apothicaires ; ils se vendaient dans les théâtres, et même aux portes des églises ; mais le principal commerce s'en faisait sur le Pont-Neuf, autour de la Samaritaine, qui était devenue « la bibliothèque commune de tout Paris, » dit un pamphlet de 1649 (2). Il y avait en outre une

(1) *Lettre à monsieur le Cardinal burlesque* (4 mars 1649). Naudé met cette lettre au-dessus des pièces burlesques de Scarron. Elle est de l'abbé de Laffémas, fils d'Isaac de Laffémas.

(2) Le Pont-Neuf était couvert de libraires étalagistes, qui eurent souvent maille à partir avec les libraires en boutique. « Il y a ici un plaisant procès, dit Guy Patin dans une lettre du 15 septembre 1650. Le syndic a obtenu un nouvel arrêt, après environ trente autres, par lequel il est défendu à qui que ce soit de vendre ou d'étaler des livres sur le Pont-Neuf. Il l'a fait publier et a fait quitter la place à environ cinquante libraires qui y étaient, lesquels sollicitent pour y rentrer, et enfin ils ont obtenu un terme de trois mois, afin que durant ce temps-là ils puissent trouver des boutiques. » On trouve dans les Mazarinades une *Requête des marchands libraires du Pont-Neuf présentée à nos seigneurs de la Basoche,* en vers burlesques, composée à cette occasion.

multitude de colporteurs clandestins, recrutés parmi les gens à qui leur état ouvrait la porte des maisons. « Les violons, dit l'auteur du *Hasard de la Blanque renversée*, sont devenus gazetiers ; comme ils sont dispos et légers du pied, ils vont d'un bout à l'autre de Paris en trois ou quatre caprioles, et, comme ils sont connus dans les plus grandes maisons, ils donnent des pièces d'état au lieu de sarabandes. »

Quelques indications historiques et bibliographiques.

Voici, d'après M. Leber, quelles sont, parmi ces myriades de pièces, celles qui se recommanderaient plus particulièrement à l'attention de l'historien :

Parmi les pièces historiques et politiques : *le Théologien d'Estat,* — *Advis aux grands de la terre,* — *le Courtisan qui déclare ce qui est de l'autorité royale,* — *la France languissante,* — *Manuel du bon citoyen,* — *Lettre de deux amis sur la prise de la Bastille,* — *Discours d'estat et de religion,* — *Advis à la Reyne sur la conférence de Ruel,* — *les Maximes,* — *la Question décidée,* — *l'Epilogue du bon Citoyen,* — *le Catéchisme royal* (excellent), — *Advis contre le ministère étranger,* — *le Mouchoir,* — *Si la voix du peuple est la voix de Dieu,* etc.

Le Catéchisme royal est peut-être la meilleure de toutes les Mazarinades de cette classe.

La plus fameuse est intitulée *Remontrances de François Paumier* (pseudonyme) *au Roy sur le pouvoir et autorité que S. M. a sur le temporel de l'estat ecclésiastique.* Paris, Ant. Etienne, 1650, in-4°. Cette brochure, qui excita beaucoup de rumeur, fut supprimée si exactement qu'on n'en connaît depuis longtemps que deux exemplaires.

La Mazarinade la plus scélérate est, à notre avis, le *Tarif du prix dont on est convenu dans une assemblée de notables..... pour récompenser ceux qui délivreront la France de Mazarin.* 1652.

Parmi les pièces licencieuses, cyniques, effrontées, mais fortement frappées : *le Ministre flambé,* — *la Plainte de Carnaval,* — *Dialogue de dame Perrette et de Jeanne la Crotée,* — *la Jalousie des c... de la Cour,* — *la Custode de la Reyne, qui dit tout,* — *la pure Vérité cachée,* — *la Famine, ou les putains à c..,* — *Imprécations contre l'engin de Mazarin,* — *le Tempérament des test...... de Mazarin,* — *la Bouteille cassée attachée avec une fronde au c.. de Mazarin.*

Il y a encore une foule d'autres pièces spirituelles, comiques, originales, plus ou moins piquantes, qui mériteraient quelque distinction, telles que : *la Mazarinade,* — *l'Eloge du gouvernement de Son Eminence,* ou *la Miliade* (qu'il ne faut pas confonfondre avec la Miliade contre Richelieu, réimprimée dans le même temps), — *la Gazette de la place Maubert,*—*la petite Nichon,*—*les Paysans de Saint-Ouen,* — *les deux Guespins*, — *la Lettre au Cardinal burlesque,* — *la Question Dasticotée,* — *la Guerre des tabourets,* — *les Caquets de l'Accouchée,* — *les 1ᵉʳ et 2ᵉ Triolets,* etc., etc.

Ce ne sont là, sans doute, que des indications bien sommaires ; pour les lecteurs qui voudraient approfondir ce sujet, nous ne pourrions mieux faire que de les renvoyer au *Choix de Mazarinades* publié par M. Moreau, et à son excellente bibliographie.

Les pièces imprimées en forme de lettres, de mémoires ou de volumes, n'étaient pas tout l'arsenal de la Fronde; elle avait encore les placards collés sur tous les murs, et les illustrations satiriques au moyen de la gravure. Ainsi on accrocha un beau jour aux extrémités du Pont-Neuf des placards et des tableaux peints à l'huile, où l'on avait figuré le cardinal en rochet et en camail, la corde au cou, avec cette légende : JULES MAZARIN, *pour avoir empêché par diverses fois la conclusion de la paix générale ; pour avoir publiquement vendu tous les bénéfices ; pour avoir suborné l'esprit de la cour ; pour avoir violé les lois du royaume,* A ÉTÉ CONDAMNÉ A ÊTRE ÉTRANGLÉ ET PENDU.

Loret, homme de bon sens, écrivait à ce sujet, le samedi 5 novembre 1650 :

> *Jeudi, la nuit, quelques badauds*
> *Attachèrent à des poteaux,*
> *En assez vilaine posture,*
> *Du cardinal la pourtraiture.*
> *Cet acte, avec impunité,*
> *Témoigne bien, en vérité,*
> *Un règne impuissant et débile.*
> *Je ne suis pas assez habile*
> *Pour savoir s'ils ont droit ou tort ;*
> *Mais je hais l'insolence à mort.*

Un certain nombre de ces brochures sont accompagnées de gravures, sont *illustrées,* comme on dit de nos jours. C'était un moyen assuré d'en augmenter le débit, en piquant davantage la curiosité.

La publication des Mazarinades ayant eu lieu dans un espace de temps assez court, on les imprima presque toutes sur une même sorte de papier, plié petit in-4°, et, comme le dit Guy Patin, au moyen d'un titre général imprimé on put déjà de son temps en faire des volumes et en former des collections ; il en existe un grand nombre avec la reliure du temps. Ces collections sont très-nombreuses dans les bibliothèques publiques: Comme en toutes choses, la Bibliothèque impériale est la plus riche sous ce rapport, celle de l'Arsenal vient ensuite. La bibliothèque du Louvre compte en Mazarinades environ 60 volumes, la Mazarine une cinquantaine, et les bibliothèques Sainte-Geneviève et de la Chambre des Députés en ont chacune un assez riche contingent.

Plusieurs bibliographies de ces pièces fugitives ont été essayées, mais la plus complète est celle qui a été publiée pour la Société de l'histoire de France par M. C. Moreau (1), véritable travail de bénédictin, auquel on ne saurait donner trop d'éloges, et qui nous a été fort utile pour cette partie de notre travail, aussi bien que les *Courriers de la Fronde* publiés par le même dans la Bibliothèque Elzevirienne de M. Jannet.

Maintenant, s'il nous était permis d'exprimer notre opinion sur ces milliers d'écrits qu'on a baptisés du nom de Mazarinades, nous dirions qu'on n'en a pas fait assez de cas, qu'ils n'ont pas été mieux appréciés que la Fronde, dont ils sont l'expression, et qui demanderait assurément à être étudiée avec plus de soin et traitée avec plus de gravité qu'on ne l'a fait. Le cardinal de Retz dit quelque part dans ses Mémoires : « Il y a plus de soixante volumes de pièces composées dans le cours de la guerre civile, et je crois pouvoir dire avec vérité qu'il n'y a pas cent feuillets qui méritent qu'on les lise. » Mais il est permis d'appeler de ce jugement, par trop partial, qui a fait dire avec raison au Père Lelong

(1) Paris, 1851 et s., 3 vol. in-8°.

qu'apparemment le Cardinal ne faisait cas que des pamphlets publiés par lui-même, et qui, en effet, ne comprennent guère moins de cent feuillets. Sans doute ce n'est qu'avec une extrême réserve que doivent être accueillis les faits mis en avant dans ces écrits, la plupart anonymes et qui portent l'empreinte de la violence des haines de parti ; le plus souvent les jugements sur les personnes sont injustes, les relations des faits inexactes et passionnées. Cependant, nous le dirons avec M. de Sainte-Aulaire, c'est par l'examen attentif de ces pamphlets plus que par l'étude même des bons ouvrages qu'il est possible de se faire une idée exacte et de l'esprit général du temps, et de la politique des divers partis. Si ce n'est pas à titre d'historien qu'on peut interroger le pamphlet, surtout le pamphlet burlesque, dit M. Moreau, il est fort utile de l'entendre comme témoin. Il est toujours l'écho et bien souvent l'organe d'un parti ou d'un homme. Il a écrit en présence des événements, sous l'influence du sentiment et des idées qui prévalaient alors, et qu'il a traduits à sa manière, pour le succès des controverses qui passionnaient le public, et dans lesquelles il est entré avec son caractère de dénigrement sceptique et d'impudente bouffonnerie. Il a été l'instrument de toutes les rivalités, de toutes les jalousies, de toutes les haines ; il s'est prêté à toutes les passions comme à tous les intérêts. C'est assez dire que son témoignage ne doit pas être reçu sans défiance; mais les divers mouvements de cette société si agitée, dont il a suivi les variations, s'y reflètent avec une vivacité pleine d'enseignements; et il y a tout un côté des mœurs publiques qu'il enlumine de couleurs éclatantes, qu'il éclaire d'une chaude lumière. C'est dans ses vers surtout qu'on voit bien la foule qui grouillait sur le Pont-Neuf, autour du cheval de bronze ou devant la Samaritaine, dès que le moindre bruit se répandait par la ville, et qui vociférait au Palais et jusque sous les piliers de la grand'salle dans les jours d'émeute. Sa langue même, toute parsemée de proverbes et de locutions proverbiales, d'expressions surannées, de termes populaires, sa langue est un curieux sujet d'étude et de réflexion.

LES JOURNAUX

Double jeu de Renaudot et de ses fils : la Gazette *et le* Courrier français. — *Les* Courriers burlesques *de Saint-Julien.*
Autres essais.

Une chose étonnante, nous l'avons déjà dit, c'est que le privilége de la Gazette n'ait pas été englouti par cette marée montante de prose et de vers, c'est que le journalisme ne soit pas sorti de ce grand mouvement. Parmi les formes que pouvait revêtir la littérature polémique, celle du journal, connue déjà depuis près de vingt ans, semblait devoir être une des premières qui se présenteraient à l'esprit des pamphlétaires. Renaudot lui-même en jugeait ainsi, et un instant il parut craindre pour le monopole dont il était en possession ; une circonstance vint augmenter encore les appréhensions dont il n'avait pu se défendre en voyant s'engager la guerre des pamphlets.

Quand la Cour sortit de Paris, le 6 janvier 1649, Renaudot eut ordre de la suivre à Saint-Germain. Mazarin lui avait donné la direction de l'imprimerie qu'il faisait emporter, et qui fut établie dans un des appartements de l'Orangerie (1). Outre la nécessité de faire imprimer les arrêts du Conseil, les lettres

---

(1) « Le 4 mars, le roi étant allé visiter son imprimerie, établie dans l'un des appartements de son Orangerie à St-Germain-en-Laye, et S. M. ayant voulu faire imprimer quelque chose, celui à qui Leurs Majestés ont donné la direction de cette imprimerie (Renaudot) dicta sur-le-champ quelques vers sur la première conférence de Ruel. Voici les derniers, les seuls que l'auteur publie, les premiers ayant été enlevés par les courtisans :

J'accepte cet augure en faveur de l'histoire
Qu'à l'instant que Paris se met à la raison,
Mon prince, visitant sa royale maison,
Va fournir de sujet aux outils de sa gloire.
Embrassez-vous, Français ! Espagnols, à genoux,
Pour recevoir la loi, car la paix est chez nous ! »

(Le Siége mis devant le Ponteau de mer (sic)...
St-Germain, 1649.)

Le roi, cela va sans dire, récompensa magnifiquement les ouvriers.
On attribua à Renaudot toutes les pièces sorties de l'imprimerie de St-Germain; mais M. Moreau n'en sait que huit dont la paternité lui appartienne certainement. Dans la collection des lettres de Letellier-Louvois (ms. de la Bibliothèque

et les déclarations du roi, pour les répandre et les faire connaître, le Cardinal avait l'intention d'accepter la lutte avec la Fronde sur le terrain de la publicité, d'opposer aux pamphlétaires ses écrivains, d'avoir, comme le Parlement et les généraux, ses pièces de polémique et ses feuilles volantes. Pour cela, le fondateur de la Gazette était bien l'homme qu'il lui fallait : rompu aux habitudes de la controverse, il connaissait à fond toutes les petites finesses, toutes les ruses du métier qu'il avait exercé le premier.

Si Renaudot convenait à la fonction, la fonction aussi convenait fort à Renaudot : elle devait nécessairement l'affermir dans la faveur de la reine, du Cardinal, de la Cour, et l'aider par conséquent à conserver, malgré l'instabilité des choses à cette époque, le privilége de la Gazette. Il n'eut donc garde de refuser. Mais quitter Paris, c'était laisser le champ libre à la concurrence; le Parlement pouvait autoriser la publication d'un journal, breveter quelque écrivain qui consacrerait son savoir-faire à le défendre. La guerre finie, qui l'emporterait, du gazetier du Palais-Royal ou de celui du Palais de justice ? Mazarin pouvait rester le maître, sans doute; mais il pouvait être sacrifié ; ou bien encore

---

impér., vol. 33.) se trouve une adresse au peuple pour l'engager à ne pas se montrer hostile à la cour. A ce projet est joint un ordre du roi portant que Renaudot publiera cette pièce sans nom d'imprimeur, et la répandra sans nommer l'auteur.

la paix pouvait se faire par un compromis. Dans cette hypothèse, la Gazette serait-elle assez favorisée pour conserver son monopole ? Le cas était douteux. En politique habile, Renaudot marcha résolument contre la difficulté. Il avait deux fils, attachés avec lui à la rédaction de la Gazette : il les laissa à Paris avec le plan d'un nouveau journal, et, pendant qu'il écrivait la Gazette à Saint-Germain pour la Cour, ses enfants écrivirent, à Paris, le *Courrier français*, journal du Parlement (1). Qui sait même si Mazarin ne fut pas pour quelque chose dans ces calculs ? Il était assez fin pour cela. On pouvait présumer que le Parlement, qui gouvernait à Paris, voudrait avoir, comme la Cour, sa gazette à lui : n'était-il pas d'une habile politique, de la part du Cardinal, de la lui faire faire par des hommes à sa dévotion ?

Quoi qu'il en soit, la combinaison réussit au delà des espérances de Renaudot. La Gazette avait créé dans les habitudes des Parisiens un besoin de curiosité que les événements ne pouvaient que rendre de plus en plus vif. « Depuis les grands jusques

---

(1) Un fait à noter, c'est que les numéros de la Gazette imprimés à St-Germain pendant le séjour qu'y fit la cour continuent à porter la souscription : « A Paris, du Bureau d'adresse, aux Galleries du Louvre, devant la rue Saint-Thomas. » Le numéro du 9 janvier, le premier qui fut imprimé à St-Germain, contient cette rubrique :

« *De Saint-Germain-en-Laye, le* 8 *janvier* 1649. Leurs Majestés et toute la cour arrivèrent *ici*, le 6 de ce mois, sur les 9 heures du matin. »

Voilà tout ; rien des motifs de ce voyage nocturne, pas un mot des troubles.

aux petits, dit une Mazarinade que nous donnerons tout à l'heure, on ne parle d'affaires que par la Gazette. Les aisés les achètent et en font des recueils ; d'autres se contentent de les lire en payant des droits pour cette lecture, ou se cotisent entre eux pour l'avoir à moindres frais. » Aussi, dès les premiers jours du blocus, « les Parisiens, renfermés dans leurs murs, souffraient moins de la disette de pain que du manque de gazettes... Il semble que tout soit mort depuis que la Gazette n'existe plus ; l'on vit comme des bêtes, sans savoir ce qui se passe. »

Le *Courrier français* ne pouvait donc arriver plus à propos ; aussi son succès fut-il très-grand ; « le pain ne se vendait pas mieux ; l'on y courait comme au feu, l'on s'assommait pour en avoir ; les colporteurs donnaient des arrhes la veille, afin qu'ils en eussent des premiers ; on n'entendait, le vendredi, crier autre chose que le *Courrier français*, et cela rompait le cou à toutes les autres productions de l'esprit. » Il est vrai que ses rédacteurs étaient des gens habiles, les dignes fils de leur père ; et leur habileté leur était d'autant plus nécessaire, il leur était d'autant plus utile d'être « instruits de toutes les manigances qu'il fallait pratiquer, » qu'ils n'étaient pas des mieux renseignés, si l'on en croit Naudé. « Le Courrier de nouvelle invention, dit-il, qui se clabaude tous les matins, de fort bonne heure, est assez mal informé de tout ce qui se passe à Paris, et, pour le dehors, si la Gazette de St-Germain ne suppléait tellement quellement à ses oubliances, nous ne saurions rien du tout... Et puis voilà de belles nouvelles que celles dont il nous fait part ! Elles sont le plus souvent si vieilles et si rebattues que déjà les enfants en vont à la moutarde. »

Malgré tout, la vogue du *Courrier*, qui se vendait un sou, fut, nous l'avons dit, rapide et grande, et, comme cela devait être, elle éveilla l'envie et excita les appétits. Des libraires le contrefirent; d'autres usurpèrent son titre. Quelques auteurs l'imitèrent; un, mieux avisé, nommé Saint-Julien, eut l'idée de le traduire *fidèlement* en vers burlesques. Cette traduction n'était, en quelque sorte, qu'une paraphrase; mais son mérite dépassait de beaucoup celui de l'original. Le vers, lestement et facilement fait, ne manque ni de gaieté ni d'esprit; les traits y sont parfois assez plaisants. Mais ce qui frappe surtout, c'est la rapidité avec laquelle son auteur improvisait ce journal, dont chaque numéro compte six à huit cents vers. Le *Courrier français* était vendu le vendredi, et le surlendemain dimanche Saint-Julien en donnait la copie rimée.

Citons un passage pris au hasard :

Cependant que la ville ordonne
Aux chefs et maîtres des maisons,

Nonobstant toutes leurs raisons,
De venir eux-mêmes en garde,
Portant mousquet ou hallebarde,
Et d'être chez leurs officiers
Aux mandements particuliers,
De suivre à beau pied, non sans lance (1),
Leur capitaine, et, s'il les tance,
Endurer la correction,
Et souffrir jusqu'au morion (2);
De venir, quand on les appelle,
En faction ou sentinelle,
Selon que veut le caporal,
Qui bien souvent est un brutal,
Toujours ignorant, parfois ivre;
Mais, bien qu'il ne sache pas vivre,
Fît-il, en commandant, un rot,
Il faut suivre sans dire mot,
Et là prendre mainte roupie,
Si le caporal vous oublie,
S'il cause, s'il dort ou s'il boit,
Sans oser sortir de l'endroit
Où pour sentinelle il vous pose,
Tant qu'il boit, qu'il dort ou qu'il cause (3).

(1) *Aller à beau pied sans lance,* aller à pied, se disait particulièrement de celui qui était ruiné, qui n'avait plus le moyen de faire le fanfaron.

(2) Châtiment infligé aux soldats dans les corps de garde pour une faute légère. C'étaient quelques coups donnés sur les fesses avec la crosse du mousquet ou la hampe de la hallebarde.

(3) Ordonnance de messieurs les prévôt des marchands et échevins de la ville de Paris portant règlement général pour la garde ordinaire des portes de ladite ville et faubourgs de Paris, et autres expéditions qui seront commandées pour le service du roi et la conservation de ladite ville. Du quatorzième février 1649.

On lit sur le même sujet dans le *Journal politique de la guerre parisienne:*

Un drôle à qui l'on dit: « *Ami, tenez-vous prêt,*
Ayez les armes en main pour faire sentinelle; »
Répondit fièrement: « *Tu me la bailles belle!*
Commande à tes valets; sais-tu bien qui je suis? »
Lors son sergent lui dit: « *Un écureur de puits.* »

Citons encore, pour l'édification de nos soldats citoyens, quelques articles d'un

La traduction, cela va sans dire, était, comme l'original, parlementaire et antimazarinique, et tout porte à croire qu'elle en partagea le succès, car tout aussi exacte, elle est beaucoup plus gaie et plus amusante.

En 1650, quand la vieille Fronde s'allia au cardinal Mazarin, en haine de la jeune Fronde ou de la Fronde des princes, que le prince de Condé eut été enfermé dans le château du Havre, Saint-Julien, qui s'était rangé, à la suite de son protecteur, le marquis d'Alluye, au parti du duc de Beaufort, revit son *Courrier*, le corrigea, l'accommoda aux opinions nouvelles, aux intérêts nouveaux du parti, et en donna une seconde édition, sous le titre de : *Le Courrier burlesque de la guerre de Paris, envoyé à Monseigneur le prince de Condé, pour divertir Son Altesse durant sa prison, ensemble tout ce qui se passa jusqu'au retour de Leurs Majestés.* Ce n'est plus au

---

règlement qu'il faut joindre à l'ordonnance ci-dessus; il a pour titre : *Règles générales et statuts militaires qui doivent être observés par les bourgeois de Paris et autres villes de France en la garde des portes desdites villes et faubourgs* (1649).

ART. 7. Tout bourgeois ou soldat doit révérer le corps de garde et le tenir comme un lieu saint, où il ne se doit point proférer de paroles dissolues ni profanes ; au contraire, se tenir dans la discrétion, comme en la chambre et en présence du roi.

ART. 8. Quiconque donne un démenti à son camarade dans le corps de garde, lui donne un soufflet, ou jure ou blasphème le saint nom de Dieu, doit recevoir de son dit camarade un autre soufflet devant le capitaine (si autrement l'accord ne se peut faire entre eux); et pour les blasphèmes, il doit être condamné à une amende telle que de raison.

ART. 9. Tout bourgeois ou soldat qui se trouvera indiscret jusqu'au point de roter, péter ou pisser dans le corps de garde, qui s'y déchaussera sans le congé de son caporal, doit payer l'amende, quoiqu'il n'ait déchaussé qu'un de ses souliers.

premier ministre qu'il s'attaque alors, il n'a pour lui que des caresses et des flatteries ; c'est contre le prince de Condé que sont dirigées ses imprécations et ses railleries. Le nouveau Courrier fut soigneusement expurgé de toutes les petites injures qu'il contenait précédemment contre Mazarin ; les vers favorables à la cause du Parlement furent effacés ou retournés ; enfin cette nouvelle édition s'enrichit de nombreuses variantes dans le genre de celles-ci :

COURRIER FRANÇAIS.

Et que, vu que le Cardinal
Est seul auteur de tout le mal
— Et de la misère présente,
Dont on a preuve suffisante...

COURRIER BURLESQUE.

Et parce que le Cardinal
Leur semblait l'auteur de ce mal,
Qui depuis, par son ministère,
Leur a bien prouvé le contraire.

Autre variante ; il s'agit de la milice bourgeoise.

COURRIER FRANÇAIS.

Le samedi, neuf dudit mois,
Sortit force vaillants bourgeois
Pour faciliter les passages
Aux hommes des prochains villages,
Qui, trouvant libre le chemin,
Fournirent les marchés de pain,
Qu'on reçut avec allégresse.

COURRIER BURLESQRE.

Le samedi neuf fut choisie
De la plus leste bourgeoisie
Que l'on pensait faire sortir;
Mais elle n'y put consentir.
Neantmoins c'était la plus leste :
Jugez donc par elle du reste !
Et dès ce jour on connut bien
Que la meilleure n'en vaut rien.

La palinodie était complète; mais c'était chose trop commune alors pour qu'on en fît un grief à l'auteur; bien mieux, le *Courrier,* dans sa forme nouvelle, eut une fortune que n'a surpassée celle d'aucun pamphlet de la même époque : les libraires les plus renommés s'associèrent pour l'exploiter, et il en parut deux éditions à la fois, l'une in-4°, et l'autre in-12.

Encouragé par l'accueil qu'il avait reçu du public, Saint-Julien entreprit, vers la fin de 1650, de raconter en vers burlesques les luttes de la Cour et du Parlement pendant l'année 1648. C'était, en effet, une introduction presque nécessaire à son *Courrier.* Il composa donc le *Courrier burlesque envoyé à Monseigneur le Prince de Condé, pour divertir Son Altesse pendant sa prison, lui racontant tout ce qui se passa à Paris en 1648 au sujet de l'arrêt d'union.* Le fond en est emprunté à l'*Histoire du temps,* qu'il abrége, mais qu'il suit presque toujours, qu'il traduit même quelquefois, comme il a traduit le journal des fils de Renaudot. Toutefois Saint-Julien n'a garde d'être frondeur entêté et violent à l'égal de Du Portail. Les circonstances sont changées, et on sait déjà qu'il change volontiers avec les circonstances. Il n'est, non plus, ni mazarin autant que dans le *Courrier burlesque de la guerre de Paris,* ni parlementaire avec la même soumission que dans le *Courrier français.* La vieille Fronde est en train de se rapprocher du parti des princes ; elle n'a pas rompu tout à fait avec le cardinal Mazarin, mais elle travaille secrètement contre lui, elle intrigue dans le parlement et à la cour. Saint-Julien profite de cette attitude incertaine de ses maîtres pour jeter le ridicule sur les hommes et sur les événements de 1648 avec une liberté qui est presque de l'impartialité. Il se moque du duc d'Orléans et du vieux Broussel, de Gondi et de Mazarin, des orateurs du Palais et des héros de la rue. Jamais peut-être il n'a montré plus d'esprit et déployé plus de verve ; jamais son vers, plus souple et plus facile, n'a été néanmoins d'un meilleur burlesque. C'est sans contredit une des plus plaisantes pièces de la Fronde.

Citons un ou deux traits, les premiers que nous rencontrons. Le Parlement s'est prononcé pour l'Union :

> *L'an que l'autorité du roi*
> *Se trouva courte dans les halles,*

Et que quelques trois milles calles (1)
Parlèrent du gouvernement
Selon leur petit jugement ;
L'an que, parmi nos brouilleries,
L'unique pont des Tuileries
Fut le pont fidèle et loyal
Qui tint pour le Palais-Royal,
L'union, bien examinée,
Le treize mai de cette année
Fut résolue au parlement.
. . . .
Cet arrêt mit en grand émoi
Tout le privé conseil du roi.

Le Chancelier vit quelques-uns des membres les plus influents,

Et tâcha de les délier ;
Mais il n'y fit que de l'eau claire.
On en voulait au ministère,
Et, comme ils lui dirent tout plat :
Il fallait réformer l'Etat.
C'était là toute l'enclouure.
On voyait des gens de roture,
Des partisans plus gras que lard,
Se coucher tôt, se lever tard,
Jusques au col dans les délices,
Par-dessus les yeux dans les vices,
Et dessus la tête dans l'or,
Tandis que languissent encor
Tant de maisons, qui, vertueuses,
N'ont pas de pain pour leurs dents creuses.
. . . .

(1) Espèce de coiffure de femme, et, par extension, les femmes qui portent cette coiffure.

La Reine, n'ayant plus de digues
Pour opposer à ce torrent,
Devint plus sèche qu'un hareng,
De soins et de mélancolie,
Et détesta cent fois sa vie.
Son conseil manda Du Tillet,
Qui met tous les arrêts au net.
Du Tillet vient. Chacun l'accueille;
On lui demande cette feuille;
Et, comme il se voit tourmenter,
Il dit : Dieu vous veuille assister!
L'arrêt n'est pas en ma puissance.
L'on reconnaît son innocence,
Et l'on dit qu'avec Du Tillet
Guénégaud et Carnavalet
Iront dans le greffe le prendre.

Mais l'arrêt avait disparu, et un jeune commis auquel ils s'adressèrent, avec quelque rudesse, « les envoya faire... »

Dont les suppliants indignés
Lui voulant donner sur le nez,
Il se fit un si grand vacarme
Que, sans un pauvre père carme
Qui mit à propos le holà,
Carnavalet demeurait là.
Et certes il l'échappa belle,
Car, jusqu'à la Sainte-Chapelle,
Qui le reçut plus mort que vif,
On ne voyait qu'aune et canif.
Pour Guénégaud, son camarade,
Ayant reçu quelque gourmade,
Il chanta l'hymne In exitu.
Qu'il fait bon n'être pas têtu

> *Et n'avoir pas tant de courage,*
> *Puisque, s'il n'eût plié bagage,*
> *Il ne vivrait plus à gogo,*
> *Ce bon monsieur de Guénégaud.*
>
> *Le lendemain, Messieurs reçurent*
> *L'ordre, en une lettre qu'ils lurent,*
> *De venir au Palais-Royal,*
> *Et d'apporter l'original*
> *De leur arrêt rendu la veille;*
> *Mais la Cour fit la sourde oreille.*

On met cependant en délibération la question de savoir si la Cour doit se rendre auprès de la reine, — sans l'arrêt, bien entendu. Les plus ardents opinent contre. Vous savez bien, dit l'un,

> *Vous savez bien, mes camarades,*
> *Les affronts et les rebuffades*
> *Qu'on nous a faites dans ce lieu.*
> . . . .
> *Qu'aller faire au Palais-Royal?*
> *Disons que nous nous trouvons mal.*
> *Nonobstant cette remontrance,*
> *Qui tirait sur l'impertinence,*
> *La Cour fut d'avis de partir;*
> *Et de fait on la vit sortir,*
> *Sur les neuf heures et demie,*
> *Dans une grande modestie,*
> *Plus droite que n'est un chenet,*
> *Avec sa robe et son bonnet.*
> *Il faisait beau voir en bataille*
> *Nos sénateurs de toute taille,*
> *Grands et petits, en souliers neufs,*
> *Qui marchaient comme sur des œufs.*

Les enfants, devant et derrière,
Couraient comme après la bannière
Ils courent aux processions
Dans le temps des Rogations.
Tout le bourgeois, à la fenêtre,
Curieux de les voir paraître,
Faute de baume ou de jasmin,
Jette aussitôt par le chemin
Des épluchures de salade.
Le Savoyard (1), *au lieu d'aubade,*
Dès qu'il les eut vus, entonna
Dessus le Pont-Neuf Hosanna!
A quoi quelque marionnette
Répondit d'une voix aigrette,
Et Carmeline (2) *s'offrit bien*
De leur tirer les dents pour rien,
Si quelqu'une leur faisait peine.
Madame la Samaritaine
Les pria de boire en passant.
Partout le peuple, en avançant,
Les bénissait dessus leur voie.
Une femme en pissa de joie.
Bref, jusques au Palais-Royal
Ils eurent un accueil égal.
Mais, hélas! ils pouvaient bien dire
Ce qu'on dit quand on a fait cuire
Son pain blanc avant son pain bis.

La première chose qu'on leur demanda, en effet, ce fut : « Avez-vous votre arrêt en poche? » et sur leur réponse négative, ils furent, on le sait, fort

---

(1) Aveugle qui se tenait sur le Pont-Neuf et chantait les chansons en vogue. Son nom était Philippot.
(2) Célèbre arracheur de dents, dont l'enseigne, entourée d'une guirlande de dents, portait cette devise virgilienne :
Uno avulso, non deficit alter.

mal reçus. Mais ils ne firent qu'en persister avec plus de fermeté dans leur opposition.

> *Les ministres, épouvantés*
> *De voir nos Messieurs aheurtés*
> *A rhabiller de neuf la France,*
> *Ont recours à la violence.*

On décide l'enlèvement du conseiller Broussel, et

> *On prend le jour du Te Deum* (1)
> *Pour ravir ce palladium...*
> *Et, sous prétexte du cantique*
> *Qu'on voulait rendre magnifique,*
> *Selon la grandeur du succès...*
> *Le conseil fit une malice :*
> *Il mande toute la milice*
> *Qui pouvait être dans Paris,*

et la dispose de manière à être maître de tous les ponts et des abords de Notre-Dame.

> *Cependant partout on publie*
> *Que c'est pour la cérémonie*
> *Que se fait ce grand appareil.*

D'un autre côté tout a été préparé pour le coup de main dirigé contre « ce bon grison de Brousselle, le Beaufort de ce temps-là. »

> *Une heure était déjà sonnée :*
> *Chacun songeait à la dînée,*
> *Et chacun, pour voir à son pot,*

---

(1) Pour la bataille de Lens.

*Allait moins le pas que le trot.
Déjà le bonhomme Brousselle
Avait fait dresser son écuelle;
La seule peur de se brûler
L'empêchait lors de travailler.
Il soufflait déjà sur sa soupe,
Quand voici venir une troupe
De gens bien faits dans sa maison.
Lui qui vit, sans comparaison,
Plus sobrement qu'aucun ermite,
Et dont la petite marmite
Ne contient rien de superflus,
Voyant tous ces nouveaux venus,
Dit à sa servante : « Marie,
Courez à la rôtisserie. »
Et, sitôt qu'il peut se lever :
« Messieurs, vous plaît-il de laver?
Vous ferez très-mauvaise chère;
Excusez, la viande est bien chère. —
Piarot, faites venir du pain. —
Thoinon, allez tirer du vin,
Dit-il à l'oreille à l'aînée,
Fille très-bien disciplinée.
— Papa, dit-elle, il est au bas.
— Ma fille, n'y allez donc pas. »
Sur ce dialogue, un maroufle
Saisit ce bonhomme en pantoufle,
Et, sans qu'on lui donne le temps
De prendre ni manteau, ni gants,
Ni de baiser ses pauvres filles,
En leur disant : « Soyez gentilles ! »
Suivi de sa seule vertu
Et d'elle seule revêtu,
On le jette au fond d'un carrosse.*
. . . .
. . . .

La nouvelle s'épand partout.
Paris s'émeut de bout en bout,
Paris, cette bête féroce,
Paris, cet horrible colosse,
Qui, s'il allait faire un faux pas,
Entraînerait la France à bas.
Les gardes qu'on avait postées
Sur le Pont-Neuf sont tapotées,
Et dessus tous les autres ponts
On frotte les colins-tampons.
Aux environs de Notre-Dame,
Le bourgeois aiguise sa lame,
Que pour tirer de son fourreau
Le bonhomme s'est mis en eau,
Lame dont la garde à la Suisse
Lui meurtrira bientôt la cuisse
En dandinant à son côté
Dans un baudrier mal porté.

Cette trilogie de Saint-Julien, qui nous a semblé mériter à plus d'un titre d'être signalée, embrasse les temps écoulés du 13 mai au 24 octobre 1648, et du 6 janvier au 1er avril 1649 ; elle a été réunie par M. Moreau, sous le titre de : *Les Courriers de la Fronde en vers burlesques* (1), et annotée avec l'abondance et le savoir que l'on pouvait attendre de l'auteur de la *Bibliographie des Mazarinades*.

La fortune de ces *Courriers* devait nécessairement appeler des concurrents ; aussi les deux Frondes virent elles successivement apparaître une

---

(1) Deux volumes de la bibliothèque Elzevirienne.

foule d'imitations dans l'une ou l'autre des deux formes que le succès avait également consacrées. Les journaux, ou plutôt des semblants de journaux, s'improvisaient au jour le jour, les uns pour la Cour, le prince de Condé ou le Parlement, les autres pour le Coadjuteur ou pour le duc de Beaufort, chacun s'efforçant de justifier la conduite, de prôner les actes du chef de parti auquel il s'inféodait. Quelques autres, que leurs intérêts ne rattachaient à aucune de ces coteries, se mettaient de la partie uniquement pour augmenter le tapage. Nous citerons, pour l'acquit de notre conscience, quelques unes de ces feuilles mort-nées.

Le *Courrier de la Cour*, portant les nouvelles de St-Germain, depuis le 15 mars 1649 jusques au 22, — depuis le 22 jusqu'au 29 (2 n^{os}). Ce n'est qu'une pâle copie du *Courrier français*, dont il ne fait que répéter les nouvelles. Nous citerons seulement le préambule : « Messieurs, puisque tout le monde se mêle de vous donner des nouvelles, j'ai cru que vous ne trouveriez pas mauvais que je vous fisse part de celles que j'ai apprises depuis huit jours. Mais n'attendez de moi ni de grandes préfaces, ni des paroles étudiées, et moins encore des louanges ou des invectives affectées. Je laisse ces petits soins à ceux qui veulent remplir leurs feuilles à quelque prix que ce soit, ou qui établissent leur gloire sur des papiers volants. »

Pour que la ressemblance fût complète, le *Courrier de la Cour* eut une traduction, ou, si l'on veut, une parodie *en vers burlesques*, qui ne compta non plus que deux numéros, assez cependant pour exciter la bile de Saint-Julien :

> *Quoi que nous veuille faire entendre*
> *Un sot* Courrier *qu'on devrait pendre*
> *Et qui prend le nom de la Cour,*
> *Imposteur, homme sans amour,*
> *Sinon pour le parti contraire,*
> *Qui devrait bien plutôt se taire*
> *Que de mentir si puamment.*

Mais Saint-Julien se reproche bien vite à lui-même cette boutade contre ce « Courrier dépêché sans besoin, à la monture boiteuse, » qu'il accuse « d'avoir pris son nez pour ses fesses. »

> *Lecteur, si je l'ai pris à tâche,*
> *Ne pense pas que je me fâche ;*
> *Je ne veux rien que t'avertir*
> *Que je ne puis ouyr mentir,*
> *Ni même lire de Gazettes,*
> *Pour être pleines de sornettes.*
> *Lecteur, pour une bonne fois,*
> *Ne crois que le* Courrier *françois.*
> *Les autres, abus, bagatelles !*
> *Mais, pour le mien, bonnes nouvelles !*

L'*Histoire journalière de ce qui s'est passé tant dedans que dehors le royaume* (5 septembre-11 octobre 1649 ; 3 numéros) est, comme le *Cour-*

rier français, une sorte de doublure de la *Gazette*. Son auteur était Charles Robinet de Saint-Jean, qui avait commencé sa carrière sous la direction de Renaudot, et dont le *Mercure* annonçait la mort, en mai 1698, en ces termes : « Charles Robinet de St-Jean mourut le 25 avril 1698, âgé de plus de 90 ans ; il avait travaillé pendant plus de 60 ans à la composition de la *Gazette* de Paris. » Nous ne croyons pas qu'il y ait un autre exemple d'un aussi long exercice du métier. Robinet, conseiller historiographe du roi, n'avait été toute sa vie qu'un gazetier, et un gazetier sans génie. Outre l'*Histoire journalière*, faite à l'imitation de la Gazette de Renaudot, il a publié les *Lettres en vers à Madame*, à l'imitation de la *Muse historique* de Loret et de la *Gazette burlesque* de Scarron, et *Momus et le Nouvelliste*, à l'image du *Mercure galant*.

Le *Journal poétique de la guerre parisienne*, par Mathurin Questier, dédié aux amis du roi, des lois et de la patrie, est, malgré ses bonnes intentions, un très-pauvre journal, que Naudé met au nombre des pièces dont les auteurs s'étaient obligés à faire rouler la presse moyennant une pistole par semaine, pauvres diables que Alfieri qualifie d'écrivains à *impulso artificiale* ; il parut cependant pendant douze semaines. Nous en avons cité tout à l'heure quelques vers qui peuvent donner une idée de la composition de la milice bourgeoise de la Fronde, et du respect qu'elle portait à la discipline militaire.

Le *Babillard du temps*, en vers burlesques; six numéros, sans valeur.

La *Gazette des Halles*, touchant les affaires du temps, continuée par la *Gazette de la place Maubert*, en tout trois numéros, n'a d'un journal que le titre. A l'exception de quelques faits sans importance, elle ne contient que des louanges en l'honneur du duc de Beaufort, et des injures à l'adresse du Cardinal et du prince de Condé; le tout écrit dans un style qui surpasse en trivialité obscène et nauséabonde cette littérature des halles que plus tard devait illustrer Vadé.

> *Vous qui faites de vos cervelles*
> *Un répertoire de nouvelles*
> *Et qui repaissez vos esprits*
> *Des bruits qui courent dans Paris,*
> *N'allez plus chercher les Gazettes :*
> *On vous apprendra jusqu'au bout*
> *Les nouvelles les plus secrètes.*

C'est ainsi que s'annonce le *Burlesque On de ce temps, qui sait, qui fait et qui dit tout*, petit journal rempli de verve et d'esprit, qui eut beaucoup de succès et alla jusqu'à huit numéros.

On y lit à propos d'un *Règlement de Monseigneur l'illustrissime et reverendissime archevêque de Paris touchant ce qui se doit pratiquer durant ce saint temps de carême* (du 18 février) :

> *On a fermé les boucheries*
> *Deux jours devant Pâques fleuries.*
> *Maint boucher en est endêvé;*
> *Mais Paris se fût soulevé*
> *Si l'on n'eût fait cette ordonnance,*
> *Et la halle était en balance*
> *D'équiper quantité de bras*
> *Contre tous les mangeurs de gras.*

Voici en quels termes Saint-Julien parle de ce Règlement dans son *Courrier français* :

> *Ce jour, l'archevêque régla,*
> *Et par son réglement sangla*
> *Messieurs de jeûne et de carême*
> *Qui s'en venaient à face blême,*
> *Victorieux du carnaval,*
> *Pour seconder le cardinal*
> *Et nous ôter la bonne chère.*
> *Mais la farine était trop chère;*
> *Ce qui fit que notre pasteur,*
> *Usant envers nous de douceur,*
> *Par une forme d'indulgence*
> *Et sans tirer à conséquence*
> *Nous accorda de manger œuf,*
> *Poulet, mouton, goret et bœuf,*
> *Fromage, veau, perdrix, éclanche,*
> *Jeudi, lundi, mardi, dimanche,*
> *En réservant les mercredis,*
> *Les vendredis et samedis,*
> *Et toute la sainte semaine,*
> *Temps qu'il laisse sous le domaine*

> *D'un carême très-rigoureux*
> *Qui sera le reste aux Chartreux.*

Et dans le *Courrier burlesque de la guerre de Paris*, il ajoute, en modifiant le dernier vers :

> *Qui fut tout le reste aux Chartreux*
> *Ou qui du moins y devait être ;*
> *Mais il se vint camper, le traître,*
> *Chez quelques pauvres habitants,*
> *Qui, disent-ils, devant ce temps*
> *Jamais si long ne le trouvèrent,*
> *Et dès les Rois le commencèrent ;*
> *Si bien qu'en mangeant son harant,*
> *Par un effet bien différent,*
> *Pour jours gras le gueux fit carême ;*
> *Le riche n'en fit pas de même,*
> *Car, ayant toujours force plats,*
> *Son carême il fit les jours gras.*

Le *Courrier du Temps*, malgré son nom et les nouvelles qu'il reçoit des principales villes de l'Europe, n'est point un journal ; c'est un simple libelle, mais un des meilleurs de la Fronde, et des plus ardents contre Mazarin. « On n'a rien imprimé de meilleur ici, depuis quatre mois, dit Guy Patin, que le *Courrier du Temps* : ce sont huit cahiers antimazariniques, qui sont fort bons. » Son auteur, le conseiller Fouquet de Croissy, suppose des lettres à lui adressées de pays et d'autres, et toutes ces correspondances imaginaires médisent à l'envi du Cardinal. Ainsi :

« *D'Amsterdam, ce* 1er *septembre.* 1649. — Il est arrivé ici cette semaine plusieurs vaisseaux des Indes. Entre les autres richesses dont le bon voilier était chargé, il a apporté une douzaine de singes, les plus beaux et les plus rares qu'on ait encore vus dans ces quartiers. Le cardinal Mazarin les a fait venir pour les mettre en sa garde-robe et ses antichambres, afin de divertir ceux qui lui font la cour, et juger, par la civilité et les bons traitements qu'ils feront à ces animaux favoris de Son Eminence, de l'affection qu'ils ont pour son service. »

Le *Courrier bourdelais*, commencé avec la première guerre de Bordeaux, celle de 1649, reparut pendant la 2e et la 3e (11 nos). L'auteur se plaint de « quelques singes qui se sont efforcés de le contrefaire pendant l'interruption de ses courses. » Il eut, en effet, un concurrent qui prit le titre de *Courrier de la Guyenne*, et même, à côté de ces deux courriers frondeurs, s'était établi un *Courrier de Bordeaux*, qui était royaliste. Les rivaux ne vivaient pas en parfaite intelligence; on apprend par leurs querelles que le *Courrier bordelais,* comme le *Courrier polonais,* le *Courrier de Pontoise,* et *tutti quanti*, se composait à Paris, par un écrivain des Galeries, c'est-à-dire par un écrivain qui ramassait ses nouvelles dans les galeries du Palais, un des grands centres, comme nous l'avons vu, des nouvellistes et gazetiers. « D'où pensez-vous, dit le *Politique burlesque*, dédié à Amaranthe (1649),

> *D'où pensez-vous que les Courriers,*
> *Qui se vendent par milliers,*
> *Viennent ?......*
> *C'est ici (au Palais) que dessus nos bancs*
> *On fait les Courriers allemands,*
> *Ceux qu'on appelle polonais*
> *Et tous les Courriers français.*

Nommons encore le *Journal contenant les nouvelles de ce qui se passe de plus remarquable dans le royaume*, qui parut toutes les semaines depuis le 23 août jusqu'au 25 octobre 1652, et qui donne sur la guerre civile de cette année des détails intéressants ; — et le *Mercure de la Cour*, pamphlet plutôt que journal, mais spirituel, hardi jusqu'à l'insolence, et rempli d'anecdotes.

Nous ne pousserons pas plus loin la nomenclature de ces journaux, qui, pour la plupart, n'avaient pas de lendemain. Disons, d'ailleurs, que cette dénomination de *journal*, ou autres équivalentes, qui s'appliquent à de nombreuses pièces écrites pendant la Fronde, indiquent plutôt des relations partielles d'événements isolés que des feuilles à périodicité régulière embrassant les faits généraux.

Et puis, il faut bien le reconnaître, malgré le succès de certaines gazettes, de toutes les formes que prit alors le pamphlet, celle-ci fut traitée avec le moins de talent. En général nulle idée ne domine ces sortes d'écrits, aucun plan ne les guide ; ce sont des relations dont la forme le plus souvent ne vaut pas mieux que le fond. Le journal, qui vient d'être créé, n'est pas encore né à la vie politique ; ce n'est encore qu'une simple chronique, qui s'adresse moins à la passion du public qu'à sa curiosité, et les chances de succès sont à celui qui intéresse ou amuse le plus ses lecteurs. C'est ce qui explique la faveur réservée aux gazettes burlesques. Nous avons dit le succès des *Courriers* de Saint-Julien et du *Burlesque On;* nous verrons bientôt la vogue plus grande encore de la *Muse historique de Loret,* qui survécut à toutes les productions de ce genre que la Fronde avait vues naître, et qui, en quelque sorte, fit école.

Aussi, quand après la guerre, la Gazette, revenue à Paris, réclama sa place et voulut rentrer dans ses droits, elle ne trouva devant elle que des cadavres ou des fantômes. Seul, le *Courrier français,* pour sauver les apparences et dérouter les soupçons qu'avaient pu faire naître les liens qui unissaient les rédacteurs des deux feuilles, fit un semblant de résistance, dont Renaudot eut facilement raison : La Gazette fut rétablie par arrêt de justice dans son privilége ; les fils de Renaudot y reprirent leur collaboration, et Mazarin eut si peu de ressentiment de l'opposition qu'ils lui avaient faite dans le *Courrier* qu'à son retour de Saint-Germain, il donna à l'un et à l'autre des marques signalées de sa faveur.

Le *Courrier français* eut 12 numéros, et parut du 5 janvier jusqu'au 7 avril 1649, c'est-à-dire qu'il vécut tant que dura la guerre.

Cette comédie si habilement jouée par Renaudot donna lieu à une pièce très-curieuse, qui figure parmi les Mazarinades, et que nous croyons devoir reproduire :

LE COMMERCE DES NOUVELLES RESTABLY, OU LE COURRIER ARRESTÉ PAR LA GAZETTE.
A PARIS, M DC.XLIX

La babillarde Renommée, qui court la prétentaine par toute la terre, qui fourre son nez dans toutes les affaires du monde, et qui nous corne incessamment aux aureilles ce qu'elle sçait et ce qu'elle ne sçait pas, ayant de tout temps esleu son principal domicile dans la France, pour y avoir tousjours trouvé plus de logement qu'en quelque part qu'elle peusse aller, dans les chambres vuides des cerveaux curieux, qui ne se garnissent que de nouvelles et de contes à dormir debout ; voyant toutes fois qu'à raison des remuëmenages arrivez dans l'Europe depuis les guerres, elle estoit obligée d'estre partout pour donner ordre au commerce de cette marchandise, après avoir bien resvé, ne trouva point de meilleur expedient que d'establir des Lieutenans Generaux pour maintenir sa puissance dans tous les cantons connus et à connoistre, trancher en son absence de son authorité, tailler et rogner de son domaine, et faire des choux, des raves et des pastez de ce qui se dit, et de ce qui se fait, dans ce monde et dans l'autre.

D'abord elle constitua dans cette fameuse dignité haute puissante Princesse Madame l'*Histoire*, qui s'aquitta long-temps de cette charge sans que l'on peust former aucun reproche contre son ministère. Messieurs les Memoires, ses Agends, estoient du bon temps auquel on ne pouvoit mentir à moins que de rougir aussi-tost, et sans baille l'y goust, ces fidelles commis luy donnoient des viandes toutes maschées, qu'elle ne faisoit qu'avaller; bien souvent aussi sans se fier qu'à soy-mesme, ses yeux fortifiez de lunettes et ses aureilles de cornes en façon d'entonnoirs, elle vouloit estre présente à toutes les actions memorables, et sans embellir ny farder la vertu, elle escrivoit un tel a bien fait en telle occasion, ou tel est un lasche, et n'a rien fait qui vaille; observant la justice distributive qui donne à chacun ce qui luy appartient : ce n'estoit pas là parler par ouy dire, puisque ses aureilles et ses yeux luy fournissoient tousjours de quatre tesmoins contre qui l'on ne pouvoit s'inscrire en faux, et, donnant d'un je l'ay veu par le nez, elle pouvoit envoyer promener ceux qui luy auroient voulu contredire.

 Les esprits estant devenus plus raffinez et curieux, on ne fust plus si religieux à l'observation de ses ordres; l'on s'immagina que c'estoit mal parler que de dire la verité, et qu'il falloit mentir pour escrire à la mode; dès-lors Madame l'*Histoire* n'éust plus de vogue, chacun luy donna quelque lardon, l'on se torcha le cul de ses escrits, et l'on la descria comme la fausse monnoye. Une conjuration se forma contre son authorité dont un Prince malaisé nommé *Roman* s'institua le chef; c'estoit le plus grand ennemy de la verité, il mentoit comme un arracheur de dents, et pour habler et controuver des contes, il n'en craignoit teste d'homme vivant. Cet adroit courtisan fit si bien par ses galanteries et complaisances estudiées qu'il attira bien du monde à son party; et surtout le beau sexe, qui se charme de vetilles, le trouvant fort propre pour l'instruire à faire l'amour et le rendre sçavant jusques aux dents en fait de compliments, fleurs de bien dire et cageolleries, le supporta si bien et si beau, qu'à sa faveur il débusqua l'*Histoire*, et s'installa dans son domaine avec tant d'éclat et d'approbation qu'on ne parloit que par *Roman*. Il s'estudioit principalement à mentir avec grace, inventer des noms extraordinaires, espouventables pour les guerriers, et dorés pour les Dames et doux comme du sucre; controuver des incidens miraculeux, des combats prodigieux, et des palais enchantez dans des pays de Caucaigne où les allouëttes tombent toutes roties ; et couronner toutes ces aventures par un mariage delicieux, pour faire venir l'eau à la bouche des friandes Damoiselles qui passent les nuicts dans les pensées dont leurs esprits s'entretiennent après cette lecture fabuleuse. Les Amadys, Chevalier du Soleil, des Miroirs, et aux Armes dorées, Palmerins d'Olive, Gerileon d'Angleterre, Morgant le Geant, Valentin et Orson, Pierre de Provence, le Roy Hugon, Charlemagne et les douze Pairs de France, furent de la première couvée et s'acquirent une merveilleuse reputation ; mais Nerveze et Desescuteaux raffinèrent leur stile et commencèrent à parler Phœbus ; ils furent les mignons des Dames, et quelques-unes les portoient au lieu d'heures à l'Eglise ; s'il se formoit entr'elles quelque different touchant un terme, on s'en rapportoit à Nerveze, et qui l'eust voulu contredire auroit esté chassé comme un peteur de la compagnie. Depuis, la mode changeant de jour en jour, Astrée, Argenie, Ariane, le Polexandre et la Cassandre, ont donné de la casse à ces pedants, mais ils n'en auront pas meilleur marché que les autres ; l'on se détrompe tous les jours de ces fadaises, et, comme on dit, Maistre Gonin est mort, le monde n'est plus gruë.

Madame l'*Histoire*, ayant reconnu les causes de sa decadence et les moyens dont ce fourbe s'estoit servy pour luy donner du croc en jambe, employa les mesmes artifices à luy rendre la pareille. Affin de s'accommoder aux esprits, sçachant que toutes veritez ne sont pas bonnes à dire, qu'il faut quelquefois dorer la pillule, et qu'un peu de ragoust fait trouver la viande meilleure, elle s'insinua petit à petit dans l'esprit de quelque Prince ambitieux, desguisa la verité et luy donna le masque de flatterie qui le fit passer pour un heros, ses moindres actions pour des exploits merveilleux, et ses vices pour des petites vertus ; elle changea de nom et de qualitez pour cacher les rides de sa vieillesse et paroistre plus jeune et plus agréable, et tantost sous le nom de *Legende*, tantost sous la qualité de *Code*, de *Memoires*, de *Commentaires Hystoriques*, de *Chroniques*, de *Décades* et d'*Annalles*, elle a tasché de se maintenir et de tirer des puissances des pensions et de bonnes nipes, qui luy ont donné le moyen d'habiller de pied en cap cette pauvre *Verité*, honteuse de paroistre toute nuë comme elle estoit chez les grands, qui la chassoient et n'en vouloient point entendre parler; c'estoit la moindre de ses suivantes : dans ses entretiens ordinaires elle la faisoit taire tout plat, et Mademoiselle *Flatterie* avait seule le privilège de parler des Princes et des Roys, parce qu'elle sçavoit et sçait encore donner du plat de la langue en perfection, et les gratter où ils se demangent.

Au commencement elle avoit la patience de voir regner et mourir un Monarque pour en escrire la vie; mais, soit que les fantasques qui ne vivent que de nouvautez se plaignissent que c'estoit leur mettre le Caresme bien haut, ou que, n'ayant point d'autre revenu que ce commerce, la nécessité l'obligeast de mettre plus souvent quelque chose sous la presse, affin de mettre quelque chose sous la dent, elle borna ce terme à l'espace de dix ans, et réduisit la Chronique en *Décades*. Dès-lors elle se donna bien de garde, en jouant de ce delicat instrument, de toucher sur la grosse corde, de peur que ses récompenses ne fussent de bois flotté, dont elle auroit esté très mauvaise marchande; il fallut sous-mettre ses escrits à la censure des courtisans, et souffrir les corrections du Prince ou du Ministre d'Estat; en sorte qu'assez souvent ils escrivoient eux mesmes leurs belles actions, et contraignoient cette bonne Dame d'estre faussaire en legitimant des enfants qu'elle n'avoit jamais produit. Mais elle alla de pis en pis; ses moyens diminuant aussi bien que le Règne des Roys, il fallut amplifier la matière, ampouler le stile, faire de rien grande chose, et ramasser des fadaises et des contes jaunes pour en faire un volume tous les ans; cela passoit sous le tiltre d'*Annalles*, mais c'estoit plustost des rogatons pour demander les estreines, et si l'on eust examiné la dose des drogues de cette composition, on n'y auroit pas treuvé un dragme de *verité* parmy deux livres de *mensonges*.

Le *Mercure François* fut de cette fabrique ; quoyque son tiltre fût différent, et qu'il fût habillé d'une autre façon, il en a conté des plus mures, et bien fait accroire aux gens de là l'eau ; à son conte tout a bien esté jusques icy, les Ministres d'Estat ont fait merveilles, le peuple est plus heureux que jamais, nous sommes chanseux en fait de guerre, les victoires nous assassinent, l'Estat s'augmente de jour en jour par nos conquestes ; ceux qui gouvernent les Finances sont gens de bien et de conscience qui ne veulent que le bien de la France ; bref il n'y a point de Royaume qui jouysse d'un repos plus asseuré : je m'en rapporte à ce qui en est, mais j'ay bien peur que ce *Mercure* ne fasse comme le céleste, qui trafique de nouvelles, et d'autres choses que je ne diray point.

Ce n'estoit pas encore assez d'avoir restably ces rentes annuelles, principalement depuis que la guerre a taillé tant de besogne à cette greffière corrompuë ; il s'est trouvé des cerveaux trop avides de nouvautez qui ne s'en peuvent passer non plus que de chemises, et dont la curiosité fait son pain quotidien de relations et d'incidens ; pour faire des emplastres aux blessures de ces esprits, la bonne Dame choisit une esperlucatte qui luy servait de Damoiselle suivante, affectée au possible, extremement dissimulée et malicieuse comme un vieux singe ; on l'appeloit du nom de *Gazette*, son inclination l'avoit de tout temps portée à cet exercice, et bien auparavant qu'elle fût installée dans cette dignité, elle ne faisoit autre chose que de courir le guildou, aller de ça de là trotter chez les voisins, visiter ses voisines, fureter jusques aux ruelles du lict et dans les lieux secrets, parler de messire chacun, drapper tantost cettuy-cy, tantost cettuy-là, et mettre indifferemment sur le tapis et les uns et les autres ; enfin elle n'alloit jamais sans sa langue, et, quand elle n'avoit rien à dire, son esprit malicieux forgeoit sur le champ des nouvelles, bonnes ou mauvaises, telles qu'elles luy venoient à la bouche. Mademoiselle *Flatterie* estoit en bonne intelligence avec cette fine mouche, c'estoit deux testes dans un bonnet ; l'une n'alloit jamais sans l'autre, et lorsque *Gazette* estoit empeschée à faire quelque relation, celle-cy ne manquoit point d'estre au près d'elle, et de luy souffler aux aureilles les termes dont elle devoit se servir.

La voilà donc establie par intrigues et par faveur dans ce venerable employ ; Dame *Histoire,* qui commence à radoter, se repose entièrement sur sa vigilance, et luy remet sa charge et son authorité pour en disposer à sa fantaisie, et faire ses fonctions accoustumées ; elle en use avec tant de liberté qu'elle change d'abord l'ordre estably par sa maistresse, et se resout de donner aux curieux du fruict nouveau toutes les semaines ; elle feint d'avoir des correspondances par toute la terre, et d'estre des plus connuës ; elle sçait ce qu'on fait à Naples, en Suède et en Bavière tout en mesme temps, trotte comme un postillon de ville en ville et de province en province, et lorsque toutes ces matières illustres manquent à son sujet, elle revient à son village et treuve dans Paris assez de fatras et d'incidents pour en emplir ses cahiers jusques au goulet, dira qu'une telle Dame est accouchée d'une fille, qu'elle a esté baptisée dans telle Eglise, que tels et telles l'ont tenuë sur les fonds, qu'un tel a pourveu son fils de la charge de Conseiller, que tel autre a resiné son Abbaye à un tel, qu'il a soustenu une Thèse en Sorbonne, que l'on a tiré devant le Roy un feu d'Artifice, et en expliquera les particularitez, qu'un tel Seigneur n'est plus malade, et qu'il se porte bien de sa goute, que l'on a treuvé quelque machine nouvelle pour faire des carosses à peu de frais, que la rivière est fort grosse, et que le pain est à bon marché. Ne sont-ce pas là de belles nouvelles à mettre dans l'*Histoire ?* Ne sommes nous pas bien gras et satisfaits d'achepter des contes que nous sçavons devant que l'on ait songé à les imprimer? et n'est-ce pas nous charlataner adrettement que d'attirer l'argent de nos pochettes par les papiers, qui, pour estre trop minces et de mauvaise fabrique, n'estant pas propres pour les beuriers, ne sçauroient servir que de mouchoirs pour le derrière.

Cette fine matoise s'est toutes fois si bien intriguée dans cet estat, sous ombre qu'elle s'accompagne quelques fois de la Donzelle *Vérité,* qu'on luy donne une generale approbation ; depuis les petits jusqu'aux grands on ne parle d'affaires que par *Gazette,* les aisez en font des recueils et les acheptent, d'autres se contentent de les lire en payant certain droit pour cette lecture, et bref, dans la plus sérieuse compagnie, on dira : Que dit-on de nouveau ? qu'apprenez-vous de bon ? comment vont les affaires ? avez-vous vu la *Gazette* d'aujourd'huy ? parle t'elle de cy ou de cela ? dit-elle que le Roy revient bien tost ? touche t'elle quelque chose d'Angleterre ? et mesmes si l'on met en avant quelque nouvelle, il ne faut pour la rejetter que dire : Cela n'est point dans la *Gazette*, et par conséquent cela est faux, et s'il estoit vray la *Gazette* n'auroit pas manqué d'en parler.

Mais il est aisé de juger de la cause de cette haute faveur ; il ne faut point de lunette pour descouvrir le secret de cette intrigue ; un aveugle y mordroit s'il y vouloit mettre son nés ; et dés que l'on voit *Flatterie* avec *Gazette*, on ne doute plus qu'elle doit estre bien en cour, et que les cadets de la faveur la doivent adorer comme celle qui peut faire leur fortune. Aussi voit on continuellement chez elle des troupes de ces jeunes gens, qui viennent mandier sa plume, et la prier d'enluminer leurs belles actions avec un peu d'ancre, et *Gazette*, qui fait son meilleur revenu de ce commerce, s'en sert avec un secret si merveilleux, qu'il n'y a point de carmin n'y d'outremer qui puissent mieux faire esclatter une peinture. S'il s'est passé quelque occasion, elle en fait une sanglante deffaite ; si dans une attaque quelque pagnotte en voulant reculer a receu de celuy qui le commande quelque coup de cane sur la teste, pourvu qu'il contente Mademoiselle *Gazette* ce sera l'estramasson d'un sabre des ennemis qui luy aura fait cette blessure ; tel à qui la lancette d'un chirurgien aura percé quelque faveur de Venus se dira blessé d'un coup de picque ou d'estocade, et quelqu'autre qui pendant cette affaire estoit à Paris, dans un lieu où véritablement il faisoit un peu chaud, sera mis au rang des premiers attaquants et de ceux qui ont le mieux payé de leurs personnes ; enfin tout va selon le caprice de cette rusée ; la plus haute vertu se treuve estouffée sous le silence, à faute de la bonneter, et la plus grande lascheté passera pour genereuse, pourveu qu'elle passe par la *Gazette*.

Voilà ce qui la fait maintenir en authorité, ce qui luy donne la vogue; le secret qu'elle a trouvé de vendre l'honneur et la réputation fait qu'elle est recherchée des uns et redoutée des autres; elle est dangereuse en diable, il fait fort mauvais l'attaquer, sa plume et sa langue font des blessures que le temps augmente au lieu de guérir, et quand elle fait estime de quelqu'un elle oblige la postérité d'en faire le mesme jugement.

Il y avoit déja longtemps que les nouvelles passoient par ses mains, et les privilèges autantiques dont elle estoit munie sembloient l'assurer tout à fait en cette pocession, lorsque, le trouble survenant en cet estat et les cartes estant brouillées, il fallut nécessairement qu'elle fît flux aussi bien que beaucoup d'autres : comme elle avoit toujours torché le cul à la faveur et qu'elle avoit suivy les plus lasches ordres qu'on luy avoit prescrit, voyant cette mesme faveur eschouée, elle se vit au bout de son rollet, et, ne sçachant plus de quel bois faire flesche, fut trop heureuse de se taire et de se retirer; le peuple, eschauffé pour son propre interest, n'auroit pas reçu de trop bonne part des nouvelles de sa façon, non plus qu'elle eust peu se resoudre à dire les veritez de quelques personnes dont elle estoit esclave et mercenaire. Quoy que ses relations parlassent des gens de cour, ce n'estoit que parmy le peuple qu'elle en faisoit le débit; mais son regne n'estoit plus de ce monde, la chance estoit retournée, il falloit changer de maxime et se tenir au rang des pechez oubliez, de peur que sa teste ne fît mal à ses pieds, et que, les affaires venant à changer de face, elle ne se vît convaincuë d'avoir laschement abandonné pendant leur disgrâce ceux desquels elle disoit tant de bien durant qu'elle tiroit sa protection de leur faveur.

Gazette donc se resolut assez sagement de se retirer, et son silence fut la marque de son interdiction; la tristesse l'accable, la pauvreté l'accueille, la faveur l'abandonne, et le mal-heur du temps l'enveloppe indiferamment dans la misere publique. Cent fois durant ces tintamares la demangeaison luy prend d'escrire les beaux faits des generaux du peuple ; mais en même temps la crainte du retour, qui vaudroit pis que matine, luy fait redouter l'autre party. D'ailleurs, tous les chemins estant bouchez, et les avenuës de cette grande ville entièrement bloquées, ses agends et correspondances ne sçauroient apporter aucunes nouvelles des pays esloignez ; toutes les lettres qu'on luy escrit sont interceptées, et leurs porteurs ajustez tout de rosty, ses despesches sont despeschées, et de ses *Memoires* autant en emporte le vent ; elle n'ose plus mettre : de Rome un tel jour ; de Munster tel autre jour ; de Kracow, de Dantzite, de Londres, de Lisbonne, de Bayonne, de Naples, de Piombine, de Venise, de Gennes, de Cazal, etc., mais seulement de Paris, puis c'est tout. Elle ne peut parler de general Konixmarc, Roze, Lamboy, Fairfax, etc., et ceux de Paris sont les seuls dont elle peut dire quelque chose : autrement il seroit trop facile de la convaincre de fausseté, et se seroit faire douter de tout le reste en controuvant de si manifestes menteries ; bref elle se voit contrainte de souffrir le plus grand supplice qu'une fame puisse supporter, qui est la peine du silence ; son encre se sèche dans son cornet, et ses plumes ne servent qu'à des volants pour divertir cette profonde melancholie.

Ce fut là l'interrègne de Madame l'*Histoire ;* on n'entendit durant quelque temps ny vent ny voye, on ne sçavoit ce qu'elle estoit devenue, les curieux la cherchoient partout, et la disette du pain ne leur estoit pas tant insupportable que le manque de *Gazette ;* ils ne sçavoient de quoy contenter les chancres affamez de leurs cerveaux ; quand ils se rencontroient l'un l'autre, c'estoit à demander : Que dit-on de nouveau? je ne sçay rien, je n'apprends rien ; cela est estrange qu'on ne sçait aucune nouvelle, il semble que tout soit mort depuis que la *Gazette* ne va plus, l'on vit comme des bestes, sans sçavoir rien de ce qui se passe ; ainsi sans quelques rogatons dont les colporteurs en vuidant leurs pochettes remplissoient ces chambres vuides de cervelle, ils prenoient le grand chemin des petites maisons. D'autres, pour suppléer à ce deffaut, forgeoient eux-mêmes des nouvelles pleines d'immaginations bouruës et de coq à l'asne, en faisant accroire aux simples et donnant à rire aux serieux ; bien souvent en parlant d'un homme que l'on tenoit pour mort, il passoit à cheval devant eux monté comme un sainct George et crevant de santé : d'autres fois ils publioient que nos gens avoient gagné quelque poste, et deffait le party contraire, lors qu'ils en revenoient après en avoir esté chassés eux mesmes et battus dos et ventres en enfans de bonne maison.

Ce desordre obligea dame *Histoire* à se servir d'une personne interposée qui ne fût ny suspecte ny taxée de *Flatterie*, et choisit pour cet effet certain Courrier inconnu, qui se nomma *François*, mais il ne se devoit nommer que Parisien, d'autant que ses courses ne s'estendoient point hors des portes de cette ville; elle instruisit cet homme de toutes les manigances qu'il falloit pratiquer, comme il falloit adoucir et couler les mauvaises nouvelles, exagerer les avantageuses, asseurer les douteuses délicatement, si bien que l'on ne s'en peut dedire sans contradiction, et faire en sorte de se faire bien venir des puissances, agréer du peuple, et n'attirer sur soy la haine ny la malediction de personne; après ces instructions il prit la place de *Gazette*, et sceut si bien encherir par dessus son stile, que dès sa première arrivée, qui fut de son logis chez l'imprimeur, on cria *Vivat*, adieu *Gazette* et courre le *Courrier*.

Je m'imaginois au commencement que c'estoit un piqueur de chevaux qui fût toujours en selle et le foüet à la main, qu'il eust les fesses endurcies comme un postillon, qu'il courût incessamment la poste, la botte tirée jusques au pommeau de la selle, et qui fît des cinquante lieuës par jour sans s'arrester jamais deux heures en une place; mais la première rencontre que j'en fis chez l'imprimeur me détrompa de cette créance, et me le fit connoistre pour un piqueur d'escabelle qui ne levoit que rarement le cul de dessus, si ce n'est qu'il eust affaire au Palais ou à l'Hostel de ville.

N'estoit-ce pas un homme fort propre à cette profession? N'estoit-il pas bien nommé *Courrier françois?* et donnant dans Paris des nouvelles seulement de Paris, avoit-il pas bonne raison d'adjouster à son titre ces mots, *apportant toutes sortes de nouvelles?* puisque celles dont il nous faisoit part estoient le plus souvent si vieilles et rebattuës; que dis-je les enfans en alloient à la moutarde.

Il est bien vray qu'il n'estoit pas ignorant, ses preambules estoient tousjours farcis de latin et sa relation avoit bien du stile d'un sermon de village ; il sçavoit les lieux communs, dont il enrichissoit son discours assés à propos, et, lorsque les nouvelles n'estoient pas assez abondantes, il trouvoit le moyen, comme estant de pratique, de tirer et d'allonger la matière pour achever le cayer et remplir la mesure ; lorsque nos generaux n'avoient rien executé de nouveau, Ciceron avoit dit de belles choses ; de l'*Histoire françoise* n'ayant rien à dire, on avoit recours à la *Romaine*, dont on rapportoit des exemples qui n'avoient aucune application.

Il avoit toutesfois bien choisy son temps, et, comme personne ne le contredisoit, il pouvoit faire ses orges, et faire accabler son imprimeur de sols bossus ; le pain ne se vendoit pas mieux que ses papiers, on y couroit comme au feu, l'on s'assommoit pour en avoir, et les colporteurs donnoient des arres dès la veille affin qu'ils en eussent des premiers ; on n'entendoit, les vendredis, crier autre chose que le *Courrier françois*, et cela rompoit le col à toutes les autres productions d'esprit parmy lesquelles il se pouvoit treuver quelque bonne pièce.

Mais enfin, après douze de ses arrivées, qui n'estoient, comme j'ay dit, que de son logis à l'imprimerie, et dans toutes lesquelles il n'a jamais usé qu'une paire de souliers, la Paix, nous remettant dans le bonheur, fit la fin de son negoce et de sa bonne fortune, son travail cessa quand tous les autres recommencèrent, et il commença de se plaindre quand tout le monde ne songea plus qu'à se resjouir. Ainsi va le monde, chacun à son tour, il n'est pas tousjours temps de rire, et l'on ne peut pas estre et avoir esté.

Toutes les choses estant retablies par cet accord, chacun voulut rentrer dans ses droits, et surtout Mademoiselle *Gazette*, sortant de son trou de boulin, où elle s'estoit tenue recluse et le bec clos à crocquer le marmot durant tout le temps de la guerre, pria sa maistresse de luy rendre ce qu'elle ne luy avoit osté qu'à cette condition ; la bonne dame ne luy peut pas refuser une requeste si juste, mais, pour contenter son *Courrier*, qui ne vouloit point demordre, elle luy conseilla de luy laisser encore faire une de ses corvées. Il fallut passer par là malgré son impatient desir d'en desgoiser après un si long et si penible silence ; mais comme le drosle vouloit encore continuer ses courses, elle le fit arrester et prendre au collet dans le temps qu'il alloit chez l'imprimeur, et le fit conduire au palais de sa maistresse, comme rebelle à ses ordonnances et ses priviléges ; il deffendit sa cause le mieux qu'il luy fut possible, alleguant pour ses raisons qu'une fame n'estoit pas capable de cet employ, et que c'estoit une indignité de laisser un si sage gouvernement en gynocratie. Je vous laisse à penser si, parlant en presence d'une fame qui estoit le juge de ce different, ses deffenses pouvoient estre bien receuës ; il fut donc condamné haut et court à faire *vidi aquam,* tenu de prendre Mademoiselle *Gazette* par la main, et la remestre en sa place qu'il vouloit usurper avec injustice.

Cela se fit en pompe et ceremonie ; la Donzelle parut avec plus d'esclat que jamais, et eut un si riche équipage qu'il est besoin d'en dire les particularitez.

Premièrement sa taille estoit fort avantageuse, affin de pouvoir descouvrir partout, et d'avoir toujours le nez au vent ; elle estoit laide comme un cu, mais sa compagne *Flatterie* luy avoit mis un masque qui la faisoit paroistre belle comme le jour ; sa coiffure à la mode enrichie de galons de toutes sortes de couleurs, mais je trouvay fort estrange qu'elle faisoit comme vanité de monstrer de grandes vilaines aureilles dans les trous desquelles elle avoit fiché les bouts de quantité de petits entonnoirs d'argent, dont chacun portoit gravé le nom de quelque province ; elle avoit à la droite une plume fort bien taillée à la mode des procureurs, et l'escritoire pendüe à la ceinture de sa robbe en façon de monstre ou de drageoir ; son collet estoit de point de Gennes, sa chemise de toille de Hollande, ses manchettes de Flandre, et sa robbe à l'Italienne, de taffetas changeant, parsemée de langues et d'aureilles en broderie ; elle avoit autour d'elle autant de miroirs qu'une revendeuse, dans lesquels, de quelque costé qu'elle se tournast, on pouvoit remarquer tout ce qui se passoit aux environs, mais les objets y paroissoient plus beaux qu'ils n'estoient, et les glaces n'en estoient guère fidelles ; elle avoit des aisles à ses patins, ses pieds n'estoient jamais en repos et sembloient faire beaucoup de chemin quoy qu'ils ne bougeassent de leur place ; des pacquets de pàpiers sortoient de ses pochettes, l'on luy dardoit incessamment des lettres et des despesches, et les pacquets vosloient autour d'elle comme les mouchoirs sur le théâtre d'un charlatan. Le siége où elle se devoit asseoir estoit pliant, fait de bois de tremble, dont la boule de la Fortune faisoit le marchepied, et toute cette machine estoit sur un pivot, au haut duquel estoit une giroüette, qui, tournant à toutes sortes de vents, tournoit quant et quant le siége et la personne qui y estoit assise ; dès qu'elle y eut esté conduite par l'infortuné *Courrier*, elle luy fit une reverence et luy dit serviteur très-humble. Après s'être fait rendre les marques et les ornements de sa dignité, aussitôt je vis entrer des Espagnols, Allemands, Flamands, Suisses, Portuguais, Italiens, Catalans, Napolitains, Hollandois, Anglois, Escossois, Hibernois, Danois, Suedois, Hongrois, Polonois, Venitiens et toutes sortes de nations, qui la vinrent congratuler de son restablissement, et luy conter tant de belles choses que, ne pouvant souffrir davantage tous ces caquets, je sortis de la chambre tout estourdy, avec un desgoust estrange de tous ces fagotteurs de nouvelles, et souhaittant de trouver une personne qui fût assez homme de bien pour escrire franchement, sans desguisement, *Flatterie*, ny dissimulation, n'ayant que la *Vérité* pour guide, qui doit estre l'ame de l'*Histoire*.

Coup d'œil sur la marche de la presse en Angleterre durant la même période. — Défaveur qui s'y attache, ainsi qu'en France, au métier de gazetier. — Obstacles opposés au journalisme ; comment il en triomphe.

Un fait que nous devons signaler comme pouvant servir à expliquer l'infériorité du journalisme dans ce grand mouvement polémique de la Fronde, mais qui s'explique assez difficilement lui-même, c'est le peu de faveur qui s'attachait, à cette époque et longtemps encore après, à la qualité de gazetier. Et, chose remarquable, il en fut de même en Angleterre. Hâtons-nous de dire cependant que la presse avait été plus heureuse chez nos voisins, et qu'elle y avait promptement grandi, à la faveur des troubles qui les divisaient. Ce n'est pas qu'elle n'eût rencontré de l'opposition et de puissants obstacles; mais elle en avait triomphé avec cette tenacité qui est dans le caractère anglais. Les premiers journalistes se trouvèrent en face de la Chambre étoilée, qui fit si longtemps à la presse une guerre acharnée, employant contre les écrivains les supplices les plus cruels et les plus barbares. N'osant se permettre la moindre allusion à ce qui se passait en Angleterre, ils se bornaient à enregistrer les nouvelles de l'étranger, dans lesquelles la censure taillait à tort et à travers, et quelques petits faits amassés péniblement et au jour le jour, qu'ils donnaient tout secs, se gardant de toute réflexion, de tout commentaire, comme d'un délit qui aurait attiré sur eux les foudres du redoutable tribunal. A peine se hasardaient-ils à citer des noms propres, car il était arrivé plus d'une fois que de grands personnages avaient fait assommer des écrivains pour avoir parlé d'eux dans les gazettes.

Les mêmes faits, d'ailleurs, se produisirent en

France; le titre de gazetier n'était pas plus en honneur dans un pays que dans l'autre, et c'est une chose étrange que cette répulsion de l'opinion publique venant s'ajouter aux persécutions du pouvoir contre une institution si éminemment utile aux intérêts des masses. Ce qui est certain, c'est que les esprits eurent quelque peine à s'habituer à l'idée qu'on pût faire commerce public de nouvelles; une gazette imprimée était une nouveauté si surprenante, et qui faisait tant de bruit, que Ben Jonson crut voir là un excellent sujet de comédie. Il fit jouer, en 1625, *l'Approvisionnement de Nouvelles*, dans lequel il ridiculise l'entreprise des *Weekly News*, et leur rédacteur Butter, qu'il appelle maître Cymbal, mais dont le vrai nom, qui signifie beurre en anglais, revient à chaque instant dans la pièce sous forme de calembour. Ben Jonson lui donne pour collaborateurs réguliers quatre coureurs de nouvelles ou émissaires, chargés de recueillir tout ce qui se dit à la cour, au cloître de Saint-Paul, rendez-vous des badauds de Londres, à la Bourse, et à Westminster, où siégeaient les tribunaux. Ben Jonson ajoute à ces quatre nouvellistes un mauvais poète, un docteur en médecine, et, comme rédacteur irrégulier, Lèche-ses-Doigts, cuisinier-poète, qui consacre ses loisirs à faire des devises et autres vers de confiseur. Le personnel administratif se compose de maître Cymbal, d'un secrétaire qui enregistre les nouvelles à mesure qu'elles arrivent, de deux commis, et d'une foule de cartons avec de grandes étiquettes. Une brave paysanne se présente au bureau de maître Cymbal et demande pour deux liards de nouvelles, afin d'en faire présent à son curé : on la prie d'attendre quelques instants, parce que, si elle était servie à la minute, le public pourrait croire qu'on fabrique les nouvelles, au lieu de les recueillir.

La même année, Shirley mettait en scène, dans *les Ruses de l'Amour*, la grande nouveauté du jour, et faisait un portrait peu flatteur des marchands de nouvelles. « Ces gens-là, dit-il, avec une heure devant eux, vous décriront une bataille, dans quelque coin de l'Europe que ce soit, et pourtant ils n'ont jamais mis le pied hors des tavernes. Ils vous dépeindront les villes, les fortifications, les généraux, les forces de l'ennemi ; ils vous diront ses alliés, ses mouvements de chaque jour. Un soldat ne peut pas perdre un cheveu de sa tête, ne peut pas recevoir une pauvre balle, sans avoir quelque page à ses trousses, format in-4°. Rien n'arrête ces gens-là, que le défaut de mémoire, et, s'ils n'ont point de contradicteur, ils ne tarissent pas... »

Cette scène de Shirley, que nous abrégeons, est une première édition, très-complète, de toutes les satires qu'on a faites depuis lors du journalisme.

Pendant longtemps les écrivains politiques dédaignèrent de se mêler aux conteurs de nouvelles, auxquels ils refusaient le titre d'écrivains. » Un journaliste, écrivait Cléveland, a autant de droit au titre d'écrivain qu'un colporteur au titre de commerçant ; quant à l'appeler historien, autant vaudrait qu'on appelât ingénieur un faiseur de souricières. » Il faut bien dire aussi que les premiers rédacteurs de gazettes furent loin de donner à la presse cet éclat et cette autorité qu'elle devait recevoir un jour du talent et du caractère de ses écrivains.

Mais il y a trop de bon sens chez la nation anglaise pour que de pareilles préventions pussent longtemps prévaloir contre l'évidence, pour que les partis ne comprissent pas la puissance de cette nouvelle arme. D'un autre côté, les journaux, au milieu du mouvement général imprimé aux esprits par les luttes de parti, devaient se fortifier, acquérir le sentiment de leur valeur, et, arrivés à ce point, il était impossible qu'ils ne prissent pas fait et cause pour les wighs ou les tories, qu'ils ne se rangeassent pas sous une bannière, celle du gouvernement ou celle de l'opposition. Enfin les sévérités même de la Chambre étoilée devaient, par leurs exagérations, hâter la réaction en faveur de la presse. C'est, en effet, sous la pression de l'irritation populaire, que Charles Ier se détermina à abolir ce tribunal détesté. Cette concession équivalait à la proclamation de la liberté de la presse ; aussi vit-on éclore aussitôt des milliers de pamphlets pour ou contre la royauté, pour ou contre l'église anglicane. De nombreux journaux s'établirent à Londres et dans les provinces, et ces journaux firent un premier pas dans le domaine de la politique en reproduisant les débats parlementaires, puis ils s'enhardirent à publier des nouvelles de l'intérieur et à discuter les affaires du pays. Ce n'est pas que ce droit leur fût reconnu : le parlement ne se montra pas plus tolérant que la Cour ; il n'est sorte d'entraves qu'il n'imposât aux journalistes. Ce sont ces persécutions du parlement qui donnèrent lieu aux célèbres pamphlets de Milton en faveur de la liberté de la presse. Mais les journaux avaient dans les nécessités du temps un meilleur avocat encore que Milton. Le parlement et la royauté étaient en lutte ouverte, et des deux côtés on cherchait un appui dans l'opinion publique. On s'aperçut bientôt que les journaux étaient un instrument fort supérieur aux pamphlets ; chaque parti voulut avoir son organe, et, comme en France à la même époque et dans des circonstances à peu près identiques, on se fit la guerre à coups de plume autant et plus qu'à coups de fusil. Seulement, en France, comme nous l'avons fait remarquer, le pamphlet demeura l'arme favorite, tandis qu'en Angleterre ce fut le journal. Les dix-neuf années qui s'écoulèrent de 1641 à la restauration des Stuarts virent naître et mourir plus de deux cents journaux. La plupart de ces feuilles tenaient sans doute encore beaucoup du pamphlet ; mais elles tendaient à perdre ce caractère. Il y avait une polémique suivie entre les journaux de la Cour et ceux du Parlement ; on s'attaquait, on se répondait de part et d'autre ; on se parodiait quelquefois, on s'injuriait très-souvent. Le journal n'était plus un objet de commerce ; c'était un instrument politique.

La restauration des Stuarts porta un rude coup aux journaux ; leur liberté fut restreinte, les persécutions recommencèrent contre eux, et, si Jacques II avait triomphé, toute liberté de la presse, par conséquent tout journalisme, eût cessé d'exister en Angleterre. Mais la révolution de 1688 changea complétement la face des choses, et rendit l'essor à la presse jusqu'à mettre le gouvernement sous son contrôle, suivant l'expression de M. Macaulay. Non-seulement les journaux se multiplièrent, tous les partis en fondant à l'envi, mais leur rôle s'agrandit tout-à-coup, un peu par suite de la faiblesse du gouvernement, mais surtout par suite de la rivalité des deux grands partis qui s'en servaient pour se combattre. Enfin l'activité intellectuelle qui fit du règne de la reine Anne l'âge d'or de la littérature anglaise contribua puissamment encore au développement et à la transformation du journalisme, et depuis lors, malgré l'acharnement des communes contre ce pouvoir nouveau, qui exerçait sur elles une surveillance importune et leur disputait la direction de l'opinion publique, malgré les impôts dont on l'a surchargée, dans l'intention avouée de la tuer, impôt du timbre, impôt sur les annonces, impôt sur le papier, elle n'a cessé de grandir en influence et en autorité. Elle n'a pourtant pas complétement triomphé dans sa lutte avec les communes. Aujourd'hui encore les journaux anglais n'ont pas le droit de publier les débats du Parlement ; s'ils le font — et on sait avec quel développement, — c'est grâce uniquement à la tolérance des deux Chambres, et non en vertu d'un droit reconnu et incontestable. Un des premiers actes du gouvernement des Stuarts avait été d'interdire la publication des débats du Parlement. Quand le pouvoir fut passé à la Chambre des communes, cette Assemblée, qui avait fait un crime aux Stuarts de leur Chambre étoilée et de leurs persécutions contre la presse, refusa de subir à son tour ce contrôle de la publicité qu'elle avait elle-même imposé à la royauté ; elle se transforma en une véritable Chambre étoilée pour venger ses propres injures. Toute allusion à ses débats intérieurs, toute réflexion sur les mesures votées par elle, devinrent des délits, punis par l'amende, l'emprisonnement, le pilori. Jusqu'à la fin du xviiie siècle elle maintint avec une extrême rigueur l'interdiction prononcée autrefois par les Stuarts dans une pensée politique; on la voit renouveler périodiquement la déclaration, « que c'est une insulte à la Chambre et une violation de ses priviléges, d'oser donner dans un journal, manuscrit ou imprimé, aucun compte-rendu ou détail des débats ou délibérations de la Chambre ou de ses commissions, et que les coupables seront poursuivis avec la plus grande sévérité. » Les journaux, pour satisfaire leurs lecteurs et échapper aux rigueurs du Parlement, étaient obligés de recourir à mille expédients; mais un jour vint enfin où la volonté des Communes se trouva impuissante devant la curiosité publique, et le Parlement, de guerre lasse, laissa imprimer le compte-rendu de ses séances. Néanmoins les défenses de la Chambre des communes subsistent encore; mais on les laisse sommeiller, et l'on peut dire que, malgré cette restriction, la presse anglaise jouit de la plus entière liberté (1).

Si nous étions entrés les premiers dans la carrière, nos voisins, on le voit, n'avaient pas tardé à nous distancer; mais nous conservâmes l'avantage sur un autre terrain, où nul ne nous a dépassés, dans un genre éminemment français, le genre spirituel. A défaut de luttes politiques, la France se

---

(1) V. l'*Histoire de la presse en Angleterre*, par M. Cucheval-Clarigny, que nous avons déjà citée.

passionna pour les luttes littéraires, et c'est dans la petite presse, dans les recueils littéraires, que chez nous, il faut chercher, pendant cette longue enfance de la presse politique, le mouvement des esprits.

C'est, d'ailleurs, à la France encore, que l'Europe dut l'invention des journaux littéraires : notre *Journal des Savants,* qui date de 1665, est le père de tous les ouvrages de ce genre dont le monde est aujourd'hui rempli. Mais nous remettrons à parler plus tard de ce vénérable recueil, pour ne pas interrompre l'ordre, le fil des idées, et suivre, autant que cela est possible, les vestiges de la presse politique, ou, si l'on veut, de celle qui n'est pas purement littéraire.

LA
PETITE PRESSE

II

LA PETITE PRESSE

GAZETTES EN VERS

Loret. — La Muse historique.

Entre la *Gazette* et le *Journal des Savants*, deux feuilles qui avaient leur intérêt, mais qui n'étaient pas précisément amusantes, se glissa un troisième genre, essentiellement léger, et qui, picorant, si l'on veut bien me passer cette expression, sur le terrain des deux autres, se proposait d'amuser, beaucoup plus que d'informer ou d'instruire. Le *Mercure* est le type de ce genre éminemment français; mais il a eu dans les gazettes en vers des précédents remarquables, et c'est au milieu des troubles de la Fronde qu'il faut aller chercher le berceau de ce que nous appellerons la petite presse de ce premier âge du journalisme.

Quand nous avons dit que, de tous les essais de journaux faits pendant la Fronde, aucun n'avait eu de consistance réelle, aucun n'avait survécu, nous réservions dans notre pensée une petite gazette qui prit bien naissance au sein de la Fronde, mais qui n'en procédait pas directement, et se distinguait de la multitude des Mazarinades par un caractère à elle propre : nous voulons parler de la *Muse historique* de Loret, gazette burlesque et en vers, comme il convenait au temps, mais qui n'en est pas moins la patronne de ces chroniques parisiennes dont on a depuis tant usé et abusé.

La *Muse historique* de Loret, après avoir joui, dans sa nouveauté, d'une très-grande vogue, est demeurée pendant deux siècles dans un complet oubli, dont elle méritait bien qu'on la tirât. Les causeries hebdomadaires du poète courtisan de mademoiselle de Longueville n'ont pas, je le veux bien, la valeur de certaines causeries d'aujourd'hui; mais pourtant un recueil dans lequel sont consignés tous les faits remarquables, politiques et littéraires, tous les bruits de la ville et de la cour, pour une période de quinze années, remplie d'événements de toute nature, une gazette qui a eu le singulier privilége d'intéresser pendant aussi longtemps la société la plus polie et la plus éclairée, ne saurait manquer d'avoir une grande importance historique, et devait être comprise une des premières dans l'œuvre de réparation que notre époque accomplit avec tant de zèle et de dévouement.

Loret naquit à Carentan, au commencement du 17ᵉ siècle, de parents peu aisés, qui ne purent lui donner d'autre éducation que celle qu'on recevait alors dans une pauvre école de village. Venu à Paris pour y chercher fortune, il s'y fit bientôt remarquer par son esprit naturel, et ses premiers essais poétiques lui valurent la protection de quelques grands seigneurs, qui le recommandèrent à Mazarin.

Il débuta par un volume de *Poésies naturelles*, composé de petites pièces adressées, la plupart, à des personnages connus ou à des amis. Dans une épître au lecteur placée en tête de ce volume, il nous apprend lui-même qu'il n'a pas « la connaissance des moindres commencements de la science, » et que « si de hasard on rencontre dans ses œuvres quelques belles et raisonnables pensées, on doit être tout assuré que ce ne sont point des ornements antiques, ni des beautés étrangères. » Dans une ode contre les médisants, qui fait partie du même volume, il dit, pour motiver le titre donné à son recueil,

L'art tout divin que je poursuis
A pris quant et moy nourriture;

> *C'est un instinct de la nature*
> *Qui m'a rendu ce que je suis.*

Le même aveu se retrouve dans un *Discours sur la Muse historique* fait par un des amis de l'auteur, et qui sert de préface à ce recueil.

« Celui qui nous a préparé ce beau sujet d'entretien l'a fait, au commencement, sans y user de longues préméditations; il n'a point passé de longues années dans les colléges, et il n'a point feuilleté les livres grecs et les latins; mais avec cela on peut remarquer que, sans autre connaissance que celle de sa langue maternelle, il a admirablement réussi à ce qu'il a entrepris... Que les lecteurs ou auditeurs ne s'imaginent pas que celui qui fait ainsi parler la Muse depuis quelques années se soit employé à cela avec toute l'étude et tout l'appareil des grands maîtres, et qu'il y ait longtemps qu'il se soit donné la peine de courtiser les neuf sœurs dessus leur fameuse montagne. » Loret lui-même avoue, avec cette bonhomie qui le caractérise, que ce mont fameux est beaucoup trop loin pour sa paresse.

> *Il n'est point dans le Danemarc,*
> *Ni dans les terres de Saint-Marc,*
> *Dans la France, ni l'Italie,*
> *Mais, ce dit-on, en Thessalie :*
> *Que diantre irais-je faire là?*
> *Mais ne songeons point à cela,*
> *Quittons cette antique matière :*
> *Ce mont-là n'est plus à la mode.*

*Il ne faut pas chercher si loin
Les choses qui me font besoin.
Ma chambre, encore qu'un peu basse,
Me tient lieu de mont de Parnasse;
De l'eau fraîche plein un flacon
Est ma fontaine d'Hélicon;
Plusieurs voisines que je prise
Sont les muses que je courtise;
Bref, le bon ange protecteur
Que m'a donné le créateur
Est l'Apollon que je consulte* (1).

Et ailleurs :

*Je n'affecte que peu la gloire
Que l'on acquiert par l'écritoire;
Quand il me faut versifier,
C'est sans m'aller fortifier
Dans l'auteur des Métamorphoses.*

Loret, d'ailleurs, revient fréquemment sur ce sujet dans ses Lettres, et, loin de rougir de son ignorance, en homme d'esprit qu'il est, il en tire habilement parti, et, véritablement, sa muse facile gagne en naturel ce qui lui manque en acquis.

*Je n'avais garde d'espérer
De si longtemps persévérer
En un métier si difficile;
Je me jugeais trop imbécile,
N'ayant eu dans mes jeunes ans
Nuls de ces livres instruisants
Dont l'art et la philosophie*

---

(1) Nous verrons bientôt quel était ce bon ange.

> *Les faibles esprits fortifie.*
> *Madame l'Université,*
> *Ne m'a jamais de rien été,*
> *Et tout riche et docte langage*
> *Dont les gens savants ont l'usage,*
> *Hors le français et le normand,*
> *Est pour moi du haut allemand.*

Il n'en accomplit pas moins jusqu'à son dernier jour la rude tâche qu'il s'était imposée, et qui se résume en fin de compte par un chiffre de plus de 400,000 vers, où sont relatés, nous l'avons dit, tous les menus faits de l'histoire de quinze années, avec leur date précise, leurs détails minutieux, et des jugements empreints de la véritable couleur du temps.

A ce métier

> *Sa plume eût été vite usée*
> *Et sa pauvre veine épuisée,*
> *Ne sachant ni latin ni grec*
> *Il eût été bientôt à sec,*
> *Sans quelque assistance céleste...*
> *Sans un ange qui l'inspirait,*

ou, pour parler en vile prose, sans la cassette d'une jeune et belle princesse, mademoiselle de Longueville, depuis duchesse de Nemours, dont il s'était fait le nouvelliste, et qui escomptait généreusement ses rimes.

C'est en 1650, à partir du 12 mai, que Loret

commença à écrire ses *Lettres en vers*, qu'il adressait à sa bienfaitrice le samedi ou le dimanche, et qu'il continua jusqu'au commencement de 1665 avec une régularité qui ne s'est pas une seule fois démentie, ne se donnant de répit que la semaine sainte, où il faisait relâche pour vaquer à ses dévotions. Et vraiment quand on sait comment s'enfantent les grands projets, combien, pour la plupart, le développement en est long et pénible, on estime fort notre gazetier, qui dès le premier jour donna à sa publication l'étendue, la forme, la périodicité, qu'il lui conserva imperturbablement pendant quinze années, sans collaborateurs, et, peut-être même à cause de cela, sans variations ni interruptions.

« Lorsqu'il prit résolution de paraître un peu dans le monde, lit-on dans le discours que nous avons déjà cité, comme il se plaisait naturellement à la poésie, il se mit à écrire en vers ce qui se passait chaque semaine, et il le faisait assez heureusement pour divertir ceux à qui cela pouvait être communiqué. Ce n'était toutefois que pour plaire à une grande princesse et à un petit nombre de personnes de sa confidence qui méritaient que l'on eût soin de leur agréer; tellement qu'il ne se faisait qu'une copie de son ouvrage, qui était lue devant ceux qui la voulaient écouter, ou qui passait en diverses mains. La curiosité de quelques gens fut cause que l'on en fit bientôt plusieurs autres copies manuscrites; mais, pour ce qu'il n'y avait pas moyen d'en fournir à tous ceux qui en souhaitaient, et qui étaient des gens de considération, et même parce qu'en les transcrivant, les copistes y ajoutaient toujours faute sur faute, il sembla plus à propos de les commettre à l'impression, qui est une invention excellente pour produire en même temps plusieurs exemplaires d'une seule pièce. »

Un autre motif encore avait déterminé Loret : ses vers avaient eu le sort de toute chose qui a du succès ; les plagiaires s'en étaient bien vite emparés.

> *Des débiteurs de faux papiers,*
> *Pires cent fois que des fripiers,*
> *Faisaient imprimer ses gazettes,*
> *Sans craindre ni loi ni syndic,*
> *Pour en faire un lâche trafic.*

La « noire et lâche action de ces audacieux bélîtres » le mettait en fureur :

> *Noble et généreuse Marie,*
> *J'ai l'âme tout à fait marrie*
> *Pour la sotte supercherie*
> *Que me font ces gens de voirie.*
> *Mes vers sur le Pont Neuf on crie :*
> *O maudite criaillerie !*
> *Ah ! cela me met en furie.*
> *Peste de leur imprimerie !*
> . . . .
> *Vous avez tant d'aversion*
> *Pour la noire et lâche action*
> *De ces audacieux belîtres*

> *Qui font imprimer mes épîtres,*
> *Que je crois que votre Grandeur,*
> *Détestant leur peu de candeur,*
> *Sans doute fera bientôt faire*
> *Quelque châtiment exemplaire*
> *De ces sots falsificateurs*
> *Et des crieurs et colporteurs,*
> *Qui, par leurs mesquines pratiques,*
> *Les rendent tout à fait publiques.*

Tels sont les motifs qui déterminèrent Loret à livrer ses lettres à l'impression, et non point, comme on pourrait le croire, un désir de gain, qui, après tout, eût été fort naturel. Encore une circonstance fortuite paraît-elle avoir avancé l'exécution de ce projet.

> *Un mal lequel à l'improviste*
> *A surpris monsieur mon copiste*
> *M'a fait, en cette occasion,*
> *Recourir à l'impression,*

lit-on dans un *Avis au lecteur* qui termine la lettre du 29 septembre 1652, la première qui fut imprimée.

D'ailleurs, rigoureusement parlant, il n'avait pas la libre disposition de son œuvre. Ce n'était pas, si l'on veut, par ordre qu'il écrivait; mais quand il avait commencé cette entreprise, c'était uniquement pour mademoiselle de Longueville, qui l'en avait prié, et qui le payait pour cela; c'était uniquement

> *Pour complaire à ses volontés*
> *Et mieux mériter ses bontés*

qu'il s'était fait un bureau d'adresse vivant. Prodiguer à tout venant un divertissement dont elle eût pu revendiquer le privilége exclusif, c'eût été en amoindrir le prix, et s'exposer à perdre dans l'esprit de sa bienfaitrice. Aussi a-t-il bien soin d'ajouter :

> *Mais sache, lecteur débonnaire,*
> *Encor que des mains du rimeur*
> *Cette gazette épistolaire*
> *Passe en celles de l'imprimeur,*
> *Qu'elle n'en est pas plus commune,*
> *Car, sans abus ni fraude aucune,*
> *Il doit observer cette loi,*
> *De n'en tirer chaque semaine*
> *Qu'une unique et seule douzaine,*
> *Tant pour mes amis que pour moi ;*
> *Après cela point de copie,*
> *En dût-on avoir la pépie.*

Mais la princesse de Longueville ne se montra point exclusive : elle ne pouvait, après tout, qu'être flattée des succès de son protégé, et il était naturel qu'elle s'intéressât à la propagation de ces feuilles qui, selon l'expression d'un bel esprit du temps, de Colletet, volant plus loin que les ailes de la Renommée, allaient, chaque semaine, porter ses louanges jusqu'aux extrémités de l'Europe.

Et puis les lettres de Loret étaient trop du goût de cette époque remuante et frondeuse pour qu'elles restassent longtemps le privilége du cercle un peu circonscrit de Mademoiselle de Longueville. Il ne fut bientôt plus question dans toutes les ruelles que des caquets du poète gazetier, et les traits les plus saillants volaient de bouche en bouche par tous les coins de la ville. « Son travail, dit l'auteur du *Discours*, étant donc passé dans l'impression depuis quelques années, il faut avouer qu'il a eu un applaudissement universel, et qu'il n'y a guères d'honnêtes gens qui n'aient souhaité d'en avoir la vue. Il a même été assez heureux pour obtenir l'approbation du plus grand roi et de la plus grande reine du monde, leurs Majestés s'en étant assez souvent diverties. Les princes et les princesses, les grands seigneurs et les dames de notre cour, les hommes même de longue robe et de profession sérieuse et studieuse, quittent leurs autres emplois pour quelques moments afin de se récréer à ceci, et y apprendre les choses qu'ils n'ont pas vues, ou que, s'ils en ont été les témoins et les spectateurs (comme cela rapporte ordinairement les actions publiques et connues), ils prennent plaisir à voir dépeindre agréablement, les ayant vues en effet, de même qu'un homme qui a contemplé autrefois un beau jardin et le cours d'une agréable rivière est fort aise, après, de les voir naïvement dépeints en un tableau. »

Mes vers, dit lui-même Loret,

> *Mes vers ne sonnent point trop mal*
> *Dans le domicile royal;*
> *Le Roi, la Reine et l'Eminence*
> *Leur donnent parfois audience;*
> *Monsieur, qui leur fait bon accueil,*
> *En veut même faire un recueil.*

Mais, ajoute-t-il,

> *Mais, ô Princesse, quelles peines*
> *D'en faire toutes les semaines.*

Le succès, du moins, était bien fait pour l'encourager, car ses Lettres n'amusaient point seulement Paris et la province, elles n'avaient pas tardé à franchir les frontières; » il n'y avait point de postes et de messagers qui n'en fussent chargés ordinairement. » Princesse, écrit-il,

> *L'anti-veille du jour des Rois,*
> *L'an mil six cent cinquante-trois,*
> *Princesse en bontés sans seconde*
> *Et des plus aimables du monde,*
> *Voici le tiers an révolu*
> *Depuis que le ciel a voulu*
> *Que, par un sort assez propice,*
> *J'aye fait pour votre service*
> *Bien ou mal, à tort et travers,*
> *Plus de trente et deux mille vers,*
> *Lesquels vers (chose très certaine)*
> *Ont bien couru la pretentaine,*
> *Savoir aux climats Suédois,*
> *Chez les Flamands et Hollandois,*
> *En Angleterre ou Grand'Bretagne,*
> *En Danemarc, Pologne, Espagne,*

Naples, Rome, Milan, Turin,
Sur le Danube et sur le Rhin ;
Et même l'on m'a dit encore
Qu'ils avaient passé le Bosphore,
Et qu'on leur faisait de l'honneur
A la Porte du Grand-Seigneur.

Il est étonné lui-même du bruit qu'il fait. A cette occasion, il se compare aux beaux esprits du temps, dont il cherche à caractériser le talent dans quelques vers que nous allons citer. On comprendra que la rime et d'autres considérations aient influencé ces appréciations, qui, pour la plupart, sont loin d'avoir été ratifiées par la postérité; mais ce passage n'en est pas moins curieux sous beaucoup de rapports.

Pour dire vrai, ces miens ouvrages
Sont cent fois plus heureux que sages,
Et, certes, l'on voit dans Paris
Des régiments de beaux esprits
Dont les conceptions et rimes
Sont infiniment plus sublimes,
Et dont le mérite éclatant
Ne fait pas tant de bruit pourtant.
Je suis de la dernière classe,
Je n'en vois point qui ne me passe ;
Leurs vers me ravissent le cœur
Mieux que la plus douce liqueur ;
Quand je les lis, je les admire,
Et voici ce qu'on en peut dire :
Ceux de Chapelain sont brillants ;
Ceux de Benserade galants ;

Ceux de Saint-Amand admirables;
Ceux de Corneille incomparables;
Ceux de Du Ryer sont merveilleux;
Ceux de Godeau miraculeux;
Ceux du sieur Gombauld sont augustes;
Ceux de Bois-Robert nets et justes;
Ceux de Quillet forts et piquants;
Ceux de Colletet élégants.
Scarron n'est point en cette ville,
Mais, au rapport de plus de mille,
Encor qu'un peu malicieux,
Ses vers sont très facétieux.
Ceux du sieur Ménage sont rares;
Ceux de Sandricourt sont barbares;
Ceux de Scudéry sont charmants,
Aussi bien que ses beaux romans;
Ceux de Neuf-Germain sont grotesques;
Ceux de Dassoucy sont burlesques;
Ceux de Marigny sont cruels;
Ceux de Tristan sont immortels;
Ceux d'un tel sont mélancoliques;
Ceux de Segrais sont héroïques;
Les miens sont naïfs, et rien plus...

Les critiques ne manquèrent cependant point à Loret, comme bien on le pense. Sa tâche était devenue plus difficile à mesure que le cercle de ses auditeurs s'était agrandi.

Le métier qu'il faut que je fasse
Bien plus qu'autrefois m'embarrasse.
Quelques beaux esprits modérés
Souhaitent qu'ils soient (mes vers) tempérés;
D'autres veulent que la Gazette
Sente un peu l'épine-vinette.

Mais ces miens vers, quand ils sont tels,
Me font des ennemis mortels.
D'ailleurs, ma rime n'est point bonne
Quand je n'égratigne personne.
Bref, mes vers, tant ici qu'aux champs,
Sont méchants s'ils ne sont méchants.
Voyez quelle est mon infortune !
Si je pique un peu, j'importune,
Et, lorsque je ne pique pas,
Mes vers sont froids et sans appas.
Mais que les fous ou que les sages
Fassent la nique à mes ouvrages,
Je mépriserai leur mépris,
Pourvu que ces petits écrits
Soient bien reçus de Votre Altesse...

D'autres se formalisaient de le voir traiter en style burlesque des affaires de l'Etat.

Princesse pour qui notre plume,
Durant le beau feu qui m'allume,
Fait toujours quelques vers nouveaux,
Approuvés de maints bons cerveaux,
Aucuns, pourtant, qui mes vers lisent,
Par-ci par-là se formalisent
Lorsque j'y parle en quelque lieu
Du Roi, de l'Etat et de Dieu;
Ils allèguent que le burlesque,
Comme étant un style grotesque,
Ne doit point avoir pour objets
De grands et suprêmes sujets;
Disent que je suis téméraire,
Et qu'au moins je me devrais taire
De Dieu, de l'Etat et du Roi,
Qui sont trop hauts sujets pour moi;

Bref, que trop souvent je me pique
De morale et de politique.
Je répons à ces suffisans
Que depuis sept mois et trois ans
J'ai toujours écrit de la sorte.
Si bien ou mal, je m'en rapporte ;
Mais jusqu'ici ni potentat,
Ni grand, ni ministre d'Etat,
Ni directeur de conscience,
Ne m'ont point imposé silence.
Touchant le Roi, qui m'est si cher,
On ne me peut rien reprocher ;
Etant Français, et des plus fermes,
Je n'écris de lui qu'en bons termes :
Je ne lui suis donc point suspect.
De Dieu, j'en parle avec respect ;
Et pour l'Etat toujours mon zèle
A paru constant et fidèle.
Et sachent lesdits malcontents
Qu'écrivant les choses du temps,
Tout événement historique
Doit avoir place en ma chronique,
Pourvu que ce soit bonnement.

Un jour cependant Loret s'était trouvé en face d'un ennemi avec lequel il ne faisait pas bon plaisanter. Quelques membres du Parlement, indignés qu'un gazetier eût osé parler d'eux

Dans ses pauvres petits ouvrages,

ameutèrent contre lui la turbulente assemblée, et cette fois la critique faillit se formuler en un bel et bon arrêt.

Quelques-uns, voyant de travers
Mes malheureux et pauvres vers,
Et les tournant à conséquence,
O princesse! on m'a fait défense
D'écrire politiquement,
Ni de railler aucunement.
On nomme sanglante critique
Mon innocente rhétorique,
Et plusieurs traitent d'attentat
Le zèle que j'ai pour l'État.
Quoique j'aye l'âme assez bonne,
Et point de fiel contre personne,
Quelques messieurs du Parlement
N'aiment pas mon raisonnement,
Si que, craignant, en ce rencontre,
Que l'on me donne un arrêt contre
(Car ces messieurs sont absolus),
Je ne raisonnerai donc plus
Sur l'état présent des affaires,
Pour n'irriter tels adversaires;
J'en parlerai tout simplement,
Pour obéir au Parlement;
Mais aussi mes tristes gazettes
Ne seront plus que des sornettes.

Loret fit semblant de s'amender; mais il n'en continua pas moins à dire sa façon de penser sur toutes choses avec la même bonhomie. Sa politique d'ailleurs n'était ni turbulente, ni dangereuse; on la voit toujours la même, aussi invariable que sa Muse historique l'est dans sa forme et dans son esprit. Loret était un représentant, et peut-être le dernier, de cette grande famille qui, depuis les trouvères et les troubadours, chantait en tendant la main. Il demeura fermement attaché à la royauté, parce que le roi c'est la cour, la cour son élément, et qu'en somme les pensions sont payées plus régulièrement là qu'ailleurs. Il jugea du reste les événements avec un bon sens mis rudement à l'épreuve, il faut en convenir, par l'obligation de suivre toutes les semaines les écarts d'une politique qui avait ses révolutions quotidiennes, et il s'en tira avec une grande habileté. Ainsi on lit dans sa Lettre du 2 septembre 1650 :

> *Ce jour on a pris occasion*
> *De faire la translation,*
> *Mais très cachée et très soudaine,*
> *Des trois prisonniers de Vincenne.*
> *Plaise à la divine bonté*
> *Que la dure captivité*
> *Par eux constamment endurée*
> *Ne soit pas de longue durée!*

Il ne va pas plus loin : il avait des ménagements à garder avec le cardinal. Six mois plus tard il publie ce qui suit, avec une franchise également pleine de réserve ; il avait des ménagements à garder avec le Parlement :

> *Mardi, messieurs du Parlement,*
> *Examinant exactement*
> *Ceux qui, par arrêt et sentence,*
> *Etaient allés en diligence*
> *Sur les pistes du cardinal,*

Virent dans le procès-verbal
Quantité de choses atroces,
Dont en voici deux des plus grosses
(Ce fut de deux clercs d'avocats
Dont, à peu près, j'ai su le cas) :
Savoir qu'un homme de village
A déposé pour témoignage
Que Jules, s'étant retiré
Chez un bonhomme de curé,
Avait quitté cette chaumière
Sans donner à la chambrière.
Autre manant, sur le chemin,
A déclaré que Mazarin
Qui marchait la nuit, sans lanterne,
Ayant bu dans une taverne
Du vin à seize sous le pot,
Quand ce vint à payer l'écot,
Qui ne consistait, pour tous vivres,
Qu'à la somme de quatre livres,
On ne put tirer de ses mains
Qu'un écu léger de trois grains,
Dont il se fit rendre le reste;
Et que le tavernier proteste
Qu'il perdit sur ledit écu
Pour le moins demi-quart d'écu.
Hé bien ! sont-ce pas là des crimes
Dignes de foudres ou d'abîmes ?
Son exil ou bannissement
N'a-t-il pas un grand fondement ?
O vous qui de Son Eminence
Prônez sans cesse l'innocence
Et qui lui servez d'avocats,
Que répondrez-vous sur ce cas ?

Cette fine moquerie, que l'on retrouve à chaque page, valait mieux assurément et était aussi courageuse que beaucoup de grands raisonnements. Et l'on remarquera qu'il était alors indépendant du cardinal : ce n'est que vers 1655 qu'il compta parmi ses nombreux pensionnaires.

On était en pleine Fronde quand Loret commença à écrire, et la mobilité des hommes et des choses se reflète dans ses vers, qui, s'ils n'ont point conservé jusqu'à nos jours la grâce de la nouveauté, comme le leur promettait un contemporain, sont encore lus avec plaisir. Citons quelques traits :

> *Lyris ne sait quel parti prendre,*
> *Tant il a peur de se méprendre.*
> *Madame la Fronde et la Cour*
> *Attirent son cœur tour à tour.*
> *Aujourd'hui l'une le possède ;*
> *Une heure après l'autre l'obsède ;*
> *Il est entre deux suspendu,*
> *Et, n'étant gagné ni perdu,*
> *Il dit à l'une : Allez au peautre !*
> *Puis il en dit autant à l'autre.*
> *A l'une il dit : Je suis à vous ;*
> *A l'autre il dit : Unissons-nous.*
> *On lui fait harangue : il écoute,*
> *Il conteste, il balance, il doute,*
> *Il voit le mal, il voit le bien ;*
> *Mais enfin il ne résout rien.*
> *Quelques partisans de Corinthe,*
> *Qui pour la Cour sont pleins d'absinthe,*
> *Et tout plein de petits frondeurs,*
> *Jusque même à des ravaudeurs,*
> *Avec une ardeur sans seconde*

*Lui parlent pour dame la Fronde.
D'autres, vrais serviteurs du roi,
Gens de probité, gens de foi,
Le sollicitent pour la reine,
Qui de nous tous est souveraine.
Comment se démêlera-t-il
D'un labyrinthe si subtil,
Et que faudra-t-il qu'il réponde?
Sera-t-il Cour? sera-t-il Fronde?
Je n'en sais rien, foi de Normand!
Et si je disais autrement,
Mon audace serait extrême,
Car il ne le sait pas lui-même.*

Ecoutez-le se moquer des *chevaliers de la paille :*

*Ce jour, par étrange manie,
De Paris la tourbe infinie,
Suivant un ordre tout nouveau,
Mit de la paille à son chapeau.
Si sans paille on voyait un homme,
Chacun criait : Que l'on l'assomme !
Car c'est un chien de mazarin.
Mais avec seulement un brin,
Eût-on quelque bourse coupée,
Eût-on tiré cent fois l'épée,
Eût-on donné cent coups mortels,
Eût-on pillé deux mille autels,
Eût-on forcé cinquante grilles
Et violé quatre cents filles,
On pouvait, avec sûreté,
Marcher par toute la cité,
En laquelle, vaille que vaille,
Tous étaient lors des gens de paille.*

Mazarin prend-il la fuite, Paris est dans l'ivresse;

bourgeois, rentiers et populace se répandent dans les rues, et trois volumes ne lui suffiraient pas s'il voulait enregistrer tous les sots propos débités en cette occasion,

> Où l'on remarqua maint courtaud
> Qui tournait le visage en haut,
> Croyant qu'après cette sortie
> L'alouette, toute rôtie,
> Lui tomberait dedans le bec.

L'Hôtel-de-Ville tire le canon d'allégresse, et le Parlement poursuit l'Eminence

> A grands coups d'arrêts sur arrêts.

Mais apprend-on

> Que ledit Jules fait voyage
> A la Cour en grand équipage,
> Alors messieurs du Parlement
> Parlent, dit-on, plus doucement...
> Tel qui disait : Faut qu'on l'assomme,
> Dit à présent qu'il est bonhomme;
> Tel qui disait le Mascarin,
> Avec un ton de révérence,
> Dit maintenant : Son Eminence...
> O les âmes faibles et vaines!
> O les fragilités humaines!

A peine le cardinal est-il rentré dans Paris, que l'Hôtel-de-Ville s'empresse de le fêter.

> Aujourd'hui, dans l'Hôtel-de-Ville,
> D'une façon toute civile,
> Les consuls et les échevins,
> Avec quantité de bons vins

> *Et des poissons en abondance,*
> *On fait un banquet d'importance*
> *Et qui coûte maint bon florin*
> *A monsieur Jules Mazarin,*
> *Lequel toute la compagnie*
> *Reçut avec joie infinie.*
> *Outre les mets délicieux*
> *Qui délectaient même les yeux,*
> *On joua du plat de la langue,*
> *Car on lui fit mainte harangue,*
> *Maint beau discours et compliment,*
> *Qui l'élevaient au firmament.*

Quand les princes séparèrent leur cause de celle de la reine, Loret, quoique pensionnaire de l'hôtel de Longueville, resta, en homme prévoyant ou déjà intéressé, fidèle au parti de la cour, tout en ménageant le parti des princes, qu'il a toujours soin de distinguer de celui de la Fronde. Cela ne l'empêche pas de se moquer des courtisans, qui, à tout propos,

> *Jurent mort! ventre! sang! ou tête!*
> *Car le courtisan se croit bête*
> *Et ne savoir pas son métier*
> *S'il ne jure comme un chartier.*

Il ne craint même point de blâmer la reine de céder à la nécessité de se faire des créatures par des promotions inconsidérées qui,

> *Rendant l'hermine*
> *Plus commune que l'étamine,*

déconsidèrent les plus hautes dignités.

> La reine a fait en abondance
> De nouveaux maréchaux de France...
> Ils n'étaient que quatre autrefois
> Sous Henri quatre et Henri trois ;
> Mais c'est qu'à toutes aventures
> On veut faire des créatures,
> Et l'on juge, en voyant ce point,
> Qu'on en a grandement besoin.
> Ce n'est pas que de ceux qu'on nomme
> Chacun ne soit assez brave homme ;
> Mais la trop grande quantité
> Avilit cette dignité,
> Qui, pour être si conférée,
> N'en est pas si considérée.

D'ailleurs, comme tous les hommes sensés, Loret déplorait sincèrement les maux que la discorde civile avait attirés sur la France ; car, dit-il, en s'adressant aux Espagnols,

> Si les Français ont du dessous,
> Si vous avez barres sur nous,
> Si nos pertes sont infinies,
> Remerciez-en nos manies,
> Et nos noires dissensions
> Que fomentent vos passions.

Plus d'une fois le tableau des maux

> Dont le pauvre État est la proie

vient glacer sa verve, et lui arracher des imprécations contre

> Les malins auteurs de la guerre.

Il gémit

> De voir la discorde civile
> Régner dans cette grande ville
> Qui jadis était un séjour
> De paix, d'abondance et d'amour...
> Une ville enfin sans seconde,
> Et, bref, la merveille du monde.
> Maintenant son bonheur fait flux,
> On ne la connaît presque plus;
> Sa splendeur est quasi ternie;
> La liberté s'en voit bannie,
> Et l'on peut dire avec raison
> Qu'elle est une grande prison
> D'où n'ose plus sortir personne,
> Non pas seulement pour Charonne,
> Bagnolet, Saint-Cloud, Saint-Denis,
> Et mille autres lieux infinis,
> Où, les fêtes et les dimanches,
> Les bourgeois, les mains sur les hanches,
> Allaient humer un air nouveau,
> Quand le temps était clair et beau.

Et il ajoute :

> Depuis trois ou quatre ans je prône
> Que le peu d'amour pour le trône
> Pourrait un jour dans la cité,
> Causer grande perplexité;
> Mais j'ai beau prier qu'on me croye,
> Je suis la Cassandre de Troye,
> Qui de loin les choses voyait,
> Et jamais on ne la croyait.

La politique ne remplissait pas exclusivement les lettres de Loret. Bruits de la ville et de la cour, entrées princières, fêtes publiques, festins royaux, représentations théâtrales, bals et ballets chez le roi ou les riches seigneurs de la cour, naissances, mariages et morts illustres, nouvelles littéraires, apparition de livres nouveaux, sermons des prédicateurs en vogue, institutions nouvelles et inventions utiles, curiosités de toute nature, mystères de la ruelle, et parfois même secrets de l'alcôve, Loret tient note de tout, révèle tout, décrit tout en vers abondants et faciles, spirituels et naïfs, burlesques, mais pleins de bon sens, libres, mais non effrontés, empreints toujours d'un profond respect pour la vérité.

Citons quelques exemples, dans des genres divers :

La pauvre Marion Delorme,
De si rare et plaisante forme,
A laissé ravir au tombeau
Son corps si charmant et si beau.
Quand la mort avec sa faucille
Assassine une belle fille,
J'en ai toujours de la douleur
Et tiens cela pour grand malheur.

—

L'autre soir, le brave Rouville
Allant assez tard par la ville,
Son carrosse fut arrêté,
Et son manteau fut emporté.
Il avait lors pour camarade

Le beau monsieur de Benserade,
Qu'on prit peine aussi de voler,
Dont il ne se peut consoler.
A la clarté de la bougie,
Il avait fait une élégie
Que l'on tira de son gousset,
S'il en fut fâché, Dieu le sait!
Plus, une ode toute divine
Sur le sujet d'une blondine.
On lui prit aussi tout de gob
Son ravissant sonnet sur Job,
Que, par raison ou par manie,
Plusieurs aimaient mieux qu'Uranie,
Quelques vers pour la Saint-Mégrin,
D'autres pour monsieur Mazarin;
Item, une heureuse anagramme
Finie en pointe d'épigramme,
Deux ou trois chansons pour Philis,
Des stances pour Amarilis,
Des paroles pour Amarante
Faites sur l'air d'une courante;
Un beau sixain de quatre vers,
Dix ou douze fragments divers,
Et des pièces, enfin, si belles,
Qu'il en eut des douleurs mortelles.
Quand il fut arrivé chez lui,
Plein d'inquiétude et d'ennui,
Il dit, fouillant dans sa pochette :
« Grands Dieux! quelle perte ai-je faite!
Que mon malheur est sans égal!
Qu'on m'a pris un beau madrigal!
Las! je vois que je suis moins riche
Que je n'étais d'un acrostiche!
O mes triolets bien aimés!
O chers et subtils bouts rimés!

> Que je vous plains et vous regrette !
> Grands dieux ! quelle perte ai-je faite !
> Mes vers pour l'aimable Brégis,
> Ceux de madame de Congis,
> La lettre que je fis expresse
> Pour la chienne de ma maîtresse...
> Las ! vous m'êtes donc échappés,
> Et vous avez été grippés
> Par cette canaille indiscrète !
> Grands dieux ! quelle perte ai-je faite !
> Pourtant, dit-il à ses valets,
> On ne m'a point pris mes poulets ;
> Cela tant soit peu me console. »
> Enfin, après cette parole
> Il déboutonna son pourpoint,
> Se déshabilla de tout point,
> Mit de la cire à ses moustaches,
> Mangea dix ou douze pistaches,
> Prit son mouchoir et se moucha
> Et puis après il se coucha.

Voici le compte rendu par Loret, dans sa Lettre du 6 décembre 1659, des *Précieuses ridicules* de Molière, qui avaient été représentées le 18 novembre :

> Cette troupe de comédiens
> Que Monsieur avoue être siens
> Représentant sur leur théâtre
> Une action assez folâtre,
> Autrement un sujet plaisant,
> A rire sans cesse induisant
> Par des choses facétieuses,
> Intitulé les Prétieuses,
> Ont été si fort visités

Par gens de toutes qualités,
Qu'on n'en vit jamais tant ensemble
Que ces jours passés, ce me semble,
Dans l'hôtel du Petit-Bourbon
Pour un sujet mauvais ou bon.
Ce n'est qu'un sujet chimérique,
Mais si bouffon et si comique
Que jamais les pièces du Ryer,
Qui fut si digne de laurier;
Jamais l'Œdipe de Corneille,
Que l'on tient être une merveille;
La Cassandre de Bois-Robert
Le Néron de monsieur Gilbert...
N'eurent une vogue si grande,
Tant la pièce semble friande
A plusieurs tant sages que fous.
Pour moi, j'y portai trente sous;
Mais, oyant leurs fines paroles,
J'en ris pour plus de dix pistoles.

Remarquons que mademoiselle de Longueville était une *précieuse ;* que Molière, à peine connu, ne méritait pas d'être nommé, et que ces considérations n'ont pas empêché Loret de faire l'éloge de la pièce.

On lit dans sa Lettre du 26 août 1653, à propos de l'établissement de la petite poste à Paris :

On va bientôt mettre en pratique,
Pour la commodité publique,
Un certain établissement
(Mais c'est pour Paris seulement)

De boîtes nombreuses et drues
Aux petites et grandes rues,
Où, par soi-même ou son laquais,
On pourra porter des paquets,
Et dedans, à toute heure, mettre
Avis, billet, missive ou lettre,
Que des gens commis pour cela
Iront chercher et prendre là,
Pour d'une diligence habile
Les porter par toute la ville...
Ceux qui n'ont suivants ni suivantes,
Ni de valets, ni de servantes,
Ayant des amis loin logés,
Seront ainsi fort soulagés.
Outre plus, je dis et j'annonce
Qu'en cas qu'il faille avoir réponse,
On l'aura par même moyen.
Et si l'on veut savoir combien
Coûtera le port d'une lettre
(Chose qu'il ne faut pas omettre),
Afin que nul ne soit trompé,
Ce ne sera qu'un sou tapé (1).

Il rendait compte des productions de la librairie et des produits du commerce, dans une forme plus attrayante que la quatrième page de nos feuilles quotidiennes. S'agit-il de nouveaux livres ?

---

(1) Ce projet n'eut pas le succès que son incontestable utilité semblait devoir lui assurer. « Certaines boëstes, lit-on dans le *Roman bourgeois* de Furetière, estoient lors nouvellement attachées à tous les coins des rues, pour faire tenir des lettres de Paris à Paris, sur lesquelles le ciel versa de si malheureuses influences que jamais aucune lettre ne fut rendue à son adresse, et, à l'ouverture des boëstes, on trouva pour toutes choses des souris que des malicieux y avaient mises. » Un siècle après, l'établissement de 1653 était si bien oublié, que, M. de Chamousset l'ayant remis sur pied, on lui en fit honneur comme s'il en eût eu le premier l'idée.

> *On les vendra soirs et matins*
> *Sur le quai des Grands-Augustins,*
> *En la boutique d'un libraire*
> *Imprimeur ou non ordinaire;*
> *Et si le lecteur demande où,*
> *C'est justement chez Jean Ribou.*

L'étain est-il devenu un métal usuel, applicable à tous les ustensiles de ménage, il proclame ses avantages et il assure

> *Que les plus fins et les plus sages*
> *Prendraient d'abord ces beaux ouvrages,*
> *Tant l'éclat en paraît joli,*
> *Pour un bel argent bien poli.*

Enfin il donne place jusqu'à cette invention qui sert encore d'enseigne à plus d'un bottier,

> *Des bottes faites sans couture,*
> *Bottes d'hiver ou bien d'été.*

On voit que la réclame n'est pas chose nouvelle.

Enfin, nous le répétons, il ne se passait rien de remarquable à Paris, ou dans le reste de la France, qu'il ne le décrivît « naïvement et agréablement. Et ce qui est de plus à louer, ajoute son éditeur, quoique les sujets soient quelquefois assez facétieux d'eux-mêmes, et semblent lui donner une certaine liberté de parler, il s'est tellement réglé, que l'on n'y voit point de paroles licencieuses, ni de mots à deux-entendre qui puissent offenser la pudeur des dames et des plus sévères esprits. » Ajoutons la pudeur des dames du xviie siècle ; car, quelque circonspect que dût être Loret dans un ouvrage adressé à une femme, on ne laisse pas que de rencontrer de temps à autre des pièces légèrement graveleuses, qui effaroucheraient la pudeur de notre siècle collet-monté ; mais alors

Le français *dans les mots bravait l'honnêteté:*

Nous en citerons une seule, qui achèvera de montrer le genre de l'auteur et le goût de l'époque :

L'autre jour, une demoiselle,
Jeune, aimable, charmante et belle,
Non sans se faire un peu de mal,
En chassant tomba de cheval,
Et Zéphir, la prenant pour Flore,
Hormis qu'elle est plus fraîche encore,
Lui souleva, quand elle chut,
Chemise et cotillon. Mais chut !
Je suis si simple et si modeste,
Que j'ai peine à dire le reste.
On ne vit qu'un beau cul pourtant,
Admirablement éclatant,
Et dont la blancheur sans pareille
Des autres culs est la merveille,
Cul royal et des plus polis,
Puisqu'il est tout semé de lis ;
Cul qui, cette fois, sans obstacle,
Fit voir un prodige ou miracle :
Car c'est la pure vérité
Que, dans un des chauds jours d'été,
Quand il fit ce plaisant parterre,
On vit de la neige sur terre.

> *Plusieurs, se trouvant vis-à-vis,*
> *De cet objet furent ravis,*
> *Le nommant, en cette aventure,*
> *Un chef-d'œuvre de la nature;*
> *Et même un auteur incertain*
> *Composa ce joli huitain :*
>
> *Trésor caché, beauté jumelle,*
> *Brillant séjour de l'embonpoint,*
> *Ta splendeur a paru si belle*
> *Et mit ta gloire à si haut point,*
> *Qu'il faut qu'incessamment l'on prône,*
> *O cul qui les dieux charmerait,*
> *Que, si tu n'es digne du trône,*
> *Tu l'es au moins du tabouret.*

Un autre mérite de Loret, suivant son éditeur, c'est de « faire servir son dessein à la gloire de plusieurs grands hommes, en rapportant leurs plus belles actions et ne manquant point à faire leurs éloges quand l'occasion s'en présente, et, lorsque leur mort arrive, leur dressant d'honorables épitafes. » Nous citerons un de ces *épitafes* qui a plus particulièrement trait à notre sujet ; voici en quels termes Loret annonce la mort de son confrère le *gazetier en prose*, dans sa lettre du 1er novembre 1653 :

> *Renaudot, le grand Gazetier,*
> *Dont le nez n'était pas entier,*
> *Mais disert historiographe,*
> *Et digne d'un bel épitaphe,*
> *Dimanche fut mis au tombeau,*

A la clarté de maint flambeau.
Sentant en mon cœur quelque transe,
A cause de la ressemblance
De son métier avec le mien,
Et pour faire acte de chrétien,
Je conduisis son froid cadavre
Jusqu'à son dernier port ou havre,
Et là, pour son salut je dis
Dévotement De profundis.
La grande déesse emplumée
Qu'on appelle la Renommée
Eut l'œil humide, et non pas sec,
Quand la mort lui ferma le bec :
Il était un de ses trompettes,
Un de ses meilleurs interprètes,
Un de ses plus fameux agents,
Un de ses plus adroits régents,
Un des plus grands oracles de son temple,
Enfin un esprit sans exemple,
Qu'elle devait bien secourir,
Et non pas le laisser mourir.
Depuis que, par son peu de force,
Un fâcheux et triste divorce
Se mit entre sa femme et lui,
Rien ne consola son ennui ;
Sa santé fut toujours faiblette,
Il devint sec comme un squelette;
Le jour on l'entendait gémir,
La nuit il ne pouvait dormir,
Il sentait de rudes atteintes;
Sa bouche était ouverte aux plaintes,
Il soupirait à tout propos.
Maintenant il est en repos,
Car on peut pieusement croire
Qu'il fit ici son purgatoire.

De certain passage de Tallemant des Réaux il résulterait que ces beaux épitaphes n'étaient pas toujours désintéressés, et que Loret se faisait volontiers payer en belles espèces sonnantes l'honneur qu'il faisait à tel ou tel fat de coucher tout du long son nom dans sa gazette. Scarron, que nous verrons tout à l'heure marcher sur ses traces, lui adresse le même reproche, et, tout en faisant son éloge, lui décoche ce trait :

Loret écrit pour qui lui donne.

Et en effet on trouve assez fréquemment dans ses vers de véritables réclames qu'il n'a pu songer à insérer sans y avoir un certain intérêt. Après tout, il n'y aurait là rien que de bien naturel, et ce n'est pas aujourd'hui, quand la réclame joue un si grand rôle dans les journaux, même les plus respectables, qu'on pourrait faire un crime à Loret d'avoir tiré parti de la publicité dont il disposait. Il est bon de se rappeler, d'ailleurs, que, venu pauvre à Paris, il n'avait d'autres ressources que celles qu'il s'était conquises par sa plume. Il avait commencé sa carrière de journaliste avec une pension de 250 livres que lui faisait la princesse de Longueville, dont il était « serviteur gagé. »

Princesse, enfin votre ordonnance
M'a fait toucher quelque finance;
On m'a payé tout un quartier
De ma charge de gazetier.

> *Il faut donc que je persévère,*
> *Et si le ciel, en qui j'espère,*
> *M'éclaire un peu l'entendement,*
> *Vous aurez du contentement*
> *Pour vos deux cent cinquante livres,*
> *Ou bien j'y brûlerai mes livres.*

Cette pension fut augmentée « d'un certain nombre de louis, » dès l'année 1651, ainsi qu'il nous l'apprend lui-même; mais il paraîtrait qu'elle n'était pas toujours régulièrement payée, car on rencontre dans ses lettres d'assez fréquentes réclamations.

> *Princesse, que le ciel bénisse,*
> *A qui j'ai voué mon service,*
> *Et sacrifié tous mes soins*
> *Durant quatre mois pour le moins,*
> *Nous avons fait le devoir nôtre :*
> *Il est temps de faire le vôtre.*

Le succès des Lettres en vers ne tarda pas à valoir à leur auteur d'autres faveurs du même genre. Fouquet n'était pas homme à négliger cette trompette : il porta le gazetier pour 200 écus sur la longue liste de ses créatures pensionnées. Celui-ci reconnaît ses bontés en suivant ses mouvements, en décrivant ses fêtes, en vantant ses prodigalités.

> *Le modèle du vrai prudent,*
> *Monseigneur le surintendant,*
> *Dont les bontés me sont si chères,*
> *Est de retour.*

Lorsque le surintendant fut arrêté pour répondre de ses malversations, Loret en exprima publiquement ses regrets, et il y avait bien à cela quelque courage, car il aurait pu retrouver sur l'Etat ce qu'il perdait par la ruine du financier.

> Le sieur surintendant de France,
> Je ne sais pourquoi ni comment,
> Est arrêté présentement.....
> Certes j'ai toujours respecté
> Les ordres de Sa Majesté
> Et cru que ce monarque auguste
> Ne commandait rien que de juste;
> Mais étant remémoratif
> Que cet infortuné captif
> M'a toujours semblé bon et sage
> Et que d'un obligeant langage
> Il m'a quelquefois honoré,
> J'avoue en avoir soupiré,
> Ne pouvant, sans trop me contraindre,
> Empêcher mon cœur de le plaindre.
> Si, sans préjudice du roi
> — Et je le dis de bonne foi —
> Je pouvais lui rendre service
> Et rendre son sort plus propice
> En adoucissant sa rigueur,
> Je le ferais de tout mon cœur;
> Mais ce mien désir est frivole,
> Et prier Dieu qu'il le console
> En l'état qu'il est aujourd'hui,
> C'est tout ce que je puis pour lui.

Fouquet fut sensible à cette fidélité reconnaissante, et Ménage nous apprend comment il l'en récompensa. « Quoique M. Fouquet fût privé de toutes choses et qu'il eût d'ailleurs de grandes dépenses à soutenir, néanmoins, ayant été informé de la chose, il fit prier madame de Scudéri d'envoyer secrètement à Loret quinze cents francs. Pour exécuter ce qu'il souhaitait, madame de Scudéri choisit une personne de confiance, à qui elle donna les quinze cents francs. Cette personne alla trouver Loret, et fit si bien, après s'être entretenue avec lui, qu'elle sortit de chez lui après y avoir laissé cette somme dans une bourse sans qu'il s'en aperçût. » Et Fouquet put lire, dans la Gazette qui parut le samedi suivant, les remerciements que Loret adressait à son bienfaiteur inconnu.

Dès 1654, Mazarin avait récompensé par une pension de deux cents écus la bonne direction politique suivie par la *Muse historique* au milieu des troubles de la Fronde. A la mort du Cardinal, Loret élève ses regrets jusqu'aux plus hautes considérations politiques, revêtues d'images poétiques assez heureuses; mais il les fait précéder d'une remarque un peu prosaïque :

> *Par cette mort, que je lamente,*
> *Je perds deux cents écus de rente*
> *Qui furent, pour mon entretien,*
> *Mon plus clair et solide bien,*
> *Et que cette sage Eminence*
> *M'avait donnés pour récompense*

> *D'avoir constamment persisté*
> *D'être toujours du bon côté.*

Mais, ajoute-t-il bien vite,

> *Mais, quelque perte que je fasse,*
> *Et quelle que soit ma disgrâce,*
> *L'Etat, j'en jurerais ma foi,*
> *Perd infiniment plus que moi.*
> . . . .
> *J'abandonne aux plumes savantes*
> *A dépeindre ses grands talents,*
> *Et je vais seulement écrire*
> *Le quart de ce qu'on en peut dire.*
> *Ce Jule dont, pour nos péchés,*
> *Les jours sont trop tôt retranchés,*
> *Fut un génie incomparable,*
> *Un homme vraiment admirable,*
> *Un homme dont les faits divers*
> *Ont étonné tout l'univers.....*

Quoi qu'il en soit, c'est avec un étonnement mêlé de joie qu'il apprend, à l'ouverture du testament laissé par Mazarin, que cette pension est devenue une rente viagère, et il en exprime chaleureusement sa reconnaissance.

Plus tard, il aurait bien voulu voir cette rente s'augmenter d'une pension sur la cassette du roi. C'était le temps où Colbert formait sa fameuse liste de gens de lettres pensionnés. Loret n'y était porté ni par Chapelain, ni par Conrart, et il en maugréait; il ne s'expliquait pas son exclusion, lui qui se voyait assiégé par les gens de lettres qui voulaient avoir une mention dans sa gazette comme moyen d'obtenir ce que lui-même sollicitait vainement. Il s'en plaint avec amertume.

> *Hélas! mon infortune est telle*
> *Que je n'ai pas dans la cervelle*
> *Du latin et du grec à tas*
> *Et ne suis pas un savantas.*

Et cependant, ajoute-t-il, je puis me vanter

> *Que mes relations en vers*
> *Font quelque bruit dans l'univers.*

Et le roi n'eût fait que justice en le mettant au nombre de ses pensionnaires :

> *Car, si c'était pour à jamais*
> *Faire éterniser ses beaux faits,*
> *J'en connais tel qui, ce me semble,*
> *A plus écrit qu'eux tous ensemble*
> *De ses augustes actions.*

Mais, à défaut de pensions, les gratifications ne lui manquèrent pas, comme il le proclame lui-même :

> *Vous saurez donc, Mademoiselle,*
> *Pour première et bonne nouvelle,*
> *Que les vers que je fais pour vous*
> *Ont un sort si rare et si doux*
> *Que leur production féconde*
> *Agrée au meilleur roi du monde,*
> *Et que, pour me le témoigner,*
> *Sa Majesté m'a fait donner*
> *(Tant elle me croit honnête homme)*
> *De cent écus d'argent la somme,*

> *Que j'ai depuis un peu de temps*
> *Reçus par madame Bontemps.*

Et à la fin de la lettre où il annonce cette faveur à la princesse se lit un *Remerciement au Roi*, qui se termine ainsi :

> *Vous pouvez de quelques pistoles*
> *Payer mes vers et mes paroles;*
> *Mais, Sire, vrai comme le jour,*
> *Rien ne peut payer mon amour.*

Un autre jour, c'est Marie de Mancini, qui, ayant besoin de ses ménagements, ou craignant peut-être ses indiscrétions, lui envoie de beaux louis d'or, qu'il accepte avec une prétendue confusion,

> *Puisque votre oncle débonnaire,*
> *Dont je suis le pensionnaire*
> *Depuis quatre ou cinq ans passés,*
> *M'a déjà fait du bien assez.*

Une autre fois c'est le généreux Habert de Montmor

> *Qui par ses soins et par son or,*
> *Bonté, franchise et bienveillance,*
> *Lui rendit bien de l'assistance.*

Par elle-même, d'ailleurs, la *Muse historique* devait être d'un assez bon revenu : elle comptait de nombreux abonnés, auxquels on l'adressait sous bande, comme on fait de nos journaux actuels. Mais, quel que fût son produit, quelles que fussent les libéralités de ses protecteurs, Loret n'en était pas plus riche, et nous le voyons toujours quémander : c'est qu'il avait malheureusement la passion du jeu, si commune alors. Le destin, dit-il, l'avait fait trop libertin ;

> *Il aimait trop battoirs, raquettes,*
> *Cartes, quinolas, quinolettes,*
> *Prime, hoc, piquet, reversis.*

Et tout le long de ses lettres il s'accuse de ce défaut capital :

> *Loin d'exercer ma pauvre veine,*
> *O Princesse, cette semaine*
> *J'ai tant joué par ci par là*
> *Au plaisant jeu de quinola,*
> *A la boule, et même à la paume,*
> *Le plus noble jeu du royaume,*
> *Que je me suis vu sur le point*
> *De ne rimer ni peu ni point,*
> *Comme je fais à l'ordinaire*
> *Pour Votre Altesse débonnaire...*
> *Peste de la petite prime,*
> *Qui, durant le temps de la rime,*
> *Les jours passés trop m'occupa !*
> *J'en dis trois fois meâ culpâ.*

> *J'ai joué durant deux nuitées,*
> *Jusques à quatre heures comptées.*
> *Ha ! j'avoue ici que j'ai tort,*
> *Et certes j'appréhende fort*
> *(Non sans faire laide grimace)*
> *Que les vers qu'il faut que je fasse*
> *En deux ou trois heures au plus*
> *Ne valent pas un karolus.*

Princesse, il faut que je l'avoue,
Je devrais avoir sur la joue.
Ma muse est presque au désespoir,
Car certainement, hier au soir,
Au lieu de songer à la rime,
Je jouai si tard à la prime,
Que je dors encor tout debout,
Et ne sais pas bien par quel bout
Je dois commencer ma copie,
Tant ma pauvre âme est assoupie.

Ainsi jouant et buvant le jour et la nuit, Loret, honnête homme du reste, faisait souvent des dettes; il l'avoue sans vergogne; il ne serait pas éloigné de s'en vanter pour en tirer parti; il ne craint pas du moins de mendier pour les payer : O très-excellente Princesse, on m'a fait espérer

Que de moi vous auriez souci,
Et que, pour réparer les pertes
Que depuis un peu j'ai souffertes,
Vous prendriez dans votre trésor
Quelques pièces d'argent ou d'or,
Que je recevrais avec joie,
Pour contenter, par cette voie,
Deux ou trois créanciers que j'ai,
Auxquels je me suis obligé,
En foi d'honnête et galant homme,
De payer au moins quelque somme
Au terme Saint-Jean, échu d'hier.
Or monseigneur le créancier
Se fait aujourd'hui fort de fête,
Croyant la somme toute prête,
D'autant qu'entre eux j'ai le bonheur
De passer pour homme d'honneur.

> *Espérant donc que Votre Altesse*
> *M'ordonnera quelque largesse,*
> *Je finirai suppliant Dieu, etc.*

Si nous avons touché à ces questions plus personnelles que littéraires, c'est que nous avons pensé qu'en faisant connaître le journal, il n'était pas sans intérêt de faire connaître aussi le journaliste. Nous ne chercherons point d'ailleurs à excuser Loret ; nous nous bornerons à rappeler combien de son temps les idées étaient différentes de ce qu'elles sont à présent. De nos jours l'indépendance de l'homme de lettres est possible, elle est nécessaire même pour ceux qui tiennent à leur dignité ; dans la société où vivait Loret, il fallait à l'écrivain, même le plus sûr de sa force, un protecteur. Quant au parti qu'il tirait de sa plume, il n'y a rien là qui doive surprendre aujourd'hui : s'il y a de la différence entre les deux époques, elle n'est que dans les procédés, qui se sont bien perfectionnés depuis deux cents ans.

Les citations que nous avons faites, et que nous avons faites nombreuses, parce que c'était le plus sûr moyen de faire connaître l'humoristique gazetier, sa manière, sa facilité, sa gaieté, son esprit, permettent de juger de ce qu'était la *Muse historique*.

C'est aujourd'hui le seul monument peut-être,

et certainement le plus complet qui nous reste, des opinions politiques et littéraires de cette époque féconde. La Fronde, les intrigues auxquelles elle a donné lieu, les personnages qui y figurent, une partie des pièces de Corneille, toutes celles de Molière, y sont appréciés jour par jour et selon l'esprit du temps, toujours avec bonne foi, souvent avec esprit. A côté des anecdotes des ruelles et des salons, on y trouve des détails de caractère et de mœurs, des renseignements précieux, qu'on chercherait vainement ailleurs. Il y a là, en un mot, pour les esprits chercheurs qui s'occupent du xviie siècle, toute une mine à exploiter.

« Les Lettres en vers de Loret, disent ses nouveaux éditeurs (1), sont assurément un des ouvrages les plus curieux à consulter, une des sources les plus abondantes en précieux renseignements auxquelles il soit possible de puiser, pour quiconque veut étudier avec soin l'histoire politique ou littéraire de la France pendant la période de temps qu'embrasse cette gazette rimée. Pour seize années de la vie du grand siècle, on y trouve, en effet, outre la relation de tous les actes importants de la minorité et des premiers jours du règne de Louis XIV, le récit détaillé de ces mille petits faits divers qui préparent,

---

(1) Voir, pour cette nouvelle édition de la *Muse historique*, à la fin de cet article.

qui expliquent les grands événements, qui ont passé presque inaperçus des contemporains eux-mêmes, et dont les plus pénibles et les plus minutieuses recherches n'améneraient pas toujours l'historien à saisir la trace ailleurs. Là, toutefois, ne se borne pas le mérite de la *Muse historique*. Un certain attrait nous pousse tous, plus ou moins, à rechercher les particularités intimes de la vie des personnages que l'histoire fait poser devant nous; or, cette curiosité est, ici, très amplement satisfaite.

Sous le rapport des informations et de la peinture des mœurs, le mérite de Loret est donc incontestable. Le mérite littéraire ne lui sera pas aussi facilement concédé; nous croyons cependant que personne ne lui refusera au moins la facilité, la fécondité, le naturel.

Et quand on songe aux circonstances, aux conditions dans lesquelles il travaillait, on ne peut se défendre d'une sorte d'admiration pour la constance de ce pauvre gazetier à remplir sa tâche pendant près de quinze ans, sans faiblir, sans se négliger un instant, avec la même exactitude, avec la même gaieté. La misère, la maladie, la tristesse, l'humeur, qui quelquefois l'atteignent, et qu'il ne dissimule point, ne le faisaient pas ralentir d'une semaine. « Il n'y avait point à se résoudre ou à s'aviser;

ayant commencé ce travail, il fallait s'en occuper sans relâche. On demandait cela de lui, on l'en priait, et au besoin on l'y aurait doucement forcé. Il fallait satisfaire tant de gens d'honneur et de qualité, et ne pas leur déplaire. On attendait de lui un divertissement qui ne manquait point, qui était toujours nouveau : car avec quelle merveilleuse invention d'esprit ne savait-il pas accommoder les choses en leur donnant toujours une nouvelle face ! »

Mais aussi

> *Il lui fallait plus d'une fois*
> *Se mordre bien serré les doigts...*
> *Pour satisfaire à son devoir.*

Et sa gazette achevée, tout n'était pas fini : « pour montrer l'ardeur et le zèle » qu'il avait pour sa princesse, il allait lui porter lui-même sa lettre, quelque temps qu'il fît, « malgré les rivières qui tombaient du haut des gouttières ; » et à pied, bien entendu, avec ses bottes de Roussy, couvert d'un manteau de vinaigre qui le faisait souvent enrhumer, car

> *Il n'avait chaise ni carrosse,*
> *Ses pauvres petits revenus*
> *Etant trop courts et trop menus*
> *Pour lui permettre le louage*
> *De l'un ou de l'autre équipage.*

Loret lui-même, au commencement de 1663, rappelait que sa *Muse historique* avait déjà exigé de lui 700 préambules divers et autant de péroraisons; il se permettait de faire remarquer que l'inépuisable variété dont il avait fait preuve excitait des étonnements et trouvait des approbateurs, et il repousse avec fierté l'insinuation qui tendrait à le faire soupçonner d'avoir

> *Des magasins de préambules,*
> *De dates et de compliments,*
> *De fins et de commencements,*

qu'il tirerait de son armoire et appliquerait *comme une selle à tous chevaux*.

Les contemporains, en effet, étaient dans l'admiration de cette manière de dire toutes choses sur-le-champ, facilement et sans se répéter. Sorel, grave personnage, l'ami de Guy-Patin, en manifeste son étonnement : « Le sieur Loret, depuis l'année 1650, n'a point manqué de donner toutes les semaines une lettre en vers appelée ordinairement la *Gazette burlesque*; en quoi l'on a admiré la fertilité de son esprit pour tant de diverses préfaces, et l'adresse qu'il avait pour réciter agréablement toutes choses qui arrivaient. » Un pareil éloge a d'autant plus de valeur dans la bouche de Sorel, qu'au dire de son ami, c'était un homme fort doux et taciturne, point bigot ni mazarin, tandis que Loret, au contraire, était ouvert, pieux, et mazarin.

A cette même époque de 1663, où Loret jette un coup-d'œil sur le chemin parcouru par sa *Muse*, il énumère ce qu'il a déjà composé de vers pour sa princesse, et il arrive au chiffre de trois cent mille,

> *Qui sont, à dire vérité,*
> *Une étonnante quantité.*

Dans des conditions pareilles de composition abondante, rapide, livrée à heure fixe, sans discontinuation pendant quinze années, Loret a droit assurément à l'indulgence.

« La manière de notre auteur est toute naturelle et sans affectation aucune ; il ne cherche point de mots ampoulés pour étonner ; il ne fait point de digressions inutiles, et suit son sujet agréablement et naïvement. » Cette simplicité, il faut l'avouer, est quelquefois poussée jusqu'à la négligence. Les chevilles, les parenthèses hors de propos, les redites, ne l'effraient pas ; quand la rime lui manque, il l'avoue bonnement ; quand il la trouve mal, il s'en excuse, ou bien il la prend sans mieux choisir. Il convient lui-même presque à chaque page du peu de préméditation qu'il apportait dans son travail :

> *Quand je commence chaque lettre,*
> *Je ne sais ce que j'y dois mettre;*
> *Dans l'humeur qui vient m'agiter,*
> *J'écris sans rien préméditer.*

Et ailleurs :

> *Princesse, quand les beaux esprits*
> *Composent leurs divins écrits,*
> *Ils les relisent d'ordinaire,*
> *Et si quelque mot de grammaire*
> *N'est pas comme il faut appliqué,*
> *Il est tout soudain révoqué,*
> *On en met un autre à sa place*
> *Qui donne au discours plus de grâce;*
> *Bref, ils sont par eux si polis*
> *Qu'ils en sont cent fois plus jolis.*
> *Moi, chétif poëte lyrique,*
> *Inculte, ignorant et rustique,*
> *Quand j'écris gazette ou chanson,*
> *Je n'y fais pas tant de façon;*
> *Je les rime tout d'une haleine,*
> *Et s'il fallait prendre la peine*
> *D'y raturer et corriger,*
> *Cela me ferait enrager.*
> *Ce n'est donc pas chose fort rare*
> *Si mon style est un peu barbare,*
> *C'est-à-dire indigeste et cru,*
> *Et quelquefois très-incongru.*
> *Ainsi, sans aucun artifice,*
> *Je me fais moi-même justice,*
> *Et ceci, dont je suis l'auteur,*
> *Servira d'avis au lecteur.*

Et encore :

> *Mes vers jamais je ne retâte;*
> *Ils partent dès qu'ils sont rimés,*
> *Sitôt faits, sitôt imprimés.*

Mais dans la fièvre de cette production hâtive, Loret rencontre fréquemment des expressions heureuses, d'autres très-bouffonnes et véritablement burlesques. Ses vers, souvent spirituels, sont toujours abondants et faciles, toujours pleins de verve et d'originalité. Il avait en lui des qualités qui ne s'usent point et dont on ne se lasse jamais : une charmante bonhomie jointe à une rare bonne foi. Il savait assaisonner chacun de ses récits d'une gaieté ingénieuse et sans malice, qui en soutient encore aujourd'hui le charme et l'intérêt.

Les lettres de Loret sont toutes jetées dans le même moule. En tête de chacune se lit, en guise de titre, une épithète qui a un rapport quelconque, général ou particulier, avec le contenu de la lettre, qui affecte, en un mot, la prétention de la caractériser. Mais on conçoit que la nécessité d'en trouver une nouvelle toutes les semaines dut le jeter parfois dans d'étranges recherches. Celle-ci est *sensible*, celle-là est *niaise;* celle-ci *mélancolique*, celle-là *folâtre;* l'une est *ingénieuse*, l'autre *vulgaire;* l'une *égale*, l'autre *oblique;* quoi encore? *longuette, ambulatoire, assaisonnée, goguenarde, piteuse, économique, congrue,* et jusqu'à *jubilisée;* il ne recule pas même devant le titre de *chassieuse,* qu'il inflige à une lettre où il parle d'un mal d'yeux qui lui est survenu.

La lettre commence par un préambule, qu'il fait plus ou moins long, selon qu'il est plus ou moins pressé, mais qu'il varie avec un artifice qui excitait, comme nous l'avons vu, l'étonnement des contemporains, et que son éditeur fait justement remarquer : « Qui n'admirerait son artifice à faire toujours de nouveaux préfaces à sa princesse, depuis tant d'années qu'il lui adresse son ouvrage sans discontinuation ? C'est ce qui fait estimer son travail, avec ses autres beautés particulières. » C'est là que notre rimeur parle plus particulièrement de sa bienfaitrice et de lui-même, qu'il expose ses besoins, qu'il adresse ses remerciements, qu'il dit s'il est en bonne ou mauvaise santé, qu'il fait ses plaintes contre ses concurrents, qu'il converse enfin avec son public. On a de nombreux exemples de ces préambules dans les citations que nous avons faites ; citons encore :

> *Princesse, encore que mes vers,*
> *Courant dans des climats divers,*
> *Ayent maintenant quelque vogue,*
> *Je n'en suis pas pourtant plus rogue ;*
> *J'écris toujours timidement,*
> *Et je confesse ingénument*
> *Que la plupart de mes ouvrages*
> *Sont cent fois plus heureux que sages,*
> *Car, n'ayant rien du tout d'acquis,*
> *Comme en tel cas serait requis,*
> *N'ayant appris, en conscience,*
> *Art, discipline ni science,*
> *Et jouant tant que le jour luit,*
> *Et bien souvent toute la nuit,*

> *Il ne faut point dans mes gazettes*
> *Chercher ni pointes ni fleurettes ;*
> *Si l'on y voit quelque ornement,*
> *C'est plutôt hasard qu'autrement,*
> *Et je n'ai qu'une narrative*
> *Toute simple et toute naïve.*
>
> *Princesse pour qui ma Musette*
> *A griffonné mainte gazette,*
> *Moi qui sur fonts fus nommé Jean*
> *Vous souhaite bon jour, bon an.*
>
> *Princesse que presque j'adore...*
> *Illustre et haute demoiselle...*
> *Pucelle en vertus éminentes...*

Quelquefois il s'adresse à sa muse ou invoque Apollon ; d'autres fois il entre brusquement en matière :

> *Aujourd'hui j'ai plus de matière*
> *Qu'il n'en faut pour la feuille entière :*
> *Belle princesse, excusez donc*
> *Si le compliment n'est pas long.*

Après le préambule venaient les nouvelles de la semaine, pour lesquelles Loret puisait à toutes les sources d'information. Sa constante occupation était de recueillir les bruits qui couraient « tant dans les ruelles qu'au cours ; » il s'aidait

> *Des billets divers*
> *Que, pour discourir dans ses vers,*

> *De sages gens prenaient la peine*
> *De lui fournir chaque semaine,*

et qu'il rimait, après en avoir séparé « le civil d'avec le barbare. »

Les gazettes du jour, manuscrites ou imprimées, lui fournissaient les nouvelles politiques, qui acquéraient un intérêt nouveau par la forme poétique ou burlesque dont il les revêtait. Aussi n'en cache-t-il nullement l'origine :

> *Renaudot l'a dit avant moi.*

Et en puisant dans la Gazette, il se garde bien de la calomnier ; il en fait l'éloge, au contraire, comme de sa « bonne amie, » et y renvoie ses lecteurs :

> *Cet imprimé judicieux*
> *Les instruira, je crois, du mieux.*

Le Bureau d'adresse, d'où sortaient alors, paraît-il, quelques gazettes manuscrites et beaucoup de commérages et de médisances, lui était aussi d'un grand secours :

> *Ces singes du Bureau d'adresse,*
> *Qui ne font point rouler la presse,*
> *Mais qui dans les champs et Paris*
> *Font courir divers manuscrits.*

Pour ce qui se passait dans le grand monde, Loret, non-seulement comme pensionnaire de Madame de Longueville et familier de l'hôtel du maréchal de Schomberg, mais en sa qualité même de gazetier, était en position d'être parfaitement informé. Il n'y avait pas de grande fête à laquelle on ne l'invitât : la vanité est éternellement la même, et il n'y a entre la *Muse historique* et les journaux actuels que la différence de deux siècles. Nous voyons Loret recherché, à l'égal de certains chroniqueurs d'aujourd'hui, par les maîtres et maîtresses de maison qui donnaient des fêtes, et qui aimaient fort à voir louer leurs magnificences dans une gazette qui comptait tant et de si illustres lecteurs. Il n'était pas jusqu'aux fêtes de la cour auxquelles l'heureux poëte ne fût convié.

> *Anne, cette reine admirable,*
> *Fut à mes vœux si favorable*
> *Que, par son ordre et par ses soins,*
> *Je fus un des heureux témoins*
> *De la diversité féconde*
> *Du plus beau spectacle du monde.*
> *Charaut, brave et noble seigneur,*
> *Et tout à fait homme d'honneur,*
> *Me plaça près trois demoiselles*
> *Non-seulement blanches et belles,*
> *Mais pleines, très certainement,*
> *De lumière et d'entendement.*

Et — chose à laquelle Loret était fort sensible — on allait jusqu'à lui offrir des rafraîchissements dans les entr'actes, comme aux personnes les plus qualifiées de la cour :

> *Quelqu'un m'apporta de quoi vivre ;*
> *Bontemps me fit présent d'un livre ;*
> *De la bougie on me donna ;*
> *Personne ne m'importuna ;*
> *Bref Lavenage et Méneville*
> *D'une façon toute civile,*
> *Et deux ou trois exempts du roi,*
> *Eurent beaucoup de soin de moi.*

Et il faut le voir se rengorger au souvenir des honneurs qu'on lui a faits, en rappelant

> *Qu'un brave exempt de la reine*
> *De le conduire a pris la peine,*
> *Et cria d'un ton haut et net :*
> *« Ouvrez tôt, c'est monsieur Loret! »*

Nous n'avons pas besoin de dire quel intérêt le récit de ces fêtes splendides, où il y avait si peu d'appelés, ajoutait aux Lettres de Loret, et combien il était de nature à les faire rechercher de plus en plus.

Si répandu que fût Loret, quelque attentif qu'il fût aux moindres bruits, il lui arrivait cependant quelquefois d'être à court de nouvelles,

> *D'autant que la Gazette en prose*
> *Et l'Extraordinaire aussi*
> *N'ont rien de propre à mettre ici.*

Alors il se mettait à courir Paris, et nous trouvons dans sa lettre du 21 octobre 1656 une peinture assez plaisante de ses tribulations.

Agréable Princesse nôtre,
Moi qui suis le serviteur vôtre,
Et, de plus, votre historien,
Certes ne sachant presque rien
Pour débiter à Votre Altesse,
J'ai violenté ma paresse
Et tournoyé par tout Paris,
Sans avoir nulle chose appris.
J'ai parcouru les Nouvellistes,
Les hableurs, les méchants copistes ;
Mais leurs contes sont si douteux
Que je n'ai rien emprunté d'eux.
J'ai visité quelques notables,
J'ai fréquenté de bonnes tables,
Moins pour le plaisir du gustus
Que pour celui de l'auditus ;
J'ai même été dans les ruelles
Pour ramasser plus de nouvelles ;
Mais des drôles, tant là qu'ailleurs,
M'ont dit, avec des tons railleurs :
Charles de Bourbon a pris Rome ;
Monsieur Bayard fut un brave homme ;
Pepin le Bref fut un ragot ;
Défunt Gustave un grand roi got ;
La reine Marguerite est morte.
Moi j'ai dit : Diantre vous emporte,
Vous et vos contes surannés !
Eux, me faisant un pied de nez,
M'ont répondu, les bons apôtres :
Pardy, nous n'en savons point d'autres.
Or, ces fadaises n'ayant pas
Pour les lecteurs de grands appas,

> *Je vais, pour contenter l'Europe,*
> *Où notre lettre en vers galope,*
> *Apprenant d'ailleurs ma leçon,*
> *Nouvelliser d'autre façon.*

Les informations qu'il recueillait ainsi de toutes mains n'étaient pas toujours exactes, et il lui arrivait quelquefois de se tromper, ou plutôt d'être trompé.

> *Nous autres écrivains d'histoires,*
> *Quelquefois par de vains mémoires,*
> *Sans foi ni probité conçus*
> *Sommes abusés et déçus,*
> *Partout on ne saurait pas être*
> *Pour à fond les choses connaître,*
> *Et souvent s'en faut rapporter*
> *A quiconque en vient débiter.*
> *C'est ainsi que je fais, car, comme*
> *Je suis franc, sincère et bonhomme,*
> *Sans m'en mettre trop en souci,*
> *Je crois que chacun l'est aussi.*

Mais, dans ce cas, il mettait à se rétracter, à dénoncer son erreur, le plus louable empressement.

Quand absolument il n'avait pas assez de nouvelles pour remplir son cadre — c'était pour chaque lettre 200 à 250 vers, — il y faisait entrer tant bien que mal quelque canard qu'il avait en réserve.

Sa revue terminée, il la couronnait par un petit épilogue flatteur en l'honneur de sa princesse, ou quelques vers qu'il lui adresse d'une manière plus directe ; par exemple :

Mais, ô Princesse bonne et sage !
C'est ici la troisième page,
Et je sens que j'ai tant rimé
Que j'en ai l'esprit enrhumé.
Il faut donc qu'une fin je mette
A cette épître un peu longuette,
Priant le Ciel de tout mon cœur
Que pour vous il soit sans rigueur.

C'est, pour ce jour, en bonne foi,
Tout ce que peut savoir de moi
Votre Altesse, que Dieu bénie !
Adieu donc, sans cérémonie.

Voilà ma Gazette achevée !
Si de vous elle est approuvée,
O Princesse qu'on aime tant !
Je serai, certes, plus content
Que si je trouvais en ma voie
Un sac plein d'or ou de monnoie.

Enfin vient la date, qui se trouve déjà en tête de la lettre, sous la forme ordinaire, et qu'il répète à la fin dans le style qui lui est propre.

J'ai fait ces vers tout d'une haleine,
Le jour d'après la Madeleine.

Le dix de mai ceci fut fait,
Dont je ne suis pas satisfait.

Ces vers sans ragoût et sans suc,
Ont été faits le jour Saint-Luc.

Fait au mois de juillet, le douze,
En mangeant une talemouse.

> *Ecrit le vingt et cinq de mars,*
> *Ayant mangé des épinards.*

> *Fait, appuyé contre un lambris,*
> *Dies quindecim octobris.*

Il n'y a qu'une excuse pour le burlesque de cette rédaction, mais cette excuse en vaut une autre : Loret mit sept à huit cents fois son esprit à la torture pour y satisfaire.

Dans le dernier numéro de chaque année, il faisait une revue générale de l'état du monde.

> *Après ces six ou sept articles*
> *Que j'ai griffonnés sans bésicles,*
> *Comme tous les ans, bien ou mal,*
> *Je fais un état général,*
> *Quand l'an vers son penchant décline,*
> *De toute la ronde machine,*
> *Où, par livres, récits ou gens,*
> *J'ai par-ci par-là des agens,*
> *Je quitte les simples nouvelles*
> *Pour venir aux universelles.*

Il avait du reste bientôt fait son tour du monde :

> *Dans la relation présente,*
> *O Princesse très-excellente !*
> *En moins de cinquante et huit vers*
> *On voit l'état de l'univers.*

Il avait hâte de rentrer dans son Paris, d'aller *lorgner* les belles qu'il aimait tant, et plus encore peut-être de reprendre sa partie interrompue.

Après avoir bien fait la ronde,
Et circuit la plupart du monde
Par un sentier fort peu connu,
Enfin me voilà revenu
Dans mon charmant lieu de plaisance,
C'est-à-dire à Paris, en France,
Où les jeux et ris à foison
Sont quasi toujours de saison,
Et qui dans ses murs tient encloses
Tant de belles bouches de roses,
Tant de teints d'œillets et de lis,
Tant de Chloris, tant de Philis,
Et, bref, tant d'objets adorables
Que je les tiens presque innombrables.

Comme nous l'avons dit, Loret remettait tous les samedis à la princesse de Longueville la copie autographe de sa lettre. Il était fait lecture, au milieu d'un cercle brillant, des improvisations du poète, et le succès qu'eurent ses vers devait tout naturellement amener à en demander des copies. En 1652 les copistes furent remplacés par la presse, mais on n'en tira d'abord que douze exemplaires. En 1654 ce chiffre dut être augmenté, car, nous l'avons déjà dit, plusieurs contrefaçons faisaient concurrence à l'exploitation régulière, et Loret se plaint amèrement

De ces fripons, de ces pervers,
Qui, malgré lui, vendent ses vers.

Une de ces contrefaçons, celle probablement qui motivait plus particulièrement les plaintes de Loret, est parvenue jusqu'à nous ; elle est intitulée : *La Gazette du temps en vers burlesques*. Le premier numéro est du 25 août 1652 ; le dernier, au moins de ceux que nous connaissons, porte la date du 19 octobre. C'est dans l'intervalle, le 29 septembre, ainsi que nous l'avons vu, que Loret se décida à faire lui-même imprimer ses lettres ; mais le contrefacteur n'en continua pas moins son commerce, et il annonçait même, dans son numéro du 12 octobre, que le public recevrait toutes les semaines un nouveau cahier intitulé : *Gazette en vers burlesques*. Aussi Loret jette-t-il feu et flammes.

Illustre et haute demoiselle
Pour qui la Muse a tant de zèle,
Princesse pour qui dans mon cœur
J'avais une ardente vigueur,
Qui tirait de ma pauvre veine
Plus de deux cents vers par semaine,
Je suis si fort découragé
Par ce fou, par cet enragé,
Qui, persévérant dans ses crimes,
Fait de mes misérables rimes
Un infâme et sordide gain
Pour avoir un morceau de pain,
Que je ne bats plus que d'une aile ;
Je n'ai quasi plus de cervelle,
Et si je n'ai bientôt raison
De cette noire trahison,
Plus que juive et qu'arabesque,
Adieu la Gazette burlesque.

Tel est le préambule de sa lettre du 12 octobre ;

il y revient dans une apostille qui termine la même lettre :

> *Ce détestable plagiaire,*
> *Cette âme basse et mercenaire,*
> *Qui ma Gazette imprimer fit*
> *Pour en tirer quelque profit,*
> *Ayant, de peur de plaie ou bosse,*
> *Discontinué son négoce,*
> *Cet impudent, cet insensé,*
> *L'a depuis peu recommencé ;*
> *Mais si ce misérable hère*
> *En son vol encor persévère,*
> *Soit qu'il soit gueux ou bien huppé,*
> *Il sera sans doute attrapé.*
> *Que s'il reste à ce personnage*
> *Un rayon encor d'homme sage,*
> *Il doit profiter prudemment*
> *De ce mien avertissement.*

Enfin il menace de rompre sa lyre;

> *Si le chef de la justice,*
> *Homme d'honneur et de justice,*
> *Ne fait, par droit et par raison,*
> *Traîner ces pendards en prison.*

Mais il ne faudrait pas prendre cette colère au pied de la lettre : Loret était essentiellement bon. Ce qu'il voulait, c'était obtenir un privilége qui lui assurât la tranquille jouissance de son succès, et il fit si bien qu'il en vint à ses fins.

> *Sachez enfin que ce grand homme*
> *Qui (comme est dit) Molé se nomme*

> *M'a le privilége accordé*
> *Depuis si longtemps demandé.*

Ce privilége est daté du 19 mars 1655. En voici un passage : « Notre bien-aimé le sieur Loret nous a fait remontrer que depuis l'année 1650 il aurait composé plusieurs lettres en vers, dédiées à notre très-chère cousine Mademoiselle de Longueville, lesquelles même il aurait fait imprimer en feuilles volantes par l'ordre et du consentement de notre dite cousine ; ce qui aurait donné occasion à plusieurs libraires, voyant que lesdites lettres recevaient quelque sorte d'approbation, d'en faire imprimer aussi plusieurs copies pour en tirer de l'utilité ; mais ils les auraient tellement gâtées, falsifiées et corrompues, que ledit Loret ne les peut voir sans les désavouer. Ce qui l'oblige, pour réparer le préjudice que cela fait à sa réputation, de faire imprimer en un ou plusieurs volumes toutes lesdites lettres... »

Loret céda son privilége à Charles Chenault, imprimeur bien connu des bibliophiles, qui dès le 4 janvier 1656 avait achevé d'imprimer, in-4°, le premier volume ou la première année des lettres de Loret. Un avis aux lecteurs prévient que « ces lettres en vers dont on voit le premier volume ne sont pas de celles qui ont été imprimées toutes les semaines depuis le mois de septembre 1652. Celles-ci n'ont jamais passé à l'impression ; et au temps qu'elles ont été faites, l'on les donnait seulement manuscrites, de sorte qu'elles sont si rares qu'il ne s'en trouve plus aucune copie que ce qu'en a pu fournir l'auteur à Mademoiselle de Longueville, à qui elles ont toujours été dédiées, et à deux ou trois de ses amis. »

Notre poète se chargea d'annoncer lui-même cette édition de sa Gazette, paraissant désormais sous la forme d'un livre, et d'un livre illustré de son portrait et d'un titre gravé représentant l'Histoire.

> *Mon imprimeur présentement*
> *En débite publiquement*
> *Le coup d'essai, le premier livre,*
> *Où l'on voit mon portrait en cuivre.*
> *Or le susdit livre s'achette*
> *En la rue de la Huchette,*
> *Au bout d'en bas, et non d'en haut;*
> *L'imprimeur s'appelle Chenault.*

Une nouvelle édition de cette première année, mais in-folio cette fois, fut faite en 1658, et les deux premières années furent réunies en 1659, ainsi que Loret nous l'apprend lui-même dans sa lettre du 19 avril de cette année, où il avertit ses lecteurs

> *Que les deux premières années*
> *Des lettres par lui griffonnées*
> *Se débitent tout de nouveau,*
> *En parchemin, vélin ou veau,*
> *En public, et non en cachette,*
> *Dans la rue de la Huchette,*
> *Chez Chenault, imprimeur du roi.*

Les lettres de Loret furent longtemps sans être baptisées ; elles portaient simplement en tête la suscription :

A son Altesse Mademoiselle de Longueville.

« Il est vrai que vulgairement on les a appelées dès le commencement la *Gazette burlesque*, à cause qu'elles rapportaient ce qui se passait, et qu'elles le faisaient en style plaisant et agréable ; toutefois leur auteur ne leur a jamais attribué ce nom par écrit, ou ne l'a fait que fort rarement. Il a laissé quelque temps le choix aux bons esprits du titre qu'ils voudraient donner à ses ouvrages ; mais, ayant vu enfin que quelques écrivains nouveaux entreprenaient des poëmes ordinaires sous le titre de comiques et burlesques, qu'ils appelaient des gazettes, et à qui chacun donnait encore ce nom, il a voulu montrer que son intention était tout autre, et que sa première pensée n'avait été que d'adresser ses écrits à Mademoiselle de Longueville, princesse de haute naissance et de rare mérite, qui est aujourd'hui Madame la duchesse de Nemours, laquelle avait souhaité de lui cette sorte de divertissement, qui n'était pas encore en usage. C'est en cette considération qu'il a appelé ceci *Lettres en vers*, non-seulement pour y donner un nom convenable, mais pour en faire distinction de ce que quelques autres auteurs composent en forme de gazettes. »

Quand elles furent réunies en volumes, ce fut sous le titre de : *La Muse historique, ou Recueil des Lettres en vers, contenant les nouvelles du temps, écrites à Son Altesse Mademoiselle de Longueville, depuis duchesse de Nemours, par J. Loret.* « Le nom de *Gazette* qu'on lui a donné autrefois, dit à ce propos l'éditeur, n'est point quitté par mépris ; ce n'est que pour le laisser aux relations qui sont faites en prose, au lieu que, celles dont nous parlons étant en vers, on se doit bien imaginer qu'elles sont débitées par l'une des Muses, et même par celle qui a l'intendance de l'histoire, puisqu'elle nous fournit de mémoires journaliers où toute l'histoire du temps est comprise, de sorte qu'à bon droit la dignité de Muse historique lui est attribuée. »

Outre cette réimpression en trois volumes, on trouve dans les bibliothèques des collections plus ou moins nombreuses des lettres originales, portant encore pour la plupart la marque de leurs plis. Elles sont, comme la réimpression, in-folio à deux colonnes ; mais les lignes sont plus ou moins espacées et le caractère plus ou moins fort, selon que la verve de Loret avait été plus ou moins féconde. L'imprimeur s'arrangeait de manière à terminer toujours au bas de la troisième page, afin de laisser la quatrième blanche. Il faut croire qu'on écrivait les noms des abonnés sur une bande, comme aujourd'hui, car on ne voit pas de nom tracé sur la quatrième page; une seule des lettres conservées à la Bibliothèque impériale, du 14 octobre 1656, porte la suscription manuscrite suivante : « Pour Monseigneur le Cardinal. »

Pour être complète, la *Muse historique* doit aller jusqu'au 28 mars 1665. Dans le numéro précédent,

> *Ecrit en mars le vingt et deux*
> *Dans un état assez piteux,*

Loret parle de ses maux, et de la défense que lui a faite le docteur de s'occuper de vers; et cependant il compose encore une lettre, celle du 28 mars, malgré la Faculté et ses propres pressentiments;

> *Et quand dans peu l'on devrait dire :*
> *« Loret est mort pour trop écrire,*
> *Les vers l'ont mis au breluquet, »*
> *Je vais hasarder le paquet.*

Il termine par cette date mélancolique :

> *Le vingt-huit mars j'ai fait ces vers,*
> *Souffrant cinq ou six maux divers.*

Enfin ce numéro se termine par deux avis qui semblent l'adieu d'un malade et les dernières dispositions d'un mourant.

AVIS AUX LECTEURS

Aux jours de la fête pascale
Aucuns vers français je n'étale:
On songe à des actes meilleurs;
J'en ai dit les raisons ailleurs.
Ainsi, lecteurs de mes ouvrages,
Gens de châteaux et de villages,
Gens de cour, nobles et bourgeois,
Adieu jusques à l'autre mois,
Si le Ciel point ne me refuse,
La grâce en moi toujours infuse.
Quoique ni peu ni point savant,
J'écrirai comme auparavant,
En cas que ma douleur lugubre
Soit en un état plus salubre,
Et qu'alors je me porte bien :
Autrement je ne promets rien.

AUTRE AVIS

A quelques Messieurs dont je reçois pension,
mais qui sont en très-petit nombre.

Je conjure ceux qui me doivent
Pour ma lettre en vers qu'ils reçoivent
Tous les huit jours précisément
De me donner contentement.
Pour aller prier vos personnes
D'être envers moi justes et bonnes,
Mes maux ne me permettent pas
De quitter mes tisons d'un pas.
La somme que je vous demande
(Comme vous savez) n'est pas grande,
Et pourriez bien me l'envoyer

Jusques au coin de mon foyer ;
Le porteur, chose très certaine,
Ne perdrait nullement sa peine.
L'effet de ceci que j'attends
Puisse arriver en peu de temps !
Mais ma santé plus tôt encore,
Car le chagrin qui me dévore
D'être si longtemps catereux
Est un tourment bien rigoureux.

Ce furent les derniers vers du pauvre poète, qui s'éteignit peu de jours après, la plume à la main, et méditant probablement quelque nouveau compliment à sa princesse.

La *Muse historique* est devenue presque introuvable. Aussi les bibliophiles désiraient-ils vivement une réimpression de cette précieuse chronique, mais une réimpression intelligente, qui fît disparaître les voiles, souvent bien épais, que, lors de la réunion de ses lettres en volumes, Loret avait dû jeter par prudence sur un grand nombre de figures de son musée historique, qui donnât la clef de tant d'énigmes aujourd'hui presque indéchiffrables, qui restituât enfin le texte original dans toute sa vérité. C'est ce qu'a entrepris M. Ravenel, le savant conservateur des imprimés à la Bibliothèque impériale, de concert avec l'éditeur de la Bibliothèque Elzevirienne, M. P. Jannet. Ces deux noms disent assez ce que sera, sous le rapport matériel aussi bien que sous le rapport des soins littéraires, cette nouvelle édition, dont le premier volume, d'ailleurs, est déjà dans les mains de tous les amateurs.

En attendant l'achèvement de cette grande et difficile entreprise, si digne d'encouragement, les curieux consulteront avec intérêt et avec fruit une copieuse notice que M. Léon de Laborde a consacrée à Loret et à son œuvre dans son splendide volume sur le palais Mazarin, notice dans laquelle nous avons nous-même puisé à pleines mains.

Continuateurs et imitateurs de Loret.

Lagravète de Mayolas, *Lettres en vers et en prose;* naissance du feuilleton-roman. — Robinet, *Lettres en vers à Madame.* — Scarron, *Epîtres en vers burlesques.* — Subligny, *La Muse Dauphine.* — Etc.

Loret eut des continuateurs et des imitateurs ; il paraîtrait même qu'avant de mourir il avait disposé de son sceptre littéraire et s'était donné un successeur. C'est du moins ce que l'on peut inférer d'un passage de Ch. Robinet, qui avait, lui aussi, entrepris une continuation aux Lettres en vers :

> *D'ailleurs, avant son heure extrême,*
> *Par un soin digne de lui-même,*
> *Voulant avoir un successeur*
> *Qui pût lui faire quelqu'honneur,*
> *Il en fit avec diligence*
> *Recevoir un en survivance.*

D'un autre côté, l'auteur de la *Bibliothèque française*, Sorel, écrit à la date de 1666 : « Le sieur de Mayolas est celui qui a continué son dessein depuis sa mort, dédiant toutes les semaines sa gazette en vers à Madame de Nemours. Quelques autres se sont meslez de faire de ces lettres en vers ; mais elles ont souvent eu de la discontinuation, au lieu que le sieur de Mayolas y persévère avec bon succès. » Nous n'ajouterons rien à cette appréciation de Sorel, sinon que le continuateur s'est appliqué à reproduire son modèle et à rendre la transition imperceptible, et qu'il nous a paru y avoir réussi aussi heureusement qu'il était possible ; on sent pourtant qu'il est plus savant, moins naturel, que Loret, et qu'il n'a pas la longue habitude de son prédécesseur à manier l'arme, ou, si l'on veut, à agiter les grelots du burlesque.

Outre sa continuation de la *Muse historique*, poussée jusqu'à la fin de 1666, Mayolas a laissé des *Lettres en vers et en prose, dédiées au roi,* écrites en style familier, mais non plus burlesque, lesquelles offrent une particularité très-remarquable. La disposition est la même que celle des lettres de Loret, ainsi que le format ; la Lettre proprement dite, commençant par un préambule, et finissant par une date rimée dans le même genre, n'occupe également que les trois premières pages ;

mais la quatrième, au lieu d'être blanche, contient une partie en prose :

> *Grand roi, pour plaire aux goûts divers,*
> *J'ajoute de la prose aux vers,*

qui n'est rien de moins qu'un feuilleton-roman en lettres, dont Mayolas annonce ainsi le sujet dans le préambule de sa première lettre :

> *Vous verrez la lettre galante*
> *De Célidie et de Cliante*
> *Découvrir et cacher leurs vœux,*
> *Couronnés d'un hymen heureux,*
> *Et chacune aura sa devise*
> *Pour répondre à leur entreprise.*
> *Pendant que ces deux beaux esprits*
> *Vont travailler à leurs écrits,*
> *Puissant Roi, faites-moi la grâce*
> *D'ouïr un peu ce qui se passe.*

Chaque feuilleton se compose d'une lettre du berger et de la réponse de la bergère, d'une étendue à peu près égale, disposées en regard l'une de l'autre, caractérisées par un substantif ou une courte phrase placée en tête, comme les Lettres de Loret l'étaient par un adjectif, et terminées, comme le dit l'auteur, par une devise « qui répond à leur entreprise, » qui en résume la substance.

Nous transcrirons le premier feuilleton.

LETTRE I

DE CLIANTE A CÉLIDIE

Offre de service.

Si vous étiez moins parfaite, ou que je fusse moins juste, et si je n'étais aussi sensible que vous êtes belle, je n'oserais prendre la liberté de vous déclarer franchement que je vous aime. Cet aveu, quelque légitime et fidèle qu'il soit, n'a pas laissé de me causer de la peine, dans l'incertitude où je suis de la manière dont vous le recevrez, et dans la crainte que j'ai qu'il ne passe pour une faiblesse en un grand courage. Mais j'ai surmonté ce dernier en apprenant que les conquérants les plus fiers ont soumis leur sceptre, leur couronne, leur empire et leur victoire aux pieds d'une beauté qu'ils ont plus estimée que tout cela. C'est sans regret qu'à leur exemple j'offre à votre mérite un comté, deux marquisats, quelque gouvernement et cent mille livres de rente, encore avec mon cœur et ma liberté, qui me sont beaucoup plus chers que le reste. Il n'y a que le premier soupçon qui me peut chagriner, de douter de quel œil vous verrez ce que je vous écris. Mais comme j'y ai pensé longtemps avant que de vous le dire, j'ai eu aussi celui de me résoudre à souffrir toutes les cruautés et les mépris dont vous êtes capable. Il est donc inutile d'user de rigueur en mon endroit, puisque je vous déclare que je suis l'homme du monde le plus constant ; et pourvu que vous relâchiez un peu de cette fierté qui vous est naturelle, vous ajouterez à vos charmes le seul agrément qui leur manque pour être la plus aimable personne de l'Europe.

De tu mirar, mi fortuna.

D'un seul de tes regards dépend tout mon bonheur.

RÉPONSE

DE CÉLIDIE A CLIANTE

Rebut.

Il a tenu à peu que votre lettre n'ait été brûlée avant que de la lire, et si je n'avais cru qu'elle me devait donner quelque avis important, ou me parler de quelque affaire considérable, je ne l'aurais pas seulement reçue ni ouverte. Ce qui me console est que je crois que vous êtes devenu fou, et que je ne sais ce que vous me voulez dire. Amour est un dieu que je ne connais point, ni je n'ai aucune envie de le connaître ; je suis muette pour y repondre, et je n'ai point d'oreilles pour écouter ceux qui m'en entretiennent. Toute la grâce que je vous puis faire, c'est d'oublier votre témérité, et de vous défendre de m'en parler de votre vie. Avouez que vous en êtes quitte à bon marché, et que sans les belles qualités que vous possédez, je vous aurais pu répondre plus rigoureusement. Au reste, je ne suis nullement crédule, ni facile à tromper par la flatterie ou par les richesses. Vos offres sont belles, mais je ne les reçois point, et les biens ni les charges, avec leur plus grand éclat, ne sauraient m'éblouir. Si je suis assez heureuse pour que vous trouviez en moi quelques traits qui ne vous fassent point peur et qui ne vous rebutent point, je vous déclare qu'ils ne seront jamais embellis par la douceur, car j'ai fait vœu d'être sévère. J'avoue qu'un cœur fidèle pourrait devenir aimable ; mais je ne crois point qu'il y en ait au monde.

De mis ojos rayos.

Il ne sort de mes yeux que rigueur et que flamme.

Cliante, bien entendu, n'est pas la dupe de ce

Rebut; il écrit une nouvelle lettre qui a pour épigraphe : *Persévérance*.

Je suis si glorieux d'avoir reçu une de vos lettres que, quand elle m'aurait coûté la vie, je n'y aurais point de regret après ce bonheur...

Antes morir que mudar.

Je prétends de mourir plutôt que de changer.

Célidie, naturellement, affecte la *Colère*.

Je riais la première fois que je vous ai écrit ; mais c'est tout de bon, à la seconde, que je suis en colère... J'ai déchiré et brûlé vos deux lettres. Ne soyez pas assez hardi pour m'en écrire une troisième : car, quelque curieuse que je sois de lire de jolis billets, je serais bien marrie de jeter les yeux sur les vôtres...

Antes morir que amar.

Aimer, selon mon sens, est pire que mourir.

Dès la troisième semaine, Cliante, encouragé par une cousine de sa belle, recourt aux moyens de séduction ; il hasarde un *Présent*. Profitant de l'occasion que lui offre la fête de la dame, il lui envoie un bouquet de diamants.

Je ne doute point que les fleurs ne vous eussent été plus agréables, soit pour leur senteur, soit pour leur peu de valeur ; mais je n'ai pas cru que leur fragilité et leur peu de durée m'obligeassent à me servir d'elles, dans le sentiment où je suis de ne point vous donner des marques de mon estime qui ne soient aussi fortes et ne durent autant que ma passion. Leur beauté n'eût aussi rien paru auprès de la vôtre ; les roses et les lys qu'on voit en tout temps sur votre visage auraient terni tout leur éclat, et, comme il passe en moins d'une heure, vous auriez été bientôt exempte de penser à celui qui vous l'avait donné. Ce n'est pas que vos yeux ne soient plus brillants que ces pierreries, et que leur feu n'en soit plus aimable et plus précieux ; mais je suis assuré du moins que le temps ne les saurait détruire, et que, si votre cœur en a la dureté, le mien a autant de constance...

Mi coraçon va con il ramillete.

Agréez que mon cœur s'attache à ce bouquet.

Dans sa réponse, Célidie ne montre plus qu'une *Fierté radoucie.*

Comme, au jour de ma fête, je reçois indifféremment tous les bouquets qu'on me donne, je ne pouvais pas honnêtement refuser le vôtre, qui vaut infiniment plus que tous ceux qui m'ont été présentés. Bien qu'il soit de haut prix, je vous avoue qu'il est, à mon gré, plus considérable par la bonne volonté de celui qui me l'envoie, que par sa propre valeur....

Il ramillete, no mas.

Je trouve que c'est trop seulement du bouquet.

Elle ne le garde pas moins, et à la 4e lettre elle est arrivée à la *Civilité ;* à la 5e, elle en est à l'*Estime.*

Ainsi embarqués dans l'esquif du sentiment, nos amants naviguent pendant plusieurs années sur le fleuve du Tendre, et cette longue navigation est marquée par toutes les péripéties que comportait alors un pareil voyage, jusqu'à ce qu'enfin ils arrivèrent au port heureux de l'*Union.* Il nous suffira, pour achever d'en donner une idée, de citer encore le titre de quelques lettres.

Lettre vii. *Indisposition.* — *Condoléance.* — ix. *Sur les couleurs.* — *Le bleu.* — x. *Bal et comédie.* — *Complaisance.* — xi. *Partie de masque.* — *Déguisement découvert.* — xiii. *Offre du prix du carrousel.* — *Refus.* — xiv. *Service signalé.* — *Reconnaissance parfaite.* — xv. *Procès sollicité.* — *Remerciement.* — xvi. *Partie de chasse.* — *Louange.* — xvii. *Jalousie.* — *Erreur.* — xviii. *Songe.* — *Illusion.* — xix. *Combat.* — *Tendresse.* — xxi. *Sur des cheveux.* — *Bracelet.* — xxiii. *Rendez-vous.* — *Consentement.* — xxv. *Baptême.* — *Acceptation.* — xxvi. *Proposition de mariage.* — *Réfutation.* — xxvii. *Départ.* — *Regret.* — xxviii. *Absence.* — *Solitude.* — xxix. *Sur des forêts.* — *Sur un jardin.* — xxx. *Sur les chaleurs de l'été.* — *Sur la fraîcheur.* — xxxvi. *Victoire.* — *Réjouissance.* — xxxvii. *Blessure.* — *Affliction.* — xxxviii. *Convalescence.* — *Plaisir extrême.* — xl. *Retour.* — *Surprise.* — xli. *Sur le deuil.* — *Sur la mode.* — xliii. *Sur la chasse.* — *Sur la pêche.* — xliv. *Sur la guerre.* — *Sur la paix.* — xlviii. *Sur le changement.* — *Sur la constance.* — lxxiii. *Sur des mouches.* — *Sur de la poudre.* — lxxvi. *Sur la foire de Saint-Germain.* — *Sur la comédie en musique.* — lxxxi. *Sur le mal de dents.* — *Sur la migraine,* etc., etc.

On peut aisément sur ces données bâtir le roman de Cliante et Célidie, qui ne brille peut-être pas par l'invention, mais qui ne manque ni d'esprit ni d'élégance.

Les lettres de Mayolas paraissaient une fois par semaine, mais non pas sans interruption, puisque la première année, qui va du 9 décembre 1668 au 24 décembre 1669, ne contient que 49 lettres. Outre cette première année, la Bibliothèque impériale possède un autre fascicule de ces mêmes lettres qui va du 12 janvier au 29 décembre 1671, et du n° 73 au n° 92 ; il manque donc l'année 1670 et les n°ˢ 50 à 72. Y eut-il une quatrième année? C'est ce que nous ne saurions dire. Le feuilleton qui porte le n° 92 a bien pour titre : *Mélange — Union,* mais le contenu ne semble pas indiquer que Célidie ait dit son dernier mot, et que le moment soit venu, ce moment si longtemps attendu par Cliante, où les deux amants vont confondre leurs destinées.

Nous venons de dire que Robinet, que nous avons déjà rencontré parmi les journalistes de la Fronde, avait également entrepris de continuer la gazette de Loret. Ses *Lettres en vers à Madame* sont calquées en tout point sur celles de son prédécesseur. La première parut le 25 mai 1665.

> *Viens là, Musette! as-tu du cœur?*
> *Voici pour toi bien de l'honneur ;*
> *On t'ouvre certe une carrière*
> *Qui doit te rendre beaucoup fière,*
> . . . .
> *C'est à la divine Henriette,*
> *A ce grand astre de la Cour,*
> *Que tu dois écrire en ce jour.*

Il s'agit de la sœur de Charles Ier, Henriette d'Angleterre, première femme de Monsieur, mariée le 1er avril 1661, morte empoisonnée le 30 juin 1670.

Voici la date de la lettre :

> *Il faut encor la date mettre :*
> *J'ai donc fait cette course ou lettre*
> *Le vingt-cinq du mois le plus gai,*
> *Qu'on ne prend point sans verd et qu'on appelle mai.*

Robinet ne mit pas son nom en tête de ses Lettres, mais il n'en faisait pas un mystère.

> *Madame, c'est assez écrire ;*
> *Je m'en vais clore mon cornet,*
> *Car, si je vous faisais trop lire,*
> *On pourrait m'appeler un plaisant Robinet.*

Un privilége lui fut accordé pour sa gazette le 10 décembre 1665, « pour aussi longtemps que ledit exposant sera capable de la pouvoir faire. » Brunet et autres bibliographes assurent qu'elle fut continuée jusqu'en 1678.

Dans sa lettre du 5 juillet 1670, en annonçant la mort de Madame, il s'adresse à son *ombre royale* :

> *Ombre auguste, ombre glorieuse,*

et il continua ses lettres sous ce titre, jusqu'à ce qu'il eût obtenu l'autorisation de les adresser à Monsieur.

Les imitateurs de Loret furent assez nombreux, et peut-être cette concurrence ne contribua-t-elle pas peu à soutenir la verve de notre poète.

De tous le plus célèbre est Scarron, et ce n'est pas un médiocre honneur pour Loret que d'avoir eu un pareil copiste, d'autant qu'on est assez généralement porté à croire que c'est lui qui a imité le créateur du genre burlesque. Il est un fait certain, c'est qu'en l'année 1655, alors que la *Muse historique*, répandue depuis cinq ans dans Paris, voyait chaque semaine s'accroître le nombre de ses lecteurs, Scarron descendit dans cette arène de publications périodiques, et il nous est parvenu sous son nom un Recueil de 32 épîtres en vers burlesques sur ce qui s'est passé de remarquable en l'année 1655.

Les quinze premières épîtres appartiennent seules à Scarron. La forme est absolument la même que celle adoptée par Loret, au point qu'on remarqua dès lors qu'il le copiait. Et il ne s'en défendit pas ; au contraire, il rend justice à son devancier.

> *L'un d'eux, qui pour sa seule rime*
> *A de l'amour et de l'estime,*
> *A voulu faire trouver froids*
> *Mes vers en leurs plus beaux endroits.*
> *L'autre, malin comme une pie,*
> *M'appelle de Loret copie.*
> *Quand de Loret je la serais,*
> *Pas moins je ne m'en priserais :*
> *Loret, en ce genre d'écrire*
> *(Et l'on me l'a toujours ouï dire)*
> *Est singulier, est excellent,*
> *Et c'est, sans doute, son talent.*
> *Mais chacun a part au bien faire,*
> *Et s'il plaît un, autre peut plaire.*
> *Nous n'avons pas, en bonne foi,*
> *Mêmes motifs, Loret et moi.*
> *Loret écrit pour qui lui donne ;*

J'écris pour ma seule personne.
Mes vers vont comme il plaît à Dieu,
Sans affecter homme ni Dieu;
Je les donne à qui les demande,
Sans qu'autre chose je prétende.
Loret gagne avec maint seigneur;
Avec moi gagne un imprimeur.
Il envoie, ou lui-même livre,
Deux feuillets chers comme un bon livre;
Quatre des miens à fort bas prix
Battent le pavé de Paris.
Loret avec sa rime gaie
Non pas seulement se défraie,
Mais même en reçoit non pour peu
De quoi frire et jouer beau jeu;
Au lieu que mon ingrate rime
Trouve à grand'peine qui l'imprime,
Et que crédit je n'aurais pas
Sur mes vers d'un petit repas.
Mais sur les siens le grand Malherbe
A peine trouva-t-il de l'herbe;
En ses vieux ans il n'eut de bon
Que du laurier, comme un jambon.

Ailleurs il fait dire à Jacquemard parlant à la Samaritaine :

Sur votre pont passent sans cesse,
De tous côtés, de toutes parts,
Des citoyens, des campagnards :
Ainsi vous pourrez, ma fidèle,
Rendre nouvelle pour nouvelle.
Pour moi, je serai ponctuel,
En ce commerce mutuel,
Comme est Loret dans ses gazettes;
Autant plaisantes que bien faites,

> *Dont l'aimable diversité,*
> *Témoigne la fécondité.*

Chaque lettre se termine, sinon par la date exacte comme celles de Loret, au moins d'une façon à peu près pareille :

> *Fait à Paris, près de Vincennes,*
> *L'an qu'on prit deux villes lorraines,*
> *Et que l'Espagnol ne prit pas*
> *Notre bonne ville d'Arras.*
>
> SCARRON.

Le plus souvent, faisant parade de ses maux, il signe son épître :

> *De notre* CHAISE, *auprès du feu,*
> *Où, pendant que je fais des rimes,*
> *Deux de mes amis plus intimes*
> *Au piquet jouent fort beau jeu.*

Il puisait aux mêmes sources d'information que son modèle, et s'en rapportait aussi à la Gazette de Renaudot :

> *La Gazette nous apprendra*
> *Si tel bruit faux ou vrai sera.*
> . . . .
> *Je m'en rapporte à la Gazette.*

Ne pouvant, comme Loret, se mettre en quête de nouvelles, il aurait voulu détourner à son profit le cours des lettres et des renseignements qui affluaient dans le *bouge* de ce dernier; il fait appel aux nouvellistes :

AVIS.

Si quelqu'un, de près ou de loin,
M'assiste de quelque mémoire,
Car on sait que j'en ai besoin,
Je lui donnerai de la gloire.

Il paraît que cet appel produisit peu d'effet, car il le renouvelle un mois après :

A TUTI QUANTI.

Gens de la ville et de la Cour,
Si mes lettres vous divertissent,
Que les vôtres donc m'avertissent
De ce qui se fait chaque jour.

Avec l'esprit de Scarron, l'on pouvait à la rigueur se passer d'informations ; mais à une gazette il faut de l'exactitude, et il n'était pas homme à s'astreindre à paraître à jour fixe ; dès la cinquième lettre il est en retard de deux jours :

De notre chaise, ce mardi.
J'aurais bien achevé lundi;
Mais je préfère à juste titre
Mes passe-temps à mon épître.

Or le libraire ne pouvait trouver son compte à cette nonchalance toute poétique ; il eut recours à des écrivains plus ponctuels. Le premier envoie une *Lettre à M. Scarron, écrite de l'armée du Roi par un sien ami, sur le sujet de ses épîtres qu'il donne au public toutes les semaines.* La seconde *Epître à*

M. Scarron par un sien ami se plaint de l'interruption de sa gazette :

> *D'où vient donc, monsieur Scarron,*
> *Qu'un esprit si bel et si bon,*
> *Et tel que le vôtre peut être,*
> *Ne fait plus à présent paraître*
> *Quelque beau plat de son métier ?*

Cette question amenait la réponse, et d'épître en épître on parvint tant bien que mal à la fin de l'année, de manière à pouvoir offrir au public un petit volume in-quarto, dont nous ne pouvons dire le succès, mais qui est aujourd'hui de la plus grande rareté ; il a pour titre : *Recueil des Epîtres en vers burlesques de M. Scarron et d'autres auteurs sur ce qui s'est passé de remarquable en l'année* 1655. Paris, 1656. Les huit premières lettres de Scarron sont intitulées alternativement : *Epître de* JACQUEMARD, *horloge de Saint-Paul, à la Samaritaine, horloge du Pont-Neuf,* et *Réponse de* LA SAMARITAINE, *horloge,* etc. Les n°s 9 et 15 portent : *Epître de M. Scarron à...* avec le nom du destinataire. Le n° 16 est la *Lettre à M. Scarron* que nous venons de citer. Les numéros suivants ont pour titre : *Epître...* avec le nom du personnage auquel la lettre s'adresse, et souvent l'indication des événements qui y sont relatés. On ne connaît que deux exemplaires complets de ce recueil ; l'un appartient à la bibliothèque de l'Arsenal, et l'autre à une bibliothèque particulière.

L'éditeur de ce volume, Alexandre Lesselin, que le succès de Loret empêchait sans doute de dormir, avait lancé dès 1654 la *Muse héroï-comique, au Roi*, même format, même disposition et même style que la *Muse historique*, mais paraissant le dimanche, au lieu du samedi, quand elle paraissait, car elle ne s'astreignait pas à une inflexible régularité, et elle arrivait

> *Si non de huitaine en huitaine,*
> *Au moins de quinzaine en quinzaine,*

et encore !

En 1656, la *Muse héroï-comique* changea de nom et devint la *Muse Royale, à madame la princesse Palatine*.

> *Madame, sans trahir la foi*
> *Que je dois à Louis mon roi,*
> *Et sans passer pour désertrice,*
> *Je me jette à votre service.*

Elle changea aussi d'imprimeur, nous ne savons pour quels motifs ; mais Lesselin, qui tenait absolument à avoir sa gazette, en entreprit bientôt une autre sous le titre de *Muse de la cour*. On jugera de l'aménité des procédés littéraires à cette époque par la façon dont la *Muse royale* traite la nouvelle venue.

AVIS.

> *La Muse qui rôde et qui court*
> *Se disant Muse de la* Cour

Fort mal à propos se dit telle :
C'est une simple bagatelle,
Et la pauvre veuve qu'elle est
Se contentera, s'il lui plaît,
D'être comme simple gredine
Loin de CABINET *en cuisine.*
C'est là le vrai bien qu'il lui faut,
D'autant que, pour premier défaut,
Étant sans fonds et sans liquide,
Elle a souvent le ventre vide...
Elle demande argent ou pain :
Voilà l'un de ses caractères.
Le second, elle a tant de pères
Qu'on la peut nommer au hasard
La fille du tiers et du quart.
Le premier fagoteur de rime
A faire la belle s'escrime ;
Puis le père avecque l'enfant...
S'en va braire de porte en porte,
Pour trouver qui les reconforte...
Le père, en qui pauvreté brille,
Lui dit : Seigneur, voici ma fille,
La belle MUSE *de la* COUR,
Qui se donne à vous en ce jour ;
Mais, Seigneur, la guèuse pucelle
N'a pas le liard en l'escarcelle,
Et la misérable est à cu,
Si ne lui donnez quelqu'écu...
Mais de tels sales écrivains
Ont fait cette Muse coureuse
Qui, bien qu'alors belle et pompeuse,
S'en allait, oh ! quel déshonneur
C'était pour un fameux auteur !
Pour faire encor de la gredine,
A la belle mode Esseline,

> *C'est-à-dire de Lesselin,*
> *Affamé comme un pou mal plein :*
> *C'est l'imprimeur de cette Muse*
> *Qui fait qu'avec sa cornemuse*
> *En vielleuse elle va jouer*
> *Partout pour gagner le denier*
> *Et faire aller dans son ménage*
> *Un peu de pain et de fromage,*
> *Mais au lieu de quoi bien souvent*
> *Elle n'attrape que du vent ;*
> *Témoin son épître dernière,*
> *Qu'on mit à part pour la beurrière,*
> *N'étant digne que de rebut...*

Cette *Muse de la Cour* se composait en effet d'une épître adressée chaque semaine à une nouvelle et éminente personne. C'était, on le pense bien, une manière de se créer un protecteur, un abonné, ou d'extorquer une gratification ; mais on arrive rarement à la fortune par cette voie, et la pauvre Muse allait mourir de faim quand son propriétaire eut l'heureuse idée de l'appeler d'un nouveau nom, en même temps qu'il lui donnait pour rédacteur un homme d'esprit qui devint célèbre, plus tard, par ses comédies en prose et en vers, par sa grande activité littéraire, et aussi par ses querelles avec Racine. T. P. de Subligny, avocat au Parlement, et assez bon poète, consentit à publier, à partir du 3 juin 1666, une continuation à la *Muse de la Cour* sous le titre de *Muse Dauphine*. Le cadre de la nouvelle gazette fut le même que celui des autres feuilles du même genre, mais on y remarque un ton plus littéraire et une tournure plus poétique. Elle paraissait le jeudi de chaque semaine. Je ne sais combien elle vécut; mais, selon les apparences, elle n'aurait pas achevé sa première année. La Bibliothèque impériale en possède un volume, in-12, contenant trente semaines, et allant du 3 juin au 24 décembre 1666. Ce volume est de 1668, et à pagination continue. C'est donc une réimpression, et il est à supposer qu'elle comprend tout ce qui avait été publié.

Il y eut d'autres tentatives du même genre, mais qui ont à peine vécu et ne méritent point que nous nous y arrêtions. D'ailleurs les Lettres en vers burlesques avaient fait leur temps, et si quelque chose doit nous étonner, c'est qu'elles aient joui d'une si longue vogue. Leur cadre, avec quelque esprit qu'il fût rempli, ne présentait pas assez de variété pour captiver longtemps les esprits. Mayolas, en mariant la prose aux vers, avait indiqué un progrès que le *Mercure galant* réalisa.

LE MERCURE

« Le public a toujours été partagé sur l'estime que l'on doit faire de cet ouvrage périodique. Les uns l'ont regardé comme un livre dont on ne saurait se passer; les autres l'ont absolument méprisé comme un ouvrage beaucoup moins utile qu'un almanach; mais il faut prendre le milieu entre ces deux jugements. Il en est du *Mercure galant* comme d'un grand nombre d'autres livres dont on n'aurait dû dire ni tant de bien, ni tant de mal. L'exactitude et le choix pouvaient faire de celui-ci un recueil dont l'histoire n'aurait pu se passer. Les événements sont accompagnés de beaucoup de circonstances qui, dans le temps de leur nouveauté, ne paraissent pas importantes; ces circonstances s'effacent bientôt de la mémoire du public, et la postérité regrette les avantages qu'elle en aurait pu tirer pour l'exactitude de l'histoire. Il est certain qu'on trouve beaucoup de choses de cette espèce dans le Mercure; mais les gens qui ne veulent rien que de choisi, et tous ceux qui n'aiment point à s'amuser longtemps sans s'instruire, n'ont pu se résoudre à faire cas d'un livre où les bonnes choses sont comme noyées dans une infinité de mauvaises, où ce qui peut servir de preuve et d'éclaircissement à l'histoire ne se trouve que trop souvent mêlé de circonstances douteuses et équivoques (1). »

Ce jugement date du commencement du xviiie siècle, d'une époque où le Mercure n'avait encore fourni que la moitié à peine, et la moitié de beaucoup la moins importante, de sa longue carrière. Une saine critique n'en porterait pas un autre aujourd'hui. Je sais bien qu'il est assez de mode de se moquer de ce pauvre Mercure ; on en rit volontiers — souvent sans le connaître ; mais il a pour lui sa longue existence, de près d'un siècle et demi, et sa masse très-respectable de dix-huit cents volumes. Ce sont là, ce me semble, d'assez bonnes preuves, et, quoi qu'on en puisse dire ou penser, il faut bien reconnaître qu'un journal qui a pu fournir une pareille

---

(1) Camusat, *Histoire critique des journaux*, Amsterdam, 1734, in-12. M. Ch. de Monseignat (*Un chapitre de la Révolution française*) dit que « cette histoire serait mieux intitulée : Histoire de la *Gazette de France* et du *Journal des Savants*, parce que ce sont les seuls journaux dont il y soit question. » C'est une erreur que nous croyons devoir signaler, pour épargner des recherches aux travailleurs, que le titre même de ce volume assez rare pourrait induire en erreur. Nous rappellerons que les journaux et les gazettes étaient, à cette époque, deux choses tout à fait distinctes, que les rédacteurs des gazettes étaient des gazetiers, et non des journalistes, titre exclusivement réservé alors aux rédacteurs des recueils littéraires. L'histoire de Camusat n'est, à proprement parler, que l'histoire du *Journal des Savants*, qui est suivie de courtes notices sur le *Mercure* et une demi-douzaine de journaux de médecine, de sciences mathématiques, et de littérature. Mais il n'y est pas dit un mot de la *Gazette de France* ; une note seulement roule sur l'origine des gazettes et l'utilité de ces sortes d'écrits. Nous reviendrons d'ailleurs sur cet ouvrage en parlant des journaux littéraires.

carrière, qui a eu le singulier privilége d'intéresser pendant tant d'années une société qui n'était pas précisément sotte, ne saurait être sans une certaine valeur. Evidemment dans une aussi volumineuse collection il doit se trouver bien de la mauvaise prose et de mauvais vers; mais, en revanche, on croirait difficilement, quand on n'a pas feuilleté ce recueil, dont le genre, après tout, n'était pas plus frivole que celui auquel on nous ramène insensiblement, combien d'excellentes choses il renferme, et quelles lumières il a répandues en badinant. Du reste, tout en se moquant du Mercure, on l'a pillé, on le pille encore à outrance. Pensez donc aussi, 1,800 volumes! Quelle mine précieuse pour un chroniqueur aux abois, si mélangé qu'y soit l'or! Et véritablement, nous le répétons, il n'y est pas si rare qu'on voudrait bien le dire. Même, qu'on veuille bien le remarquer, je ne défends ici que le *Mercure galant*, le Mercure de de Visé et de ses premiers successeurs; car le *Mercure de France*, le Mercure des Laroque, des Marmontel, des La Harpe, qui comptait parmi ses rédacteurs les plus grands noms de la science et des lettres, qui pouvait sur ses bénéfices annuels servir jusqu'à 30,000 fr. de pensions aux gens de lettres, ce Mercure-là n'a pas sérieusement besoin d'être défendu. Rappelons encore un caractère propre du Mercure : c'est qu'il était accessible à tous; c'était une tribune ouverte à toutes les opinions, à toutes les idées, une lice où se rencontraient et se combattaient, des points les plus éloignés, les plus habiles jouteurs.

Il est bon d'ailleurs de faire observer que ce fut à sa naissance que le Mercure eut à essuyer les attaques les plus violentes, que ce furent les contemporains qui lui donnèrent cette teinte de ridicule qui ne s'est jamais depuis complétement effacée. C'est toujours et partout le sort de toute entreprise qui réussit, d'avoir à lutter contre l'envie; mais il y eut à cette hostilité contre le Mercure une cause particulière, inhérente à la personne de son fondateur ; il arriva au Mercure ce qui était arrivé à la *Gazette*. En s'attaquant à la routine, Renaudot avait ameuté contre lui tous les Purgons de la faculté de médecine : de Visé, par ses critiques peu mesurées, par la violence qu'il apporta dans certaines querelles littéraires, souleva contre son œuvre la gent irritable des poètes. Plus tard l'âpreté que le Mercure apporta dans la défense de son privilége, et ses prétentions au monopole, accrurent encore ces dispositions hostiles.

Donneau de Visé était né à Paris en 1640. Destiné par ses parents à l'état ecclésiastique, il en porta l'habit dans sa jeunesse ; mais, entraîné par un penchant irrésistible vers la carrière des lettres, il n'avait pas tardé à quitter le petit collet Dès 1663 il avait fait connaître son goût pour la satire en publiant, à la suite d'un recueil de nouvelles, l'examen des ouvrages de Molière et une critique de la *Sophonisbe* de Corneille. Peu de temps après, l'abbé d'Aubignac ayant attaqué ce dernier écrivain, de Visé, par un revirement étrange, en prit la défense et se constitua le champion de notre grand tragique, avec lequel sans doute il avait fait sa paix. Mais il continua de harceler Molière, soit qu'il n'appréciât pas ce rare génie, soit qu'il cédât à une basse jalousie. En 1665 il aborda le théâtre, et débuta par *la Mère coquette, ou les Amants brouillés*, que suivirent, à des intervalles rapprochés, plusieurs autres pièces, toutes en vers, et qui eurent un grand nombre de représentations.

De Visé était donc déjà très-connu dans le monde littéraire quand il commença, en 1672, la publication du *Mercure galant*. Ce n'était pas, comme je le vois imprimé partout, une suite, une résurrection du *Mercure français* de Richer; il n'y a aucune espèce d'identité entre ces deux recueils. Le livre de Richer était, comme je l'ai dit ailleurs, une sorte d'annuaire historique; le *Mercure galant* était, ainsi que l'indique son titre, un recueil essentiellement léger, qui embrassait, mais en les effleurant seulement, toutes les matières qui sont le butin des Chroniques, Courriers, feuilletons de théâtre, et Revues d'aujourd'hui : nouvelles politiques et littéraires, promotions et nominations, mariages, baptêmes et morts, spectacles, histoires galantes, réceptions aux académies, plaidoyers, sermons, arrêts, petites pièces de poésie, énigmes illustrées, chansons avec musique, dissertations, quelquefois savantes et quelquefois enjouées, tout y entrait, tout y trouvait place. Boursault, dans une pièce dont nous parlerons tout à l'heure, fait dire à un de ses personnages :

> ...... *Me croyez-vous la cervelle assez bonne*
> *Pour résister longtemps à l'emploi qu'on me donne?*
> *Tant que dure le jour j'ai la plume à la main;*
> *Je sers de secrétaire à tout le genre humain.*
> *Fable, histoire, aventure, énigme, idylle, églogue,*
> *Epigramme, sonnet, madrigal, dialogue,*
> *Noces, concerts, cadeaux, fêtes, bals, enjouements,*
> *Soupirs, larmes, clameurs, trépas, enterrements,*
> *Enfin quoi que ce soit que l'on nomme nouvelle,*
> *Vous m'en faites garder un mémoire fidèle.*

Mais laissons l'auteur nous exposer lui-même le plan qu'il s'était proposé.

Je vous écrirai tous les huit jours une fois, et vous ferai un long et curieux détail de tout ce que j'aurai appris pendant la semaine. Je vous manderai des choses que les gazettes ne vous apprendraient point, ou du moins qu'elles ne vous feraient pas savoir avec tant de particularités. Les moindres choses qui se passeront ici n'échapperont point à ma plume. Vous saurez les mariages et les morts de conséquence, avec des circonstances qui pourront quelquefois vous donner des plaisirs que ces sortes de nouvelles n'ont pas d'elles-mêmes. Je tâcherai de développer la vérité des belles actions de ceux dont la valeur se fera remarquer dans les armées, et vous éclairerai souvent des choses dont la renommée est toujours mal instruite, parce qu'elle n'attend jamais pour partir qu'elles soient bien éclaircies, et que les premiers bruits qu'elle sème ne sont que rarement véritables... Comme on entend de temps en temps parler de procès si extraordinaires et si remplis d'aventures que les romans les plus surprenants n'ont rien qui en approche, je ne manquerai pas de vous en divertir et de vous en mander les véritables circonstances, qui ne sont jamais bien sues que de ceux qui se donnent la peine de les rechercher avec soin.

Je vous enverrai toutes les pièces galantes qui auront de la réputation, comme sonnets, madrigaux et autres ouvrages semblables. Je vous manderai le jugement qu'on fera de toutes les comédies nouvelles et de tous les livres de galanterie qui s'imprimeront.

J'espère vous écrire souvent quelques aventures nouvelles en forme d'histoire. Paris est assez grand pour m'en fournir, et il y arrive chaque jour des choses assez considérables et extraordinaires... J'ajouterai à toutes ces choses toutes les nouvelles des ruelles les plus galantes, et vous manderai jusques aux modes nouvelles. On est ravi en province de les apprendre, et, de tout ce que l'on y peut mander, rien n'y est souhaité avec plus de passion. Vous croyez bien que les coquettes de Paris me fourniront assez de quoi vous écrire sur ce sujet, et que toutes les choses que je viens de promettre me fourniront séparément de quoi vous entretenir d'un nombre infini de nouvelles. Je ne vous en manderai pas beaucoup d'étrangères ni d'état, et je vous parlerai seulement de ces grandes nouvelles publiques dont s'entretiennent ceux même qui ne font pas profession d'en savoir. Comme il n'y a pas de nouvelle si publique qui n'ait quelque chose de particulier et qui n'est pas su de tout le monde, je vous informerai de ce qu'en croiront ceux qui doivent être les mieux informés.

Si je puis venir à bout de mon dessein, et que vous conserviez mes lettres, elles pourront dans l'avenir servir de mémoires curieux, et l'on y trouvera beaucoup de choses qui ne pourraient se rencontrer ailleurs, à cause de la diversité des matières dont elles sont remplies.

Ce plan n'était pas irréprochable assurément; mais il était nouveau et réalisait un progrès réel. La presse littéraire n'existait alors que depuis six ou sept ans, et elle n'avait encore produit que quelques recueils spéciaux, s'adressant à une classe privilégiée. La presse politique datait déjà de quarante années, mais on sait combien la Gazette, restée son unique expression en France à l'époque où parut le Mercure, était aride et insignifiante. De Visé voulut, en combinant ces deux éléments et les étendant, faire un journal qui parlât de tout, qui fût ouvert à tous et convînt à tous ; il comprit que là était le succès, et ses calculs ne furent point trompés.

Le fait seul de cette alliance de la littérature et de la politique, opérée par le Mercure, constituait pour l'époque, et dans les circonstances où elle se produisit, un véritable progrès. C'est là ce qu'on ne regarde pas assez quand on juge ce recueil. Nous ne voulons pas le surfaire assurément ; mais nous pensons qu'on n'en a pas fait tout le cas qu'il méritait. On ne veut y voir qu'un ramas de fadaises littéraires, et la vérité est qu'il donnait une large place à la politique, ou du moins — si ce mot ne peut se séparer de l'idée de discussion — aux nouvelles politiques, aux faits historiques. Il est vrai qu'il accommodait l'histoire au tempérament de ses lecteurs; mais il n'en présente pas moins une masse de détails, de petits faits, qui importent essentiellement à notre histoire, et qu'on ne rencontrerait pas ailleurs. Sa littérature avait le même caractère de légèreté, de frivolité, si l'on veut, elle n'était pas toujours très-choisie; mais cela entrait dans le plan de son fondateur : ce qu'il avait voulu faire, nous le répétons, c'était un journal pour tous, un journal de tout le monde. L'applaudissement avec lequel fut accueilli le Mercure prouve tout au moins que son auteur avait bien jugé de la société au milieu de laquelle il vivait.

Malheureusement de Visé porta dans le Mercure cet esprit satirique qui lui était naturel; il se constitua juge suprême de toutes les matières de goût, et, par un travers qui n'est pas à sa louange, il sembla prendre à tâche de rabaisser le mérite des maîtres, comme Racine et Molière, réservant les éloges et les encouragements aux écrivains les plus obscurs. Ainsi, à propos des *Femmes savantes,* auxquelles d'ailleurs il rend justice, il prend contre Molière la défense de Cotin, déjà immolé par Boileau à la risée publique.

Jamais, dans une seule année, l'on ne vit tant de belles pièces de théâtre, et le fameux Molière vient de faire représenter au Palais-Royal les *Femmes savantes*, pièce de sa façon, qui est tout à fait achevée. Bien des gens font des applications de cette comédie. Un homme de lettres est, dit-on, représenté par M. Tricotin ; mais M. Molière s'est suffisamment justifié de cela par une harangue qu'il a faite au public deux jours après la première représentation de sa pièce. D'ailleurs ce prétendu original de cette agréable comédie ne doit pas s'en mettre en peine, s'il est aussi sage et aussi habile homme que l'on dit, et cela ne servira qu'à faire éclater davantage son mérite, en faisant naître l'envie de le connaître, de lire ses écrits et d'aller à ses sermons.

Nous ne pensons pas que les *Femmes savantes* aient empêché qu'on fût *assis à l'aise* aux sermons de l'abbé Cotin ; mais nous ne croyons pas non plus que la harangue prononcée par Molière avant la représentation de cette pièce ait fait prendre le change à personne sur ses véritables intentions, et nous ne voyons dans ce discours qu'une malice du grand homme, ne voulant laisser ignorer à personne que c'était l'abbé Cotin qu'il avait mis en scène sous le nom de *Tricotin*, changé depuis par lui-même en celui de *Trissotin*.

Dans la querelle sur la prééminence des anciens et des modernes, Visé se déclara pour Perrault, ce qui lui attira plusieurs épigrammes, entre autres celle-ci, de Boileau, adressée à Perrault :

> *Le bruit court que Bacchus, Junon, Jupiter, Mars,*
>   *Apollon le dieu des beaux-arts,*
> *Les Ris même, les Jeux, les Grâces et leur mère,*
>   *Et tous les dieux enfants d'Homère,*
>   *Résolus de venger leur père,*
> *Jettent déjà sur vous de dangereux regards.*

> *Perrault, craignez enfin quelque triste aventure !*
> *Comment soutiendrez-vous un choc si violent ?*
> *Il est vrai, Visé vous assure*
> *Que vous avez pour vous Mercure ;*
> *Mais c'est le Mercure galant.*

Voici une autre épigramme, dont nous ignorons l'auteur :

> *Le sot livre qu'on voit dans les mains des bourgeois,*
> *Revenant à toutes les lunes !*
> *Serait-ce pas l'égout du Parnasse françois ?*
> *Non, mais c'est que, selon les lois*
> *Au sexe féminin communes,*
> *La Muse françoise a ses mois.*
> *Ah fi ! direz-vous, quelle ordure !*
> *De Visé cependant en fait sa nourriture*
> *Et Corneille en lèche ses doigts.*

Il s'agit ici de Thomas Corneille, que de Visé avait attaché à la rédaction de son journal, après avoir fait quelques comédies avec lui.

On sait l'arrêt que La Bruyère fulmina contre le Mercure en le mettant immédiatement au-dessous de rien. Mais les plus violentes attaques lui vinrent de Gacon, qui nourrissait pour son auteur des sentiments peu bienveillants. Nous citerons une boutade du poète sans fard qui résume assez exactement les principaux reproches que l'on adressait au Mercure :

> *Quoi ! depuis si longtemps Corneille et de Visé*
> *Fatiguent le public d'un livre méprisé,*

LE MERCURE

Et je n'ai pas encor contre leur sot Mercure
Décoché dans mes vers quelques traits de censure !

Ah ! c'est trop attendu, mon silence est suspect ;
Il est temps de bannir un frivole respect.
Si le nom de Louis qui pare leur volume
A pu jusques ici mettre un frein à ma plume,
Las de le voir en proie à ce couple ignorant,
Je me laisse entraîner et je cède au torrent.

Vient-il de la province un ouvrage insipide,
Dût-il déshonorer les faits de notre Alcide,
Si l'écu neuf le suit, il trouve un doux accueil
Et tiendra le haut bout dans le fade recueil.

C'est là que tous les mois la basse académie
Se montre ouvertement du bon sens ennemie,
C'est là que Longepierre, enflant son chalumeau,
Croit chanter comme un cygne et croasse en corbeau,
Et c'est là que Le Clerc, De Vins et ses semblables
Par le plus sot lecteur se font donner aux diables.

Après quelques sonnets, impromptus, madrigaux,
Le Mercure s'étend sur les livres nouveaux,
Et, prodiguant l'encens au flatteur mercenaire,
Il porte jusqu'aux cieux l'auteur le plus vulgaire.
Le conte vient ensuite, où d'un ton doucereux
De Visé fait parler des amants langoureux.
Si l'on était encore aux siècles des fleurettes,
Il pourrait divertir par ses historiettes ;
Mais par malheur pour lui le temps en est passé,
Et pour prendre une place on va droit au fossé.
Ainsi, sans s'arrêter à l'amoureuse histoire,
L'on passe tout d'un coup jusqu'aux chansons à boire,
Dont les airs, très-souvent aussi durs que les vers,
Forment en les chantant les plus aigres concerts.

> *Le lecteur effrayé tourne vite la page,*
> *Et, poursuivant le fil de ce galant ouvrage,*
> *Il tombe sur l'endroit où cent bizarres noms*
> *Semblent un exorcisme à chasser les démons.*
> *Sa crainte alors redouble, et de l'affreux Mercure*
> *Il est prêt à quitter la magique lecture;*
> *Quand l'énigme paraît. Après bien des frayeurs,*
> *Si pour la deviner il voit quelques lueurs,*
> *Il la relit deux fois, non sans quelque scrupule*
> *Du temps que lui ravit ce labeur ridicule.*
> *Après plusieurs efforts, si le mot ne vient pas,*
> *Le lecteur passe enfin au récit des combats;*
> *Mais, voyant le Mercure, écho de la Gazette,*
> *Répéter mot pour mot une vieille défaite,*
> *Il maudit de Visé, Corneille et ses consorts,*
> *Et voudrait voir leurs noms dans la liste des morts.*

Cette critique est amère ; mais on sait que Gacon mettait peu de retenue dans ses satires, et qu'il n'épargnait même pas les écrivains les plus célèbres. L'auteur des *Réflexions sur les défauts d'autrui* nous semble avoir mieux jugé l'œuvre de Visé.

« On reproche au *Mercure galant*, dit-il, d'être un ramas de nouvelles et de pièces différentes, qui courent le monde. Je réponds que, si l'auteur est fidèle dans le ramas qu'il fait de ces nouvelles et de ces pièces, il n'en faut pas davantage : son livre est bon. Si dans ce nombre il se trouve des pièces qui ne méritent pas d'être lues, ne les lisez pas ; ne vous attachez qu'à celles qui sont bonnes, et laissez les autres..... L'auteur n'a point prétendu s'ériger en juge ; il s'est proposé de donner ce qui court, vous laissant la liberté d'en juger. Vous ne pouvez raisonnablement blâmer dans l'auteur du *Mercure galant* que ce qui est de lui, et si vous vous attachez à ce qui est de lui, vous trouverez un style pur et aisé, beaucoup de diversité, et assez d'art pour vous obliger vous-même, qui blâmez son livre, à le lire dès qu'il paraît. En un mot le *Mercure galant* est un livre que l'auteur ne donne qu'à la curiosité du public. Ce livre est bon pour tous ceux qui trouvent à y contenter leur curiosité, et il y a peu de gens pour qui il ne soit bon, puisqu'il y a peu de gens qui n'y trouvent quelque chose ou qu'ils ne savaient pas ou qu'ils ne savaient qu'à demi. »

Camusat, ou plutôt son éditeur, à qui appartient la notice sur le Mercure, s'ingénie à répondre point pour point aux reproches adressés au journal de de Visé. Nous ferons grâce à nos lecteurs de cette phraséologie surannée ; ce que nous avons voulu montrer, c'est le bruit qui se fit autour du Mercure dès ses premières années. Rien ne devait manquer à sa vogue : Boursault en fit le sujet d'une comédie, qui eut un grand succès. Il lui avait donné pour titre le nom même du bruyant recueil ; mais de Visé s'opposa à ce qu'elle fût jouée sous ce nom. Boursault ne vit rien de mieux alors que de l'appeler *la Comédie sans titre*. Dans cette pièce, du reste, Boursault n'attaque point, comme l'avait fait Gacon, l'honneur de de Visé ; il rend même justice à ses bonnes qualités, et le représente comme un homme désintéressé ; c'est même moins contre le Mercure que contre les passions qu'il mettait en mouvement que s'exerça la verve de Boursault ; il a soin de s'en expliquer lui-même dans un avertissement placé en tête de la dernière édition de sa comédie : « Mon dessein en faisant cette pièce de théâtre n'a pas été de donner atteinte à un livre que son débit justifie assez, mais seulement de satiriser un nombre de gens de différents caractères qui prétendent être en droit d'occuper dans le *Mercure galant* la place qu'y pourraient légitimement tenir des personnes d'un véritable mérite. Je croirais avoir rendu un service important à son auteur, et même à ceux dont je vais parler, si j'avais fait des portraits assez ressemblants pour épargner à l'un la peine d'écouter tant de sottises, et aux autres la honte de les dire (1). »

Nous citerons quelques scènes de cette comédie, qui nous ont paru présenter un intérêt à la fois moral et littéraire.

---

(1) Boursault, dans sa jeunesse, s'était lui-même essayé au métier de gazetier. Il rédigea quelque temps une gazette en vers qui eut un grand succès à la cour, et lui valut une pension de 2,000 francs. Mais s'étant avisé un jour de rimer une aventure galante arrivée à un capucin, sa gazette fut supprimée, sur les plaintes du confesseur de la reine, et sans la protection du grand Condé il aurait été envoyé à la Bastille. Quelques années après il entreprit une autre gazette, qui fut encore supprimée pour deux méchants vers contre le roi Guillaume d'Orange. La France était alors en guerre avec ce prince, et Boursault, en l'attaquant, avait cru faire acte de bon courtisan ; mais il se trouva, malheureusement pour le gazetier inconsidéré, que Louis XIV songeait en ce moment à faire la paix.

ORONTE, à qui Lucidas, le rédacteur du Mercure, a cédé momentanément et sa maison et son emploi pour assurer la réussite de ses amours.

Je te l'ai déjà dit, l'une de nos surprises,
C'est de voir tant de gens dire tant de sottises.
Lucidas est le seul, délicat comme il est,
Qui puisse avec tant d'art démêler ce qui plaît.
Depuis deux ou trois jours que je le représente
Je ne vois que des fous d'espèce différente.
L'un, qui veut qu'on l'imprime et n'a point d'autre but,
Croit que hors du Mercure il n'est point de salut.
L'autre, dans la musique ayant quelque science,
Croit de celle du Roi mériter l'intendance.
Celui-ci, d'une énigme ayant trouvé le mot,
Se croit un grand génie, et souvent n'est qu'un sot.
Cet autre, d'un sonnet ayant donné les rimes,
Croit tenir un haut rang chez les esprits sublimes.
Enfin, pour être fou, j'entends fou confirmé,
A l'envi l'un de l'autre on veut être imprimé.
As-tu chez le libraire appris quelques nouvelles?

MERLIN

Oui, Monsieur.

ORONTE

Et de qui?

MERLIN

D'un commis des gabelles
Qui, n'ayant pu trouver les profits assez grands,
A fait un petit vol de deux cent mille francs...

ORONTE

Cela, qu'est-ce?

MERLIN

Un portrait d'une jeune duchesse
Qui se fait distinguer par sa délicatesse.

Un pli qui par hasard est resté dans ses draps
Lui semble un guet-apens pour lui meurtrir les bras;
Il n'est point de repas qui pour elle ait de charmes
Si l'on met de travers l'écusson de ses armes;
Qui lui porte un bouillon trop doux ou trop salé
D'auprès de sa personne est sûr d'être exilé;
Et même elle refuse, étant fort enrhumée,
De prendre un lavement lorsqu'il sent la fumée.
Mais chut! un gentilhomme entre ici.

M. MICHAUT

Serviteur.
N'êtes-vous pas l'auteur du Mercure?

ORONTE

Oui, Monsieur.

M. MICHAUT

.... Le Mercure est une bonne chose!
On y trouve de tout, fable, histoire, vers, prose,
Siéges, combats, procès, mort, mariage, amour,
Nouvelles de provinces et nouvelles de cour.
Jamais livre à mon gré ne fut plus nécessaire.

ORONTE

Je suis ravi, Monsieur, qu'il ait l'heur de vous plaire.
Je ne le cèle point, j'ai toujours souhaité
Les applaudissements des gens de qualité.
Je ne puis exprimer le plaisir que je goûte...

M. MICHAUT

Vous trouvez donc, Monsieur, que j'ai l'air grand?

ORONTE

Sans doute.
Vous êtes fort bien fait, on ne peut l'être mieux.

M. MICHAUT

Pourriez-vous, en payant, me faire des aïeux?...

LE MERCURE

ORONTE

Des aïeux! Et comment voulez-vous que je fasse ?
A moins d'avoir un titre et solide et constant,
Puis-je...

M. MICHAUT

Bon! tous les jours vous en faites autant.
Tout vous devient possible étant ce que vous êtes.
Vos Mercures sont pleins de nobles que vous faites,
De noms si biscornus, s'il faut dire cela,
Qu'on ne peut être noble et porter ces noms-là...

ORONTE

Je voudrais fort, Monsieur, vous pouvoir obliger.
Je puis à la noblesse ajouter quelque lustre,
Et rappeler de loin une famille illustre ;
Mais dans tous mes écrits jamais aucun appas
Ne m'a fait anoblir ce qui ne l'était pas.
N'entrevoyez-vous point, dans toute votre race,
De gloire ou de valeur quelque légère trace?
Aucun de vos aïeux ne s'est-il signalé?

M. MICHAUT

Ma foi, mon père est mort sans m'en avoir parlé,
Et de tous mes aïeux, puisqu'il ne faut rien taire,
Je n'en ai point connu par delà mon grand-père.

ORONTE

Qu'était-il? Avait-il quelque grade ?

M. MICHAUT

Entre nous
Feu mon grand-père était mousquetaire à genoux.

ORONTE

Quelle charge est cela?

M. MICHAUT

C'est ce que le vulgaire
En langage commun appelle apothicaire.

ORONTE

Fi !

M. MICHAUT

Dépend-il de nous d'être de qualité ?
Quand on m'a voulu faire, ai-je été consulté ?
Sans savoir ce qu'il fait le hasard nous fait naître
Et ne demande point ce que nous voulons être.
Mon père fut d'un rang plus noble que le sien :
Il se fit médecin, gagna beaucoup de bien,
N'eut que moi seul d'enfant, et, passant mon attente,
Me laissa par sa mort cinq mille écus de rente.
Comme Paris est grand, j'ai changé de quartier ;
Je me fais par mes gens appeler chevalier ;
La maison que j'occupe a beaucoup d'apparence,
Et personne à présent ne sait plus ma naissance.
Faites-moi gentilhomme, il n'est rien plus aisé......
...... Greffez-moi sur quelque vieille tige,
Cherchez quelque maison dont le nom soit péri ;
Ajoutez une branche à quelque arbre pourri...

ORONTE

Votre nom n'est pas noble assurément.

M. MICHAUT

Qu'importe ?...
Croyez-vous qu'à la cour chacun ait son vrai nom.
De tant de grands seigneurs dont le mérite brille,
Combien ont abjuré le nom de leur famille !
Si les morts revenaient, ou d'en haut ou d'en bas,
Les pères et les fils ne se connaîtraient pas...
Je n'escroquerai point vos soins ni vos paroles :
J'ai certain diamant de quatre-vingts pistoles...

ORONTE

Je vous l'ai déjà dit, Monsieur, aucun appas
Ne me fera jamais dire ce qui n'est pas.

M. MICHAUT

Parbleu, tant pis pour vous d'être si formaliste !
Adieu, je vais trouver un généalogiste,
Qui, pour quelques louis que je lui donnerai,
Me fera sur-le-champ venir d'où je voudrai.

—

Autre scène.

MADAME GUILLEMOT

Est-ce vous qui faites le Mercure,
Monsieur ?

ORONTE

Oui, Madame.

MADAME GUILLEMOT

Oui ! l'aveu m'en semble bon !

ORONTE

En avez-vous besoin, Madame ?

MADAME GUILLEMOT

Qui ? moi ! non.
A moins d'être d'un goût insipide et malade,
Peut-on s'accommoder d'une chose si fade ?...

ORONTE

Je crois qu'avec raison vous êtes en colère ;
Mais je ne sais par où je vous ai pu déplaire....

MADAME GUILLEMOT

Regardez mon habit : il vous en dit assez ;
Ne l'entendez-vous pas ?

ORONTE

Non, je vous le confesse.

MADAME GUILLEMOT

O ciel ! que vous avez l'intelligence épaisse !
Puisqu'il faut avec vous ne rien dissimuler,

On dit que c'est de moi que vous voulez parler
Quand certaine bourgeoise, à qui la mode est douce,
Pour être en cramoisi fit défaire une housse...
Pour le mot de bourgeoise, un peu trop répété,
Les bourgeois de ma sorte ont de la qualité ;
Quand vous voudrez écrire, ajustez mieux vos contes,
Et sachez que je suis auditrice des Comptes.

—

Autre scène.

LONGUEMAIN

N'est-ce pas vous, Monsieur, qui faites ce beau livre
Qui n'est pas plutôt vieux qu'il redevient nouveau?...
Pour vivre en honnête homme il faut avoir du bien.
La vertu toute nue autrefois était belle ;
Mais le vice à son aise est aujourd'hui plus qu'elle,
Et, de quelques talents dont on soit revêtu,
On ne fait point fortune avec trop de vertu.
Cela posé, j'ai cru pouvoir tout me permettre
Dans les divers états où l'on m'a voulu mettre.
Dès mes plus jeunes ans, dans mes plus bas emplois,
J'ai toujours eu le soin d'étendre un peu mes droits.
Cette inclination augmentant avec l'âge,
Dans des postes meilleurs je prenais davantage.
Mais tous ces petits gains, par leurs faibles appas,
En flattant mes désirs ne les remplissaient pas,
Si bien que, tout d'un coup, l'occurrence étant belle,
De deux cent mille francs j'ai fraudé la gabelle ;
Et vous m'obligeriez, après ce beau coup-là,
De donner dans le monde un bon tour à cela.
Quand on a comme vous une plume si bonne.....

ORONTE

Et quel diable de tour voulez-vous que j'y donne ?
Après un vol si grand...

LONGUEMAIN

Comment, vol ! parlez mieux,
Et ne vous servez pas de ce terme odieux.
Tant pour vous que pour moi, mettez-vous dans la tête
Que frauder la gabelle est un mot plus honnête.
C'est me déshonorer qu'employer de tels mots.

On a reconnu notre voleur d'une des scènes précédentes. Il veut absolument que le *Mercure* arrange son affaire: qu'a-t-il fait auprès de ce qui se pratique tous les jours ?

Combien n'en voit-on pas, banqueroutiers parfaits,
Vivre du revenu des crimes qu'ils ont faits ?
Pour un à qui l'on fait ces injures atroces,
Plus de dix, à Paris, ont deux ou trois carrosses.
Qu'un homme ait de bien clair jusqu'à cent mille écus,
On lui prête sans peine un million et plus ;
Chacun, ouvrant sa bourse à la moindre requête,
Lui jette avec plaisir son argent à la tête,
Et quand ses créanciers redemandent leur bien,
L'emprunteur infidèle, abandonnant le sien,
A la face des lois fait un vol manifeste,
Et pour cent mille écus un million lui reste...
Avec ce que j'ai pris, comparez cette somme,
Vous verrez que j'en use en bien plus galant homme.
Pour messieurs les fermiers qui font des gains si grands,
Qu'est-ce, de bonne foi, que deux cent mille francs ?
Gros seigneurs comme ils sont, ont-ils lieu de se plaindre ?
A rien de plus modique ai-je pu me restreindre,
Et, de vider ma caisse ayant fait le serment,
Pouvais-je, en conscience, en user autrement ?
Mettez-vous à ma place.....

Enfin pourtant il veut bien faire quelques concessions pour l'acquit de sa conscience ; il a trouvé un excellent moyen :

> *L'argent que l'on a pris fait de la peine à rendre ;*
> *Mais on souffre encor plus quand on se laisse pendre.*
> *Ainsi, soit par faiblesse ou par bonne amitié,*
> *Des deux cent mille francs je rendrai la moitié.*
> *Ce sont cent mille francs que je perds ; mais qu'y faire ?*
> *J'aime, quand je le puis, à conclure une affaire.*
> *Les fermiers généraux, voyant ma bonne foi,*
> *Me pourront confier quelque meilleur emploi.*
> *C'est ce qu'avec grand art, comme par bonté pure,*
> *Il faut insinuer dans le premier Mercure.*
> *Si je suis, par vos soins, à l'abri de la hart,*
> *Du butin que j'ai fait vous aurez votre part...*

Au dernier acte, survient M. Beaugénie, qui propose à la compagnie une énigme, mais une énigme si belle

> *Qu'elle fera du bruit dans plus d'une ruelle...*
> *L'énigme qui jadis causa tant de vacarme,*
> *Fit verser tant de sang, ouvrit tant de tombeaux,*
> *Des monarques thébains mit le trône en lambeaux,*
> *Et fut cause qu'Œdipe eut la douleur amère*
> *De faire des enfants à madame sa mère,*
> *Cette énigme, en un mot, qui fit tant de fracas,*
> *A celle que j'ai faite aurait cédé le pas.*

Or voici la fameuse énigme proposée par M. Beaugénie :

> *Je suis un invisible corps*
> *Qui de bas lieu tire mon être,*
> *Et je n'ose faire connaître*
> *Ni qui je suis, ni d'où je sors.*

> *Quand on m'ôte la liberté,*
> *Pour m'échapper j'use d'adresse,*
> *Et deviens femelle traîtresse,*
> *De mâle que j'aurais été.*

Ses auditeurs ayant donné leur...... nez aux chiens, M. Beaugénie leur fait de la chose une galante explication, que nous nous dispenserons de reproduire, pour des raisons faciles à sentir. Boursault avait compris, du reste, qu'on pourrait trouver M. Beaugénie un peu bien osé, et il crut devoir s'en expliquer dans sa préface. « L'énigme qui est à la fin du 5ᵉ acte, y lit-on, n'est point de ma façon ; mais dans le dessein que j'avais de critiquer les énigmes, qui d'ordinaire cachent des sottises sous de pompeuses paroles, je crus ne pouvoir faire un meilleur choix, pour en montrer tout le ridicule, qu'en jetant les yeux sur celle-là. »

Une pareille comédie, on le comprend aisément, ne pouvait que servir les intérêts du Mercure (1). Du reste, les critiques auxquelles il fut en butte, loin de nuire à son succès, contribuèrent à l'augmenter et à accroître la fortune de son rédacteur. Je représente, dit Oronte, dans la comédie de Boursault, un auteur,

---

(1) Le théâtre italien ne pouvait manquer de s'emparer de l'œuvre de de Visé et d'en exploiter la vogue, comme cela était dans ses habitudes. Il donna, le 22 janvier 1682, *Arlequin Mercure galant*, comédie en 3 actes, dans laquelle Arlequin, déguisé en Mercure, débite à Jupiter toutes sortes de nouvelles saugrenues. C'est une parodie des plus innocentes, dans laquelle nous n'avons pas trouvé un mot à relever.

> *A qui, de compte fait, le débit de ses livres*
> *Rapporte tous les ans plus de dix mille livres.*

Le *Mercure* entrait probablement pour la plus forte part dans ce chiffre de bénéfices. Il était exploité par le libraire Blageart, qui payait de Visé à raison de tant par numéro, et ils y trouvaient l'un et l'autre leur compte, si l'on en croit le libraire Boniface qui, s'adressant à de Visé, lui parle ainsi de son éditeur :

> *Il doit être content d'avoir votre pratique :*
> *On ne déserte point son heureuse boutique ;*
> *Du matin jusqu'au soir il ne voit qu'acheteurs.*
> *Vous n'êtes point maudit comme certains auteurs,*
> *Qui feraient beaucoup mieux de ne jamais rien faire*
> *Que de mettre à l'aumône un malheureux libraire.*

Et le bénéfice eût été bien plus considérable encore sans les nombreuses contrefaçons qui se faisaient du Mercure, en France et à l'étranger.

De Visé recevait, en outre, de fréquents bienfaits de la Cour, en retour des louanges qu'il prodiguait à Louis XIV. Avec le titre d'historiographe du roi, il avait obtenu une pension de cinq cents écus et un logement au Louvre, et, si désintéressé qu'il fût, on peut supposer que, dispensant comme il le faisait la célébrité, il dut recevoir d'autres libéralités que celles de la Cour. Votre plume, lui dit un solliciteur,

> *Votre plume aujourd'hui, par son invention,*
> *Met ce que bon lui semble en réputation ;*

> *Pour être, dans le monde, illustre à juste titre,*
> *Il faut dans le Mercure occuper un chapitre.*

Or, ces chapitres élogieux, pour lesquels on obsédait de Visé, devaient nécessairement grossir, sous une forme ou sous une autre, le chapitre des bénéfices.

Quoi qu'il en soit, de Visé continua son œuvre avec succès jusqu'à la fin de sa carrière. Il mourut le 8 juillet 1710, à l'âge de 70 ans; il avait, depuis trois ou quatre années, perdu presque complétement l'usage de la vue.

Le *Mercure galant* était rédigé sous la forme d'une lettre, dans laquelle venaient s'enchâsser, d'une manière souvent ingénieuse, les faits, les récits, les historiettes, les poésies, en un mot tout ce qui en composait le bagage ordinaire. Pendant les premières années, de Visé, empêché par la maladie ou préoccupé de ses succès au théâtre, apporta peu de régularité dans sa publication; il n'en donnait guère qu'un volume tous les trois mois. Il l'interrompit même tout-à-fait pendant deux ans. Mais à partir de 1678, le Mercure parut régulièrement tous les mois, en un volume petit in-12, de trois à quatre cents pages, dont le prix était de trois livres.

> *Sitôt qu'un mois commence, on m'apporte un Mercure;*
> *C'est mon plaisir d'élite et ma chère lecture,*
> *Et, depuis qu'il paraît, ce qui m'en a déplu,*
> *C'est qu'il est trop petit, et qu'on l'a trop tôt lu.*

Quelquefois même, pour peu que l'abondance des matières l'exigeât, les volumes se suivaient à un intervalle plus rapproché, ce que l'on comprendra aisément, si l'on se rappelle que le Mercure se vendait au volume.

> *Quel mérite plus grand s'est jamais rencontré!*
> *Avant que vous fussiez, quelles rapides plumes*
> *Enfantaient tous les ans jusqu'à seize volumes!*
> *Au moindre événement qui fait un peu de bruit,*
> *Votre fécondité va jusques à dix-huit.*

De Visé publiait en outre, trois ou quatre fois par an, des suppléments plus spécialement consacrés aux matières politiques ou au récit d'événements importants, à l'instar des *Extraordinaires* de la *Gazette*. Pour cette partie, comme pour les autres, d'ailleurs, il avait fait appel à tous ceux qui pourraient et voudraient lui adresser des mémoires, indiquant, en outre, trois jours par semaine où on le rencontrerait chez lui pour les communications verbales qu'on aurait à lui faire.

Il manquait au fondateur du Mercure le génie, qui seul donne la vie aux œuvres littéraires ; mais il avait de l'esprit et de la facilité. Outre douze pièces de théâtre, jouées la plupart avec succès, il a laissé plusieurs ouvrages, entre autres des *Nouvelles galantes et comiques*, *l'Amour échappé* et *le Parlement d'Amour*, pâle imitation de Martial d'Auvergne; des *Mémoires pour servir à l'histoire de Louis XIV*, 10 volumes in-folio édités avec un tel luxe qu'on les réduirait aisément à un volume in-12, et qui d'ailleurs ne contiennent guère que des reproductions du *Mercure ;* un *Recueil de diverses pièces touchant les préliminaires de la paix proposée par les alliés et rejetée par le roi,* volume très-rare, parce qu'il a été supprimé dès qu'il parut, etc.

La mort de de Visé n'interrompit point la publication du Mercure. Rivière Dufresny demanda le privilége de ce recueil, qu'il appelait *le garde-meuble du Parnasse ;* il avait appuyé sa demande de ce placet adressé au roi :

Plaise au roi par brevet vouloir autoriser
Le privilége ancien que j'ai de l'amuser.
Plaise à ma Muse aussi d'être badine et sage.
Plaise à moi, me bornant au prudent badinage,
De ne point ressembler à ces fous sérieux
Qui veulent pénétrer jusqu'aux secrets des dieux.
Mercure a pris l'essor, emportant ses nouvelles :
Plaise au roi m'ordonner de lui rogner les ailes,
D'égayer la fadeur d'un style rebattu,
 Sans blesser bon sens ni vertu,
De louer sans flatter, de blâmer sans médire,
 D'être badin sans m'oublier,
 Point ridicule en faisant rire,
 Et sérieux sans ennuyer.
En un mot, plaise au roi que je tâche à lui plaire.
Mais plaise au roi surtout mon désir de bien faire ;
Plaise au roi mon Mercure, et de là s'ensuivra
Qu'aux gens de bon esprit mon Mercure plaira.

Le roi, qui avait toujours aimé Dufresny, lui fit accorder aussitôt le privilége qu'il sollicitait; il prit donc la rédaction du *Mercure* au mois de juin 1710, et la continua jusqu'à la fin de 1713.

« Dufresny, dit la notice déjà citée, consola bien vite le public de la perte qu'il avait faite en la personne d'un homme qui depuis tant d'années employait ses soins à lui apprendre tout ce qui se passait de plus curieux. Le style agréable et léger de l'ingénieux auteur des *Amusements sérieux et comiques*, l'enjouement dont il savait accompagner tout ce qui sortait de ses mains, la vivacité de son génie, tout cela charma la cour et la ville, et fit oublier de Visé, que sa première réputation avait pourtant soutenu, malgré les censeurs, jusqu'à la fin de sa course. Grâce aussi au goût de la nation pour la variété, le changement d'auteur fit recevoir avidement le nouveau Mercure. « Ajoutons que cette faveur était méritée. Inférieur à de Visé pour le style, Dufresny sut mieux choisir les pièces qu'il faisait entrer dans son recueil; il est vrai qu'il avait pour cela des procédés fort commodes, prenant volontiers son bien partout où il le trouvait; ce qui lui attira cette algarade de Rousseau : « Je fus averti que ce galant homme se donnait la liberté d'imprimer pièce à pièce mes ouvrages, habillés à sa mode et au goût des honnêtes gens à qui il voulait faire plaisir. Je lui écrivis sur cela, aussi civilement que j'aurais pu faire à un auteur qui aurait mérité quelques égards. Il ne jugea pas à propos de m'honorer d'une réponse ; au contraire, il recommença de plus belle à user de mes vers, comme d'un bien dont on aurait obtenu confiscation, et il a continué de vivre de sa proie jusqu'à ce qu'elle lui ait manqué tout-à-fait ; en sorte qu'une partie de mes écrits a déjà eu l'honneur de paraître sous les enseignes du sieur Dufresny, et de grossir un livre qui, après quarante années de possession, se soutient toujours fièrement dans la place qu'un auteur lui a assignée au-dessous de rien. »

Disons aussi que Rousseau était l'ennemi déclaré de Dufresny. Il ne laisse échapper aucune occasion de l'attaquer. Dans la préface de ses œuvres imprimées à Soleure en 1712, il écrit que Dufresny « avait toutes les qualités que les amis du défunt pouvaient désirer pour faire longtemps regretter son prédécesseur ; » il n'avait pas d'ailleurs attendu jusque là pour manifester les sentiments qui l'animaient à l'égard du nouveau rédacteur du Mercure. Dufresny ayant donné, dans son premier numéro, les bouts rimés de *trente, quarante,* etc., Rousseau bâtit là-dessus une pièce fort plaisante, qui se terminait par ces deux vers :

A la vieille Babet je le ferais pour rien,
Pourvu que je te visse étrillé comme un chien.

Cette vieille Babet était une bouquetière qu'on

avait longtemps nommée la Belle Bouquetière, et à laquelle sa beauté avait attiré autrefois des chalands de plus d'une espèce.

Quoi qu'il en soit, les volumes du Mercure publiés par Dufresny sont peut-être les meilleurs de la collection ; Rousseau s'y trouvait en excellente compagnie, à côté des Corneille, de Racine, de Fontenelle et autres excellents auteurs, et si le même choix eût toujours présidé à la rédaction de ce recueil, il n'aurait jamais été mis au-dessous de rien. Dufresny apporta en outre dans la partie politique une modération inconnue à de Visé, auquel on reprochait d'aimer plus sa patrie que la vérité, et de « médire brutalement des princes qui étaient en guerre avec la France. » Cette modération de Dufresny ne contribua pas peu au succès du Mercure à l'étranger. Il se montra aussi moins facile sur le chapitre de la louange, ce qui n'empêcha pas « les rigides partisans de la vérité de prétendre qu'il la devait dire plus hardiment, » au rapport de Madame Dunoyer, qui lui trouvait, pour son compte, trop de complaisance. « Il la pousse si loin, ajoute cette dame, que, pour se conformer à cet esprit de dévotion qui règne maintenant à la cour, il va puiser dans la Vie des saints de quoi enjoliver son Mercure, et prendre les noms de ses héroïnes dans les Litanies. Le cas est nouveau, et je ne me serais pas attendu à trouver la conversion d'Aglaé dans un

Mercure galant. Le baptême de Mademoiselle de Valois en a donné l'occasion, et notre auteur ne l'a pas laissée échapper. On voit bien qu'il veut tout mettre à profit. On trouve l'utile où l'on ne trouvait autrefois que l'agréable, et je ne désespère pas qu'avec le temps le Mercure galant ne devienne un livre de dévotion, ou que du moins, par un heureux assemblage de sérieux et de comique, on n'y trouve de quoi faire la matière de ces sermons dans lesquels les prédicateurs italiens trouvent le secret d'émouvoir plusieurs passions à la fois. »

C'est l'histoire de Renaudot, « dont la plume ne pouvait plaire à tout le monde, en quelque posture qu'elle se mît, non plus que ce paysan et son fils, quoiqu'ils se missent premièrement seuls et puis ensemble, tantôt à pied et tantôt sur leur âne. » C'est celle de Loret, que « son métier très-fort embarrasse. »

> *Voyez quelle est mon infortune !*
> *Si je pique un peu, j'importune,*
> *Et lorsque je ne pique pas,*
> *Mes vers sont froids et sans appas.*

Ce sera l'éternelle histoire de tous ceux qui manient la plume, et des journalistes plus que de tous autres.

Un fait certain, c'est que Dufresny ne s'enrichit pas au Mercure. Loin de là, paraît-il, puisqu'un de ses amis était amené à lui dire un jour, sous forme de consolation : « Pauvreté n'est pas vice. — C'est bien pis, » répondit l'insouciant gazetier. On sait qu'endetté de 30 pistoles envers sa blanchisseuse, il l'épousa, pour s'acquitter. Au reste, il ne pouvait s'en prendre de sa pauvreté qu'à lui-même et à sa conduite déréglée. Bien vu de Louis XIV., dont il avait été valet de chambre dans sa jeunesse, rien ne lui eût été plus facile que de se créer une existence heureuse ; mais ses goûts dissipés ne lui permirent jamais de penser à l'avenir ; il n'avait pas plutôt un écu qu'il le dépensait, et Voltaire a dit avec raison :

Et Dufresny, plus sage et moins dissipateur,
Ne fût pas mort de faim, digne mort d'un auteur.

Avec un pareil caractère, Dufresny n'était pas homme à s'astreindre longtemps aux exigences d'un recueil périodique. Au mois de décembre 1713, il céda son privilége à Le Fèvre de Fontenay, en se réservant sur le Mercure une pension dont il jouit jusqu'à sa mort. Le Fèvre rédigea le Mercure de mai 1714 à octobre 1716. Un arrêt du Conseil, du 28 novembre de cette dernière année, lui fit défense de le continuer, « à cause qu'il se glissait dans le Mercure des choses scandaleuses, et même injurieuses à la réputation de plusieurs personnes. » Ce sont les termes de l'arrêt.

A Le Fèvre succéda l'abbé Buchet, qui reprit le Mercure en janvier 1717, après une interruption de deux mois, et le conduisit jusqu'au mois de mai 1721, c'est-à-dire jusqu'à sa mort, arrivée le 30 de ce mois. Au titre de *Mercure galant*, le nouveau rédacteur avait substitué celui de *Nouveau Mercure*, semblant promettre par là une rédaction plus sérieuse, moins frivole. Et en effet les 53 numéros qu'il publia se font remarquer par le bon choix des matières. L'abbé Buchet donnait en outre régulièrement deux fois par semaine une gazette manuscrite fort recherchée, à laquelle il occupait cinq ou six copistes. On attribua sa mort prématurée — il n'était âgé que de 42 ans — à la vengeance de quelques petits-maîtres qui se seraient trouvés offensés de certains traits un peu trop piquants qu'il leur avait décochés dans un Mercure.

Si l'on en croyait la notice de Camusat, ou plutôt de Bernard, son éditeur, qui cependant est contemporaine, le Mercure aurait passé des mains de l'abbé Buchet dans celles des frères de La Roque, qui lui auraient donné le titre de *Mercure de France*. Il y a là une erreur que nous croyons utile de relever, car elle a été constamment répétée depuis. Entre le *Nouveau Mercure*, de l'abbé Buchet, et le *Mercure de France*, il y a, sous le simple nom de *Mercure*, une série de 36 volumes, comprenant les années 1721, 22 et 23. Le titre ne porte pas de nom d'auteur; mais le privilége en est donné aux sieurs Dufresny, de La Roque et Fusellier, qui firent précéder cette nouvelle série d'un avertissement dont nous transcrirons quelques passages propres à faire connaître la transformation que subit alors le Mercure :

Nous annonçons au public que plus d'un auteur est à présent chargé de la composition du Mercure. Il n'est pas de ces livres qui ne doivent absolument être rédigés que par la même plume ; il peut rassembler autant d'écrivains qu'il rassemble de matières : elles sont si indépendantes les unes des autres, et si opposées, que, loin d'exiger de l'égalité dans le style, elles y demandent un contraste perpétuel. Ainsi on gardera la forme des derniers Mercures, qui, dégagée des liaisons, paraît la plus convenable à un recueil. Cette forme est d'autant plus sensée qu'elle admet une commode distribution de travail, et que chacun, en suivant la route différente qui lui est destinée, se trouve sans embarras et sans contestation au bout de sa carrière. Le choix des transitions, souvent absurdes, presque toujours forcées, dans un ouvrage qu'on n'a jamais le loisir de limer, n'est qu'une délicatesse inutile, qu'il faut rejeter entièrement du Mercure, aussi bien que le style épistolaire, qu'il a si longtemps affecté : ce style répandrait trop d'uniformité dans notre journal, et y amènerait infailliblement toutes les phrases fastidieuses que le compliment traîne à sa suite...

Non-seulement nous avons résolu de préférer tous les ouvrages qu'on nous enverra au nôtre ; mais encore nous ne nous en rapporterons pas toujours à notre jugement dans le choix que nous ferons des pièces dignes d'être mises au jour. Nous avons des amis savants, judicieux, éclairés, qui veulent bien nous aider dans l'examen de cette multitude prodigieuse de manuscrits que l'on envoie de la ville et des provinces aux auteurs du Mercure...

Nous regardons le Mercure comme un cirque que nous sommes obligés d'ouvrir sans préférence aux athlètes ingénieux qui cherchent à se distinguer par des combats littéraires. Nous nous contenterons d'être les témoins de leurs exploits, nous n'en serons jamais les juges. Le Mercure doit être toujours neutre, et ne jamais entrer dans les considérations de la cabale... L'impartialité sera le premier de nos devoirs...

Il en est qui s'obstinent encore à compter au Mercure pour un défaut la variété qui constitue son caractère. Ignorent-ils que ce journal est fait pour tout le monde, et qu'il doit des mets à tous les goûts?

Les vers, qui n'ont pas encore paru dans les anciens Mercures, seront très-bien reçus dans le nôtre. Journalistes de la poésie et de l'éloquence, nous le serons aussi de la musique et de la peinture; nous tâcherons d'instruire le public de tout ce qui pourra contenter son goût. On lui annoncera tous les livres nouveaux, les tableaux des grands maîtres, les estampes des plus habiles graveurs, les statues des sculpteurs distingués, enfin les fabriques des plus fameux architectes. Nous rendrons un compte fidèle des ouvertures des académies et de leurs travaux. Nous n'oublierons pas les programmes des professeurs, et les thèses choisies des quatre facultés. Les esprits les plus délicats ne refusent pas de jeter les yeux sur ces sortes d'ouvrages, depuis que Descartes a conduit la raison dans les colléges.

A l'égard des théâtres, nous ne vanterons que les ouvrages applaudis. Chronologistes sincères des succès et des chutes de Melpomène et de Thalie, nous ne tromperons pas les provinces et les pays étrangers en leur exagérant l'excellence et la richesse des poëmes dramatiques qui n'auront fait qu'une fortune médiocre : les louanges prodiguées deshonorent le panégyriste sans illustrer ceux qui les reçoivent, et qui souvent les mendient. Le Mercure se fait siffler lorsqu'il contredit le parterre.

Voilà notre plan général. Nous joindrons aux pièces différentes qui nous seront confiées les nouvelles galantes, politiques et littéraires.

Nous ne pouvons mieux finir qu'en apprenant au public la plus glorieuse prérogative du *Mercure* : il a l'honneur d'être lu au Roi...

A partir de 1724, le Mercure devint, comme nous l'avons dit tout à l'heure, le *Mercure de France :*

Le titre de *Mercure de France* que nous donnons aujourd'hui à notre journal, au lieu de celui qu'il avait porté depuis son institution, disent à ce sujet les auteurs, ne doit pas faire craindre que nous voulions en retrancher ces matières agréables qui font tant de plaisir au monde galant et poli. Ce n'est point là notre dessein ; nous cherchons à ajouter des beautés à notre ouvrage, plutôt que d'en retrancher ; mais pour mettre notre Mercure à la portée de toutes sortes de personnes, nous renonçons à un titre qui semblait le consacrer aux jeunes gens et aux dames, exclusivement à tous autres lecteurs. Les plus sérieux et les plus enjoués y trouveront également de quoi s'occuper et de quoi s'amuser. Rien de trop libre n'entrera dans notre ouvrage, mais nous n'en exclurons rien de ce qui nous paraîtra fin et délicat ; nous y insérerons même un nouvel article de bons mots. Nous prions tous ceux qui prendront quelque intérêt au Mercure de vouloir bien nous faire part des choses qui viendront à leur connaissance sur ces matières : bons mots, réparties vives et piquantes, contes facétieux, naïvetés plaisantes, pasquinades ingénieuses, sans aucune maligne application ; pensées choisies, questions curieuses, traits d'histoire intéressants et de morale instructive ; jeux de mots, griphes, logogriphes...

Mais la livrée que le Mercure venait d'endosser, l'honneur qu'on lui faisait à la cour, lui imposaient d'autres devoirs encore, auxquels il ne pouvait faillir :

Comme les sentiments du roi sont au-dessus de son âge, et qu'il n'y a point de mois que le Mercure ne puisse rapporter quelque action ou quelque discours remarquable de Sa Majesté, nous redoublerons nos soins pour ne rien oublier qui puisse servir un jour à l'histoire de ce jeune monarque. La postérité nous saura gré de lui avoir transmis jusqu'aux moindres particularités d'une vie que chaque jour distingue par quelque trait de vertu. Quelle gloire pour le Mercure d'en être le premier hérault !...

Quoi qu'il en soit, on doit reconnaître qu'il y avait

un grand et véritable progrès dans le nouveau programme ; et de fait le Mercure entra de ce moment dans une voie toute nouvelle, il prit un essor et une extension littéraires qu'il n'avait jamais eus. La direction de ce recueil devint un gros privilége et une excellente affaire ; si bien que le gouvernement, qui avait alors en fait de propriété littéraire des idées assez étranges, crut devoir s'en emparer, non pas à son profit cependant, mais dans l'intérêt des écrivains. Le directeur du Mercure, dont il se réservait la nomination, ne fut plus en quelque sorte qu'un fonctionnaire littéraire, ayant un traitement fixe, et rendant compte à l'Etat des bénéfices de la publication. Mais ces bénéfices n'entraient pas dans le trésor public ; ils étaient affectés au service de pensions accordées à des gens de lettres. Les ministres pouvaient ainsi se montrer généreux sans qu'il en coûtât rien à l'Etat. A la mort des titulaires de ces pensions, elles étaient transportées à d'autres écrivains ; et le plus souvent ces parties prenantes étaient absolument étrangères au Mercure. Cependant M. de Saint-Florentin, voulant, avec raison, faire tourner ces encouragements à l'avantage du recueil et lui assurer une valeur littéraire plus grande, avait décidé qu'il n'y aurait plus dorénavant de pensions données sur le Mercure qu'aux écrivains qui l'auraient enrichi de leurs productions ; mais nous doutons que cette prescription si équitable ait toujours été respectée. Ce qui est plus certain, c'est que ces pensions furent l'objet d'incessantes et avides compétitions. Sans doute aussi qu'elles furent l'occasion de quelques belles actions ; nous pouvons du moins en citer une. L'abbé Raynal avait sur le Mercure une pension de 1,200 livres ; il la perdit quand, poursuivi pour son *Histoire philosophique des Indes*, il fut forcé de s'expatrier. Le ministre offrit alors à Garat de lui transporter cette pension ; mais celui-ci répondit qu'il ne savait point s'enrichir des dépouilles des vivants.

Garat donna encore une autre preuve de désintéressement, et, à la fois, de dignité, que Grimm rapporte ainsi (édit. Taschereau, t. XII, p. 363) :

« Le Mercure de France est une entreprise typographique dont le produit appartient au département du ministre de Paris. La majeure partie est affectée à des pensions ; le reste est distribué annuellement en gratifications aux jeunes littérateurs qui ont travaillé à ce journal. Dans la distribution que M. de Breteuil vient de faire de ces bénéfices, il a compris pour 300 livres tournois, une fois payées, M. Garat. Ce jeune philosophe, couronné trois fois par l'Académie, et l'un des coopérateurs les plus laborieux et les plus distingués du Mercure de France, s'est trouvé si humilié de l'exiguité de cette récompense, qu'il s'est permis d'adresser à son bienfaiteur la lettre que voici :

« Monsieur le baron, M. Panckoucke m'a appris que vous m'accordiez une gratification de cent écus sur les fonds du Mercure. Je n'en suis pas, M. le baron, à cet état d'humiliation et de détresse qui peut réduire un homme de lettres à accepter une gratification de cent écus. Sans doute il vous sera aisé de faire une disposition plus heureuse de cette somme, et peut-être aussi il est trop de gens assez malheureux pour la recevoir sans honte et avec reconnaissance (1). »

On lit à ce sujet dans la *Correspondance secrète*, à la date du 14 juillet 1785 :

« Il est inutile de dire à combien de commentaires cette lettre, rendue publique, a donné lieu. Les militaires et les gens du monde se récrient sur son style : ils prétendent qu'un don du souverain ne peut déshonorer personne. Les gens de lettres, d'un autre côté, disent que la modicité de la somme est véritablement désobligeante pour M. Garat ; ils se rappellent que cet écrivain laborieux a refusé le prix de M. de Valbelle, et qu'il a porté la délicatesse jusqu'à ne point accepter six cents livres de pension que le gouvernement avait retirées à l'abbé Raynal

---

(1) Garat, le chanteur, avait été plus favorisé que son oncle le philosophe ; il avait obtenu presqu'en arrivant en France une pension de deux mille écus. On sait ce quatrain de Rivarol :

Deux Garat sont connus : l'un écrit, l'autre chante.
Admirez, j'y consens, leur talent, que l'on vante ;
Mais ne préférez pas, si vous formez un vœu,
La cervelle de l'oncle au gosier du neveu.

lorsque son ouvrage fut supprimé. Enfin les mauvais plaisants, car la plaisanterie se mêle ici partout, justifient le refus de M. Garat en disant que ce qu'il voit autour de lui lui a fait un devoir de rejeter une pareille gratification. Il se trouve placé, disent-ils, entre M. Suard et son propre frère (1). Le premier, qui n'a jamais rien fait, et qui ne fera jamais rien, jouit de plus de 30,000 livres de rentes en bienfaits du gouvernement, et le second, qui n'a que son gosier, a reçu une pension de 6,000 livres. Par quelle fatalité un de nos plus assidus littérateurs n'obtient-il que 300 livres de pension une fois payées? L'argument est pressant ; mais on sait que la réponse n'est pas bonne à dire tout haut. »

En 1762, le Mercure servait 28,000 livres de pensions ; ce n'était donc pas sans fondement que de La Place, qui le dirigeait alors, le présentait aux gens de lettres comme étant leur patrimoine, et faisait valoir l'intérêt qu'ils avaient à lui prêter leur concours.

S'il était possible d'en croire La Harpe sur ce chapitre, la gestion de La Place n'eût pas été heureuse. Pendant les deux ans qu'il eut le privilége du Mercure, « il l'aurait fait si mal que les souscriptions, fort diminuées, ne pouvaient plus suffire

---

(1) C'était son neveu. — Il y a en outre dans les sommes quelques différences, mais qui importent peu.

pour payer les pensions, quoiqu'il y en eût la moitié moins qu'aujourd'hui. Aussi disait-on que le Mercure était *tombé sur la place*, expression dont on se sert pour les papiers et effets qui baissent à la bourse. M. de La Place fut obligé de renoncer à son privilége, et, pour récompense de ses *bons et loyaux services*, il eut 5,000 livres de pension sur le même Mercure qu'il avait fait tomber. Quand Marmontel, qui le faisait très-bien, le quitta, deux ans après, il n'eut que trois mille francs (1). »

Quoi qu'en dise le critique jaloux, on ne saurait nier les louables efforts que de La Place ne cessa de faire pour améliorer le recueil confié à sa direction, et en augmenter encore la vogue. Et ces efforts ne furent pas sans succès, si l'on en juge par la liste des souscripteurs qu'il publia à la fin de 1763, « pour s'acquitter, autant qu'il était en son pouvoir, de la reconnaissance due aux personnes assez attachées à la gloire de la nation pour diriger l'objet de leur amusement vers l'utilité des gens de lettres, en contribuant au succès du *Mercure de France*, devenu leur patrimoine par les grâces qu'il a plu à Sa Majesté de leur assigner sur son produit. » Cette liste comprend environ 1,600 souscripteurs, et dans le nombre il y en a des plus illustres : en tête figurent le roi, la reine, toute la famille royale, les Menus plaisirs du roi pour 12 exemplaires, le Bureau de

(1) *Correspond. littér.*, let. 57.

la ville de Paris pour 8. Les souscripteurs se répartissent ainsi : Paris, 660 ; province, 900 ; étranger, 30 à 40.

Cette publication était une nouveauté que les ennemis du Mercure ne pouvaient laisser passer sans lui décocher quelques quolibets : « elle n'était propre qu'à jeter un plus grand ridicule sur ce pitoyable ouvrage ; on faisait figurer dans la liste les noms d'abonnés morts depuis plusieurs années ; on ne savait à quoi revenait un détail de cette espèce ; c'était un usage d'Angleterre. » On n'eût pas tant crié si l'on n'eût su quel était le but et quel pouvait être l'effet de cette habile manœuvre. De La Place, lui, le comprenait parfaitement ; à un savoir incontesté, il joignait le savoir-faire, ce qui n'était pas inutile dans sa position, constamment battue en brèche. Nous en trouvons une autre preuve dans la manière dont il annonçait, cette même année, la souscription de la ville de Paris :

> Considérant (le Bureau de la ville) combien il était intéressant pour les lettres de soutenir un journal sur lequel la protection bienfaisante du roi a assigné le fonds le plus considérable des récompenses destinées à ceux qui s'y distinguent, la ville de Paris, en souscrivant pour un nombre de volumes du Mercure, vient de donner un exemple trop louable pour n'en pas faire mention. Elle fait par là un acte de mère, en concourant au soutien d'un établissement auquel ses enfants peuvent avoir part. Toutes les grandes villes du royaume pourraient avoir les mêmes motifs, puisque leurs citoyens ont autant de droits de prétendre aux récompenses littéraires.

Voici d'ailleurs des chiffres qui répondent victorieusement aux attaques des détracteurs du Mercure : il était arrivé, à cette époque, à produire 60,000 livres ; il servait, comme nous l'avons dit, 28,000 livres de pension ; il avait 16,000 livres de frais ; le reste représentait les non-valeurs, les sommes arriérées et recouvrements à faire, etc. C'était là, pour le temps, et ce serait encore même aujourd'hui, une assez grosse affaire, et capable de tenter bien des ambitions.

Elle séduisit un avocat-libraire, J. Lacombe, qui offrit, si on voulait lui abandonner l'entreprise, de payer tous les ans pour le service des pensions une somme nette de 30,000 livres, indépendamment d'une rente de 5,000 livres à de La Place, à la seule condition qu'il serait maître de confier la rédaction à qui bon lui semblerait. Le ministère, fatigué des tracas inséparables d'une gestion de cette nature, s'en déchargea à ces conditions.

Ce Lacombe était, suivant les Mémoires secrets, un avocat homme de lettres, qui faisait des livres en communauté avec un de ses frères, avec les Macquers et autres auteurs, et qui, tyrannisé par les imprimeurs, s'était dévoué pour la société, avait quitté la robe et s'était fait recevoir libraire. Ce nouvel état lui avait inspiré de la cupidité ; il avait étendu son commerce, envahi tous les journaux, et était devenu formidable à ses confrères. Il prétendait mettre le Mercure sur le meilleur pied, et d'avance l'envie aiguisait ses traits contre les productions de ce qu'on appelait sa coterie littéraire. Le premier numéro des nouveaux rédacteurs parut enfin. On remarqua tout d'abord qu'ils avaient changé l'ancienne épigraphe : *Diversité, c'est ma devise.* Après bien des recherches, dit-on, ils s'étaient décidés pour celle-ci : *Mobilitate viget*, allusion savante à la triple signification du mot qui leur servait de titre : métal — dieu — journal. Cependant on ne peut disconvenir de la valeur de ce premier numéro, mais... Mais laissons parler les *malins* chroniqueurs.

Le nouveau Mercure est, en effet, supérieur à tous ceux qui paraissent depuis longtemps, par le choix des pièces qu'on y a insérées et la variété répandue dans l'ouvrage. Mais, outre que ces fugitives, très-bonnes en elles-mêmes, ont déjà paru dans différents journaux et autres papiers publics, c'est qu'il est moralement impossible de remplir 14 volumes par an de morceaux d'élite. Un des défauts de l'ancien journaliste était de prodiguer des éloges à tout propos, et d'enivrer de son fade encens le moindre cuistre littéraire, le plus petit histrion. Celui-ci, plus modéré sur les louanges, aura peut-être peine à s'expliquer librement sur quantité de gens qu'il aura intérêt de ménager, et surtout sur les comédiens, dont il tient ses entrées au spectacle, suivant l'usage. Ajoutez à cela les entraves de toute espèce qu'a nécessairement en France un auteur couvert d'un privilége du roi, et toujours sous la main directe du gouvernement. Concluons que le Mercure est par essence une rapsodie tronquée, monotone et fastidieuse, et ne sortira jamais du rang où l'a placé, il y a longtemps, un critique judicieux, c'est-à-dire immédiatement au-dessous de rien.

On ne se serait sans doute pas attendu à une pareille conclusion, surtout après les prémisses, si l'on ne savait ce dont la passion est capable. Cependant si Lacombe soutint la valeur littéraire du Mercure, il sut moins bien en soutenir la prospérité financière; pour avoir voulu trop entreprendre, il se trouva bientôt gêné dans ses opérations, et les pensionnaires, mal payés, firent entendre des plaintes bruyantes et réclamèrent des réformes. Un vide s'étant produit, sur ces entrefaites, dans les rangs de la rédaction, par la mort de de Lagarde (1), ancien collaborateur de de La Place, et qui était resté chargé des théâtres, avec un traitement de mille écus, ils présentèrent au comte de Saint-Florentin un mémoire où ils faisaient voir que les recettes ne suffisaient plus pour les payer, et demandaient en conséquence que la place vacante ne fût pas remplie. Le ministre promit d'examiner leur demande.

Mais l'emploi était à la convenance de trop de gens pour qu'il ne fût pas ardemment brigué. En tête des compétiteurs était La Dixmerie, qui depuis

---

(1) Une des victimes de Grimm, qui, d'ailleurs, n'aimait pas le Mercure ni ses rédacteurs, et ne laissait échapper aucune occasion de les maltraiter.

« M. de Lagarde, dit-il (*Correspond. littér.*, éd. Taschereau, t. III, p. 98), peut hardiment se regarder comme l'aigle du royaume des bêtes ; les Trublet ne sont que des enfants auprès de lui. Quoique j'aie tous les mois un plaisir exquis et sûr à lire les articles de M. de Lagarde, et que je lui rende la justice de convenir qu'il n'y a point d'écrivain en France aussi réjouissant, plus bête et plus impertinent que lui, je ne puis me dissimuler qu'il est indécent qu'un journal qui se fait sous la protection particulière du gouvernement soit abandonné à des écrivains qui l'ont rendu méprisable et burlesque. »

six ans alimentait de contes le Mercure presque gratuitement ; il accusait d'infidélité le mémoire des pensionnaires, et demandait, comme une justice qui lui était due, la place et le traitement de de Lagarde. Le ministre ordonna la compulsion des registres, et, après une longue enquête, il donna aux uns et aux autres une demi-satisfaction. Pour compléter les 30,000 livres de pensions qu'il s'était réservées sur le nouveau privilége du Mercure, il donna 600 livres à La Dixmerie ; il en donna autant à l'abbé de La Porte, qui avait été également collaborateur de de La Place, et à Poinsinet, « auteur de l'épître à Madame la marquise de Langeac ; » 200 de supplément à Marin, censeur de la police, qui en avait déjà une ; 300, aussi de supplément, à l'abbé Le Blanc, « espèce de brocanteur littéraire, qui par ses intrigues s'était fait mettre sur la liste depuis longtemps. »

C'était quelque chose que d'avoir son brevet en poche, mais cela ne suffisait pas. Lacombe fit toute sorte de difficultés ; il refusa de payer les pensionnaires sur leur simple quittance appuyée de la production de leur brevet ; il voulait être autorisé par un arrêt du Conseil, prétendant ainsi opposer aux sangsues du Mercure la gêne d'une formalité dont ils avaient jusqu'alors été exempts. L'affaire fut portée au Conseil, qui se prononça pour les pensionnaires ; il fut enjoint à Lacombe de payer à la fin de l'année, et même tous les six mois, à ceux qui le demanderaient, sans autres formalités que celles d'usage.

Au bout de dix ans, Lacombe, après avoir épuisé tous les expédients, tomba en déconfiture, et il s'ensuivit pour le Mercure une crise violente, qui se fit ressentir à tous les ouvrages périodiques. Il fut alors un instant question, paraît-il, de supprimer la vieille feuille de de Visé, et plusieurs autres qui lui faisaient une concurrence gênante sans grand profit pour elles-mêmes, et d'enrichir de toutes ces dépouilles un nouveau journal, qui, libre dans ses allures, marcherait d'un pas plus ferme dans des voies nouvelles.

Le Mercure fut sauvé par un spéculateur aux appétits non moins grands que ceux de Lacombe, mais qui se montra plus habile et fut plus heureux : nous voulons parler de Charles-Joseph Panckoucke, le fondateur de la célèbre maison de ce nom. Panckoucke, qui, en homme intelligent, avait jeté son dévolu sur les journaux, qu'il considérait comme d'utiles instruments à la fois et de bonnes opérations, sollicita et obtint le privilége du Mercure. Il se faisait fort de le régénérer ; il annonçait l'intention d'y réunir le *Journal de Bruxelles*, dont il était propriétaire, de le faire paraître trois fois par mois, et de prendre les rédacteurs principalement parmi les académiciens, en dépit des assertions de Lacombe, qui attribuait sa banqueroute d'un demi-million aux œuvres de plusieurs académiciens, et, entre autres, aux *Incas* de Marmontel. L'extension qu'il donna tout d'abord au titre indiquait déjà les améliorations qu'il projetait : *Mercure de France, dédié au roi par une société de gens de lettres, contenant le journal politique des principaux événements de toutes les cours ; les pièces fugitives nouvelles, en prose et en vers ; l'annonce et l'analyse des ouvrages nouveaux ; les inventions et découvertes dans les sciences et les arts ; les spectacles, les causes célèbres ; les académies de Paris et des provinces ; la notice des édits, arrêts ; les avis particuliers*, etc.

Avant de parler des rédacteurs dont il fit choix, retournant sur nos pas, nous dirons qu'après les frères Laroque le Mercure avait eu successivement pour directeurs ou rédacteurs principaux : Louis Fuzelier et Charles de La Bruère, l'abbé Raynal, Louis de Boissy, Marmontel, qui, après y avoir publié ses *Contes moraux*, y insérait encore en 1789, 1790 et 1791, ses *Nouveaux contes moraux* ; de La Place et de Lagarde. A partir de juillet 1768, quand le privilége fut passé aux mains de simples éditeurs, les noms des collaborateurs, réels ou putatifs, inscrits sur les couvertures, devinrent tellement nombreux que nous ne saurions les mentionner tous ; nous nous bornerons à nommer : Imbert,

La Harpe, qui ne cessa d'y coopérer que vers la fin de 1793; Lacretelle, Garat, Naigeon, Saint-Ange, Chamfort, Ginguené, Dubois-Fontanelle, l'abbé Rémy et Gaillard. Les écrivains les plus illustres, d'ailleurs, ne dédaignaient pas de prêter leur collaboration à ce recueil, que nos grands génies d'aujourd'hui tiennent en si peu d'estime. Pour n'en citer qu'un, Voltaire, pendant quelque temps, y coopéra presqu'à titre de rédacteur ordinaire. Voici comment en parle l'abbé Grosier dans le premier volume de son *Journal de littérature, des sciences et des arts* : « Personne n'ignore que, dans le courant de l'année 1777, l'auteur de *Mérope* ne dédaigna pas de fournir plusieurs articles au journal du sieur Panckoucke. Des plaisanteries légères, des saillies de gaîté, décélèrent d'abord la plume brillante à laquelle ces morceaux étaient dus ; mais on vit avec regret que ces différents articles n'offraient ni développement, ni analyse, ni critique solide et raisonnée. Le lecteur riait aux dépens de l'auteur persifflé, et n'en était pas plus instruit de ce que contenait son ouvrage. » On sait qu'une partie de l'*Essai sur les mœurs* parut d'abord dans le Mercure.

Revenant à Panckoucke et à ses projets, voici la liste des collaborateurs qu'il annonçait s'être choisis, et les attributions de chacun d'eux : Fontanelle était chargé de la partie politique ; Daubenton de l'histoire naturelle ; Macquer et Bucquet de la médecine et de la chimie ; l'abbé Remy et Guyot de la jurisprudence ; Suard de tout ce qui concerne la philosophie, les sciences et les arts ; La Harpe, enfin, de tout ce qui est du ressort de la littérature et des spectacles. Imbert devait fournir des contes ; Dorat et Berquin des idylles, des romances et des pièces fugitives ; et Dalembert, Marmontel et Condorcet couronneraient le tout par des articles de morale et de métaphysique. La Harpe eut la direction générale (1).

Ajoutons qu'il devait paraître tous les dix jours un numéro de cinq feuilles in-12, trois de littérature et deux de politique, et qu'allant même au-delà de ses promesses, le nouvel éditeur ne tarda pas à en publier un toutes les semaines.

Il y avait, certes, dans ces noms, dans ces conditions, de puissants éléments de succès ; mais, dit lui-même le directeur de cette troupe illustre, « tout cela était bon pour des annonces, suivant l'usage ; mais, suivant l'usage aussi, tout cela se réduisit à fort peu de chose, et la plupart des prétendus coopérateurs ne fournirent guère que leur nom. » Ce-

---

(1) La Harpe, qui avait un talent tout particulier pour se faire des ennemis, ne conserva pas longtemps cette position : Panckoucke se vit contraint de le sacrifier aux plaintes qui s'élevaient de toutes parts contre lui, il fut réduit à la partie des spectacles avec mille écus d'appointements ; bientôt même il dut se retirer tout à fait, mais pour revenir ensuite comme simple collaborateur. Il fut remplacé, dans ses fonctions de critique dramatique, par Levacher de Charmois, qui fut rémunéré à raison de 150 livres la feuille. Voyez d'ailleurs, pour le passage de La Harpe au Mercure, l'article consacré à ce célèbre critique dans notre tome II, et aussi, dans notre tome III, l'article Linguet.

pendant Panckoucke ne reculait devant quoi que ce fût pour assurer à son recueil une suprématie incontestée. Rencontrait-il sur sa route une feuille qui lui fît obstacle, qui l'offusquât, s'il ne pouvait s'en débarrasser autrement, il l'achetait et l'absorbait ; la *Gazette* réclame-t-elle contre ses empiétements, pour faire cesser ses plaintes, il s'en fait donner le privilége. Aussi l'accusait-on de vouloir envahir tout le domaine littéraire.

Voici un prospectus, daté de 1786, qui apprendra ce qu'était le Mercure à cette époque.

Cet ouvrage périodique, le plus ancien et le plus varié de tous les journaux, paraît le samedi de chaque semaine. On y a réuni d'abord le *Journal politique de Bruxelles* (1) et les souscriptions du *Journal Français*, du *Journal des Dames*, du *Journal des Spectacles*, de la *Gazette littéraire*. L'on y a ajouté ensuite le journal intitulé : *Des Affaires d'Angleterre et d'Amérique*, le *Journal de la Librairie*, qu'on imprime sur la couverture, et, à la fin de la partie politique, la *Gazette des tribunaux*, abrégée. Quoique augmenté de 64 feuilles par an, et paraissant 52 fois, au lieu de 46, il est resté au même prix : 30 livres pour Paris et 32 pour la province.

Il est toujours composé d'une ou deux pièces de vers, d'un conte ou de quelques pièces fugitives en prose, de l'énigme, du logographe, des charades, bouts-rimés, acrostiches, questions ; des jugements critiques sur les ouvrages nouveaux ; de quelques articles d'arts, d'inventions et découvertes, de spectacles ; d'avis particuliers, de l'annonce des livres nouveaux. Quant aux arrêts, édits et déclarations, annonces des académies de Paris et de province, anecdotes, événements publics et particuliers, on les

(1) Voir, pour ce journal et les suivants, les articles que nous leur consacrons plus loin.

trouve à l'article *Paris,* de la partie politique, etc. — Cette partie contient les mêmes objets que le *Journal historique et politique de Genève.* On y insère, sous l'*Article de Bruxelles,* les nouvelles les plus piquantes ; on y joint, à la fin des nouvelles politiques, un article intitulé : *Précis des gazettes anglaises* et autres nouvelles des pays étrangers.

Voilà un beau cadre assurément, et je suis persuadé qu'un recueil fait sur ce plan, bien fait, trouverait aujourd'hui encore de nombreux lecteurs. Ce qui est certain, c'est qu'il fut singulièrement goûté alors ; le Mercure parvint, dans cette dernière période, à la plus haute prospérité, et compta, dit-on, jusqu'à 15,000 abonnés, chiffre considérable pour le temps, et que même il a été donné à bien peu de feuilles du même genre de surpasser, ou seulement d'atteindre.

En 1791, le *Mercure de France* devint le « *Mercure français,* politique, historique et littéraire, composé par M. de La Harpe quant à la partie littéraire, par M. Marmontel pour les contes, et par M. Framery pour les spectacles. M. Mallet du Pan, citoyen de Genève, était seul chargé du Mercure politique et historique. » Ce n'était là qu'un simple changement de titre : la division en *Mercure de France,* partie purement littéraire, et *Mercure historique et politique,* datait déjà de plusieurs années, et les rédacteurs restaient les mêmes. La partie politique, à mesure que les événements grandissaient, avait pris de l'extension et acquis une importance réelle, sous la plume de Dubois-Fontanelle, qui en était chargé depuis 1778, et plus encore sous celle de Mallet du Pan, qui lui succéda en 1784, et ne quitta la place qu'après le 10 août 1792, la laissant à Geoffroy, le célèbre critique qui devait faire plus tard la fortune du *Journal des Débats*.

Dans le cours des années III, IV, V et VI de la République, le *Mercure français* eut pour directeur Lenoir-Laroche, dont les collaborateurs étaient Cabanis, Destutt-Tracy, Lottin jeune, Mongez, Alex. Barbier, etc.

M. Agasse ayant cessé l'impression du Mercure dans les premiers mois de l'an VII (1799), il passa dans les mains du libraire Caillau, qui publia cette année-là huit volumes, in-12, sous le titre de «*Mercure de France*, journal politique, littéraire et dramatique, par une société de gens de lettres.» Après une interruption de plusieurs mois, Fontanes, La Harpe et l'abbé Morellet se chargèrent de faire revivre le Mercure sous le titre que lui avait donné Caillau; il reparut donc à partir de messidor an VIII, mais dans le format in-8°, sous la direction d'Esmenard, et se continua jusqu'en 1820, ayant pour rédacteurs principaux Fontanes, Châteaubriand, Fiévée, de Wailly, de Bonald, Gueneau de Saint-Victor, Auger, etc.; Ginguené, Amaury-Duval, et autres rédacteurs de la *Revue philosophique*, qui se réunit au Mercure; Legouvé, Feletz, de Roquefort, Benjamin Constant, Jay, Jouy, Lacretelle, etc.

Plusieurs tentatives ont été faites dans ces trente dernières années pour ressusciter le Mercure, ou plutôt plusieurs recueils ont tenté de se fonder sous ce titre. En 1823, une réunion d'écrivains libéraux fonda le *Mercure du xixe siècle,* dont les principaux rédacteurs furent MM. Tissot, directeur; Artaud, Bert, Berville, Félix Bodin, Dulaure, Em. Dupaty, Senancourt, etc. Après quatre années d'existence, il changea de titre et de rédacteurs, et fournit, sous le nom de *Mercure de France au xixe siècle,* une nouvelle carrière de cinq années. Tombé en 1832, il essaya de se relever, en réduisant son titre à la plus simple expression : *Mercure,* mais il n'eut pas la force de faire deux pas.

Enfin 1851 vit naître encore un *Mercure de France,* revue universelle de la littérature et des beaux-arts, qui vécut jusqu'au commencement de 1853, l'espace de trois volumes.

Nous reviendrons en temps et lieu sur le rôle politique qu'a joué le Mercure depuis la Révolution. Mais nous croyons devoir dès à présent résumer sous la forme d'un tableau, dressé d'après le catalogue de la Bibliothèque impériale, la bibliographie de ce volumineux recueil; elle pourra épargner quelques ennuis aux chercheurs, car les indications données à cet égard par les bibliographes et les encyclopédistes sont loin d'être d'accord, et pourraient jeter dans d'étranges confusions.

Le Mercure galant, années 1672—1674.	6 vol.
Les années 1675 et 1676 n'ont pas été publiées.	
Le Nouveau Mercure galant, 1677.	10
Mercure galant, 1678, avril 1714.	477
Extraordinaires du Mercure, 1678—1685. Annexe du Mercure, rédigée, comme le journal, par de Visé, et paraissant tous les trois mois.	32
Affaires du temps, 1688—1692. Autre annexe, rédigée également par de Visé, et paraissant tous les mois.	12
Nouveau Mercure galant, mai 1714— oct. 1716.	33
Dont 3 volumes de Relations.	
Le Nouveau Mercure, 1717—mai 1721.	54
Le Mercure, juin 1721—1723.	36
Mercure de France, dédié au Roi, 1724—1791.	977
Mercure français, 17 déc. 1791—an VII.	51
Mercure de France, an VII—1820.	84
Dont 8 volumes in-12 seulement et 76 in-8°.	
Les volumes de vendémiaire—prairial an VIII, de mai—août 1815, de février 1818 à juin 1819, n'ont pas été publiés.	
C'est pour le Mercure proprement dit,	1772 vol.
Si l'on y ajoute :	
Le Mercure du 19ᵉ siècle, 1823—27, t. I—XVIII.	18
Le Mercure de France au 19ᵉ siècle, 1827—32, t. XIX—XXXVI.	18
Mercure, 1832, t. XXXVII.	1
Le Mercure de France, nov. 1851—fév. 1853, 1 vol. in-folio et 2 vol. in-4°	3
On arrive au nombre respectable de	1812 vol.

Il existe encore un *Nouveau Mercure*, dédié à Son Altesse Sérénissime le prince de Dombes, et publié à Trévoux par l'abbé Nadal et Piganiol de la Force. Il va de janvier 1708 à mai 1711, moins les mois d'avril 1709 - décembre 1710, qui n'ont pas été publiés, et se compose de 14 volumes in-12.

Le libraire Chaubert publia, en 1757 et années suivantes, un *Choix des anciens Mercures*, dont il donna 9 vol. in-12. La spéculation lui ayant paru bonne, il entreprit un *Nouveau choix de pièces tirées des anciens Mercures et des autres journaux...*, qui se compose de 99 vol. in-12. Le titre porte pour les tomes I à XV : *par M. de Bastide ;* à partir du tome XVI : *par M. Marmontel ;* et à partir du tome XL : *par M. de La Place*. Ces 108 volumes sont complétés par une table générale, publiée en 1765, 1 vol. in-12.

« Cette collection, dit l'auteur de la table, est à la fois, de l'avis de tous ceux qui la connaissent, la plus riche, la plus variée et la plus utile qu'il soit possible de se procurer. Par sa nature elle est non-seulement un corps d'ouvrage indispensable pour les grandes bibliothèques, mais encore un répertoire précieux, instructif et amusant pour tout le monde. C'est une bibliothèque universelle, où tous les lecteurs trouveront également des matières qui leur conviennent. Les amateurs de l'histoire y liront des morceaux uniques dans ce genre ; plus de deux mille pièces de vers satisferont le goût des partisans de la poésie ; les contes, les anecdotes, les nouvelles, les romans, contenteront ceux qui se plaisent à des lectures plus frivoles, et ce recueil leur en offrira un grand nombre de cette espèce.... Veut-on des sujets de morale, de grands traits d'éloquence, des découvertes dans les arts, dans les sciences, dans l'histoire naturelle ? Le *Choix des journaux* présente sur tous ces objets des pièces nombreuses, rares, originales, et presque toujours composées par des auteurs connus et de la plus grande réputation. »

Voici la liste chronologique des journaux et autres ouvrages périodiques d'où furent tirés les morceaux qui composent les 108 volumes du choix :

Mercure Français.	1605
Journal des Savants.	1665
Mercure galant.	1672
Mémoires et Conférences.....	»
Nouvelles découvertes sur toutes les parties de la médecine.	1679
Journal de Médecine.	1682
Nouvelles de la République des Lettres.	1684
Bibliothèque universelle.	1686
Histoire des ouvrages des Savants.	»
Lettres historiques.	1692
Journal de Trévoux.	1701
Essais de littérature.	1702
Lecture ambulante.	»
Bibliothèque choisie.	1703

Bibliothèque enjouée.	1703
Journal de Verdun.	1704
Recueil de pièces fugitives.	»
Journal littéraire.	1705
Bibliothèque ancienne.	1714
Mémoires de littérature.	1715
Nouvelles littéraires.	»
Bibliothèque Germanique.	1720
Mémoires littéraires de la Grande-Bretagne.	»
Jugements des Savants.	1722
Histoire littéraire de l'Europe.	1726
Bibliothèque Anglaise.	1727
Bibliothèque raisonnée.	1728
Le Pour et Contre.	1730
Recueil de pièces d'histoire et de littérature.	1731
Bibliothèque Britannique.	1733
Bibliothèque Française.	»
Lettres secrètes.	1734
Le Nouvelliste du Parnasse.	»
Observations sur les écrits modernes.	1735
Réflexions sur les ouvrages de littérature.	1736
Nouveaux Amusements du cœur et de l'esprit.	1737
Bibliothèque de campagne.	1738
Amusements littéraires.	1740
Jugements sur quelques ouvrages nouveaux.	1744
Le Contrôleur du Parnasse.	1745
Recueil alphabétique, A, B, etc.	»
Lettres d'une comtesse.	1746
Le Glaneur littéraire.	»
Nouvelles littéraires de Clément.	1748
La Bigarrure.	1749
Lettres sur quelques écrits de ce temps.	»
Observations sur la littérature moderne.	»
Le nouveau Magasin français.	1750
Le Petit Réservoir.	1751

Journal Œconomique.	»
Nouveaux Mémoires d'histoire, de critique, etc.	1752
Bibliothèque amusante et instructive.	1753
Petites Affiches de province.	»
L'Année littéraire.	1754
Bibliothèque des Sciences et des Beaux-Arts.	»
Journal chrétien.	»
Journal de Physique.	»
Journal étranger.	»
Recueil périodique d'observations de Médecine.	»
L'Abeille.	1755
Choix littéraire.	»
Amusements de la Toilette.	1756
Le Conservateur.	»
Journal Encyclopédique.	»
Etat politique d'Angleterre.	1757
L'Observateur hollandais.	»
Journal du Commerce.	»
Le Nouveau Spectateur.	1758
L'Observateur littéraire.	»
Génie de la Littérature italienne.	1759
Semaine littéraire.	»
L'Avant-Coureur.	1760
Le Censeur hebdomadaire.	»
Journal des Dames.	»
Journal ecclésiastique.	»
Le Monde.	»
Le Moniteur français.	»
La Nature développée.	»
Papiers anglais (1).	»

« La collection entière de tous ces différents

---

(1) Nous aurons occasion de parler de la plupart de ces journaux, de tous ceux du moins qui se recommandent à l'attention par quelque côté, et sur lesquels nous aurons pu nous procurer des renseignements.

journaux, ajoute notre auteur, contient plus de dix mille volumes dans lesquels il y a plus de six mille pièces très-curieuses qui ne se trouvent point ailleurs. »

Voulût-on rabattre de ces chiffres, que ce Choix des journaux n'en demeurerait pas moins une mine très-précieuse, qui est trop peu connue, presque inexploitée, et que nous croyons devoir recommander aux travailleurs. Il eut, en quelque sorte, sa suite et son complément dans l'*Esprit des journaux*, 1772-1818, et dans quelques autres recueils reproducteurs dont nous parlerons en leur lieu.

En 1810, M. Merle publia, sous le titre de : *Esprit du Mercure de France*... un nouveau choix, en 3 vol. in-8°, pour lequel il dit avoir profité du travail de Marmontel et de La Place (1), qu'il continua jusqu'en 1792.

A notre tour, nous croyons devoir citer comme spécimen de la littérature de ce recueil, qui fit si longtemps « les délices de la ville et de la cour, » et de ses nombreux imitateurs, quelques pièces choi-

---

(1) M. Merle fit précéder ses trois volumes d'une courte préface, qui ne brille pas précisément par l'exactitude. Ainsi il écrit que « ce fut Marmontel qui entreprit un choix du Mercure ; — que le Mercure de France est de tous les journaux littéraires celui dont l'existence est la plus ancienne ; — que sous le nom de *Mercure français,* il n'était, dans son origine, qu'un recueil aride de quelques événements peu intéressants de la cour et de la ville, » autant d'erreurs que de mots ; — « que la collection du Mercure se compose de plus de 600 volumes, » etc. Ces inexactitudes, commises dans de pareilles circonstances, peuvent faire juger de celles où sont tombés tous ceux qui, depuis, ont écrit du Mercure.

sies dans des genres différents. Nous aurions bien voulu donner pour nos lectrices — si nous sommes assez heureux pour en avoir — quelques-unes des petites nouvelles dont ces feuilles abondent; mais cela nous eût entraîné trop loin, et nous ne pouvons que renvoyer les curieux — ou curieuses — aux ouvrages que nous venons de citer.

PRÉDICTION TIRÉE D'UN VIEUX MANUSCRIT
ou
CRITIQUE DU ROMAN DE M. ROUSSEAU
(La nouvelle Héloïse)

En ce temps, il paraîtra en France un homme extraordinaire, venu des bords d'un lac; il criera au peuple : Je suis possédé du démon de l'enthousiasme; j'ai reçu du ciel le don de l'inconséquence : je suis philosophe et professeur du paradoxe.

Et la multitude courra sur ses pas, et plusieurs croiront en lui.

Et il leur dira : Vous êtes tous des scélérats et des fripons; vos femmes sont toutes des femmes perdues, et je viens vivre parmi vous.

Et il abusera de la douceur naturelle de ce peuple pour lui dire des injures absurdes.

Et il ajoutera : Tous les hommes sont vertueux dans le pays où je suis né, et je n'habiterai jamais le pays où je suis né.

Et il soutiendra que les sciences et les arts corrompent nécessairement les mœurs; et il écrira sur toutes sortes de sciences et d'arts.

Et il soutiendra que le théâtre est une source de prostitution et de corruption ; et il fera des opéras et des comédies.

Et il écrira qu'il n'y a des vertus que chez les sauvages, quoiqu'il n'ait jamais été parmi eux, et qu'il soit bien digne d'y être.

Et il conseillera aux hommes d'aller tout nus ; et il portera des habits galonnés, quand on lui en donnera.

Et il dira que tous les grands sont des valets méprisables ; et il fréquentera les grands, sitôt qu'ils auront la curiosité de le voir, comme un animal rare, venu des pays lointains.

Et il s'occupera à copier de la musique française ; et il dira qu'il n'y a pas de musique française.

Et il dira aussi qu'il est impossible d'avoir des mœurs et de lire des romans ; et il fera un roman, et dans son roman on verra le vice en action, et la vertu en paroles ; et ses personnages seront forcenés d'amour et de philosophie.

Et il voudra faire entendre à tout l'univers qu'il a été un homme à bonnes fortunes, et qu'il sait écrire des lettres d'amour, et qu'il en a reçu ; et cependant on connaîtra évidemment qu'il a composé lui-même les lettres qu'il a reçues.

Et dans son roman, on apprendra l'art de suborner philosophiquement une jeune fille.

Et l'écolière perdra toute honte et toute pudeur, et elle fera avec son maître et des sottises et des maximes.

Et elle lui donnera la première un baiser sur la bouche, et elle l'invitera à venir coucher avec elle, et il y couchera ; et elle deviendra grosse de métaphysique, et ses billets doux seront des homélies philosophiques.

Et le philosophe lui apprendra que les parents n'ont aucune autorité sur leurs filles quant au choix d'un époux, et il les peindra comme des barbares et des dénaturés.

Et il refusera de recevoir des honoraires de la main du père, par la délicatesse naturelle à tout homme qui craint la peine afflictive, et il recevra de l'argent de la fille, mais en cachette ; et il prouvera que c'est très-bien fait.

Et il s'enivrera avec un seigneur anglais, qui l'insultera ; et il proposera au seigneur anglais de se battre avec lui ; et sa maîtresse, qui aura perdu l'honneur de son sexe, décidera de celui des hommes, et elle apprendra au maître qui lui a tout appris qu'il ne doit point se battre.

Et il recevra une pension du mylord, et il ira à Paris, et il n'y fréquentera point les gens sensés et honnêtes, et il n'y verra que des filles et des petits-maîtres, et il croira avoir vu Paris.

Et il écrira à sa maîtresse que les femmes sont des grenadiers, et qu'elles vont toutes nues, et qu'elles ne refusent rien à tous les hommes qu'elles rencontrent.

Et lorsque ces mêmes femmes le recevront à la campagne, et auront commencé à sourire à sa vanité, il trouvera en elles des prodiges de vertu et de raison.

Et les petits-maîtres le mèneront chez des filles de mauvaise vie, et il s'y enivrera comme un sot ; et il couchera avec ces filles ; et il écrira son aventure à sa maîtresse ; et elle le remerciera.

Et il recevra le portrait de sa maîtresse, et son imagination s'allumera à la vue de ce portrait ; et sa maîtresse lui fera des leçons obscènes de chasteté solitaire.

Et cette fille si amoureuse épousera le premier homme qui viendra du bout du monde ; et cette fille si habile n'imaginera aucun expédient pour empêcher ce mariage, et elle passera hardiment des bras d'un amant dans ceux d'un époux.

Et le mari saura, avant de l'épouser, qu'elle est amoureuse et aimée à la fureur d'un autre homme, et il fera volontairement leur malheur, et il sera pourtant un honnête homme, et cet honnête homme sera pourtant un athée.

Et aussitôt après le mariage, la femme se trouvera très-heureuse ; et elle écrira à son amant que, si elle était encore libre, elle épouserait son mari plutôt que lui.

Et le philosophe voudra se tuer.

Et il fera une longue dissertation pour prouver qu'on doit toujours se tuer quand on a perdu sa maîtresse ; et son amie lui prouvera que la chose n'en vaut pas la peine, et le philosophe ne se tuera pas.

Et il ira faire le tour du monde, pour donner aux enfants de sa maîtresse le temps de croître, et pour revenir ensuite être leur précepteur, et leur apprendre la vertu comme à leur mère.

Et il n'aura rien vu dans le tour du monde.

Et il reviendra en Europe.

Et cependant le mari de sa maîtresse, qui sait toute leur intrigue, fera venir le bel ami dans sa maison.

Et la femme vertueuse sautera à son cou à son arrivée, et le mari sera charmé, et ils s'embrasseront chaque jour tous les trois; et le mari leur fera de jolies plaisanteries sur leur aventure, et il les croira devenus raisonnables, et ils s'aimeront toujours avec transports, et ils prendront plaisir à se rappeler leurs tendresses et leurs voluptés, et ils se serreront la main et ils pleureront.

Et le bel ami, étant dans un bateau seul avec sa maîtresse, voudra la jeter dans l'eau, et se précipiter avec elle.

Et ils appelleront tout cela de la philosophie et de la vertu.

Et à force de parler philosophie et vertu, on ne comprendra plus ce que c'est que vertu et philosophie.

Et la vertu, selon leurs maximes, ne consistera plus dans la crainte et la fuite du danger; elle consistera dans le plaisir de s'y exposer sans cesse; et la philosophie ne sera plus que l'art de rendre le vice intéressant.

Et la maîtresse du philosophe aura quelques arbres et un ruisseau dans son jardin, et appellera cela son *Elysée*, et personne ne pourra comprendre ce que c'est que cet *Elysée*.

Et elle donnera tous les jours à manger à des moineaux dans son jardin; et elle veillera sur ses domestiques mâles et femelles, pour qu'ils ne fassent pas les mêmes sottises qu'elle.

Et elle soupera au milieu de ses vendangeurs, et même elle en sera respectée; et elle teillera du chanvre avec eux, ayant son amant à ses côtés.

Et le philosophe voudra teiller du chanvre le lendemain, le surlendemain, et toute sa vie.

Et les vendangeurs chanteront des chansons ; et le philosophe sera enchanté de leur mélodie, encore que ce ne soit pas de la musique italienne.

Et elle élèvera ses enfants avec grand soin, prenant garde qu'ils ne parlent jamais en compagnie, et que personne ne leur apprenne qu'il y a un Dieu.

Et elle sera gourmande ; mais elle ne mangera des pois et des fèves que rarement, et dans le salon d'Apollon ; et le tout par mortification philosophique.

Et elle sera pédante dans tout ce qu'elle fera et dira ; et toutes les femmes seront méprisables auprès d'elle.

Et le bel ami ira pêcher dans un lac avec sa maîtresse, et il prendra des poissons, et il les rejettera dans l'eau, sans s'embarrasser si les gens ont de quoi dîner ; et il craindra de nuire aux animaux, et il mangera de tous.

Et il aimera le vin et il en boira ; et quand il en aura bu avec excès, il regardera la gorge des Valaisanes avec concupiscence ; et il prendra querelle avec son meilleur ami.

Et il dira des ordures grossières à sa céleste et sainte maîtresse ; et il fera pis encore avec des filles de joie.

Et il aimera toujours le vin, et il en boira toujours ; et il soutiendra qu'il n'y a que les ivrognes qui soient honnêtes gens, et que les gens sobres sont des fourbes.

Et lorsque sa maîtresse lui aura promis un rendez-vous, et qu'au lieu de ce rendez-vous, elle lui proposera de faire une action d'humanité et de charité, il dira qu'il déteste la vertu, et il entrera en fureur.

Et il deviendra amoureux de l'amie de sa maîtresse, étant à côté de sa maîtresse.

Et l'amie de sa maîtresse deviendra amoureuse de lui.

Et il lui appliquera un baiser ardent sur la main, et cependant il aimera toujours sa maîtresse comme un furieux ; et il s'écriera toujours : O sainte vertu !

Et sa maîtresse mourra.

Et, avant que de mourir, elle prêchera encore, suivant sa

coutume ; et elle parlera toujours, jusqu'à ce que les forces lui manquent ; et elle se parera comme une coquette, et elle mourra comme une sainte.

Et elle écrira cependant à son bel ami qu'elle finit comme elle a commencé, c'est-à-dire qu'elle l'aime avec autant de passion que jamais.

Et le mari enverra cette lettre à l'amant.

Et l'on ne saura jamais ce que l'amant est devenu.

Et l'on ne se souciera guère de le savoir.

Et tout le livre sera moral, utile et honnête, puisqu'il prouvera que les filles sont en droit de disposer de leur cœur, de leur main et de leurs faveurs, sans consulter leurs parents, sans aucun égard à l'inégalité des conditions.

Et que, pourvu qu'elles parlent toujours de vertu, il est inutile de la pratiquer.

Et qu'une jeune fille peut d'abord coucher avec un homme et qu'elle doit ensuite en épouser un autre.

Et qu'en se livrant au vice, il suffit d'avoir de temps en temps des remords pour être vertueux.

Et qu'un mari doit recevoir l'amant de sa femme dans sa maison.

Et que la femme doit l'embrasser sans cesse, et se prêter de bonne grâce aux plaisanteries du mari et aux égarements de l'amant.

Et elle dira que l'amour est inutile et déplacé entre deux époux, et elle le prouvera ou croira le prouver.

Et le livre sera écrit d'un style emphatique, pour en imposer aux personnes simples.

Et l'auteur entassera les phrases, et croira entasser les raisonnements.

Et il entassera les exagérations, et il ne fera jamais d'exceptions.

Et il voudra paraître nerveux, et il ne sera qu'outré, et il aura grand soin de conclure toujours du particulier au général.

Et il ne connaîtra jamais ni la simplicité, ni la justesse, ni le naturel ; et son esprit fera des tours de force jusque dans les choses les plus puériles ; et le sarcasme lui tiendra toujours lieu de raison.

Et tout le talent de l'auteur sera de donner des entorses à la vertu et le croc-en-jambe au bon sens ; et il contemplera toujours les fantômes de son imagination, et ses yeux ne verront jamais la nature.

Et semblable aux empiriques, qui font exprès des blessures pour montrer l'excellence de leur baume, il empoisonnera les âmes pour avoir la gloire de les guérir ; et le poison agira violemment sur l'esprit et le cœur, et l'antidote n'opérera que sur l'esprit, et le poison triomphera.

Et il se vantera d'avoir ouvert un précipice ; et il se croira exempt de tout reproche en disant : Tant pis pour les jeunes filles qui y tomberont, je les ai averties dans ma préface ; et les jeunes filles ne lisent jamais les préfaces.

Et, après que dans son roman il aura dégradé tour-à-tour les mœurs par la philosophie, et la philosophie par les mœurs, dira qu'il faut des romans à un peuple corrompu.

Et il dira sans doute aussi qu'il faut des fripons chez un peuple corrompu.

Et on le laissera tirer la conséquence.

Et il dira encore, pour se justifier d'avoir fait un livre où respire le vice, qu'il vit dans un siècle où il n'est pas possible d'être bon.

Et pour s'excuser, il calomniera l'univers entier.

Et il menacera de son mépris tous ceux qui n'estimeront pas son livre.

Et les gens vertueux considéreront sa folie d'un œil de pitié.

Et on ne l'appellera plus le philosophe, et il sera nommé le plus éloquent des sophistes.

Et on admirera comment, avec une âme pure et honnête, il a pu faire un livre qui ne l'est pas.

Et ceux qui croyaient en lui n'y croiront plus.

CONTRE-PRÉDICTION

AU SUJET DE LA NOUVELLE HÉLOISE

Roman de M. Rousseau, de Genève

En ce temps-là, il sortira des bords du lac de Genève un jeune homme sage et vertueux, qui voyagera chez le peuple le plus éclairé de l'univers. Après avoir longtemps étudié, examiné les mœurs de ce peuple, il lui dira : Vous êtes savant, mais corrompu. C'est la société qui a commencé le mal ; les arts, les sciences l'achèveront ; et peu de personnes le croiront, parce que le mal a déjà des racines très-profondes.

Et il leur dira : Je suis venu vivre parmi vous pour m'instruire, et j'ai été fâché de voir la corruption de votre société.

Et il dira encore : On est beaucoup plus vertueux dans le pays où je suis né, et je compte aussi retourner parmi les miens.

Et il écrira que les sauvages sont moins corrompus que les peuples des grandes villes ; que les vices augmentent à mesure que la société s'agrandit ; que les arts et les sciences favorisent les progrès du vice, et il aura raison.

Et il soutiendra que le théâtre est une mauvaise école pour former les mœurs ; et les partisans du théâtre lui donneront tort, et ils trouveront extraordinaire qu'il ait fait un opéra.

Et il dira que la compagnie des grands est dangereuse ; et cependant il fréquentera quelques grands, et on trouvera encore cela extraordinaire.

Et il fera un livre pour dire que nous n'avons point de bonne musique, et les musiciens, courroucés contre lui, ne pourront lui répondre que par des injures.

Et il dira aussi que les peuples qui ont des mœurs ne lisent pas des romans, et il ne fera point de romans, mais un livre de mœurs, auquel il donnera la forme d'un roman pour le faire passer : c'est ainsi qu'on frotte de miel les bords d'un vase, pour en faire avaler la liqueur amère.

Et dans ce livre, l'amitié, l'amour, l'honneur, la vertu, ne seront point fondés sur l'intérêt personnel, ne seront point de vains sentiments pris dans la société, mais ce seront des affections réelles, qui auront leur source dans le cœur, et c'est ce qui déplaira aux plus éclairés de la nation.

Et dans ce livre, on verra encore un jeune homme prendre un véritable amour pour une jeune fille, ce qui étonnera bien des gens, qui n'ont jamais connu le véritable amour. Et la maîtresse donnera la première un baiser à son amant, et, après avoir plus combattu que celles qui résistent, entraînée par la violence de ses feux, elle succombera.

Et elle aura des regrets plus grands que sa faute, et ceux qui connaissent l'amour l'excuseront.

Et on verra encore dans ce livre que les parents abusent quelquefois de l'autorité qu'ils ont sur leurs enfants, qu'ils les forcent souvent à des mariages où leur cœur n'a point de part, et que l'intérêt fait aujourd'hui beaucoup de ménages malheureux.

Et il s'élèvera une dispute entre l'écolier et un seigneur anglais, ce qui donnera occasion à un très-beau discours sur la fureur du duel et du faux point d'honneur ; et le seigneur anglais, reconnaissant son tort, en fera ses excuses d'une manière qui surprendra l'admiration.

Et l'écolier, devenu l'ami du mylord, se rendra à Paris, n'y verra point les philosophes, fréquentera les honnêtes gens, écrira à sa maîtresse que les femmes du bel air ont le ton grenadier, qu'elles ont peu de retenue, et qu'elles sont trop faciles à céder.

Et malgré le soin d'éviter la mauvaise compagnie, il se trouvera, sans le savoir, chez des filles de mauvaise vie, et ne s'en apercevra qu'après la faute ; et il écrira son repentir à sa maîtresse, et elle lui pardonnera.

Et les éclairés de la nation se récrieront et diront que tout cela n'est pas dans la nature ; et cette fille, toujours amoureuse, cédant aux ordres de ses parents, épousera un honnête homme, qui a sauvé la vie à son père ; et, malgré sa faute et son amour, elle fera le bonheur de son époux et le sien.

Et on sera fort étonné qu'un homme épouse une jeune fille dont il sait que le cœur appartient à un autre ; et les philosophes seront étonnés que ce mari soit un honnête homme, et que cet honnête homme soit un athée.

Et les gens raisonnables seront surpris de la contradiction de ces philosophes, qui, ayant établi qu'un athée peut être un honnête homme, nient que le mari de cette jeune fille le soit, parce qu'il est athée.

Et l'amant, pour dissiper son chagrin, ira voyager ; et il aura beaucoup vu dans le tour du monde, et il reviendra en Europe.

Et de retour, il sera reçu dans la maison de sa maîtresse, qui sautera à son col à son arrivée ; et le mari, qui sait toute leur intrigue, n'en sera point jaloux, ce que bien des gens ne pourront concevoir.

Et on croira que, parce que l'amante a eu une faiblesse étant fille, elle doit nécessairement continuer à en avoir étant femme.

Et l'on sera étonné que le jeune homme et cette tendre épouse sachent conserver leur vertu et se respecter en demeurant ensemble, et que le mari plaisante sur leurs aventures.

Et les honnêtes gens croiront aisément que tout cela peut se concilier ; mais les méchants seront dans l'étonnement, et ne pourront jamais y rien comprendre.

Et les plaisirs de l'époux, de l'épouse et de l'amant, seront simples et innocents. La maîtresse veillera sur ses domestiques, et s'en fera aimer ; dans le temps de vendange, elle jouera au milieu des vendangeurs, et en sera respectée ; elle teillera du chanvre avec eux, et le jeune homme prendra plaisir à l'imiter, et ceux qui ne connaissent pas ces innocents plaisirs s'en moqueront.

Et l'amant présidera à l'éducation des enfants ; il leur apprendra surtout à ne parler qu'à propos dans les compagnies, et on ne les instruira dans leur religion que dans l'âge mûr, afin qu'ils la sachent mieux, ce qui ne plaira pas à tout le monde.

Et les repas seront frugals, on saura s'y priver de certains mets qui pourraient faire plaisir, pour mieux les goûter ensuite ; et les méchants appelleront cela gourmandise.

Et la maîtresse aura beaucoup de raison, de bon sens et de jugement, et les beaux esprits en seront courroucés.

Et le philosophe remarquera que les gens faux doivent être sobres, et que la trop grande réserve de la table annonce assez souvent des mœurs feintes et des âmes doubles.

Et l'ami ira pêcher dans un lac avec sa maîtresse, et il rejettera dans les eaux les petits poissons dont ils n'auront pas besoin pour leur dîner; ce qui révoltera les gloutons.

Et dans un voyage qu'il fera chez les Valaisans, il boira un peu plus de vin qu'à l'ordinaire; il sera choqué de l'énorme ampleur de la gorge des jeunes Valaisanes, et les sots en riront.

Et lorsque sa maîtresse lui aura promis un rendez-vous, la violence de son amour lui fera regretter d'être obligé de manquer au rendez-vous pour faire une bonne action, et il fera cependant cette bonne action.

Et l'amie de sa maîtresse deviendra amoureuse de lui, et lui ne sera point amoureux d'elle, quoiqu'il lui donne un baiser sur la main; ce qui étonnera encore.

Et enfin, sa maîtresse mourra.

Et avant que de mourir elle écrira à son amant que la vertu qui les sépara sur la terre les unira dans le ciel, qu'elle est trop heureuse d'acheter au prix de sa vie le droit de l'aimer toujours sans crime.

Et le mari enverra cette lettre à l'amant.

Et on ne saura jamais ce que l'amant est devenu.

Et les méchants ne se soucieront guère de le savoir.

Et les honnêtes gens le rechercheront, et désireront de connaître un pareil amant.

Et tout le livre sera moral, utile et honnête, puisqu'il prouvera que les pères ne sont point en droit de disposer du cœur de leurs filles sans les consulter, et que, pour faire des mariages heureux, on ne doit pas toujours avoir égard à l'égalité des conditions.

Et que, pourvu qu'on pratique la vertu, il est inutile d'en parler.

Et qu'une jeune fille peut avoir une faiblesse avec un homme, et être ensuite forcée par ses parents d'en épouser un autre.

Et qu'en se livrant au bien, on n'a jamais des remords de l'avoir fait.

Et qu'un mari, sûr de la vertu de sa femme, peut recevoir son ancien amant dans sa maison.

Et que la femme peut embrasser quelquefois son ancien amant, sans que le mari en conçoive de la jalousie.

Et elle dira que deux époux peuvent être heureux sans amour.

Et le livre sera écrit d'un beau style pour en imposer aux philosophes.

Et l'auteur pressera les raisonnements pour mieux les convaincre.

Et il accumulera les preuves, et ne les convaincra pas.

Et son style sera orné, fleuri, sublime, nerveux, et on dira qu'il a des endroits si pleins de feu qu'ils *brûlent le papier*.

Et il connaîtra la simplicité, la justesse, le naturel, et il n'emploiera la force que pour détruire le vice; et quelquefois le sarcasme dans les choses indifférentes.

Et le talent de l'auteur sera de faire briller la vertu, et de faire parler la raison et le bon sens. Il contemplera toujours la nature, et donnera rarement carrière à son imagination.

Et semblable aux médecins qui ordonnent un remède pour prévenir le mal, il produira son livre sous le titre de roman, et par cet innocent artifice il réussira à guérir des cœurs corrompus et à faire aimer la vertu.

Il ne se vantera point d'avoir fait un livre utile; et comme il aura mis à la tête de son livre un titre décidé, pour qu'une fille chaste sache à quoi s'en tenir en l'ouvrant, il dira : Celle qui, malgré ce titre, en osera lire une seule page, est une fille perdue; mais qu'elle n'impute point sa perte à ce livre : le mal était fait d'avance; puisqu'elle a commencé, qu'elle achève de le lire, elle n'a plus rien à risquer. Et il aurait pu ajouter : elle ne peut même qu'y profiter.

Et après que, dans son roman, il aura fait triompher les

mœurs en détruisant la philosophie, il dira qu'il faut laisser les romans aux peuples corrompus.

Et il pourra dire aussi qu'il y a des fripons chez les peuples corrompus.

Et on le laissera tirer la conséquence.

Et les philosophes voudront le forcer de se justifier d'avoir fait un livre où respire la vertu.

Et il aura soin de menacer de son mépris tous ceux qui n'estimeront pas son livre.

Et les gens vertueux le liront avec attendrissement.

Et on ne l'appellera plus le *Philosophe*, et il sera reconnu comme un des plus éloquents et des plus vertueux des hommes.

Et on ne sera point étonné comment, avec une âme pure et honnête, il a fait un livre qui le soit.

Et les philosophes qui l'avaient loué le calomnieront.

Et ceux qui ne croient pas à la vertu trouveront que le livre les ennuie.

Et ceux qui croient en lui y croiront plus que jamais.

MADRIGAL

Au temps heureux où régnait l'innocence,
On goûtait, en aimant, mille et mille douceurs,
Et les amants ne faisaient de dépense
Qu'en soins et qu'en tendres ardeurs.
Mais aujourd'hui, sans opulence,
Il faut renoncer aux plaisirs.
Un amant qui ne peut dépenser qu'en soupirs
N'est plus payé qu'en espérance.

Méré.

CATÉCHISME POLITIQUE DES ANGLAIS

TRADUIT DE LEUR LANGUE

D. Comment définissons-nous la politique ?

R. C'est la science pratique de tout ce qui est injuste et déshonnête.

D. Avons-nous les dispositions nécessaires pour cette science ?

R. Nous passons pour y exceller.

D. En quoi la faisons-nous consister particulièrement ?

R. Dans l'abus de la paix et de la guerre.

D. Qu'est-ce que la paix ?

R. C'est ce qui nous fait désirer la guerre.

D. Qu'est-ce que la guerre ?

R. C'est ce qui nous fait désirer la paix.

D. A quoi nous appliquons-nous pendant la paix ?

R. A tromper nos voisins.

D. Et pendant la guerre ?

R. A nous tromper nous-mêmes.

D. Qu'est-ce que le droit de la nature ?

R. C'est un vieux code du cœur humain, que nous venons de rectifier sur des exemplaires qui ne se trouvent qu'en Barbarie.

D. Qu'est-ce que le droit des gens ?

R. Quand on se croit tout permis, c'est une connaissance inutile.

D. Qu'est-ce que des limites ?

R. C'est ce que nous n'avons point envie de savoir.

D. Où les Français reçoivent-ils nos insultes avec le plus de docilité ?

R. Sur nos théâtres.

D. Quelle satisfaction faisons-nous à un vaisseau neutre après l'avoir attaqué mal à propos ?

R. Nous nous contentons de le mettre à contribution pour les coups que nous lui avons tirés.

D. Quand un vaisseau ennemi a payé une fois sa rançon à un de nos armateurs, que peut-il faire?

R. Il peut en toute sûreté en préparer une seconde pour le premier qu'il rencontrera, et se disposer à aller en Angleterre avec le troisième.

D. Que doivent éviter les officiers qui commandent nos escadres?

R. De se battre quand ils n'ont pas au moins le double des forces de l'ennemi.

D. Pourquoi avons-nous commencé la guerre longtemps avant que de la déclarer?

R. C'est pour qu'on ne soit pas surpris si nous la continuons longtemps après qu'elle sera finie.

EPIGRAMME

Voulez-vous guérir promptement
De je ne sais quel mal, qui, je ne sais comment,
Vous ôte votre bonne mine?
Prenez-moi sans retardement
Je ne sais pas combien, ni de quelle racine;
Joignez-y je ne sais quelle herbe également;
Mettez je ne sais où le tout bien chaudement :
Vous guérirez je ne sais quand.
Maint grand docteur en médecine
Ne vous dirait pas autrement.

Bruzen de la Martinière.

RÉFLEXIONS SUR LE *MAIS*.

On appelle la particule *mais* une particule *adversative*. Que le *mais* est haïssable!

C'est la particule de la médisance, et des exceptions désavantageuses. *Dorilas* est un honnête homme, *mais*... *Uranie* a beaucoup de mérite; elle a de l'esprit, de la politesse, du tour, des manières; elle est enjouée, sérieuse; elle fait d'elle tout ce qu'elle veut, *mais*... Le *Père Bourdaloue* est un bon prédicateur, *mais*... *Mais* d'où vient, pour dire *mais* à mon tour, d'où vient que le bien qu'on dit du prochain ne fait que friser l'oreille, et que le *mais* est écouté de toutes les oreilles?

Mais est encore la particule de l'*objection*, terreur de la paresse et de l'orgueil. Comme ce dernier prétend à l'infaillibilité, il faut nécessairement livrer bataille au *mais*. S'il arrive que le *mais* ait raison, l'orgueil entre en furie, il se désarçonne, il sort des rangs, il dit des injures, il prend le ton des héros d'*Homère*; il laisse la victoire au *mais*, au grand plaisir des spectateurs, qui ordinairement sont les bons amis du *mais*. A l'égard du paresseux, s'il lui échappe de dire quelque chose, voici le *mais* qui l'oblige à parler encore : autre supplice bien plus grand que celui de l'orgueil, parce que ce dernier se console du *mais* dans la confiance d'en triompher. Oui, le paresseux aimera mieux reculer devant le *mais* que d'en soutenir l'assaut.

Le *mais* est aussi la particule de la *contradiction*, car la contradiction est différente de l'objection en ceci : c'est que l'objection ouvre la carrière d'une conférence, ou plutôt d'une dispute dans les formes, au lieu que la contradiction est du ressort de la conversation, elle en est le fléau. *Polémon* a du mérite infiniment; il a beaucoup d'esprit, et sa conversation plairait s'il n'était pas toujours à l'affût de la contrariété, et s'il n'avait pas toujours le *mais* sur le bord des lèvres. Il n'y a rien de plus redoutable que ce caractère pour les esprits doux. L'objection et la contradiction ont ceci de commun, c'est que l'une et l'autre blessent l'orgueil et la paresse. Pour l'orgueilleux, il n'est pas à plaindre s'il est homme d'esprit, pourvu qu'il ne soit pas paresseux; il est au contraire flatté par la contradiction, parce qu'il a réponse à *qui va là?* *Mais* si, n'ayant point d'orgueil, il se trouve paresseux, il n'y a esprit qui tienne, il aimera mieux souffrir la contradiction que de contredire à son tour, être le plastron que de porter la botte ou de la parer.

Mais est aussi la particule du refus. Je voudrais bien vous donner ou vous prêter ceci, ou cela, *mais* j'en ai besoin. Je suppose un homme opulent au-delà de ce que peuvent posséder, non des particuliers, mais des princes et des souverains, il me semble l'entendre dire : Ah ! que n'ai-je les trésors de Crésus! Quel plaisir de faire fleurir les arts et les sciences, d'aller au devant des besoins de la République, de faire des fondations pieuses, de ne permettre pas que personne souffre, non-seulement dans les lieux où je suis établi, mais même dans des climats éloignés! *mais...* Il n'y a point de *mais* qui trouve plus de raisons à alléguer que celui-ci.

Mais est une particule fatale à l'ambition et à la vanité, ces sources inépuisables de désirs. Elle arrête ordinairement tout court les *Je voudrais*. Si on consulte l'intérieur des hommes, il ne s'en trouvera guère qui ne fussent bien aises d'être grands, d'être princes et rois; et même, à voir la conduite des grands envers leurs inférieurs, et leur aigreur dans les mauvais succès, on comprend aisément qu'un peu de divinité ne les incommoderait pas, *mais...* Non-seulement cela, le *mais* vient à la traverse des commodités de la vie, et même du nécessaire. Je voudrais avoir un carrosse, *mais...* Je voudrais bien avoir du bois pour me chauffer, un habit pour me garantir du froid pendant cet hiver, *mais...* Il ne devrait point y avoir, dira-t-on, de pareils *mais* en pays d'humanité : je l'avoue, *mais....* Le *mais* est donc la particule de l'avarice, et le bridon de la générosité et de la compassion.

Le *mais* est la particule favorite du grand adversaire de tout bien, c'est l'instrument funeste des controverses, c'est-à-dire d'un des plus grands fléaux de la société et de la religion. Quand le prince de la paix vint au monde pour réunir le genre humain, il ne trouva point de plus grand antagoniste que le *mais*. Les apôtres allaient porter la doctrine salutaire par tout le monde; à peine eurent-ils passé de Jérusalem à Antioche, que le *mais* les obligea d'y retourner pour arrêter les progrès de la contradiction. Inutilement, le *mais* a toujours été le plus fort. Après avoir fait la guerre à la paix avec la plume, il s'est armé du fer, il a allumé le feu, et il a fait du monde le théâtre de mille scènes sanglantes. En un mot, on peut dire que le *mais* est la *remore* de tous les agréments de la vie.

Il y a pourtant des occasions ou le *mais* est assez aimable. Qu'il vient à propos dans la bouche d'un fâcheux! Je vous entretiendrais plus longtemps, *mais*... D'un prédicateur ennuyeux: Il serait temps de passer à une seconde partie, *mais*... J'aime bien le *mais* qui me sauve d'une visite, active ou passive, quand elle est incommode. Si le *mais* ne retenait la colère, que de fracas en mille occasions! Neptune allait lancer son trident contre Eole, *mais*...

Quos ego... sed motos præstat componere fluctus.

Par la mort...... Il n'acheva pas,
Car il avait l'âme trop bonne.

En un mot, je me réconcilierai avec le *mais*, s'il ne s'emploie jamais que pour exprimer les obstacles au mal et au crime.

ÉPIGRAMME

A mon avis, le plus grand des trésors
C'est une femme honnête; je m'explique:
Je veux qu'elle ait l'esprit comme le corps,
Que son devoir soit sa seule pratique;
Qu'en son cœur soit toute sa rhétorique,
Que sa raison ne conteste aucun point.
Heureux qui l'a, cette merveille unique!
Mais plus heureux encor qui ne l'a point!

BAIL DU CŒUR DE CLORIS.

Par-devant les notaires garde-notes du roi Cupidon, notre sire, dans toute l'étendue de l'empire amoureux, soussignés; fut présente la belle Cloris, bourgeoise de la ville de Cypre, demeurante rue et proche du Temple d'Adonis, laquelle a, par ces présentes, baillé et délaissé, à titre de loyer, promis faire jouir et garantir de tous troubles et empêchements, à l'amoureux Daphnis, aussi bourgeois de la dite ville de Cypre, demeurant rue et proche du Temple de Vénus, à ce présent et acceptant, un cœur à elle appartenant, par rétrocession qui lui en a été faite par l'inconstant Hilas, son époux, par acte passé par-devant le Dégoût et le Mépris, notaires en la ville de Saint-Léger, sur l'Euripe, duquel acte (fait double entre les parties) n'a été laissé aucune minute, du consentement d'icelles. Le présent bail dudit cœur fait audit Daphnis avec toutes ses appartenances, savoir :

> *Deux beaux yeux, dont le cœur anime d'un feu pur*
> *L'étincelant crystal, le transparent azur;*
> *Où des divers objets que forme la nature*
> *On peut voir en petit la naïve peinture;*
> *Où, tout voilé qu'il est, le cœur, sans y penser,*
> *Se peint fidèlement, et ne peut s'effacer;*
> *Où l'on peut découvrir, à travers de la flamme,*
> *Un amour recelé jusques au fond d'une âme;*
> *Enfin, où les amants, curieux de leur sort,*
> *Trouvent toujours écrite ou leur vie ou leur mort,*
> *Lisent le jour fatal aux grandes entreprises,*
> *Et le moment heureux pour en venir aux prises.*

Lesquels deux beaux yeux ladite Cloris sera tenue d'arrêter, en sorte qu'ils ne s'égarent plus sur les différents objets, qu'ils veillent sans cesse à la sûreté du cœur, et qu'ils ne servent qu'aux usages que ledit Daphnis en prétend faire. Sera tenue pareillement ladite bailleresse de mettre de bons contrevents en dehors, pour servir de défenses contre les voleurs.

La modestie et la pudeur
Servent de contrevents aux fenêtres du cœur;
Et Cloris s'est assujétie,
Sans préjudicier pourtant à son amour,
D'opposer aux voleurs, et de nuit et de jour,
La pudeur et la modestie.

Ces beaux yeux, en public toujours si retenus,
En secret pour Daphnis perdront leur retenue,
Ils verront les Amours tout nus,
Et la volupté toute nue.
Ils sauront exciter les amoureux désirs,
Ils sauront ménager les amoureux plaisirs,
Ils marqueront de la nature
Les plus tendres mouvements;
Et ces bienheureux moments,
Qui payent avec tant d'usure
Les mauvais jours des amants.

Plus deux petites oreilles, bien ourlées et rebordées, qui servent au cœur de conduit et de passage pour les cajoleries, les fleurettes, les déclarations d'amour, les protestations de fidélité, les soupirs, les plaintes, les prières, et pour tous les autres divertissements de cette nature à quoi il s'occupe. S'oblige ladite Cloris de les fermer, condamner du côté du mauvais vent, en sorte que ledit preneur n'en puisse être endommagé.

Qu'ainsi la méfiance, et l'envie, et la haine,
Rencontrent en tout temps ce passage fermé,
De crainte que par leur haleine,
Le cœur ne soit envenimé;
Que Daphnis, affranchi de ces mortelles pestes,
Ne se sente jamais de leurs souffles funestes;
Que Cloris, des jaloux méprisant le dépit
Fasse ses oreilles au bruit;

Que leurs plaintes, en l'air toujours évaporées,
    Se dissipent en s'élevant,
Et qu'ils grondent enfin à ces portes sacrées
    Sans que le cœur en ait le moindre vent.

Plus,

    Une bouche fraîche et vermeille,
    Qui sert au cœur de truchement,
    Pour s'expliquer précisément
    Sur ce qu'il reçoit par l'oreille;
    Une bouche où la volupté,
Cette reine des cœurs flatteuse et délicate,
Accorde la douceur avec la majesté,
Et règne mollement sur un lit d'écarlate;
Une bouche où Zéphir répand l'esprit des fleurs,
    Où l'Amour, avec ses trois sœurs,
    Folâtre sur un tas de roses
    Et, désarmé du trait fatal,
    Entre deux lèvres demi-closes,
    S'amuse d'un dard de corail.

Et parce que ladite bouche servait ci-devant d'un passage commun à l'artifice et à la dissimulation, au compliment et à la flatterie, qui logent sur le derrière dudit cœur, dans un appartement détaché d'icelui, il a été convenu que ledit cœur demeurerait affranchi de cette servitude, sauf à ladite Cloris à dédommager lesdits hôtes comme elle avisera. S'oblige aussi ladite bailleresse de donner de la pente dans ledit passage, pour faire écouler toutes les ordures et immondices qui pourraient se former dans ledit cœur, comme les dépits, les chagrins, les soupçons, les dégoûts et les tentations nouvelles.

    Que ces excréments de l'amour
    N'infectent jamais son séjour;
Qu'ils ne croupissent point, qu'ils coulent à leur aise,
    Et que, par ce canal secret,

> *Le cœur se tienne toujours net,*
> *Et ne garde point d'eau punaise.*

Plus,
> *Deux beaux bras, que le cœur, par des liens cachés,*
> *Tient à son service attachés,*
> *Et qui, pour écarter les maux qui se présentent,*
> *Pour saisir les biens qui le tentent,*
> *Sont incessamment dépêchés.*

Ladite Cloris ayant déclaré que lesdits bras n'avaient servi jusqu'à présent qu'à défendre l'approche aux insolents et aux importuns, qui tranchent des petits-maîtres, et qui font profession de l'amour entreprenant et de l'amour brusque, il a été convenu qu'outre ces fonctions, dans lesquelles elle s'oblige de les entretenir, elle les rendra souples, et propres à servir à l'amour tendre et caressant que ledit Daphnis prétend loger avec lui dans ledit cœur; et comme le cœur qu'occupe cet amour fait, par l'entremise des bras, la plus grande partie de ses affaires les plus touchantes, et que,

> *Par la vigilance éternelle,*
> *Par l'union forte et fidèle*
> *De ces ministres pleins de zèle,*
> *Brûlant d'amour, gros de désirs,*
> *Et las de perdre des soupirs,*
> *Il semble voler aux plaisirs,*
> *Et se fondre avec ce qu'il aime.....*

Ladite Cloris consent, pour gagner du temps, et pour plus grande facilité, que ledit Daphnis mette lui-même ces beaux bras en état de rendre tout le service dont il aura besoin, promettant d'agréer tout ce qui pour cela aura été fait par ledit sieur preneur, même de le lui allouer et lui en tenir compte sur le prix du présent bail.

> *Plus deux globes plus blancs que la neige nouvelle,*
> *Aux côtés du cœur flanqués,*
> *Où les pôles sont marqués,*

> *D'une framboise éternelle.......*
> Ces globes, dont le cœur est le premier mobile,
> Servent à découvrir ses divers mouvements.
>   *Quiconque en amour est habile*
>   *Sait par eux le sort des amants ;*
> Par l'élévation de leur habile pôle,
> Le progrès du voyage où l'on s'est embarqué,
>   *A qui sait cartes et boussole,*
>   *Est assez nettement marqué......*
>   *Sûr de sa route nuit et jour,*
>   *Il ne consulte plus d'étoiles,*
>   *Et, mettant au vent toutes voiles,*
> Il entre heureusement et mouille au port d'amour.

Ladite bailleresse a promis et promet de tenir lesdits globes clos et couverts, et de les mettre, par de bonnes barrières, hors d'atteinte, en sorte que les passants et les curieux ne soient pas en pouvoir de les toucher et de les flétrir......

>   *L'Amour combat avec chaleur*
>   *Contre un vieux fantôme d'honneur,*
> Qui s'oppose sans cesse aux biens de la nature.
> L'Amour, quand ce combat est trop rude et trop long,
> Se rebute souvent, et souvent fait retraite,
> Et jamais il n'obtient de victoire parfaite
>   *Si le plaisir n'est son second......*
> Mais quand l'Amour a mis son ennemi par terre,
>   *Toute la dépense n'est rien ;*
> Il triomphe en prodigue, et met tout en usage,
>   *Sauf à vivre après de ménage.*

Le présent bail fait pour le temps de dix années, à commencer du jour des présentes, moyennant

> *Grande fidélité, grand soin et grand amour,*
>   *Bons services de sa personne,*
>   *Que Daphnis rendra chaque jour,*
>   *Au gré de la belle mignonne.*

Et encore à la charge de faire dans ledit cœur, appartenances, circonstances et dépendances, toutes menues réparations, satisfaire aux charges de ladite ville de Cypre, et enfin user de tout en bon père de famille, et rendre les lieux en bon état, après les dix années expirées, sauf à proroger, s'il y échet. Et pour l'exécution des présentes, lesdites parties ont élu leur domicile, savoir : ladite bailleresse en la maison où elle est à présent demeurante, en ladite ville de Cypre, rue d'Adonis, auxquels lieux lesdites parties consentent que toutes les assignations qui leur seront données soient valables, sauf à changer lesdits domiciles quand ils verront bon être, en s'avertissant toutefois par un exploit fait à propre personne : car ainsi a été accordé, promettant, obligeant, renonçant.

Fait et passé en l'étude des notaires, à Cypre, le 1er avril 1670. Expédié double, et n'a été laissé minute.

Signé : CLORIS, DAPHNIS.
Le DÉSIR et le RESPECT, notaires.

—

LA PÊCHE

J'avais une pêche, hélas !... mon unique soin ! l'orgueil de mon jardin !... si belle ! si grosse ! On me l'a volée ; mais j'ai bientôt trouvé mon petit voleur. C'était l'Amour même. Fanny était la recéleuse. Je les ai pris sur le fait ; j'ai reconnu ma pêche, quoique les fripons l'eussent déjà mise en pièces. Les deux moitiés étaient allées se placer sur un sein de lys : elles y forment encore les deux plus jolis hémisphères... Le vermillon clair qui la colorait a passé sur des joues de roses. Le fin duvet dont elle était revêtue éclate sur la plus belle peau. J'en ai senti le parfum dans une délicieuse haleine. Ce feu, cette douce chaleur, ces rayons du soleil qui la mûrissaient, brillent dans les yeux de Fanny. Le moyen de regretter ma pêche ! J'allais m'applaudir d'un emploi si charmant ; mais, ô cruel souvenir ! ce qu'elle avait de plus dur, le noyau enfin, je le cherche, je le demande !..... L'ingrate, la perfide, l'a caché dans son cœur !

ADDITION A LA PAGE 176.

Nouveaux détails sur une remarquable particularité d'une des premières années de la Gazette.

J'ai fait remarquer qu'il y a deux états de la *Gazette* du 4 juin 1633, et j'en ai dit la raison. Je crois devoir revenir sur ce fait, d'ailleurs assez important, parce qu'il en a été donné une explication inexacte, qui, déjà reproduite par une publication en quelque sorte officielle, irait ainsi se répétant au détriment de la vérité historique. Le Catalogue de la Bibliothèque impériale, s'appuyant sur l'autorité d'un historien du règne de Louis XIII, s'explique ainsi sur cette particularité, en la signalant : « Le n° 54 de cette année (1633) se trouve en deux états : le premier, dans lequel il est fait mention, bien que pour le démentir, d'un projet de répudiation formé par le roi à l'égard de la reine; le deuxième, dans lequel cet article a été supprimé. » C'est le contraire qui est vrai : l'article prétendu supprimé a été introduit après coup, par ordre, et l'état regardé comme le premier est réellement le deuxième. Cela ressort du ton même de cet article, que voici d'ailleurs :

Le sieur de Lafemas, intendant de la justice ès province et armée de Champagne, est arrivé depuis trois jours en ce lieu, et a fait amener avec lui plusieurs prisonniers d'estat; entre lesquels est le sieur Dom Jouan de Médicis, lequel fut par luy arresté à Troyes, venant de Bruxelles en habit desguisé, se faisant nommer marquis de Sainct-Ange. On tient qu'il estoit chargé de plusieurs papiers importants, et particulièrement de plans de villes et places de ce royaume, et de lettres tendantes à descrier le Roy et le gouvernement de son estat, dont on ne sçait pas les particularitez. Mais ce qui se peut savoir est que par l'une desdites lettres on supposoit que le Roy envoyoit à Rome pour trois choses, aussi malicieuses qu'elles sont esloignées de toute apparence, à sçavoir :

Pour répudier la Royne ;

Pour faire déclarer M. le duc d'Orléans inhabile et incapable de succéder à la couronne ;

Et pour avoir liberté de protéger les Luthériens.

Comme aussi on a trouvé dans lesdits papiers des lettres de créance de l'Archiduchesse au Cardinal Infant, et une figure sur la naissance du cardinal duc de Richelieu, faite par un nommé Fabrone, qui est à Bruxelles auprès de la Royne mère, où l'on tient que le nom dudit sieur cardinal est escrit de la main dudit Fabrone. On croit qu'il n'a pas passé en France sans dessein, pource qu'il a séjourné quatre jours à Paris, et conféré avec plusieurs personnes suspectes. Le temps, et la visite de ses papiers, descouvriront le secret de sa négociation.

Évidemment c'est là un communiqué, dont l'intention est facile à saisir ; Renaudot n'aurait pas tiré de pareilles choses de son fonds, et surtout n'aurait pas pu les imprimer. Mais l'inspection des deux états ne peut laisser aucun doute. J'ai dit comment l'article avait été apporté à Renaudot, comment, pour lui faire place, il avait dû supprimer vingt-huit lignes. Or, quand on examine les deux numéros, le travail de remaniement auquel il lui fallut se livrer saute immédiatement aux yeux : des alinéas, des phrases, des parties de phrases, ont été élaguées du numéro primitif et ne se retrouvent plus dans celui où figure l'article en question ; tandis que, si cet article eût fait partie du premier état, on se serait borné à l'enlever, et à remplir le vide tellement quellement, sans toucher au reste.

Quant à la manière dont les faits se sont passés, j'ai pour garant l'abbé de Saint-Léger, dont l'autorité en pareille matière est généralement admise.

Ce qui précède était sous presse quand une trouvaille inespérée est venue me fournir de nouveaux détails sur le fait en question. J'ai parlé, page 106, d'après Monteil, d'une Requête de Renaudot à la reine, que le savant historien signalait comme ayant une grande importance pour l'histoire du journalisme. J'avais inutilement cherché ce document, et désespérais de jamais le trouver, quand un heureux hasard me le fit découvrir au beau milieu d'un volumineux recueil factice de pièces concernant l'université, et spécialement la faculté de médecine.

Je ne fus pas moins surpris de voir que le principal des griefs auxquels cette requête avait pour but de répondre était précisément l'article que l'on vient de lire, et qui avait motivé le remaniement de la *Gazette* du 4 juin 1633. Voici comment Renaudot lui-même explique ce fait; on remarquera que son explication ne diffère de celle que j'ai donnée que sur un point secondaire, l'heure à laquelle l'article lui fut apporté :

Cet article de la Gazette du 4 juin 1633, qui est le seul dont on fait du bruit, et pour lequel on tâche, mais en vain, vu l'équité, bonté et justice de Votre Majesté, de m'aliéner l'honneur de ses bonnes volontés, ne saurait donner aucune prise contre moi. L'innocence ne se cache point : il me fut envoyé le matin de ce jour-là par le défunt Cardinal duc, de la part du Roi, qui avouait toutes ses actions, plus de la moitié desdites Gazettes étant déjà imprimées; ce qui fut cause qu'il ne se lut qu'en ce qui restait à tirer.

Il contenait qu'*entre plusieurs prisonniers que l'intendant de la justice en Champagne avait amenés avec lui était Don Juan de Médicis....* Lesquelles impostures étant par moi appelées *malicieuses et éloignées de toute apparence,* c'est tout ce que pouvait faire un bon Français et autant affectionné au service de Votre Majesté qu'il le doit être.

Voilà néanmoins le grand crime que l'on me met à sus, et sur le sujet duquel, Madame, je supplie très-humblement Votre Majesté de considérer que quand aujourd'hui, quelque prince étranger ayant été arrêté en France, votre conseil me commanderait, pour justifier son procédé, d'en publier les causes, ou que ses principaux ministres me donneraient ordre d'informer le public de quelque autre chose de telle importance, quel moyen j'aurais de m'en dispenser?...

Ce que le conseil du Roi défunt me dictait, ce que Sa Majesté approuvait, et où elle ne trouvait rien à redire, me doit-il être aujourd'hui reproché, après une suite de tant d'années? Aucun n'en eût osé parler alors; Votre Majesté même, Madame, n'en a rien dit, qui soit venu à ma connaissance, durant tout ce temps-là. Voulait-on que je fusse plus puissant qu'elle pour m'opposer à ce qu'elle passait sous silence? Et avec grande raison, vu qu'il n'y a aucun de ceux qui parlent aujourd'hui si haut qui, en apparence ou en effet, ne pliât sous cette autorité, ce qui s'appelait servir le Roi, comme d'y résister, crime de lèse-majesté....

Que n'ai-je ici assez de champ pour opposer à ces mauvais offices qu'on me rend à tort auprès de Votre Majesté tous les éloges que je lui ai donnés en un temps durant lequel il m'a fallu passer par tant de mauvais pas, et lorsque la plupart des autres écrivains se taisaient de Votre Majesté, éloges si fréquents qu'on en pourrait faire un juste volume!... Depuis l'heureux avénement de Votre Majesté à la régence, n'ai-je point cherché toutes les occasions de faire sentir à ses peuples l'heur et le contentement qu'ils ont et qu'ils doivent attendre d'une telle administration, et de lui rapporter tous nos avantages? Sur quoi ne font point de réflexion ceux qui censurent, dix ans après, avec si peu de raison, de justice et de charité, une demi-ligne de mes nouvelles, entre plus d'un million d'autres qui possible mériteraient quelque témoignage de leur approbation.

On voit que Monteil, dans l'analyse que nous avons citée, p. 106, et que nous venons de compléter, ne surfaisait pas l'habileté du père des journalistes français. Renaudot termine par le regret de ne pouvoir « atteindre par son style trop bas au faîte des héroïques et royales actions de la régente, dont les louanges vont faire suer ses ouvriers et gémir ses presses. »

Cette Requête, comme tous les actes de Renaudot, émut la bile de ses adversaires, qui se déchargea dans un factum intitulé : *Examen de la Requête pré-*

sentée à la Reine par M⁰ Théophraste Renaudot. Je ne connais cette pièce que par une *Réponse* qui y fut faite et *portée à son autheur par Machurat, compagnon imprimeur*. C'est également dans cette réponse que j'ai trouvé la Requête elle-même, qui y est transcrite tout au long.

La Réponse, dont Renaudot fut évidemment l'inspirateur, s'il ne l'a pas écrite lui-même, ne nomme pas l'auteur de l'Examen, mais elle le désigne assez clairement pour qu'on reconnaisse dès les premières lignes l'implacable ennemi du médecin-gazetier, Guy Patin.

Je t'y trouve donc encore, camarade, après un silence de trois ans, qui n'a été interrompu que par les bouffonneries de ton ridicule plaidoyer, qui appartenait mieux à un hôtel de Bourgogne qu'à un barreau (1), partagé de la pitié que les uns avaient de ton ignorance, et de la risée qu'excitait aux autres ton mauvais français, ta façon niaise, et ce badin de serment : *Vrai comme velà le jour de Dieu, Messieurs,* que tu répétais souvent faute de bonnes raisons, en cette satisfaction que tu fis en public à M. Renaudot, déclarant que c'était d'un autre, et non pas de lui, que tu avais écrit les médisances contenues en l'épître liminaire des œuvres de Sénerte naguère imprimées en cette ville.

Du reste, la violence de ce factum, dont on pourra juger par quelques citations empruntées à la Réponse, trahit tout d'abord la plume acrimonieuse du satirique docteur.

Ce n'est pas sans cause, dit le prétendu Machurat, qu'il intitule

(1) Voir page 120.

son livre *Examen :* c'est un essaim et un amas d'injures, qu'il entasse sans aucun respect du nom majestueux de la Reine, qu'il met aussi en tête. Mais, s'il a envie d'être cru, chacun le peut voir par son commencement, qui est tel : *Le Maître des Gazettes (il ne faut pas salir le papier de son nom, qui sera odieux et exécrable à la postérité) a débité, ces jours passés, une requête non moins insolente que téméraire qu'il a présentée à la Reine.*

Renaudot est attaqué dans ce libelle comme médecin, comme maître des Bureaux d'adresse et commissaire des pauvres, et comme gazetier. Laissant de côté les premiers chefs, sur lesquels, d'ailleurs, nous aurons occasion de revenir, je me bornerai à relever ici les inculpations, pour ne pas dire les outrages, dirigées contre le rédacteur de la Gazette et contre la Gazette elle-même.

Il ne se contente pas — c'est toujours l'auteur de la Réponse qui parle — d'appeler celui qu'il calomnie avec tant de passion *méchant et détestable prévaricateur, qui tient la place d'un homme de bien, qui emploie le meilleur de son temps et de son âge à composer des mensonges et des impostures,* de le qualifier *menteur à gages ;* mais, se déclarant ennemi juré de la réputation des armes du Roi, il a eu assez d'impudence pour avoir fait imprimer et publier que *toujours les Gazettes multiplient nos victoires, taisent ou dissimulent nos pertes, mettent nos armes en réputation parmi les étrangers, grossissent nos armées de troupes imaginaires, exténuent les forces de nos ennemis, rendent nos royaumes florissants en toutes sortes de biens, et ceux de nos ennemis pauvres et nécessiteux, mettent la tranquillité chez nous et la discorde avec le désordre chez eux :* termes qu'il a copiés mot à mot d'un poëme latin imprimé à Anvers il y a huit ans, intitulé *Gazeta parisiensis,* auquel ledit sieur Renaudot répartit en même temps par un autre poëme, qui a pour titre *Gazeta antuerpiensis,* auquel je renvoie ceux qui seront curieux de voir s'il se sait bien démêler en toutes façons de ceux qui l'entreprennent.

Il blâme l'auteur de ces Gazettes de ce que ses narrations *tiennent tantôt le parti des huguenots contre les catholiques et tantôt celui des catholiques contre les huguenots;* au lieu que, sans parler de l'intérêt que nous avons de conserver nos alliés, plusieurs desquels ne sont pas catholiques, une cervelle mieux timbrée que la sienne aurait conclu de là que celui qu'il blâme observe la principale condition d'un bon historien, qui est d'être sans passion.....

Le pamphlétaire accuse ensuite Renaudot d'avoir exagéré l'importance de sa Gazette.

Les fourbes gazétiques n'ont point acquis de nouvelles terres au roi, elles ne l'ont point fait empereur; elles n'ont su, jusqu'à présent, persuader aux Electeurs de quitter le parti de la maison d'Autriche; elles n'ont point empêché les rébellions du Poïtou et de la Saintonge, ni les mouvements de la Normandie (où vous remarquerez comme la manie de cet ennemi de la France se plaît, en mentant, à publier nos maux, même intestins); *elles n'ont point augmenté ni les finances, ni le revenu du roi; elles n'ont point disposé les princes souverains à une paix universelle : Je ne pense point,* dit-il, *que des services de cette nature puissent avancer beaucoup les affaires du roi et de l'Etat.* Se peut-il voir une conséquence plus inepte ?... *Quelle effronterie !* s'écrie-t-il encore, *de s'imaginer que ses Gazettes servent à l'Etat, et que les mensonges qu'elles étalent perpétuellement le maintiennent et le conservent !* Tant cet honnête homme a de dépit de quoi il y a eu si longtemps des Gazettes en France, dépit qui lui continuera encore longtemps, vu que, pour user des termes du sieur Renaudot :

Æquum est
Hac etiam sola nostris ratione placere,
Quod tantam moveant hostili in pectore bilem.

Un bonheur, une trouvaille, en amène une autre. Dans une réponse de Renaudot à un gazetier de Cologne, dont je viens seulement d'avoir connaissance, on lit, entre autres choses :

La Gazette est un écho qui réfléchit les bruits éloignés, et qui tient de ces phares que les rois de Perse avaient disposés sur les rivages de la mer, où, par les diverses figures des flambeaux allumés à distance de vue, les derniers représentaient les mêmes caractères que les premiers, et ainsi communiquaient leurs desseins, comme à l'instant, d'un bout à l'autre de leurs grands États : si le premier manquait, le dernier n'en avait pas le blâme ; ce lui était assez de l'avoir imité ; encore que les fautes que vous m'imputez soient, à votre ordinaire, d'assez mauvais petits contes surannés, autrefois inventés à plaisir par ceux qui voulaient décréditer la même Gazette, dont la candeur a survécu à la médisance...

Etudiez donc mieux, une autre fois, vos injures, si vous désirez qu'on les croie ; et pour vous donner un meilleur avis que les vôtres, si vous voulez persuader à un chacun que le Gazetier de Cologne puisse corriger celui qui fait les Gazettes à Paris, qu'il commence à en faire de meilleures que lui, et qu'il le fasse croire au peuple, juge qui ne flatte point, et à qui vous vous devez prendre de ce que celles que vous envoyez sont de si mauvais débit qu'il y a peu de personnes qui en veuillent pour le port, et moins pour leur prix, quelque petit qu'il soit, et moindre que le parisis des nôtres (1) : de sorte que, si vous pré-

---

(1) J'ai enfin rencontré ici, par un heureux hasard, ce que j'ai si longtemps cherché inutilement : le prix du numéro de la Gazette. C'était, comme on le voit, un parisis, sans doute un sou parisis, de quinze deniers, environ six centimes, représentant une valeur actuelle de près du triple. Du moins c'est l'induction la plus plausible qu'on puisse, à mon sens, tirer de ce passage. Je rappellerai que le *Courrier français* fait par les fils de Renaudot pendant la Fronde se vendait un sou (V. page 242 ; voir aussi page 104).

Resterait toujours à savoir si l'abonnement modifiait ce prix, et ce que la Gazette coûtait en province. Disons, d'ailleurs, qu'elle était réimprimée dans les princi-

tendez avoir des lecteurs, vous serez contraint de les distribuer aux passants, comme on fait ici les affiches des charlatans sur le Pont-Neuf; tandis que celles de Paris manquent plutôt que les curieux pour les arracher des mains des colporteurs, encore toutes moites de l'impression, que les courriers attendent, retardant souvent leur partement pour les emporter par tout le monde, où elles ont le bonheur d'être lues avidement, mes imprimeurs et commis savent mieux que moi avec quelle satisfaction, par le débit qu'ils en font, qui en est la plus certaine marque (1).

pales villes du royaume : la Bibliothèque impériale possède des réimpressions faites à Lyon, Avignon, Rouen, Aix; mais, je l'ai déjà dit, je n'ai trouvé aucune trace de celles faites à Paris, et qui motivèrent les procès dont nous avons parlé, page 89 et suivantes.

(1) Response de Théophraste Renaudot, conseiller et médecin du Roy, maistre et intendant général des Bureaux d'adresse de France, et historiographe de Sa Majesté, à l'autheur des libelles intitulés : *Avis du Gazetier de Cologne à celui de Paris; Response des peuples de Flandre au Donneur d'avis français, et Réfutation du Correctif des ingrédients*, etc. Du Bureau d'adresse, 1648, in-4º de 176 pages, avec cette épigraphe : *Non fumum ex luce, sed ex fumo dare lucem.*

Dans ce volumineux factum, Renaudot défend longuement certaines appréciations, certains faits avancés par la Gazette, et qui avaient motivé des attaques de la part de gazetiers et de pamphlétaires étrangers. C'est ainsi qu'il en agissait toutes les fois que lui ou les inspirateurs de la Gazette jugeaient à propos de répondre, et que la réponse ne pouvait trouver place dans la Gazette elle-même, dont le cadre se prêtait peu à la polémique. Renaudot, d'ailleurs, avait la riposte vive, et ne refusait jamais la lutte, sur aucun terrain : nous venons de le voir répondre par un poëme latin à une attaque qui avait pris cette forme.

FIN DU PREMIER VOLUME.

TABLE

Préface.   v

INTRODUCTION HISTORIQUE.   1

Recherches sur les origines et les précédents du journal.   3

— Des moyens d'information chez les anciens. — Les *Acta diurna* des Romains.   3

— Origines du Journal chez les modernes.   17

— Chroniqueurs, Gazetiers et Nouvellistes. — Nouvelles à la main, Gazettes manuscrites.   28

HISTOIRE POLITIQUE ET LITTÉRAIRE DE LA PRESSE EN FRANCE. — PREMIÈRE PARTIE : LA PRESSE AVANT LA RÉVOLUTION.   61

Origine du Journal en France. — La Gazette et son Fondateur.   63

— Théophraste Renaudot. — Ses commencements. — Ses innocentes inventions : *Mont-de-Piété, Bureau d'adresse et de rencontre*. — Comment il est amené à la création de la *Gazette*. 63

— Fondation de la *Gazette;* difficultés de ses commencements. — Son cadre, son esprit, sa portée. — Détails sur les premiers numéros, sa composition et ses annexes. 74

— Privilége de la *Gazette;* son étendue. — Démêlés de Renaudot avec les imprimeurs et les colporteurs. — Contrefaçons et parodies de la *Gazette*. 89

— Illustres collaborateurs de Renaudot. — Inimitiés que lui attirent ses succès et la faveur dont il jouit. — Sa longue querelle avec la Faculté de Médecine; singulière animosité de Guy Patin. — Pamphlets dirigés contre lui. 105 et 469

— Mort de Renaudot. Le père du Journalisme attend encore qu'on lui rende justice. — Ses autres écrits. 143

— Rôle et importance de la *Gazette*. — Ses rédacteurs depuis Renaudot jusqu'à la Révolution. 148

— Bibliographie de la *Gazette*. — Quelques particularités relatives à ses premières années. 170 et 463

— Appendice. — Un pamphlétaire au xviie siècle : Eustache Le Noble. 187

LA PRESSE DURANT LA FRONDE. — LES MAZARINADES. 193

— Explosion de l'esprit polémique. — Ce qu'on entend par *Mazarinades*. — Leur caractère et leur esprit. 195

— Les auteurs des *Mazarinades*. — Comment elles étaient composées, imprimées et vendues. 215

— Quelques indications historiques et bibliographiques. 234

LES JOURNAUX. 237

— Double jeu de Renaudot et de ses fils : La *Gazette* et le *Courrier Français*. — Les *Courriers burlesques* de Saint-Julien. — Autres essais. 237

— Coup-d'œil sur la marche de la presse en Angleterre durant la même période. — Défaveur qui s'y attache, ainsi qu'en France, au métier de gazetier. — Obstacles opposés au journalisme; comment il en triomphe. 276

TABLE 475

LA PETITE PRESSE. — Gazettes en vers. 287

— Loret : *La Muse Historique*. 289

— Continuateurs et imitateurs de Loret. — Lagravète de Mayolas : *Lettres en vers et en prose;* naissance du roman-feuilleton. — Robinet : *Lettres en vers à Madame*. — Scarron : *Épîtres en vers burlesques*. — Subligny : *La Muse Dauphine*. — Etc. 359

Le Mercure. 378

Addition a la page 176. Nouveaux détails sur une particularité très-remarquable d'une des premières années de la *Gazette*. 463

FIN DE LA TABLE

www.ingramcontent.com/pod-product-compliance
Lightning Source LLC
Chambersburg PA
CBHW050600230426
43670CB00009B/1202